「중독상담과 재활」

Tracey J. Jarvis · Jenny Tebbutt · Richard P. Mattick · Fiona Shand 공저

신성만 · 전영민 · 권정옥 · 이은경 · 조현섭 공역

학지사

Treatment Approaches for Alcohol and Drug Dependence
: An Introductory Guide, 2nd Edition
by Tracey J. Jarvis

역자 서문

요즘 인터넷 게임중독에 빠져서 일상생활을 잘하지 못하는 초·중등학생을 상담하다 보면 인터넷 음란물에 빠진 고등학생 형의 문제가 드러나고, 그 형의 문제를 이해하려고 하면 우울증과 알코올중독을 함께 경험하고 있는 어머니의 문제가 나타나며, 어머니의 하소연을 듣다 보면 성행위 중독으로까지 보이는 남편의 지속된 외도 문제가 있고, 삼촌과 같은 멀지 않은 친척의 도박중독과 딸의 쇼핑중독 등 온 가족이 어떤 식으로든 치료가 필요한 한두 가지의 중독 문제를 지니고 있음을 발견하게 된다. 중독 문제는 이렇듯 우리의 일상생활에 깊숙이 파고 들어와 있다. 과거 알코올 의존이나 마약 투여 등과 관련해서만 사용되던 '중독(addiction)'이라는 용어가 요즘에는 우리 주변의 일상적인 활동 가운데서도 흔히 사용되고 있다. 행동중독과 관련한 여러 가지 중독행동(예: 인터넷중독, 게임중독, 음란물중독, 쇼핑중독, 성중독, 도박중독)을 포함해 말한다면 국민 1인 1중독 시대에 접어들었다고 해도 과언이 아닐 것이다. 최근 중독행동의 문제가 급속도로 확산되면서 상담과 심리치료 전문가들은 중독 문제를 호소하는 개인과 가족들을 더욱 많이 접하게 되었고, 실질적인 도움을 주어야만 하는 상황에 놓이게 되었다. 문제는 우리나라의 상담과 심리치료 교육 과정이나 관련 자격 수련 과정이 '중독'이라는 정신건강을 위협하는 새로운 도전에 효과적으로 대처할 만큼 전문가들을 양성해 내지 못하는 현실에 있다. 대부분의 교육과정이 중독 문제를 커리큘럼에서 다루고 있지 않을 뿐만 아니라 임상 현장의 중독 전문가도 부족하며, 적절한 상담과 치료 접근에 대한 지침도 충분하지 않다. 중독상담 전문가들의 준비 부족은 우리와 비슷한 형편의 다른 선진국의 경우와 비교해 보아도 우려스러울 정도로 심각하다.

더욱 염려스러운 것은 앞으로 우리가 살아가게 될 사회환경은 중독행동을 더욱 더 심화시키는 방향으로 나아갈 것이라는 점이다. 그러한 예측이 가능한 것은 현대인의 삶 속에서 나타나는 3S의 특성이다. 점점 더 모든 것이 빨라져서(speed) 자극과 반응의 간격이 좁아질 것이며, 이것은 중독행동을 더욱 만연시키는 요인이 될 것이다. 예를 들어, 헤로인과 모르핀은 비슷한 역할을 하나 헤로인이 모르핀보다 훨씬 더 뇌 속에서 빠르게 작용하기 때문에 더 중독적이다. 감각 추구(sensation seeking) 성향이 증가해 가는 것도 현대인들의 정신건강과 중독 문제의 심화에 영향을 미치는 요인이 될 수 있다. 말초적이고 감각적이며, 나아가서는 쾌락 추구적인 현대인의 성향은 인간 뇌의 환경 적응력에 영향을 미치고 충동성의 증가와 자기통제력의 감소를 초래하게 되는 것이다. 이와 같은 문제는 지각된 스트레스를 증가시키는 경향도 있어서 그렇지 않아도 빠르게 변화하고 갈수록 복잡해지는 환경에 적응해야 하는 현대인에게 더 많은 스트레스를 경험하도록 만들어 결국에는 중독 문제를 심화시키게 된다. 간단히 말하면, 우리는 앞으로 지금보다 심각한 중독 문제들을 더 많이 주변에서 경험하게 될 것이라는 것이다.

이러한 상황 속에서 역자들은 중독행동의 상담과 재활을 위해 가장 시급히 해결해야 하는 문제 중 하나는 현장에서 실제로 사용할 수 있는 실질적인 상담 · 재활 매뉴얼이 없는 것이라는 점에 동의하였고, 세계적으로 가장 유용한 임상 매뉴얼로 인정받는 실전 상담 · 재활 접근서를 선택해서 번역하기로 뜻을 모았다. 대표 역자로서 나는 미국의 정신보건센터에서 중독상담을 하던 시절부터 익히 알고 있었던 Jarvis와 그의 동료들이 펴낸 *Treatment Approaches for Alcohol and Drug Dependence*를 강력하게 추천하였고, 다른 역자 선생님들의 동의를 얻어 번역해 출간하기에 이르렀다.

번역 과정에서 가장 큰 애로 사항은 아직 중독 분야의 여러 용어가 통일되어 있지 않은 점이었다. 사실 중독재활이라는 영역 자체가 대단히 광범위한 것이고 심리학, 정신의학, 정신간호학, 정신보건사회복지학, 약리학, 생리학, 아동학, 가족학, 법학 등의 여러 분야가 총망라되어야 하는 영역이다 보니 각 분야에서 같은 의미로 사용되는 다른 용어들이 혼용되고 있는 점이 가장 큰 걸림돌이었다. 결과적으로 치료적 개입을 하는 사람들에 대한 명칭도 다양한 이름으로 불리게 되는 문제가 있었고, 임상가, 상담자, 치료자, 사례관리자, 전문가, 실무자 등으로 혼용될 수밖에 없는 점이 있었다. 다학제 간 교류와 협력만이 이러한 문제를 해결할 수 있는 길이겠으나, 이러한 부분은 상당한 시간과 노력이 필요한 부분이다. 이 책에서는 최대한 그러한 부분을 고려하여 번역하고자 하였지만 여전히 아쉬운 부분이 많다. 이 외에도 약물중독이나 물질남용 등과 같이 함께 사용 가능한 용어들은 최대한 원서의 용어를 그대로 가져오려고 노력하였다. 역자들이 한 가지 위안을 삼는 것은 이 책이 현장 전문가들이 오랫동안 기다려 오던 종합적인 중독상담과 재활의 전문서라는 것이다. 효과적인 접근들을 실무자들의 입장에서 바로 사용할 수 있도록 체계적으로 정리하여 자료를 제공하였다는 점에서 여타 중독 관련 서적들과는 다른 차별성이 있다고 말할 수 있다.

이 책이 나오는 데 아낌없는 도움을 주신 학지사 김진환 사장님과 특별히 편집부에 감사의 말씀을 드린다. 능력이 부족하나 욕심이 많아 항상 마감 시간을 지키지 못하는 역자를 끝까지 인내하며 도와주셨다. 또 책의 교정에 도움을 준 한동대학교 상담센터 이상훈 선생과 상담심리대학원생인 박보경, 장진주에게도 고마움을 전한다. 끝으로 위험하고, 비위생적이며, 어려워서 정신보건의 3D 업종이라 불리는 중독치료와 재활의 영역에서 내담자와 가족들의 새로운 삶과 재기를 돕기 위해 오늘도 묵묵히 현장에서 헌신하고 있는 중독전문가 여러분들께 마음으로부터 우러나오는 존경과 감사의 말씀을 전한다.

당신이 지닌 연장이 망치뿐이라면, 모든 문제를 못으로 보고 싶어 할 것이다.

_ Abraham Maslow

2010년 봄, 포항 남송리 연구실에서

역자 대표 신성만

서 문

이 책의 초판 서문을 썼던 것이 약 10여 년 전 일이었는데 지금 다시 2판을 위한 서문을 쓸 수 있게 된 것을 대단히 기쁘게 생각한다. 많은 사람들은 우리가 쓴 이 책의 초판이 대단한 성공을 거두었고, 세계 곳곳에 있는 마약과 알코올치료센터에 교재로 추천됨으로써 값을 매길 수 없을 정도로 가치 있는 역할을 했다고 말해 주었다. 이러한 열렬한 지지 속에서 우리 저자들은 몇몇 새로운 장들을 추가했고, 치료의 효과에 대한 새로운 지식을 반영하기 위해 최근의 내용들을 수정·보완하였다. 그리고 초판 발행 후 10여 년 동안 꾸준히 축적되어 온 최상의 실무 경험들을 보완하였다.

2판을 준비하는 지난 10년 동안 마약과 알코올 문제를 다루는 현장에서는 주요한 진전이 있어 왔고, 이러한 내용들을 모두 개정판에 포함시켰다. 예를 들면 치료철학이나 관련 치료기술의 변화에 지대한 영향을 준 '동기강화상담(Motivational Interviewing)'으로 알려진 새로운 기법의 출현에 연구자들과 임상전문가들의 관심이 증대되었는데, 그것과 연합하여 사용할 수 있는 다양한 기법에 대한 욕구도 높아졌다. 이러한 필요에 따라 동기강화상담은 3장에서 따로 다루어졌을 뿐만 아니라 1장(일반적인 상담의 기술) 및 이 책 전반에 걸쳐서 주요 내용으로 다루어졌다. 새롭게 나타난 임상 현장의 변화로는 급속히 발전하기 시작한 '단기 개입(brief interventions)'의 적용을 들 수 있는데, 특히 의식 상태에 영향을 미치는 약물의 사용 때문에 위험에 처해 있거나 실제로 손상을 경험하고 있지만 물질 사용과 관련된 문제에 대해 도움을 구하지 않는 많은 사람들에게 어떻게 치료적인 개입을 시작할 것인가와 같은 개입의 기초를 보다 보완하기 위한 움직임으로써 단기 개입이 적용되고 있다. 이것은 5장(단기 및 초기 개입)에서 보다 구체적으로 다루어질 것이다. 그리고 그러한 단기 개입 접근은 알코올 문제뿐만 아니라 다양한 다른 약물 사용 장애의 치료에도 마찬가지로 적용될 수 있다는 사실은 주지할 만하다.

또 다른 측면에서 중독장애의 치료에 있어서 약물을 사용하는 것과 관련된 연구와 치료적 적용에서 주목할 만한 중요한 발전도 보고되었는데, 이러한 내용은 14장의 기초가 되었다. 지역사회의 젊은이들 사이에서 특정 물질의 남용과 관련한 문제들이 1990년대 초반부터 끊임없이 보고되어 왔으나 오늘날까지 감소할 기미는 보이지 않은 채 관련 문제들이 더욱 증가하고 있는 등 보다 심각해졌다. 이번 개정판에서는 '청년층 내담자 상담하기' (19장)라는 내용을 따로 분류하여 깊이 있게 살펴보는 것으로 이러한 내용을 반영하였다. 이 분야에서 나타난 중요한 변화는 대단히 광범위하고 복합적일 수 있다. 약물과 알코올 치료 분야에서 나타난 이러한 주요 발전은 이 개정판에 지대한 영향을 미쳤다.

이 책에서 제공하고 있는 지침들의 근거가 되는 연구는 시드니 국립 약물 및 알코올 연구소(NDARC)의 센터장으로 있는 동안 수행되었던 서비스의 질적 향상 프로젝트였다. 이 프로젝트를 통해 약물과 알코올 분야에서 치료 효과와 관련된 증거들을 정리해 보려는 시도는 대단히 중요한 의의를 지니게 되었고, 호주를 비롯하여 국제적으로 중요한 영향을 미쳤다. 이 개정판은 그동안 연구된 타당한 근거들에 대해서 보다 체계적인 고찰과 메타분석을 통해 검증한 내용들을 포함하고 있다. 본 개정판의 구체적 내용들은 NDARC 연구원들(Shand, Gates, Fawcett & Mattick, 2003a)에 의해서 연구되고, 호주 정부의 연구 프로젝트의 일환으로 진행된 알코올치료에 대한 수집 자료가 다시 NDARC 연구원들(Shand, Gates, Fawcett & Mattick, 2003b)에 의해서 알코올치료에 대한 지침으로 만들어진 것에 기반하고 있다.

이 책의 배경이 호주라는 사실이 행여 신뢰성을 떨어뜨리지 않을까 하는 의문을 갖는 사람이 있다면 걱정하지 않아도 된다. 과거에는 호주가 약물과 알코올 분야에서 연구의 표준화 정도와 실제적 연구의 측면에서 유럽이나 북미에 비해 뒤떨어졌던 적도 있었지만, 1980년대 National Drug and Alcohol Strategy(후에 National Drug Strategy로 재공식화되었음)가 시작되면서 자금과 인적 자원이 투입되었고, 이 분야에 혁신적인 변화가 일어났다. 또한 호주나 영국의 연구자들과 전문가들은 미국이나 유럽의 알코올과 약물 분야 전문가들과 밀접하게 관계하면서 연구하고 있기 때문에 나는 호주에서의 이 분야의 연구와 학문 수준이 현재 세계적 수준과 어깨를 나란히 하고 있다고 자신 있게 말할 수 있다. 영국은 호주와 함께 알코올과 불법 약물 관련 문제들에 대처해 나가기 위해 국가적 정책과 연구 시설들에 충분한 연구 자금을 투자해 오고 있기도 하다. 따라서 이 책이 호주에서 이루어진 연구들에 기반하고 있다는 것에 대해서 어떤 다른 해명이 필요하지는 않을 것이다. 이 책의 타당성은 국제적으로 인정되는 것이다.

이 개정판이 지도자와 전문가들에게 초판만큼이나 유용하기를 바란다.

Nick Heather
Newcastle upon Tyne, UK
2004년 10월

참고자료

Shand, F., Gates, J., Fawcett, J., & Mattick, R. (2003a). *The Treatment of Alcohol Problems: A Review of the Evidence*. Canberra: Commonwealth Department of Health and Ageing.

Shand, F., Gates, J., Fawcett, J., & Mattick, R. (2003b). *Guidelines for the Treatment of Alcohol Problems*. Canberra: Commonwealth Department of Health and Ageing.

이 책의 활용 방법

이 책의 독자

이 책은 알코올 또는 다른 약물의 사용과 관련된 행동을 변화시키고자 하는 내담자들을 돕는 일을 하는 사람들을 위해서 쓰였다. 이 책에서 우리는 독자를 상담자(혹은 치료자)로, 도움을 필요로 하는 사람들을 내담자로 언급하였다. 이 책은 입원 병동, 치료적 공동체(therapeutic community) 혹은 외래 중독치료 기관 등에서 일하는 모든 사람들에게 유용할 것이고, 학생들은 알코올이나 다른 약물 치료와 관련해 현장에서 이제 막 사용하고 있는 수많은 새로운 방법과 전략들에 대한 내용을 이 책에서 찾을 수 있을 것이다. 이 책은 상담자가 자신의 기술을 보다 숙련시킬 수 있도록 돕고, 상담과 치료 접근의 효과가 증대되도록 도와주는 체계적인 방법을 통해 기법을 적용할 수 있도록 지침을 제공한다.

이 책의 내용

이 책은 물질남용 문제의 치료에서 효과가 입증되어 온 특정한 기술들에 대한 설명을 간략하고 알기 쉽게 제공하였다. 우리는 Quality Assurance Project와 Guidelines for the Treatment of Alcohol Problems의 치료 전문가들이 의해서 추천된 기법들을 선택했다('서문' 참조). 이 책은 내담자의 행동 변화를 돕기 위한 기법의 사용 방법에 대해서 설명한다. 각각의 장은 다음의 내용을 담고 있다.

- 이 기법의 추천 용도에 대한 정보
- 각 기법의 근거가 되는 주요 개념에 대한 설명
- 각 기법을 적용할 수 있는 지침과 상담자가 직면할 수 있는, 일반적인 문제들과 관련하여 예상되는 문제 상황에 대한 소개
- 참고할 수 있는 보다 자세한 자료 목록과 몇몇 경우에 상담자가 내담자에게 추천할 수 있고 내담자 스스로 유익하게 사용할 수 있는 참고자료
- 평가를 위한 적절한 도구
- 내담자가 사용할 수 있는 적절한 연습 활동과 유인물(이러한 내담자용 자료 중 몇몇은 인쇄할 수 있는 것으로 온라인을 통해서 무료로 이용할 수 있다. www.wiley.com/go/treatmentapproaches에 방문하면 내담자와 작업하는 데 도움이 될 수 있는 것들을 다운로드할 수 있다.)

이 책에 없는 내용

- 이 책은 회기별 치료 계획을 제공하지는 않는다. 대신에 치료의 기본적 형태를 만드는 데 사용할 수 있는 지침을 제공한다.
- 다양한 상담자와 연구자들이 같은 기술을 조금씩 다른 방법으로 가르쳐왔다. 이 책에서 그 모든 다양한 내용들을 설명하지는 않는다. 보다 자세한 정보를 원한다면 각 장의 마지막에 제시한 참고자료를 찾아볼 것을 강력하게 추천한다.
- 치료와 관련된 연구문헌은 일반적으로 참고자료에 포함시키지 않았다(실제적인 지침을 제공하는 경우는 제외).
- 이 책에서 담배와 관련된 내용은 특별히 주목해서 다루지 않았다(담배와 관련된 내용은 다른 책들에서 많이 다루어졌다).
- 이 책은 치료적 기술을 가르치기 위해서 쓰이지는 않았다. 상담자들을 훈련시키기 위해서는 전문가들을 훈련시키는 전문적 교육 과정이 필요하다. 비록 이 책이 훈련자와 학생들에게 유용한 도구가 될지 모르지만 이 책이 이와

같은 교육 및 훈련 과정을 대신해서는 안 된다.

이 책의 사용법

이 책을 활용하는 열쇠는 유연성이다. 예를 들어, 2장(평가)은 알코올이나 다른 약물들을 오용하는 내담자들을 평가하는 데 적절한 형식을 모두 제공한다. 상담자는 이러한 광범위한 검사 절차를 선택할 수도 있고 또는 간단하게 개입하려 한다면 내담자의 약물 사용 또는 음주 및 그에 따른 신체적, 개인적인 부정적 결과와 같이 한두 개의 특정 영역에 집중할 수도 있다.

어떤 치료 기술들을 조합할 것인지에 대한 선택은 내담자와 협의하는 과정을 통해서 결정되겠지만, 그 결정은 치료의 목적과 평가 또는 치료과정 중에 나타난 내담자의 다양한 필요들에 따라서 좌우된다. 예를 들어, 상담자는 문제해결 기법으로 시작해서 재발예방 훈련 그리고 후에 자기주장 훈련을 진행할 수 있다. 왜냐하면 그것이 내담자로 하여금 '자기주장기술' 을 배워야 할 필요를 명확하게 해 줄 것이기 때문이다.

이 책에서는 치료 기간에 대한 어떤 구체적인 지침도 제공하지 않는다. 예를 들면, 이완 훈련과 같은 몇몇 기법들은 숙달하기 위해서 최소한의 회기가 요구되는 반면에 어떤 기법들은 시간이 지남에 따라 주의 깊게 살펴보면서 결정해야 하는 것도 있다(예: 약물치료). 치료 개입의 기간 또한 상담자가 사용 가능한 자원이나 시간, 내담자의 필요 그리고 새로운 기술을 일상생활에서 배우는 데 걸리는 시간 등 수많은 요인에 의해서 좌우된다.

21장(종합하기)에서는 내담자에게 적합한 치료 프로그램을 만들 수 있도록 상담자를 돕기 위한 몇 가지 지침들을 제공하였고, 22장에서는 어떻게 다양한 기법들이 내담자의 필요에 맞게 결합될 수 있는지에 대한 실제 사례들을 제공하였다.

성별과 관련된 사항

이 책에서 설명하고 있는 기법들은 남성과 여성 내담자 모두에게 적절하다. 그러므로 우리는 각각의 장에서 내담자의 성별을 구분하지 않고 제시하였다.

참고자료

Hester, R. K., & Miller, W. R. (1995). *Handbook of Alcoholism Treatment Approaches: Effective Alternatives* (2nd edn). Boston: Allyn and Bacon.

Miller, W. R., & Rollnick, S. (2002). *Motivational Interviewing: Preparing People to Change Addictive Behavior* (2nd edn). New York: Guilford Press.

Monti, P. M., Kadden, R. M., Rohsenow, D. J., Cooney, N. L., & Abrams, D. B. (2002). *Treating Alcohol Dependence: A Coping Skills Training Guide* (2nd edn). New York: Guilford Press.

Shand, F., Gates, J., Fawcett, J., & Mattick, R. P. (2003). *Guidelines for the Treatment of Alcohol Problems.* Canberra: Australian Government Department of Health and Ageing.

- 다음 사이트에서 이용 가능: www.health.gov.au/pubhlth/publicat/document/alcprobguide.pdf

감사의 글

초판을 집필하는 과정에서 도움을 주었던 Meredith Adams, Bob Cherry, Loretta Elkins, Nick Heather, John Howard, Gary Lake, Kaylene Noonan, Katy O'Neill, Justine O'Sullivan, Garth Popple, Alison Bell, T. Sitharthan and Amanda Baker에게 감사드립니다.

Dr. John Howard, Dr. Katy O' Neil, Dr. Claudia Sannibale에게 개정판의 각 장들을 읽어 주고 자신들의 치료적 전문성에 근거하여 조언해 주신 것에 대해 감사드립니다. 그들의 공헌은 이 분야의 상담자들이 보다 적절하고 쉽게 내용을 이해할 수 있는 책을 만드는 데 큰 도움이 되었습니다. 우리는 또한 Eva Congreve, Josephina Kim, Dr. Judy Sherrington, Dr. Wendy Swift의 전문적인 도움에 대해서도 감사드립니다. 다시 한 번 초판을 쓰도록 동의해 준 것에 대해서 Nick Heather 교수에게 감사드립니다. 이 작업은 부분적으로 Australian Government Department of Health and Ageing의 지원을 받았습니다.

차 례

제3부 변화 유지

제4부 특수 집단 및 관리 이슈

제5부 개입법 설계하기

제1부

기본 다지기

제1장

일반적인 상담의 기술

추천 용도

상담의 측면에서 이야기하자면 알코올 및 다른 약물중독 분야가 일반 상담과 특별히 다르지는 않다. 일반적 상담에서 효과적인 기술들은 약물과 관련된 문제를 경험하고 있는 사람들을 대상으로 한 상담에서도 역시 효과적이다. 연구에 의하면 알코올과 약물 관련 문제의 치료는 상담자가 공감적 상담기술을 사용한 경우 훨씬 효과적인 것으로 나타났다(Miller, Benefield, & Tonigan, 1993). 다른 한편으로 상담 하나만으로는 약물남용 행동을 보이는 대부분의 내담자들의 행동을 변화시키기에는 불충분하다. 좋은 상담기술은 음주 또는 약물 문제와 싸우기 위해 계획된 여러 가지 특별한 치료 전략을 실제로 실행해 나갈 수 있도록 상담자를 도우며 강력한 협력 관계를 발전시켜 나가는 데 도움이 된다.

좋은 상담기술은 내담자와 상담자 간에 강한 협력 관계를 발달시킬 수 있게 해준다. 이러한 관계는 음주 또는 약물 문제를 해결하기 위해 노력하고 있는 내담자를 도와줄 수 있고 정해진 치료 전략을 보다 효과적으로 실행해 나갈 수 있도록 해 준다.

목 표

상담 과정은 다음과 같은 목표를 가지고 있다.

- 내담자가 판단받는 것에 대한 두려움 없이 자신의 행동에 대해 말하고 자신의 고민에 대해서 털어놓을 수 있는 신뢰가 바탕이 된 관계 형성하기
- 상호적인 치료 과정을 통해 내담자 스스로가 적극적인 의사결정을 하고, 상담자가 내담자의 생각을 가치 있게 생각하며, 그러한 과정을 지지해 주는 것으로 치료를 바라보도록 격려하기(내담자는 책임감과 자신감을 발달시키도록 격려받는다.)
- 치료 프로그램에 대한 불신과 두려움을 감소시키고 그것을 통해서 내담자가 계속적으로 치료에 참여하도록 격려하라. 평가에 참여한 내담자들 모두가 치료에 참여할 준비가 되어 있는 것은 아니다. 만약 내담자의 치료 과정과 치료 환경에 대한 초기 경험이 긍정적이었다면 이러한 경험은 내담자로 하여금 다음에 다시 치료에 참여하게끔 이끌 것이다.

방 법

여기서 설명하는 상담 양식은 Egan(2002)에 의해서 소개된 내담자 중심 접근과 Miller와 Rollnick(2002)에 의해 개발된 동기강화상담 양식을 혼합시킨 것이다. 이 접근은 내담자가 자신의 고민을 열린 질문과 공감적 피드백을 사용하여 스스로 발견해 나가도록 격려하는 접근이다. 내담자 스스로 어떠한 이슈가 중요

한지 결정하기 때문에 내담자 중심 접근이라고 할 수 있다. 그러나 이 접근은 내담자의 약물 사용 행동의 변화에 도움이 되는 이슈들을 선택적으로 강조하는 동기강화상담(3장) 양식이기 때문에 완전히 비지시적인 접근은 아니다.

이 접근은 직면을 사용하는 상담 양식과는 대단히 다른 접근이다. 상담자가 내담자를 직면시키거나 변화할 필요가 있다고 설득하기 위해 논쟁을 벌이는 것을 적절하지 않다고 본다. 실제로 직면은 변화에 대한 내담자의 저항을 더욱 증가시키고 심지어는 약물 사용을 증가시키는 원인이 되기도 한다는 점에서 심각한 역효과(counterproductive)를 초래할 수도 있다(Miller et al., 1993). 오히려 열린 질문과 선택적 피드백(selective feedback)을 사용해서 내담자 스스로 직면하도록 돕는 것이 중요하다.

이상적 상담자는 다음과 같은 사람이다.

- 내담자에게 공감과 존중을 표현한다.
- 내담자와 지지적인 관계를 형성한다.
- 각각의 사례에 대하여 체계적인 접근을 하고 과정을 자세하게 기록한다.
- 창의적이고 상상력이 풍부하다.
- 내담자를 통해 개인적 필요를 채우지 않을 만큼 자기 자각(self-awareness)이 충분하다.
- 적절한 상식과 사회적 지식을 갖추고 있다.
- 행동하는 사람이다.

약물과 알코올 치료 과정에 내담자를 참여시키려는 노력이 증가하고 있다. 이러한 측면은 부분적으로 약물과 알코올 치료에서 대단히 많은 수의 내담자들이 치료를 지속하지 못하고 중단해 버리는 데 대한 대응으로 생겨난 것이다. 내담자가 치료 회기에 출석하고 참여하는 것으로 측정해 볼 수 있는 내담자의 치료 과정에 대한 관여도가 높을수록 치료의 목적을 달성할 가능성은 높아진다. 성공적인 치료 참여는 내담자의 특성과, 도움이 되고 공감적이라고 지각되는 강한 치료적 관계로 발전시키는 상담자의 능력에 의해 결정된다. 또한 내담자가 기대하는 치료 기간에 대해서 논의하는 것도 도움이 된다. 예를 들면, 상담자는 내담자와 몇 번의 회기를 마친 후에 호전 정도를 평가할 것인가에 대해 이야기할 수 있다. 치료에 내담자를 참여시키는 것과 참여를 보류시키는 것은 치료에서 실제적인 장벽(교통수단의 필요 또는 자녀를 보살피는 일과 같은)을 극복하느냐와 상담자의 개입에 재발예방 훈련을 포함시킬 것인지 여부에 달려 있다고 연구자들은 제안한다.

상담자와 내담자가 상담의 종결을 결정할 때 상담에 대해서 평가하고, 상담 종결에 대해서 내담자가 자신의 감정을 정리할 수 있는 시간 그리고 연장 케어(17장)에 관한 계획을 논의하는 시간을 마련해야 한다. 물론 내담자가 종결에 대한 준비가 되기 전에 치료를 그만둘 수도 있다. 만약에 그렇다면 추후에 전화를 걸어주는 것이 새로운 접근에 도움이 될 수도 있다.

효과적인 상담을 위한 세부 기술은 다음과 같다.

공 감

공감은 상담의 핵심이자 의사소통 기술로, 참뜻은 상담자가 내담자의 관점에서 내담자를 이해하고 있다는 것을 의미한다. 그것은 마치 다른 사람의 신발을 신고 서 있는 것처럼 내담자의 시각을 통해서 세상을 바라보고 '이 사람처럼 된다는 것이 어떤 것일까?' 에 대해서 자문하는 것이다.

공감은 내담자를 존중하는 태도를 필요로 한다. 공감적 상담자의 역할은 내담자에게 문제에 대한 해결책을 강요하는 것이 아니라, 내담자가 스스로 해결책을 찾을 수 있도록 돕는 것이다. 상담자가 내담자 스스로 효과적인 선택을 할 수 있다는 것을 믿고 있다는 것과 그에게 쏟는 노력과 시간을 가치 있게 생각한다는 것을 보여 줘야 한다. 공감한다는 것을 말뿐이 아니라, 어조와 몸짓을 통해서 전달하라. 상담자와 내담자는 서로 문화적 배경, 나이, 성별이 다르다는 것을 인식하라. 상담자는 항상 자신이 내담자의 경험에 대해서 추측하고 있는 것들이 정확한지 확인해야 한다.

공감은 동정과는 다르다. 동정하는 경우, 상담자는 내담자의 편을 들게 되는 경향이 있는데, 이것은 전체 내용에 대한 상담자의 이해를 왜곡시킬 수 있다. 예를 들면, 내담자가 안됐다고 느낄 때 상담자의 동정은 내담자가 건설적으로 행동하는 것을 방해할지도 모른다. 공감한다는 것이 내담자의 의견에 항상 동의한다는 것을 의미하지는 않는다. 오히려 그것은 내담자의 시각을 수용하고, 그것에 내포된 의미를 탐색하는 것에 관심을 갖는 것과 관계가 있다.

피해야 할 것들

공감적 접근에 있어서 핵심은 판단이나 반응에 대한 평가를 피하는 것이다. 상담자는 '무엇이 옳은가(How it is should be)' 가 아니라, '그것이 내담자에게 어떤 의미인가(How it is for the client)' 를 이해하려고 노력해야 한다. 비공감적 접근은 내담자의 시각에 대한 이해를 방해할 수 있다. Miller와 Rollnick(2002)은 내담자에 대한 이해를 방해하는 장애물로 다음의 접근 방식을 제시하였다.

- 지시하거나 명령하기
- 경고하거나 위협하기
- 충고하거나 해결책 제시하기
- 논쟁하거나 설득하기
- 도덕적으로 가르치기
- 동의하지 않기, 판단하거나 비판하기
- 조롱하거나 낙인찍기
- 해석하거나 분석하기
- 안심시키거나 동정하기
- 시선을 다른 곳에 두기, 혼란스럽게 하거나 비위 맞추기

반영적 경청

의사소통 기술로서 공감은 내담자의 관점에 대해서 상담자가 이해한 것을 함께하는 것과 관련된다. 공감하는 방법 중 하나는 반영적 경청이다. 내담자가 말하는 것과 강조하는 특정 단어, 얼굴 표정과 몸짓, 내담자가 표현하는 감정의 강도와 같은 감정적 표현의 신호에 주목하는 것이다. 표현되는 핵심 메시지를 판별하기 위해 노력하라. 그러고 나서 내담자와 그것을 공유하라. 예를 들면, Egan(2002)은 상담자가 사용할 수 있는 공감 방식을 다음과 같이 제시한다.

"당신은 ……라고 느끼는군요." (내담자가 표현하는 감정을 덧붙여 말하라.)
"왜냐하면……." (그 감정을 일으킨 경험과 행동을 덧붙여 말하라.)

내담자: 나는 도대체 내가 왜 여기에 있어야만 하는지조차 모르겠어요. 부모님이 내가 여기에 오지 않으면 나를 집에서 내쫓겠다고 했는데, 그렇지 않았다면 나는 여기에 오지 않았을 거예요.

상담자: 당신은 당신 스스로의 판단과는 달리 부모님이 당신을 이곳에 오도록 밀어붙였기 때문에 정말로 화가 났군요. 당신은 여기에 오는 것을 원하지도 않았지만 쫓겨나는 것도 원하지 않는군요.

물론 이 방식은 단지 시작점에 불과하다. 만약 상담자가 이 같은 방식으로 모든 문장을 말한다면 그것은 진심에서 우러난 것 같아 보이지 않을 것이다. 그러나 이 방식은 공감과 반영적 경청기술을 발전시키는 데 유용한 조언이다. 우리가 추측하는 것이 그들이 정말로 말하려고 했던 것과 다를 수 있다. 반영적 경청은 상담자에게 다음과 같은 것을 가능하게 한다.

- 상담자가 진심으로 듣고 있다는 것을 보여 준다.
- 상담자의 이해가 내담자가 의도한 의미와 일치하는지 확인할 수 있다.
- 내담자가 언급한 내용에 대해서 피드백할 수 있고, 그렇게 함으로써 변화해

야 하는 스스로의 이유에 대한 인식을 강화할 수 있다.

- 내담자는 상담자가 반영해 준 것을 스스로 살펴보면서 잘못된 피드백을 정정할 수 있는 권리를 갖게 된다.

또한 Miller와 Rollnick(2002)은 질문보다는 진술 형태의 피드백이 보다 효과적으로 내담자의 탐색을 격려한다고 제안하였다. 그들의 저서에서 발췌한 다음의 예를 통하여 반영적 경청이 어떻게 내담자의 문제를 탐색하도록 돕는지 그리고 어떻게 다른 문제를 인식하도록 내담자를 격려하는지 알 수 있다.

내담자: 나는 때때로 술을 너무 많이 마시는 것이 아닌지 걱정입니다.
상담자: 그동안 꽤나 술을 많이 마셨나 보군요.
내담자: 사실 그렇게 많이 마셨다고 생각하지는 않아요. 나는 술을 많이 마실 수 있고…….
상담자: 대부분의 사람보다 많이…….
내담자: 맞아요. 나는 테이블에 둘러앉은 대부분의 사람보다 더 많이 마셔요.
상담자: 그리고 그게 바로 당신이 걱정하는 것이군요.
내담자: 음, 그것에 대해 내가 어떻게 느끼는지…… 다음 날 나는 보통 엉망이 되어 있어요. 내 느낌은…….

(Miller & Rollnick, 2002, p. 70)

저항과 함께 구르기

저항은 치료 중에 일어나는 어떤 특정한 변화로부터 멀어지려는 내담자의 신호(예: 논쟁, 훼방, 부정, 무시)로 관찰 가능한 행동이다. 저항적 행동은 종종 내담자와 상담자 사이의 상호작용의 내용과 형태에 대한 반응이기도 하다. 내담자가 더 많이 저항할수록 변화가 일어나기 어렵기 때문에 내담자의 저항을 촉발하거나 심화시키지 않는 것이 중요하다. 다시 말하면, 저항은 내담자가 변하지 않아도 되는 그럴듯한 이유를 표현하도록 허용하는 면이 있다. 내담자가 변화에 저항하는 많은 이유들이 있을 수 있다. 예를 들면, 내담자가 낮은 자존감을 가졌을 수도 있고, 변화할 수 있는 자신의 능력을 신뢰하지 못할 수도 있다. 혹은 상담을 받지 않으면 처벌을 받아야 하는 것과 같은 양자택일의 상황에서 치료에 강제적으로 참여한 것인지도 모른다. 그러므로 아직 변화에 대해서 진지하게 생각할 준비가 되어 있지 않을 수도 있다.

Miller와 Rollnick(2002)은 내담자의 저항을 다루는 비직면적 방법을 설명하기 위해 '저항과 함께 구르기(rolling with resistance)' 라는 용어를 만들어 냈다. 이들 중 대부분은 반영적 경청기술과 관련된다.

"난 술을 마시는 것이 왜 그렇게 문제가 되는지 모르겠어요. 내 친구들도 전부 나만큼은 마셔요."

Miller와 Rollnick(2002)에 의해서 제안된 몇몇 접근 방식을 사용하여 상담자는 다음에 이어지는 대화 방법으로 이 진술에 대해 답변할 수 있다.

간단한 반영

상담자의 반영적인 대답에 대한 내담자의 저항을 인정하라.

"친구들도 아무 문제없이 술을 마시고 있기 때문에 본인의 음주도 문제 될 것이 없다는 말씀이시군요."

확장된 반영

내담자의 양가감정 중 다른 면을 이끌어 내기 위해서 확장되거나 과장된 형태로 피드백하라. 이때 비꼬는 어투를 사용하는 것은 피해야 한다.

"만약 친구들이 아무 문제없이 음주하는 것처럼 보인다면 당신도 아무런 걱정도 할 필요가 없다는 말씀이시군요."

양방향의 반영

내담자가 말한 것을 인정하고 그것에 내담자의 양가감정 중 다른 면을 덧붙여서 반영하라.

"지금 상황이 당신에게는 조금 혼란스러울 수 있을 것 같습니다. 한편으로는 음주에 대한 걱정과 그것이 당신에게 미치는 영향 때문에 이곳을 찾아왔지만 다른 한편으로는 당신이 더 이상 친구들처럼 술을 마시지 않고 있다는 것으로 들리는군요."

Miller와 Rollnick(2002)은 보다 이해하기 쉬운 예와 부가적 기술을 '저항에 반응하기' 장에서 제시하였다.

열린 질문

내담자에게 보다 깊이 자신을 탐색할 수 있도록 격려하는 질문을 하라. '예' '아니요' 또는 한 단어로 답할 수 있는 닫힌 질문(closed questions)은 특정한 정보를 얻고자 하는 데 유용하다. 그러나 그것으로 인해서 치료 회기가 어떤 사실을 발견하는 탐문 과정이 되어 버릴 수 있기 때문에 이러한 질문들은 유의하여 사용해야 한다. 이러한 닫힌 질문은 내담자가 보다 깊이 탐색하는 것을 단념시킬 수 있다. 닫힌 질문을 열린 질문(open-ended questions)으로 바꾸도록 노력하라.

"시간이 갈수록 음주 형태가 변했습니까?"

⬇

"시간이 지남에 따라 당신의 음주 형태가 어떻게 변했습니까?"

자세히 기술하기

내담자가 자신의 약물 사용, 변화에 대한 의지, 느낌 또는 자신감에 대해서 스스로 자세히 말할 수 있도록 열린 질문을 사용하라. 예를 들면, 내담자가 약물 사용에 있어서 변화하기를 원한다고 말할 때 "어떤 변화를 원합니까?" "어떤 때가 적당할까요?" "예를 들어 말씀해 주시겠습니까?" 라고 질문함으로써 자세한 내용을 말하도록 하라.

재명명하기

재명명하기(reframing)는 내담자가 말하는 것을 인정함과 동시에 변화를 지지하는 다른 의미나 해석으로 내담자의 주의를 끄는 방법이다. 예를 들면, 치료에 실패한 과거의 경험은 내담자가 자신에게 적합한 치료 접근 방법을 아직 찾지 못한 증거로 재명명될 수 있다. 내담자의 내성에 대한 스스로의 설명을 재명명해 주는 것 또한 매우 중요하다(p. 108 참조).

긍정적으로 지지하기

치료에 대한 내담자의 노력을 직접적으로 지지하라. 예를 들어, 상담자를 찾아온 용기를 인정하고, 그 과정에 참여하는 내담자를 칭찬해 주어야 한다. 약물 사용에 대해 저항하고 그것을 억제하고 있는 내담자의 능력을 확실하게 강조하라. 그동안 하찮게 여겨 왔을지 모를 긍정적인 것들로 내담자의 주의를 이끌라. 만약 내담자가 자신의 문제에 압도되는 것처럼 보인다면 그 문제에 관해서는 예외를 인정하도록 해결 중심 질문(solution-focused questions)을 이용하라(18장 참조).

요약하기

요약 진술은 내담자가 논의할 수 있는 주제들을 이끌어 내도록 도와주는 등 다양한 목적을 위해 적용될 수 있다. 내담자가 제기한 주제들을 요약함으로써 상담자가 적극적으로 경청하고 있다는 것을 보여 주어라. 요약하는 방법은 다음을 참고하도록 한다.

- 중요한 깨달음이 드러나도록 강조하기
- 보다 철저히 탐색할 수 있도록 격려하기
- 내담자의 이야기가 막힐 때는 보다 광범위한 주제의 이야기하기
- 변화해야 하는 이유에 대해서 내담자가 스스로 말하도록 해서 자신이 그 내용을 들을 수 있는 기회를 제공하기
- 한 문장으로 변화의 긍정적인 부분과 부정적인 부분을 연결함으로써 그가 지닌 양가감정을 강조하기(예: 한편으로는 술을 마시는 것을…… 이유로 즐긴다고 하셨어요. 하지만 다른 한편으로는 그와 관련하여 ……의 걱정을 하신다고도 말씀하셨지요. 종합해 보면 두 측면 사이에서 갈등하고 있는 것으로 들리는군요.)
- 이야기 마무리하기

변화에 대한 자신감

변화에 대한 내담자의 자신감을 강화시키는 것은 내담자의 약물 사용에 대한 행동 변화 과정의 중요한 중간 단계다. 변화가 달성 가능한 목표라는 긍정적인 관점을 내담자가 지니도록 돕는 것은 대단히 중요하다. 매 회기의 상담 목표가 내담자의 역량에 맞도록 설계되는 것 또한 중요한데, 그러한 목표 달성의 경험을 통하여 내담자는 할 수 있다는 자신감을 가지기 때문이다. 내담자가 목표 달성에 성공할 것이라는 상담자의 신념 또한 매우 중요한데, 그러한 신념은 내담자의 성공에 대한 기대치에 강한 영향을 미치기 때문이다. 상담자와 내담자는 힘의 불균

형 상태에 있다는 것을 명심해야 한다. 상담자가 치료 과정에서 더 많이 통제하려고 하면 할수록 내담자는 변화에 대한 책임감과 적절한 선택 능력을 기르는 데 있어서 자신감을 가지기 어려울 것이다. 상담자는 내담자가 스스로 선택하도록 돕고, 그것을 통해서 더 나아졌을 때 축하해 주는 역할을 함으로써 내담자의 능력을 길러 줄 수 있다.

집단상담

이 책에서 설명하는 모든 기법은 집단 장면에서도 적용될 수 있다. 사실 집단 장면은 어떤 기법들이 보다 더 잘 적용될 수 있도록 해 주는 독특한 측면을 제공해 주기도 한다. 예를 들면, 브레인스토밍 연습을 하고자 할 때 다양한 사람들이 모인 집단에서 혼자 혹은 두 사람이 생각해 내는 것보다 다양한 아이디어를 이끌어 낼 가능성이 높다. 의사소통 기술을 배우는 데 있어서도 내담자가 배운 기술을 연습해 볼 수 있고, 다른 사람으로부터 다양한 관점의 피드백을 받을 수 있다는 장점도 있다. 재발예방 계획을 세울 때도 도움을 얻을 수 있는데, 각각의 사람들에게 어떤 것이 효과적이고 어떤 것이 효과적이지 않은지를 관찰함으로써 자신의 계획을 더 정교화할 수 있다. 내담자는 동료의 지지를 통해 필요한 도움을 받을 수 있는데, 이러한 측면은 특별히 치료 종결 이후에도 지속될 수 있다는 장점이 있다.

어떤 기법들을 제대로 익히기 위해서는 한 집단이 지속적으로 여러 회기를 가질 수도 있고(예: 이완훈련, 자기주장 훈련), 어떤 기법은 매주 다른 집단원들이 참석하게 되는 열린 집단에서 사용될 수도 있다(예: 재발예방, 거절기술 훈련과 같은 것은 열린 집단에서 사용될 수 있다). 다음에서 Vanicelli(1982)가 제안한 알코올 의존자 집단 운영을 위한 구체적인 지침을 소개하고자 한다. 또한 Monti, Kadden, Rohsenow, Cooney와 Abrams(2002)가 제안하는 집단 규칙도 소개할 것이다.

집단 구성

집단은 공동의 목표를 가질 필요가 있다. 그러므로 한 집단 내에 단약 또는 단주를 목표로 하는 사람들과 절주를 목표로 하는 사람들이 함께 섞여 있을 때는 갈등과 혼란이 야기되고 공동의 목표를 상실할 위험이 있다. 서로 다른 목표를 가진 내담자들의 경우 분리해서 집단을 구성하는 것이 더 낫다.

집단은 집단 간에 역동이 생길 만큼 커야 하지만 동시에 집단 구성원 모두가 참여할 수 있을 만큼 작아야 한다. Rose(1977)는 가장 이상적인 집단의 규모로 6~9명을 제안했다. 모든 집단 구성원들이 새로 배운 기술을 실제로 실행해 볼 수 있도록 하위 집단으로 나누어서 운영할 수도 있다.

마지막으로 집단을 구성함에 있어서 남녀 비율에 대한 고려가 필요하다. 연구에 의하면 여성 내담자들은 남녀가 함께 섞인 집단보다 여성으로만 구성된 집단에서 더 많은 도움을 얻는 것으로 나타났다(Jarvis, 1992). 집단 토의 과정에서 성적 학대나 가정폭력과 같은 문제가 드러날 경우 더욱 그러하다.

집단 규칙

집단의 우선적 목표와 이 목표를 달성하기 위한 집단 참여자들의 책임감을 명확하고 분명하게 정의하라. 내담자에게 집단에 출석해야만 한다는 것을 분명하게 이야기하라. 기본적인 규칙은 다음과 같다.

- 내담자는 최소한의 회기 수를 채워야 한다.
- 정시에 규칙적으로 참석해야 하고 만약에 이것을 지키지 못하게 될 때는 미리 통지하도록 정한다. 처음에 몇 회기를 놓치게 된 내담자들과 연락하여 조기에 집단에서 탈퇴하지 않도록 예방하고, 그들이 다음 회기에는 참석할 수 있도록 격려하라.
- 회기에 참석할 때는 알코올이나 다른 약물에 취한 상태여서는 안 된다. 이와

같은 행동은 집단의 과업에 집중하지 못하도록 방해하고 또한 집단의 다른 참여자들을 혼란에 빠트릴 수 있다는 것을 설명하라. 만약에 내담자가 이 규칙을 어긴다면 그 회기에는 참석시키지 말고, 맑은 정신으로 다음 회기에 참여할 것을 권하라.

- 집단 참여자들의 신분과 집단 내에서 논의되는 모든 개인적 주제는 비밀을 유지해야 하고, 집단 밖에서 가족이나 친구들에게 이야기해서는 안 된다.

집단 의사소통

회기 초기에 다른 사람들과 어떻게 의사소통할 것인지에 대해서 논의하도록 하라. 예를 들면, 어떤 행동은 신뢰적이고 개방적인 분위기를 만드는(예: 다른 사람의 말을 방해하지 않고 듣는 것) 반면에 어떤 행동은 집단의 목표를 이루는 데 있어서 사람들을 지치게 만들고 집단을 혼란스럽게 할 수도 있다(예: 지배하기, 비웃음, 책임 전가하기 또는 다른 참여자들에게 음주나 약물 사용을 권하는 것). 초기에 간단한 몇 가지 규칙을 정하면서 상담자는 내담자에게 그들의 의사소통이 다른 사람들의 기분을 불편하게 할 수도 있다는 것을 이야기할 수 있다. 저항을 다루는 방법이나 치료로 인하여 생기는 집단의 과정에 대한 보다 자세한 내용은 3장(동기강화상담)과 19장(청년층 내담자 상담하기)에서 다루도록 하겠다.

집단은 내담자의 행동 변화에 있어서 매우 효과적이다. 앞서 언급했던 것과 같이 집단 참여자들은 집단이 공동의 목표를 이루기 위해서 노력하고 있다는 것과 또한 집단의 다른 참여자들에 의해서 지지받고 있다는 것을 인지할 필요가 있다. 다른 집단 참여자들에게 관심이나 수용을 보여 주는 내담자의 진술이나 긍정적인 진술은 집단의 연대감(togetherness)을 강화하는데, 이는 다음과 같이 언급될 수 있다.

"그러니까, 당신은 …… 에 대해서 …… 에 동의하는군요."

집단은 상담자나 집단원들에게 동의하지 않고 이의를 제기하는 시기를 겪기도 한다. 이것은 자연스러운 과정이고 제대로만 다룬다면 그 집단은 보다 안정적이고 신뢰할 만한 수준으로 성장할 수 있을 것이다. 집단을 보다 더 건설적인 방향으로 이끄는 논쟁과 적개심을 가진 논쟁을 구별하는 것은 중요하다. 만약에 집단 참여자들이 다른 사람들에 대해서 적대적이라면 그들은 다른 참여자들의 성장을 방해하고, 집단을 와해시킬 수도 있다. 따라서 서로를 비난하기보다는 그들의 생각을 상담자에게 말하도록 함으로써 집단 참여자 상호 간의 적대감을 해소시키는 것이 중요하다. 또한 집단에서는 직면보다 공감을 강조하는 것이 유용하다.

역할극

역할극은 실제로 일어날 수 있는 상황들을 시연하는 것으로서 특정 기술을 사용하는 방법을 연습할 수 있다. 상담자는 내담자와 개인상담 장면에서 역할극을 시연할 수도 있지만, 집단 장면에서 보다 이상적이다. 내담자는 다른 사람들이 시연하는 것을 봄으로써 동일한 기술을 배울 수 있는 기회를 얻게 된다. 역할극을 할 때는 항상 내담자가 따라 할 수 있도록 상담자가 먼저 시범을 보이는 것으로 시작하라. 각 역할극의 마지막에는 연기자(player)에게 시연을 잘했을 때 생각했던 것과 어떤 부분을 다르게 하고 싶었는지에 대해서 이야기해 줄 것을 요청하라. 그 후에는 집단원들에게 피드백을 요청하라. 이때 피드백은 몸짓, 목소리 톤이나 이야기했던 내용들에 초점을 맞춰야 하며, 건설적이고 구체적인 진술이어야 한다는 것을 강조해야 한다. 집단원들의 피드백이 끝난 후에 상담자는 긍정적인 측면을 중심으로 특히 중요한 부분에 한해서 간략하게 이야기할 수 있다. 역할극은 집단을 통해서 문제해결 기술, 음주나 약물 거절 기술, 자기주장 훈련, 의사소통 기술, 재발예방과 관련된 내용을 가르치기 위해서 사용될 수 있고, 또한 부부치료에서도 유용하게 사용될 수 있다(13장 참조).

종 결

집단상담이 일시적으로 중단되거나(공휴일이나 국경일 때문에) 종결될 때를 대비하여 미리 준비할 수 있도록 하라. 예를 들면, 상담자는 내담자들이 서로 집단에 참여하지 않아도 단주 혹은 절주를 유지하도록 서로를 지지할 수 있게 하위 집단을 만들거나 몇몇 내담자에게 서로 전화번호를 교환하도록 권할 수 있다. 집단과 관련된 보다 자세한 내용은 17장(연장 케어)에서 다루도록 하겠다.

윤리의 실제

윤리는 전반적인 치료 과정 동안 내담자의 권리를 보장하기 위해서 만들어진 전문적 행동 규범이다. 이것은 내담자, 연습생, 동료들과 관련하여 윤리적으로 지켜야 하는 상담자의 모든 책임에 대한 것이다. 윤리적 행동은 두 가지 원리에 의해서 좌우되는데, 그것은 내담자에게 도움이 될 것과 해를 끼치지 않을 것이다.

전문가 집단은 상담자를 안내하기 위한 윤리 규범을 가져야 한다. 이에 대해서 정부의 관련 법규, 자격증 관련 행동 규준 그리고 상담자가 근무하고 있는 기관 치료 프로그램의 정해진 절차나 정책 등을 참조할 수 있다. 상담자는 보다 경험이 풍부한 동료에게서 정기적으로 슈퍼비전을 받는 것이 적절하며, 이것은 윤리적인 결정을 함에 있어 지지와 도움을 얻도록 해 준다. 동료 슈퍼바이저 모임과 사례회의 또한 윤리적 문제에 대해서 논의하고 명확히 할 수 있는 기회를 제공해 준다.

경계선

직업적 경계선(professional boundary)이란 상담자가 내담자와 맺는 관계의 범위와 한계로 정의된다. 그것은 내담자의 비밀을 지켜 주고 내담자가 개인적인 문제를 노출하고 탐색할 수 있는 '안전한 공간'을 만들어 낸다. 경계선은 정기적인 약속 시간, 각 회기의 길이, 지정된 상담 장소와 같은 상담 과정에서의 시간적·공간적 약속을 의미한다. 상담자와 비교해서 사례관리자와 입소시설 관리자는 시간이나 공간적인 측면에서 일상적 업무 내용이 보다 덜 고정적일 수도 있다(18장 참조). 이러한 역할을 수행하는 상담자는 내담자와 접촉하는 다양한 방식의 업무가 직업적 역할의 한 부분이라는 점을 명확히 함으로써 이러한 경계선을 견고하게 할 수 있다.

때때로 상담자는 이처럼 경계가 명확하게 정해지지 않은 상황에 대처해야 하는데, 이러한 상황들은 보통 해롭게 보이지도 않고 잠재적인 해로움을 가져올 것으로 보이지도 않을 수 있다. 예를 들어, 내담자가 주는 선물을 받아야 하는가? 아마도 응답은 상황에 따라서 달라질 수 있다. 마지막 회기에 고다움을 표현하기 위해서 비싸지 않은 선물을 주는 것과 상담 과정에서 내담자가 상담자에게 선물하는 것은 그 의미가 매우 다르다. 상담 과정에서 내담자가 주는 선물의 경우에는 정중하게 사양하는 것이 윤리적인 선택일 것이다. 상담자로서 직업적인 관계를 유지하는 것이 보다 유익하다는 것을 내담자에게 설명하고 논의하는 것을 통해서 내담자의 필요가 무엇인지에 대해서도 초점을 맞출 수 있다.

경계선은 두 가지 원인에 의해서 침해된다. 하나는 무심코 혹은 의도하지 않은 상태에서 일어날 수 있는 착취적인 행동이다. 이것을 보통 '경계선을 넘어가는 행위(boundary crossings)' 라고 이야기하는데, 일반적으로 인용되는 예로는 회기가 끝난 후에 내담자에 의해서 시도되는 작별 포옹, 극도로 스트레스를 받는 시기에 성적인 것은 아니지만(non-sexual) 신체적인 접촉을 통해 격려하는 것, 상담 시간을 초과하는 것, 선택적 자기노출 등이 있다. 반복적으로 경계선을 넘어가는 것은 잠재적으로 해가 되는데, 왜냐하면 이러한 것들에 의해서 경계선이 희미해지고 이로 인하여 경계선을 침해할 가능성이 높아지기 때문이다.

'경계선을 침해하는 것(boundary violation)'은 내담자의 권리를 무시하거나 실제로 내담자에게 잠재적으로 심각한 해를 주거나 해가 될 수 있는 위반 행위를 말한다. 예를 들어, 과도하게 애정이 넘치거나 이성에 대한 호감으로 해석될 수 있는 형태의 경박한 의사소통, 상담자의 개인적인 문제에 대한 자기노출, 불법 행위에 내담자를 끌어들이는 것, 비밀을 누설하는 것 또는 내담자와 성관계를 갖는 것 등이 있다.

상담 중에 나타나는 개인적 감정

따뜻한 관심, 신뢰, 이해는 상담 관계에서 기본 원리다. 내담자가 상담자에게 애정을 느끼는 것은 이상한 일이 아니다. 이와 같은 수용적인 관계는 내담자가 처음 경험하는 것일 수도 있다. 그러나 정의에 의하면 상담 관계는 힘의 불균형 상태에 있다. 상담자가 전문가적 판단을 내리고 비교적 안전한 위치에서 행동하는 것에 비해 내담자는 보다 노출되어 있고, 취약한 상황에 놓여 있다. 때때로 심지어 상담자는 내담자에 대한 제도적인 권위를 가지고 있을 수도 있다.

상담 관계의 이러한 속성이 강한 정서적 감정을 일으키는 것은 이상한 일이 아니다. 예를 들어, 내담자는 상담자를 이상화하기도 하고 때로는 적개심을 나타내기도 한다. 정신증적 증상을 경험하는 어떤 내담자는 한 상담자에게서 생겨난 감정을 다른 상담자에게 표현하기도 한다(p. 441, '정서적 분리' 참조). 상담자는 내담자가 표현한 감정을 개인적인 것으로 받아들이기보다는 이러한 감정의 의미를 내담자가 자신의 경험에 근거해서 탐색할 수 있도록 반영하며 경청해야 한다.

때때로 상담자가 내담자에 대해 강한 개인적 역반응을 나타낼 수도 있는데, 흔히 내담자의 문제가 상담자 자신의 개인적 문제를 자극하게 될 때 일어날 수 있고, 상담자가 내담자에 대해서 특정하고 강한 기대를 가지고 있을 때도 일어날 수 있다. 예를 들어, 내담자가 자신의 약물 사용 정도에 대해서 상담자에게 상습적으로 거짓말을 했다는 것을 알게 되었을 때 상담자의 느낌을 생각해 보라. 이러한 행동과 그것이 미칠 영향과 결과 그리고 상담 효과를 어떻게 감소시킬지에 대해서 내담자와 논의하는 것이 필요하다. 이때 상담자는 분노 또는 배반감을 어느 정도까지 표현해야 하는가? 가장 적절한 방법은 그러한 감정의 책임을 내담자에게 전가하지 않으면서 자신의 감정을 먼저 살펴보는 것이다. 만약 상담자가 강한 감정으로 인해서 괴롭다면 잠시 그 감정을 보류해 두었다가 상담 회기가 끝난 후에 슈퍼바이저와 이야기하거나 개인적으로 그것을 다루도록 한다.

상담자가 내담자에게 사적인 부분을 노출해야 하는지에 대한 논란은 여전히 계속되고 있다. 12단계 접근에서 회복과 관련된 자기노출(self-disclosure)은 긍정적인 나눔과 좋은 역할모델이 될 수 있는 것으로 보인다. 하지만 시간이 소요되고, 내담자의 문제에 집중하지 못하게 될 수 있는 위험 요소를 포함하고 있으며, 내담자에게 불필요하게 상담자의 문제에 대한 짐을 지우게 될 수도 있다.

자기노출은 또한 그 관계가 보다 사적인 것이 되어 간다는 신호가 될 수도 있고, 내담자가 보다 개인적인 질문을 하거나 상담자와 우호를 다지고자 하는 길을 열어 주게 되는 것일 수도 있다. 그 선을 정확히 어디까지로 해야 하는가? 상담자 스스로 자기노출을 하기 전에 다음의 두 가지 질문을 해 보는 것이 유용하다. 첫째, 이것을 통해서 내담자가 얻게 되는 이익은 무엇인가? 둘째, 이것이 상담자로서 나의 직업적인 경계선에 어떠한 영향을 줄 것인가? 상담자는 또한 자신의 사생활을 고려해야만 한다. 예를 들어, 중독으로부터 회복된 상담자와 내담자가 같은 AA 모임(익명의 알코올중독자 모임)에 참석한다면 어떻게 해야 하는가? 이러한 사실로 말미암아 상담자가 스트레스 상황이나 재발 상황에서 이 모임에 참석해서 얻을 수 있는 이익을 제대로 얻지 못하게 될 수도 있다.

이중 관계

이중 관계(dual relationships)는 상담자가 내담자, 훈련생 또는 동료와의 관계에서 동시에 혹은 연이어서 두 가지 이상의 다른 역할들을 수행하게 될 때 일어난다. 이중 관계는 경계선에 혼란을 야기하는데, 왜냐하면 서로 다른 두 관계는 각각의 경계선을 가지고 있기 때문이다.

다음에 제시되는 예시에서 무엇이 잘못되었는가?

예시

당신은 사무실에 페인트를 칠해야 한다. 내담자는 무직 상태이고 수입이 없으며 자신감 또한 낮다. 당신은 내담자를 이 일에 고용할 것에 대해서 생각하고 있다. 왜냐하면 그것이 치료적으로 유익할 수 있기 때문이다.

만약에 내담자가 페인트칠하는 일을 잘하지 못한다면 어떻게 할 것인가? 이것이 상담 관계에 어떤 영향을 주겠는가? 만약에 상담 중에 내담자가 술을 과도하게 마시고 있다는 것을 노출한다면 어떻게 할 것인가? 이것은 페인트공으로서의 신뢰에 어떤 영향을 주겠는가? 이러한 개인적 관계는 상호 간의 신뢰감에 영향을 줄 수 있는 다양한 문제를 야기하기도 한다.

상담 중에 접할 수 있는 이중 관계의 다양한 예는 다음과 같다.

기대하지 못한 만남

이 경우는 특히 시골이나 외부와 교류가 많지 않은 공동체에서 발생할 가능성이 높다. 다음과 같은 경우에 어떻게 반응할지에 대해서 생각해 보라.

- 상담자의 자녀와 내담자의 자녀가 친구가 된 경우
- 파티에서 술을 마시는 중에 내담자와 마주친 경우
- 상담자의 친구가 내담자를 자신의 새로운 데이트 상대라고 소개한 경우

이러한 일이 발생한다면 다음 상담 회기에서 이 사건에 대해서 함께 집중해서 다루는 것이 좋을 것이다. 이 사건에 대한 내담자의 반응을 탐색하라. 내담자의 비밀을 유지하기 위해서 필요한 일들이 무엇인지에 대해서 논의하고 경계선에 대한 내용을 새롭게 재정립하라.

직업적 이중 관계

때때로 상담자는 내담자와 작업하는 중에 다음과 같이 하나 이상의 직업적 역할을 요구받을 수 있다.

- 내담자에 대해서 상담자와 사례관리자로서 역할을 함께 수행하는 경우
- 개인상담에서 만난 내담자가 집단 구성원으로 집단상담 프로그램에 참석하는 경우
- 과거의 내담자가 현재의 동료가 된 경우

이중 직업적 관계에서 두 개의 역할이 섞일 위험이 있는데, 그렇게 되면 어느 특정 상황에서 어떤 역할로 행동해야 할지가 명확하지 않게 된다. 비밀보장의 원칙을 위반하게 될 수도 있고(예: 한 상황에서 얻은 정보를 다른 상황에서 무심코 말하게 되는 경우), 또 두 개의 역할이 합쳐지게 되면서 중요한 과업이 무시될 수도 있다(18장 참조). 만약에 이중 직업적 역할을 피할 수 없다면 상담자는 뚜렷하게 그 경계선을 정해야 한다. 예를 들면, 상담자는 이중적인 역할을 구분하기 위해서 서로 다른 역할을 서로 다른 장소와 시간을 이용해서 구분할 수도 있다. 또한 상담자와 내담자는 미리 잠재적인 위험에 대해서 논의할 수도 있고, 후에 그들이 경계선을 넘었던 특정 행동이나 상황에 대해서 이야기할 수도 있을 것이다.

개인적 그리고 직업적 역할

가장 일반적이면서 잠재적으로 가장 해로운 이중 관계는 상담자가 내담자와 개인적인 관계를 가질 때 일어난다. 일반적으로 함께 사업을 시작하는 것, 친구 관계를 형성하는 것 또는 저녁에 내담자를 초대하는 것 등으로 시작된다. William과 Swartz(1998)는 친근하게 되는 것과 친구가 되는 것은 차이가 있다고 설명했다. 만약에 내담자가 사회적으로 고립되어 보인다면, 내담자에게 상담 관계가 주된 친밀한 관계일지도 모른다. 친구 관계를 통해서 내담자가 원하는 것이 무엇인지와 내담자가 지역사회에서 잠재적인 친구들에게 접근하는 방법에 대해서 탐색

하라.

이중 관계의 여러 형태 중에서 성적 관계는 가장 해로운 관계다. 내담자와 성적 관계를 가지는 것은 어떠한 경우에도 정당화될 수 없다. 치료적 관계의 강한 역동을 주기 위해서 상담자가 내담자에게 어떤 성적 행동을 하는 것은 착취하는 것이고 속이는 것이다.

만약에 상담자가 내담자에게 성적으로 끌린다면 내담자를 다시 만나기 전에 슈퍼바이저에게 조언을 구하는 것이 바람직하다. 끌리는 감정은 아마도 상담자의 개인적인 문제로부터 발생한 일시적인 감정일 것이다. 슈퍼바이저의 도움으로 이 감정을 분별하는 것을 통해서 이러한 감정은 감소될 것이다. 하지만 만약에 그 감정이 지속되고 그것이 행동으로 나타날 위험이 있다고 생각된다면 상담자는 그 내담자를 다른 상담자에게 의뢰해야만 한다. 이 내담자를 의뢰할 계획을 세우는 가장 좋은 방법에 대해서 슈퍼바이저에게 조언을 구하라.

만약에 내담자가 성적으로 접근하거나 상담자에게 신체적으로 친밀한 태도를 보인다면 상담자는 개인적으로 반응하기보다는 치료적으로 반응해야만 한다. 이러한 것에는 예민하고 세련된 감각이 요구된다. 내담자의 친밀한 행동은 상담자와의 관계에 대한 내담자의 신뢰감을 반영하는 것이라고 인정해 줌으로써 시작될 수 있다. 내담자에게 서로의 관계가 직업적 역할에 부합하는 수준에 머물러야 하는 이유와 그것이 신뢰를 배반하는 것이 아니라는 것을 다시 이야기하는 것도 좋은 방법이다. 만약에 내담자가 당황하거나 분노를 표현한다면, 공감해 주고, 무비판적으로 접근하라. 그리고 내담자가 이러한 감정을 충분히 표현할 수 있는 시간을 갖도록 하라.

과거의 내담자와 상담 관계를 종결한 이후에 개인적인 관계를 갖는 것은 정당한지에 대한 논란이 있다. 그것이 정당하다면 상담자는 치료가 종결된 후 얼마 동안을 기다려야 하는가? 상담자가 내담자와 한번 개인적인 관계를 갖게 되면 내담자는 그 후에 상담자로부터 상담을 받을 수 있는 기회는 사라져 버리게 된다. 또한 나중에라도 내담자와 관계를 갖게 될지도 모른다는 것을 의식하는 것은 현재의 상담 관계에도 영향을 줄 수 있다.

윤리적 딜레마

윤리적 딜레마는 두 개의 윤리적 원리가 부딪치게 될 때 생겨난다. 약물과 알코올중독 분야에서 일할 때 가장 흔히 접하게 되는 주요 윤리적 딜레마는 내담자가 자신 또는 타인에게 위험을 초래할 수 있다고 여겨질 때 관계 기관에 보고해야 하는 의무와 관련된 것이다. 이러한 경우는 비밀보장의 윤리 원칙과 신체적 위험으로부터의 예방과 관련된 법적 의무가 서로 상충되기 때문에 일어나는 문제다. 이것은 또한 내담자의 자살 또는 살인 행동을 예방하기 위한 목적으로 정신과 병동에 강제로 입원시키게 될 때 내담자의 자율권을 침해하게 되는 보다 심각한 딜레마로 발전될 수도 있다. 이러한 윤리적 이슈에 대해서는 20장에서 다루고 있는 이중진단의 상황과 관련하여 보다 심도 있게 논의할 것이다.

참고자료

Alcoholics Anonymous (undated). *AA Guidelines for AA Members Employed in the Alcoholism Field.*

- AA 모임에서 일어날 수 있는 이중 관계를 피하는 방법에 대한 내용을 다루고 있다.
- 다음에서 이용 가능: G.S.O., Box 459, Grand Central Station, New York, NY 10163. Alternatively link to 'AA Guidelines' on: www.aa.org

Beck, A. T., Wright, F. D., Newman, C. F., & Liese, B. S. (2001). *Cognitive Therapy of Substance Abuse.* New York: Guilford Press.

- 이 책 4장에서는 협력적 치료 관계를 형성하는 방법에 대한 지침을 제공하고 있고, 13장에서는 위기 상황에 처한 내담자와 관련된 위기 개입에 대해서 논의하였다.

Chapman, C. (1997). Dual relationships in substance abuse treatment: Ethical implications. *Alcoholism Treatment Quarterly, 15*(2), 73-79.

- 회복된 치료자를 포함하여 특히 약물과 알코올 치료 현장에서의 윤리적 이슈에 대해서 다루었다.

Dove, W. R. (1995). Ethics training for the alcohol/drug abuse professional. *Alcoholism Treatment Quarterly, 12*(4), 19-30.

- 약물과 알코올 치료 현장에서의 윤리적 딜레마와 그 일반적인 예를 설명하였다.

Edelwich, J., & Brodsky, A. (1984). Sexual dynamics of the client-counselor relationship. *Alcoholism Treatment Quarterly, 1*(3), 99-117.

- 정신역동적 관점에서 쓰인 것으로 상담자와 치료자에 의해서 내담자가 성적으로 이용될 수 있는 상황을 예방하기 위한 윤리적 지침을 제공하였다.

Egan, G. (2001). *Exercises in Helping Skills: A Training Manual to Accompany 'The Skilled Helper'* (7th edn). Pacific Grove, CA: Brooks/Cole.

- 공감기술을 훈련할 수 있는 워크북

Egan, G. (2002). *The Skilled Helper: A Problem-Management and Opportunity-Development Approach to Helping* (7th edn). Pacific Grove, CA: Brooks/Cole.
-공감적이고 내담자 중심적인 상담 양식의 적용을 위한 매뉴얼

Jarvis, T. J. (1992). Implications of gender for alcohol treatment research: A quantitative and qualitative review. *British Journal of Addiction, 87*, 1249-1261.
-치료에 있어서 남성과 여성을 비교한 연구로, 치료의 성공률은 비슷하지만 치료 프로그램에 있어서 중점을 두고 다루어져야 할 부분이 다르다는 것을 이야기하고 있다.

Liberman, R. (1970). A behavioral approach to group dynamics. 1: Reinforcement and prompting of cohesiveness in group therapy. *Behavior Therapy, 1*, 141-175.
-선택적 강화를 통해서 치료자가 집단응집력을 변화시킬 수 있다는 증거를 제공하였다.

Miller, W., Benefield, R., & Tonigan, J. (1993). Enhancing motivation for change in problem drinking: A controlled comparison of two therapist styles. *Journal of Consulting and Clinical Psychology, 61*, 455-461.
-치료자가 직면적일 때보다 공감적일 때 내담자가 더 나은 결과를 얻게 된다는 연구 결과를 제공하였다.

Miller, W. R., & Rollnick, S. (2002). *Motivational Interviewing: Preparing People to Change Addictive Behavior* (2nd edn). New York: Guilford Press.
-동기강화상담의 지침을 강력하게 추천한다. 5장과 8장에서는 내담자의 저항을 인지하고 이에 대응하는 방법에 대한 지침을 제공하였다.

Monti, P. M., Kadden, R. M., Rohsenow, D. J., Cooney, N. L., & Abrams, D. B. (2002). *Treating Alcohol Dependence: A Coping Skills Training Guide* (2nd edn). New York: Guilford Press.
-기술을 훈련하는 집단을 이끌기 위해서 회기별 계획에 따라서 집단을 만들어 가는 간단한 지침을 제공하였다.

Nurses Registration Board of NSW (1999). *Guidelines for Registered Nurses and Enrolled Nurses Regarding the Boundaries of Medical Practice*. Callaghan, New South Wales: The Centre for Nursing Research and Practice Development,

Faculty of Nursing, University of Newcastle.
- 다음 사이트에서 이용 가능: http://www.nursesreg.nsw.gov.au/bounds/guidelin.htm#Information
- 이 자료에서 다루고 있는 예가 특별히 간호 업무와 관련된 것이기는 하지만 이 자료는 윤리적 결정에 있어서 도움이 되는 유용한 모델들을 제공하고 있으며, 이 내용들은 약물과 알코올 상담에 매우 유용하다.

Pearson, B., & Piazza, N. (1997). Classification of dual relationships in the helping professions. *Counselor Education and Supervision, 37*(2), 89-99.
- 이중 관계를 최소화하거나 다루기 위한 실제적인 접근에 대한 세부적인 논의를 제공하였다.

Rose, S. D. (1977). *Group Therapy: A Behavioral Approach*. Englewood Cliffs, NJ: Prentice-Hall.
- 연구 결과를 바탕으로 하는 행동치료 집단을 이끌어 가는 데 유용한 지침을 제공하였다.

Shand, F., Gates, J., Fawcett, J., & Mattick, R. P. (2003). *Guidelines for the Treatment of Alcohol Problems*. Canberra: Australian Government Department of Health and Ageing.
- 내담자와의 약속과 효과적인 상담을 위한 근거 중심의 권고 사항을 제공하였다.

Vanicelli, M. (1982). Group psychotherapy with alcoholics: Special techniques. *Journal of Studies on Alcohol, 43*, 17-37.
- 금주 목표를 달성하기 위한 집단을 이끄는 데 특징적인 문제들에 대해서 설명하고 그 해결책을 찾는 데 도움이 되는 정보를 제공하였다.

Walters, S. T., Ogle, R., & Martin, J. E. (2002). Perils and possibilities of group-based motivational interviewing. In W. R. Miller & S. Rollnick (eds.), *Motivational Interviewing: Preparing People for Change* (2nd edn) (pp. 377-390). New York: Guilford Press.
- 집단 장면에서 동기강화상담을 사용하는 것의 역동에 대해서 논의하였다.

Williams, J., & Swartz, M. (1998). Treatment boundaries in the case management

relationship: A clinical case and discussion. *Community Mental Health Journal, 34*(3), 299-311.
-약물 및 알코올 중독 상담의 경우에 있어서 전문가적 경계선에 대해서 탁월한 논의를 하였다.

제2장

평 가

기본 지침

평가는 다음과 같은 기능을 수행하는 과정이다.

- 평가를 통해서 치료의 목표와 전략의 수립 및 수정에 필요한 정보를 수집할 수 있다.
- 평가 과정을 통해서 상담자는 내담자와 치료적 관계(rapport)를 형성할 기회를 가질 수 있다. 상담자의 공감적이고 호의적인 태도를 통해 음주 및 약물 사용에 대한 내담자의 방어적인 태도는 완화될 것이다.
- 내담자는 상담자로부터 평가 결과에 대해 피드백을 받음으로써 자신의 상황에 대해 다른 관점을 가지는 계기가 될 수 있다. 이것은 특히 약물 및 음주가 내담자의 건강에 미친 영향에 따라 개인별로 접근할 때 유용하다(pp. 105–108 참조).

• 평가가 진행됨에 따라 상담자와 내담자는 치료 목표가 어느 정도 달성되고 있는지 확인하고 점검할 수 있다.

평가는 단순히 평가 양식에 있는 빈칸을 채우는 작업이 아니다. 치료에 유용하지 않은 정보를 많이 얻는 것은 시간 낭비일 뿐이다. 그러므로 상담자는 내담자에게 적합한 치료 계획을 세우기 위해 필요한 정보를 습득하는 데 초점을 맞춰야 한다. 내담자의 과거 경험에 대한 정보가 행동, 정서, 신념에 영향을 미친 요인을 이해하는 데 도움이 되는 것은 사실이지만, 상담자의 주된 초점은 '지금 그리고 여기(here and now)' 의 상태, 즉 내담자의 현재 상황에 맞춰져야 한다.

현재의 필요나 문제들을 확인하는 것 이외에도, 상담자는 평가를 통해서 치료에 이용할 수 있는 내담자의 회복력(resilience), 강점(strengths), 기술(skills) 등을 확인해야 한다. 이렇게 상담자가 내담자의 긍정적인 심리 자원을 인정하는 것은 내담자의 호의를 얻고, 변화에 대한 내담자의 자신감과 동기를 높이는 데 도움이 된다(pp. 382-384 참조).

무엇보다도 내담자의 가장 시급한 문제를 가능한 한 먼저 다루는 것이 중요하다. 만약 첫 번째 회기에서 치료가 거의 진행되지 않는다고 내담자가 느끼게 되면 치료에 대한 동기는 감소할 것이고, 어떤 경우에는 치료받는 것을 중간에 그만둘 수도 있다. 그러므로 평가 과정은 여러 회기에 나누어서 진행하는 것이 좋다. 즉, 매 회기마다 치료 목표와 과제들을 논의할 수 있는 시간이 필요하고 평가를 신중히 진행하면서 목표와 전략은 때때로 조정될 수 있다.

이론적으로 말하자면, 평가 절차는 상담자와 내담자가 이야기 형식으로 과거력에 대한 정보를 함께 수집하는 개방적인 형식(open-ended)의 반구조화된 면담이다. 이때 내담자가 언급한 내용에 대해 비밀이 보장되며, 치료 목적으로만 사용된다는 것에 대해서 명확히 알려야 한다. 그리고 아동학대, 자살 혹은 다른 사람에게 해를 입히게 되는 상황처럼 윤리적인 의무나 법적인 문제와 연관되어 있는 경우에는 치료의 비밀보장 원칙에서 예외가 있을 수 있다고 내담자에게 알려 주어야 한다.

또한 상담자는 내담자와 관련하여 파생되는 법적인 의무에 대해서도 잘 알고 있어야 한다. 이 주제와 관련해서는 19장(청년층 내담자 상담하기)과 20장(이중진단)에서 보다 자세히 다룰 것이다.

표준화된 질문지는 평가 과정에서 추가적으로 사용되며, 비구조화된 면담 과정에서 내용을 보충하는 데 유용하다. 적절하게 선택된 질문지를 통해 내담자에 대한 정보를 신속하게 얻을 수 있고, 내담자를 다른 내담자들과 개인별로 비교하는 것이 가능하다. 표준화된 질문지 중 특별히 음주 관련 내담자에게는 『종합적 음주자 프로파일(Comprehensive Drinker Profile: CDP)』(Miller & Marlatt, 1984a) 또는 이 질문지의 약식인 『간단한 음주자 프로파일(Brief Drinker Profile: BDP)』(Miller & Marlatt, 1984b)을 사용할 것을 권하고, 약물 사용자, 특히 아편이나 주사기로 약물을 주입하는 내담자에게는 『아편 중독치료 인덱스(Opiate Treatment Index: OTI)』(Darke, Ward, Hall, Heather, & Wodak, 1991)를 추천한다. 『모즐리 중독 프로파일(Maudsley Addiction Profile: MAP)』(Marsden, Gossop, & Stewart, 1998)은 알코올중독자, 약물 사용자 모두에게 사용할 수 있다.

이어서 평가 과정에서 다루어야 할 기본 영역을 살펴보면, 이러한 각각의 영역을 탐색하는 데 있어서 그 범위와 정도는 내담자에 따라 적절하게 결정된다. 예를 들어, 내담자를 다른 기관으로 보내기 위해서 혹은 아주 간단한 치료를 위해서 진행하는 면담이라면, 상세한 평가 절차가 필요하지는 않다. 5장(단기 및 초기 개입)의 약물과 음주 문제를 평가하는 지침에서 언급하고 있듯이 비교적 가벼운 증상의 약물 관련 문제를 보이는 내담자는 간략한 치료를 필요로 한다(예: 1~5회기의 단기 치료). 이러한 내담자에게는 비교적 덜 포괄적인 평가가 적당하다(5장 참조).

알코올 및 약물 문제 평가

상담자를 찾아온 내담자의 동기

내담자가 치료를 받게 된 계기를 탐색하며 치료를 받기로 결심하기까지 영향을 미친 특정 사건이나 치료를 통해 달성하고자 하는 목표를 함께 탐색한다. 내담자가 치료를 받으려는 이유가 자신이 원해서인지 아니면 사회적 혹은 법적 조치에 의한 것인지를 탐색하는 것이 중요하다. 만일 내담자가 자신의 약물남용을 문제로 인식하고 있지 않다면(법적 조치에 의한 내담자의 경우), 첫 회기를 동기강화상담으로 진행하는 것이 도움이 될 것이다(3장 참조).

법적 조치에 의해서 강제적으로 치료를 받게 된 내담자는 분노나 무기력감을 표출하기도 한다. 상담자는 내담자에게 이러한 감정에 대해 이야기할 시간을 주는 것이 필요하다. 상담자와 솔직하게 이야기하기와 같이 법적인 제약의 한계 내에서 내담자가 내릴 수 있는 모든 선택을 인정해야 한다. 법적인 강제로 인해서 상담자가 받게 되는 영향에 대해서도 명료하게 이야기하는 것이 중요하다. 예를 들면, 상담을 의뢰한 법적 관계자에게 내담자가 상담에 출석하는지 여부를 알려야 할 수 있다. 치료를 의뢰한 관련 기관이 상담자에게 부여한 의무에 대해서 내담자에게 설명하여 이에 대해 내담자가 명확하게 인식하게 하는 것이 중요하다.

예상되는 문제 상황 다루기

술에 취해 있는 내담자를 정확하게 평가하는 것은 어렵다. 이러한 경우에는 치료적 관계를 발전시키는 데 집중하고, 내담자가 어떤 말을 하기를 원하는지에 대해 들으면서 두 번째 회기까지 공식적인 평가를 미루는 것이 좋다. 이런 경우, 다음 회기에는 술에 취하지 않은 상태로 오는 것이 중요하다는 것을 알려야 한다.

알코올 및 약물 남용의 패턴과 그 내용

과거 사용력

내담자의 과거 약물 사용력을 탐색해 봄으로써 내담자의 문제가 만성적인지 여부를 판단할 수 있다. 이러한 탐색을 통해 내담자가 약물을 자제할 수 있었던 상황과 과도한 약물 사용을 촉발한 원인이 무엇인지에 대해서 알 수 있다. 이러한 정보는 상담자가 치료 목표를 설정하는 데 도움을 주고, 약물남용의 재발을 예방하는 데 특히 유용하다(16장 참조). 내담자가 과거에 약물 사용을 자제했던 기간에 대해 이야기하는 것은 내담자의 자신감을 향상시키는 데 도움이 된다. 이와 같이 과거 약물 사용에 대해서 탐색하면서 내담자의 과거 치료 경험에 대해서도 물어보라.

현재 사용

상담자는 내담자가 현재 사용 중인 약물에 관한 정보를 가능한 한 상세하게 수집하는 것이 필요하다. 이를 위해서는 약물의 세 가지 영역에 대해 살펴보아야 하며, 이는 다음과 같다.

음 주 술을 얼마나 자주 마시는지 물어본다. 매일 마시는가? 아니면 주기적으로 폭음을 하는가? 한 주 동안 얼마만큼의 술을 마시는가? 일반적으로 하루에 얼마만큼의 술을 마시는가? 만약 과음을 한다면 술을 얼마만큼 더 마시는가? 내담자는 자신의 음주량을 정확하게 말하는 것을 꺼릴 수 있다. 그러므로 내담자가 언급한 음주 수준 이상으로 추정하여 평가하는 것이 필요한데, 이를 통해서 내담자가 실제 자신의 음주량을 솔직하게 이야기해야 하는 난처함 없이 실제 수준보다 조금 낮추어서 이야기할 수 있도록 배려할 수 있다. 내담자의 음주량을 정확하게 측정하는 것은 치료 이후 과정에서 음주량을 비교하는 기준으로 사용되고 또한 알코올 의존 정도를 알아보는 중요한 기준이 된다. 음주의 정도는 '표준 음주량' 으로 측정되는데, 이에 대해서는 139-140쪽에 자세히 명시되어 있으며, 각 음주의 단계별로 나타나는 위험성에 대해서는 153쪽에 나와 있다.

내담자에게 술을 마시는 날에 주로 일어나는 일을 설명해 보라고 한다. 음주와 관련된 행동이나 일에 대해서 열린 질문을 사용하여 물어본다. 예를 들면, 내담자는 몇 시부터 술을 마시기 시작하는지, 어디서 누구와 마시는지, 얼마나 오랫동안 마시는지, 어떤 종류의 술을 얼마나 많이 마시는지, 언제 술을 마시는 것을 멈추는지 그리고 그만 마시게 되는 이유는 무엇인지 등에 대해서 물어보라.

시간이 좀 더 있다면(약 30분), 일정 기간 동안 유지되고 있는 내담자의 음주 습관에 대해서 기록하는 시간 추적 방법(Timeline Followback: TLFB)[1)]을 사용하는 것이 좋으며, 보통 지난 3개월간의 음주 습관을 기록하게 된다. 내담자의 기억을 돕도록 달력을 사용하거나 공휴일, 특별 행사 또는 모임 같은 특정한 사건을 떠올리면서 진행하는 것도 좋은 방법일 수 있다. 이러한 방법은 내담자가 시간이 지남에 따라 음주 패턴을 재조정하는 데 사용되기도 한다. 평가 과정에서 이 방법을 어떻게 사용하는지 더 알려면 Sobell과 Sobell(1992)을 참고하라.

주사기로 주입하는 약물의 사용 여기에는 암페타민, 아편, 코카인 같은 불법 약물을 주입하는 것이 포함된다. 내담자가 얼마나 자주 그리고 얼마나 많은 양의 약물을 주입하는지 물어본다. 상담자가 약물의 암거래 가격을 알고 있는 경우, 내담자가 한 주에 약물을 구입하는 데 돈을 얼마나 쓰는지 물어보면 내담자의 약물 사용량을 추정할 수 있다. 이러한 질문은 내담자에게 약물을 구입하기 위한 자금이 어디에서 나오는지를 물어볼 수 있기 때문에 내담자의 사회적 위치, 직업, 범죄 행위 등에 대한 정보도 얻을 수 있다. 내담자의 약물 투여 패턴에 대해서 물어볼 때, 주삿바늘을 다른 사람과 공유하는지 또는 다른 위험 요소가 있는 행동을 동반하는지 물어보는 것이 중요하다(pp. 66-68 참조).

그 외의 약물 사용 시간 추적 방법은 대마제제 같은 약물의 사용을 측정하는 데 쓰일 수 있다(Budney et al., 2003). 주입식 약물을 사용하는 사용자들은 대

1) 시간을 거슬러 올라가면서 각 시간별로 있었던 사건을 기록하는 방법-역주

부분 자신들이 선호하는 약물을 구하는 것이 수월하지 않기 때문에 여러 가지 약물을 사용한다. 알코올과 관련된 문제로 도움을 구하는 내담자의 경우에는 특별히 알코올과 함께 약물을 사용하는지 혹은 다른 약물을 사용하고 있는지에 대해서도 평가해야 한다.

약물 의존 정도

치료 목표를 결정하는 데 있어서 중요한 것은 내담자의 알코올이나 약물 의존 정도를 살펴보는 것이다(4장 참조). 물리적인 의존 정도를 통해서 해독 과정이 얼마나 필요한지에 대해 예상해 볼 수 있다. 알코올에 신체적으로 의존하는 사람은 알코올을 마신 후 6～24시간 내에 금단증상을 겪게 된다. 대부분의 사람들은 알코올 금단증상이 금방 사라지지만(약 5일), 몇몇은 처음 2～3일에 뇌졸중이나 알코올 진전섬망증 같은 심각한 증상을 경험하기도 한다(Shand et al., 2003). 아편이나 신경자극제의 금단증상은 생명을 위협하는 증상은 아니지만 재발된다. 벤조디아제핀 금단증상은 뇌졸중의 위험이 있다. 내담자의 가정에서 사용하는 해독제와 입원환자의 해독제, 금단증상의 의학적인 관리로 어떤 것이 적절한지를 결정하기 위해서 전문가와 상의해야 한다. 금단증상을 관리하기 위한 몇 가지 지침이 '참고자료' 에 제시되어 있다.

Edwards와 Gross(1976)에 의해서 처음 설명된 약물의존증후군의 특성은 다음과 같다.

- **제한적인 행동 레퍼토리**: 의존 정도가 높지 않은 사람은 상황에 따라서 약물 사용량과 그 종류가 다양하지만, 의존 정도가 높아질수록 매일 똑같은 약물을 소비하는 경향을 보인다.
- **술 또는 약물의 현저한 사용**: 의존 정도가 증가함에 따라, 개인의 삶에 있어서 약물을 사용하는 것이 음식, 건강, 재정, 사회적 요인보다 우선순위에 놓이게 된다.

- **강박에 대한 주관적인 깨달음**: 강박적 의존은 약물 사용에 대한 통제력의 상실, 약물 사용을 지속하고자 하는 견딜 수 없는 충동, 약물 사용을 멈출 수 없거나 약물을 사용하지 않을 때 느끼는 갈망 등으로 경험된다.
- **내성의 증가**: 과도한 약물의 사용은 약물의 양을 늘리도록 신체를 적응시키는데, 이를 '내성' 이라고 한다. 즉, 이전에는 충분한 효과를 발휘하는 양이었음에도 불구하고 같은 양을 사용해도 그 효과는 줄어들게 된다. 약물 의존적인 사람들은 내성에 대한 반응으로 원하는 효과를 얻을 수 있을 만큼 더 많은 양의 약물을 사용한다.
- **반복되는 금단증상**: 약물에 더욱더 의존하게 될수록 금단증상의 빈도와 심각성도 증가한다. 알코올 사용자의 경우, 발한, 손 떨림, 불안, 흥분, 체온 상승, 환각, 메스꺼움 등의 증세가 나타나고, 아편 사용자는 닭살(특히 가슴 부분), 발한, 동공 확장, 콧물, 눈물, 과도한 하품, 구토, 설사나 메스꺼움, 식욕 감퇴, 재채기, 근육통, 심장박동 증가나 고혈압, 한기, 수면장애, 위궤양, 불안, 근육 경련이 나타난다. 암페타민이나 코카인 같은 신경자극제 사용의 금단증상은 허기짐, 피로, 불안, 성냄, 우울증, 수면장애 등으로 나타나고, 벤조디아제핀의 금단증상은 불안과 빈번하지는 않지만 종종 뇌졸중을 야기한다. 대마제제의 금단증상으로는 긴장, 성냄, 식욕 감퇴, 분노나 불안, 수면장애 등이 있다.
- **금단증상을 피하거나 완화하기**: 금단증상을 완화하기 위해서 더 많은 약물을 찾게 되거나(예: 해장술) 또는 금단증상을 피하기 위해서 항상 일정 수준의 약물 사용을 유지한다.
- **약물 중지 후 재발**: 약물의 단약 기간을 거친 후 다시 약물을 사용하는 경우 단약 이전의 약물 사용 수준과 의존 증상으로 빠르게 돌아가게 된다.

이러한 약물 의존 증상은 DSM이나 ICD 같은 표준화된 진단 분류의 기준을 발전시키는 토대가 되었다. 현재 약물 의존에 대한 DSM-IV의 진단 준거는 ① 내성, ② 금단, ③ 원래의 의도보다 더 많은 양의 약물 사용, ④ 약물을 끊거나 줄이기 위하여 노력하지만 실패함, ⑤ 약물을 구하거나 또는 약물의 영향으로부터 회복하는 데 많은 시간 소비, ⑥ 약물 사용으로 인해 사회적 · 직업적 혹은 여가를 위한 활동을 그만두거나 감소시킴, ⑦ 약물 사용으로 인한 신체적 · 심리적 문제에 대한 정보에도 불구하고 계속 약물을 사용하는 것으로 명시되어 있다.

평가를 위해서 약물 의존의 신호에 대한 질문을 하는 것은 물론, 약물 의존도를 측정하기 위해 표준화된 질문지를 사용하기도 한다. 가장 널리 쓰이는 3개의 질문지가 이 장의 마지막에 수록되어 있으며 그에 관한 설명은 다음과 같다.

- **알코올 의존 심각도 질문지 C형(Severity of Alcohol Dependence Questionnaire: SADQ-C, pp. 76-77)**: Stockwell, Sitharthan, McGrath와 Lang(1994)이 개발하였다. SADQ-C는 '중간' 정도에서 '심각' 한 정도에 이르는 알코올 의존도의 신체적인 부분을 주로 측정한다. 각각의 질문에 대한 답은 4가지 측정치—0 = 거의 한 번도 그런 적 없음, 1 = 가끔씩, 2 = 종종, 3 = 거의 항상—로 표시한다. 점수가 20점 이하이면 경미한 약물 의존이고, 21～30점은 중간 정도의 약물 의존, 30점 이상은 높은 수준의 약물 의존을 나타낸다.
- **약식 알코올 의존 척도(Short Form Alcohol Dependence Data Scale: SADD, p. 78)**: Raistrick, Dunbar와 Davison(1983)이 개발하였다. SADD는 알코올 의존도를 보다 주관적인 관점에서 측정한다. 1～9점은 낮은 알코올 의존이고, 10～19점은 알코올 의존, 20점 이상은 높은 알코올 의존을 나타낸다.
- **아편 의존 심각도 질문지(Severity of Opiate Dependence Questionnaire: SODQ, pp. 79-80)**: Sutherland, Edwards, Taylor, Phillips, Gossop과 Brady(1986)가 개발했으며, SADQ와 같은 방법으로 측정한다.
- **의존성 심각도 척도(Severity of Dependence Scale: SDS, p. 81)**: Gossop(1995)이 개발했다. 여러 다른 약물의 사용에 대한 의존도를 측정하는 도구다. 처음 4개의 질문은 SADQ-C를 측정하는 방법과 같고, 5번 문항은 4점 측정—0 = 어렵지 않다, 1 = 꽤 어렵다, 2 = 매우 어렵다, 3 = 불가능하다—을 사용한다. 4점은 암페타민, 3점은 대마제제, 6점은 벤조디아제핀의 의존도를

나타낸다(Dawe et al., 2002).

만일 내담자의 의존도가 심각하다면, 그 내담자의 알코올이나 약물 문제뿐만이 아닌, 이러한 약물남용으로 인한 부차적인 문제에 대해서도 치료 계획 시 고려되어야 하며, 보다 장기적이고 집중적인 치료가 필요하다. 그러나 내담자에게 치료적인 개입을 제공하는 데 의존도 측정 질문지 하나만으로 결정을 내려서는 안 된다(Shand et al., 2003). 대신 질문지 결과를 바탕으로 개인에게 적합한 의견을 제시하고 내담자의 반응과 치료에 대한 동기를 탐색하도록 한다(3장 참조).

배경 정보

상담자는 내담자에 대한 배경 정보를 통해 다음의 3가지 기본적인 목적을 달성할 수 있게 된다. 첫째, 내담자의 전 생애에 걸친 경험과 도움을 청하게 된 이유를 보다 완전하게 이해할 수 있게 된다. 둘째, 내담자가 약물 사용에 대한 변화를 시도할 때 내담자에게 유용한 주변 자원을 검토하는 데 도움이 된다. 셋째, 내담자의 배경 정보는 내담자가 약물을 사용하는 데 영향을 주거나 약물을 사용함으로써 영향을 받는데, 이러한 문제와 이해관계를 두드러지게 나타나게 한다.

생활방식과 사회적 안정성

아편 중독치료 인덱스(Opiate Treatment Index: OTI)와 간단한 음주자 프로파일(Brief Drinker Profile: BDP)은 약물이나 알코올 사용으로 인한 생활방식의 문제를 평가해 보는 데 유용하다. 알코올 문제 질문지(Alcohol Problems Questionnaire: APQ)(Drummond, 1990)와 중독 심각성 척도(Addiction Severity Index: ASI)(McLellan et al., 1992)도 유용한 측정도구다. 내담자의 문제점을 측정할 때 내담자의 강점과 지지집단을 탐색하면서 균형 잡힌 평가를 내려야 한다. 내담자의 욕구(필요)와 감정을 기반으로 한 평가에 대한 정보는 18장(사례관리)을 참고하라.

내담자를 평가하는 데 있어 적절한 삶의 영역은 다음과 같다.

직업적 · 재정적 배경

내담자가 직업적으로 불안정하거나 재정적인 어려움을 겪는가? 내담자는 일정한 주거지를 갖고 있는가? 내담자가 술이나 약물을 복용하는 동안 직업 유지나 성과와 관련한 어려움은 없는가? 내담자의 현재 직업이 약물 혹은 다른 약물 사용자나 알코올 사용자와의 접촉을 가능하게 하는가? 내담자는 직업에서 얼마나 스트레스를 받고 얼마나 만족감을 느끼는가? 대안적으로, 치료 과정 동안에 내담자의 직장에서 내담자를 도울 만한 것이 있는가? 내담자가 알코올이나 약물을 사용하는 데 소비하는 돈은 얼마인가?

가정 배경과 사회적 지지

내담자는 누구와 함께 살고 있는가? 내담자의 삶에서 주요 인물은 누구인가? 내담자는 가족, 친구, 파트너에게서 지지를 받고 있는가? 내담자의 가족 중에 약물 사용자가 있는가? 내담자 주변의 주요 인물 중에 알코올이나 약물을 사용하는 사람이 있는가? 치료를 시작하는 데 있어서 내담자의 주위 사람들은 내담자를 지지하는가? 아니면 반대하는가? 부양해야 하는 자녀의 유무, 내담자가 치료를 받는 동안에 자녀들을 돌보아 줄 사람의 필요 여부, 아동학대, 가정폭력, 부부간의 문제, 가족 간의 불화 등 내담자의 가족과 관련해서 더 탐색해야 할 필요가 있다.

만일 내담자의 인간관계가 알코올이나 약물 사용을 촉발한다면 보다 지지적인 인간관계를 맺을 수 있도록 도와야 한다(15장, 16장 참조). 내담자의 인물지도를 그려 보는 것도 유용한데, 이때에는 내담자의 변하고자 하는 노력에 대해 지지하는 사람들과 약물을 사용하도록 부정적인 영향을 미치는 사람들까지 모두 포함해야 한다. 19장(청년층 내담자 상담하기)에서 설명된 '사회적 원자(social atom)' 그리기 기법은 성인 내담자에게도 적용할 수 있다.

주위 사람들의 치료 참여

내담자를 평가할 때 가족이나 다른 가까운 사람들이 함께 온다면, 그 사람들이 내담자의 알코올이나 약물 문제를 어떻게 보고 있는지 살펴본다. 내담자가 가진 문제의 심각성에 대한 다른 의견이 있는지와 치료에 대한 우려와 기대감 등에 대해서 이야기하고 질문할 수 있는 기회를 제공하라. 이 시간은 물질 사용에 대한 관점을 가지도록 돕는 시간도 된다. 약물 사용의 습관을 바꾸는 것이 반드시 가족과의 관계를 해소시키지는 못한다. 만약 내담자가 이러한 종류의 치료를 원한다면 가족치료나 관계중심치료를 할 수 있는 적절한 곳으로 의뢰하는 것이 바람직하다.

내담자가 주변으로부터 지지를 많이 받을수록 치료 상황은 더 많이 호전될 것이다. 내담자의 치료 과정에 내담자의 가족, 친구, 파트너가 직접적으로 참여할 수 있는지 그 가능성을 고려해 보라. 13장(주위 사람들의 참여)에서는 내담자의 가족이나 파트너가 치료 과정에 참여할 수 있도록 돕는 3가지 접근 방법을 제시하고 있다.

대처기술

기술을 훈련하는 것에 대한 이 책의 접근은, 몇몇 내담자들이 재발하는 것은 사회적 요구나 개인적인 스트레스 상황에 대처하는 기술이 부족하기 때문이라는 가정에 기초하고 있다. 내담자가 이미 갖고 있는 기술을 훈련시키는 것은 유용하지 않으므로 상담자는 스트레스나 기분 상태, 사람들과의 의사소통, 주변 사람들의 압력에 대해서 알코올이나 약물을 거절하는 반응, 음주나 약물 사용의 촉발 요인이나 갈망을 대처하는 방식 등 내담자가 가진 강점과 한계를 평가해야만 한다.

재발을 야기한다거나 물질을 사용하고 싶은 갈망을 참기 힘들게 만드는 상황에 대해 질문함으로써 내담자의 대처기술에 대한 정보를 모을 수 있다. 내담자가 이미 기술은 갖고 있지만 그것을 적용하기 힘들어하는 상황에 대해서도 탐색한다. 16장(재발예방 훈련) '참고자료'에 있는 '상황 자신감 질문지(Situational

Confidence Questionnaire)' 로 시작하는 것도 좋다.

관심사와 취미

내담자의 현재 관심사와 과거에 즐겨 하던 취미를 알아보는 것도 유용하다. 이러한 활동은 알코올이나 약물 사용의 대안으로 혹은 새로운 친구들을 사귀는 데 효과적으로 이용할 수 있다.

성적인 문제나 성적 학대

내담자가 불임 문제나 불감증과 같은 문제들을 갖고 있는가? 어떤 내담자에게는 이러한 문제가 약물 사용과 관련되어 있을 수도 있다.

내담자에게 성적 학대와 관련된 문제가 있는가? 알코올이나 약물남용 문제로 치료를 받고 있는 여성 중 다수가 성적 학대 경험을 가지고 있다. 여성보다 드물기는 하지만 남성 내담자에게도 이러한 문제가 있을 수 있다는 것을 인식할 필요가 있다. 성적 학대에 대한 질문은 내담자에게 위협이 되지 않는 방법으로 이루어져야 하는데, 상담자로부터 거절에 대한 두려움 없이 자신의 경험을 이야기할 수 있도록 해야 한다. 내담자는 상담자가 이야기하는 '성적 학대' 의 의미를 정확히 모를 수도 있으므로 '원하지 않는 성적 접촉' 이라고 언급하는 것이 도움이 될 것이다. 내담자와의 치료적 관계가 약하다거나 내담자가 아직 이야기할 준비가 된 것 같지 않다면, 이러한 주제에 대해 자세하게 파악하려고 하는 것은 삼가야 한다. 성적 학대 문제를 전문으로 다루는 기관에 내담자를 의뢰하는 것도 필요할 수 있다. 상담 전문가의 도움 없이 과거의 외상을 들추어내는 것은 재발의 위험을 증가시킨다. 특히, 내담자가 자가 약물 복용(self-medication)을 위해서 약물을 남용한 경우는 더욱 그러하다. 성적 학대 문제에 대한 선별, 의뢰와 관련된 보다 자세한 지침은 20장(이중진단)을 참고하라.

아동을 성적으로 학대하는 가해자는 알코올이나 다른 약물을 남용할 가능성이 높은데, 상담자는 다른 사람들을 위험으로부터 보호하기 위해서 그의 행동을 공식적으로 알려야 할 가능성에 대비해야 할 필요가 있다.

법적 문제

내담자가 현재 법적으로 구속된 상황에 있는가? 이러한 상황으로 인해서 내담자가 강제로 치료에 참여하게 되었는가? 그렇다면 이러한 법적인 강제성이 내담자의 목표나 기대치에 어떤 영향을 미쳤는가? 지난달에 내담자는 얼마나 자주 범죄 행동과 연관되었는가? 음주운전이나 다른 음주와 관련된 범행으로 구속된 적이 있었는가? 이러한 정보를 기록할 때는 내담자에 대한 기록이 언제라도 제출 요청을 받을 수 있다는 것을 인식하라.

내담자의 위험한 행동

내담자의 알코올이나 약물 사용 패턴이 내담자를 또 다른 위험 상황으로 몰아갈 수도 있다. 다음에 제시하는 것과 같은 위험 행동이 내담자에게서 나타나는지 평가하는 것이 중요하다.

- 진정제를 다양하게 섞어 과도하게 복용하거나(예: 안정제 약물이나 알코올과 헤로인을 함께 복용하는 것) 여러 가지 약물을 섞어 만든 '칵테일'을 복용한 결과로 야기될 수 있는 독성 반응
- 충동적이고 술에 취한 채 무분별한 성행위를 하게 되어 HIV나 다른 성병에 감염되는 것
- 파이프나 흡입관을 다른 사람들과 함께 사용함으로써 감염되는 것
- MDMA(엑스터시)나 여러 가지 방식으로 제조된 약물을 알코올과 함께 섭취한 후, 적절한 휴식이나 수분 섭취 또는 체온 조절을 하지 못해서 나타나는 탈수증상이나 고열
- 취한 상태로 운전을 하거나 기계를 잘못 조작하여 자신이나 다른 사람에게 피해를 입힘
- 우울이나 불안과 같이 알코올이나 약물로 야기된 심리적 문제 또는 암페타민이나 마리화나의 과도한 사용으로 인해 야기된 정신질환(20장 참조)

주사기를 이용한 약물 주입과 관련된 위험 행동은 다음과 같다.

- 주삿바늘이나 여타 주입 기구를 다른 사람과 공유하면서 HIV나 간염과 같은 질병에 감염되는 것
- 신체의 동일한 부위에 반복적으로 약물을 투여하여 피부종양, 정맥결절 등이 생긴 경우
- 알약이나 작은 조각이 포함된 용해 약물을 주입하여 발생된 색전증[2)]
- 깨끗하지 않은 주입 기구(예: 주사기)를 사용하거나 청결하지 않은 주입 환경 또는 약물과 함께 섞은 물이나 주입 기구를 닦는 데 사용한 물의 오염으로 인한 세균 감염

내담자가 알코올이나 약물을 사용할 때 어떻게 투여하는지, 이전에 감염된 적이 있었는지(위의 경우를 참고)와 같은 질문을 함으로써 내담자가 위험한 행동을 했는지 평가한다. 특별히 HIV나 다른 감염의 위험에 노출되어 있지 않은지 알아보는 것이 중요한데, 주사기를 사용하여 약물을 남용하는 내담자의 경우는 더 세세히 평가해야 한다. 이러한 위험이 발생하는 경우는 다음의 두 영역이다.

약물 주입 내담자는 얼마나 자주 약물을 투여하는가? 내담자가 얼마나 자주 주삿바늘이나 다른 약물 주입 기구를 다른 사람과 공유하는가? 내담자가 주삿바늘을 재사용할 때 얼마나 자주 그리고 얼마나 깨끗하게 세척하는가?

성행위 내담자는 지난달에 몇 명의 사람들과 성관계를 하였는가? 내담자는 성관계 시에 콘돔을 사용했는가? 어떤 상황에서 내담자는 콘돔을 사용하지 않았는가? 지난달에 내담자는 항문 성교를 몇 번이나 하였는가?

---

2) 혈전, 공기의 기포나 이물질 따위로 인해 혈관이 막히는 것-역주

또한 어떤 종류의 술 또는 약물이 안전하고, 어떤 것이 위험한지에 대해 내담자가 알고 있는지 평가해 보아야 한다. 만일 이러한 사실을 내담자가 알고 있다고 하더라도 계속해서 안전하지 않은 방법으로 사용할 수도 있다는 것을 알아야 한다. 약물과 관련된 위험을 줄이도록 내담자를 돕는 방법에 대한 정보는 4장(목표 설정), 19장(청년층 내담자 상담하기), 20장(이중진단)에서 더 자세하게 다루고 있다.

신체적 건강 문제

건강 진단의 정보는 다음과 같이 여러 방면에서 유용하다. 첫째, 내담자의 약물 의존 정도에 대해서 더 정확히 알 수 있다. 둘째, 내담자에게 특정한 치료(예: 약물치료)를 받게 하는 것이 가능한지 여부를 결정하는 데 건강검진 자료가 유용하다. 또한 적절한 치료 목표를 세우는 데도 도움이 된다(4장 참조). 마지막으로, 내담자에 대해서 의학적으로 개별화된 피드백은 내담자의 변화를 향한 동기가 강화되도록 돕는다(pp. 105-108 참조).

술과 관련된 건강 문제

술을 남용하는 사람들은 간기능장애, 췌장염, 소화기관장애, 심장 및 혈액순환 장애, 영양실조, 알코올 관련 뇌기능 손상과 같은 부분에서 취약하다. 잦은 음주는 사고나 상해를 일으킬 수 있으며, 임신 중 과도한 음주는 태아알코올증후군(태아의 발달지체)을 야기할 수 있다. 과음하는 내담자는 건강검진 시 혈압, 콜레스테롤 수치와 간기능검사를 해야 한다. 다음은 간기능에 중요한 효소들이다. 간기능검사는 이러한 효소의 혈중 수치를 측정하는데, 정상 수치에서 벗어난다면 심각한 손상을 갖고 있다는 증거로 볼 수 있다. 관련된 각 효소는 다음과 같다.

- Aspartate aminotransferase(AST)
- Alanine aminotransferase(ALT)
- Gamma glutamyltransferase(GGT)
- Alkaline phosphate

그 외에 알코올과 관련하여 신체적인 손상이나 위험을 평가하는 데 흔히 측정하는 것은 평균혈구용적(Mean Corpuscular Volume: MCV)[3]이다. 이 검사에서 적혈구 수치와 비정상적으로 낮은 평균혈구용적은 골수의 유독성을 나타낸다. 이러한 각각의 검사는 병리학자의 보고에 의해서 내담자가 건강한지, 정상 수치인지 알려 준다. 정상 수치가 나온다고 해서 내담자가 안전한 수준 내에서 알코올을 소비하고 있다는 것을 나타내지는 않는다. 검사 결과를 재검토할 때는 이 점을 확실하게 하여야 한다(pp. 107-108 참조). 과음으로 인한 건강상의 문제에 대한 지침은 '참고자료'를 참고하라.

약물과 관련된 건강 문제

불법 약물 사용자는 영양실조, 충치, 호흡기 질환, 불규칙한 월경, 피부병, 성병이나 간과 관련된 질병에 걸리기 쉽다. 주입식 약물 사용자는 특히 B형 및 C형 간염, HIV와 같은 바이러스성 감염 또는 정맥 손상을 입기 쉽다. 임신 기간 중의 약물 사용은 신생아의 금단증상을 유발하기도 한다. 대마지제를 피우는 것은 기관지염이나 폐 질환 같은 니코틴 흡연과 유사한 위험성을 가진다.

---

3) 적혈구 속에 있는 헤모글로빈 양을 나타내는 것으로 빈혈의 형태를 확인, 분류하기 위한 검사

정신건강 문제

알코올이나 약물과 관련해서 많은 사람들이 정신적으로 고통스러워하거나 불안감으로 인해 힘들어한다. 어떤 사람들은 자신의 우울증이나 불안을 치료하고자 스스로 약을 조제하려는 시도를 하며 약물을 사용하게 된다. 이와 반대로, 약물 사용이 우울증과 불안을 유발하기도 한다. 많은 사람들이 약물을 일정 기간 동안 억제하고 나면 확연하게 기분이 좋아진다. 그러므로 내담자의 정서적이고 심리적인 상태를 첫 번째 면접에서 평가하고, 약물의 사용을 줄이거나 약물 억제 기간을 거친 후에 또다시 평가해 본다. 내담자의 자살 위험을 평가하는 것도 중요하다. 정신병리적인 문제를 평가하고 관리하는 부분에 대한 지침은 20장(이중진단)에 제시하였으며, 정신건강 상태를 진단하는 방법도 나와 있다.

뇌 손상과 인지 손상

알코올과 관련된 문제를 가진 사람 중에는 인지적인 기능의 손상을 가진 사람들이 많이 있고, 특히 장기간 더 심각하게 음주한 이력을 가진 나이 든 사람들은 그러한 경우가 더욱 일반적인데(Lishman, 1997), 이를 '알코올 관련 뇌 손상'이라고 한다. 심각한 정도의 기억 손상과 베르니케-코르샤코프(Wernicke-Korsakoff) 증후군과 함께 보이는 혼돈 상태 같은 뇌 손상의 몇몇 징후가 쉽게 관찰된다. 다른 경우에는 손상의 정도가 미미하지만 치료 기간 동안 내담자의 습득 기능에 영향을 준다. 인지적인 손상은 불법 약물의 사용, 예를 들면 장기간의 마리화나 흡입이나 암페타민 복용, MDMA(엑스터시) 사용의 결과라고 알려져 있다.

알코올은 일반적인 인지기능에 즉각적인 영향을 주기 때문에, 인지 손상에 대한 평가는 급성 알코올 금단증상이 있은 2~3주 후에 이루어져야 한다. 벤조디아제핀은 또한 인지 손상과 유사한 영향을 미칠 수 있음을 기억해야 한다. 벤조디아제핀은 알코올 금단증상을 완화시키기 위해 처방되는데, 어떤 내담자들은 처방된 복용 기간보다 더 오래 복용하기도 한다. 다른 요소들도 평가 기간 동안에 내담자에게 영향을 미칠 수 있다. 예를 들면, 시험 불안은 내담자를 평가하는 동안 내담자의 수행에 영향을 미칠 수 있으므로 보다 편안한 분위기를 제공해 준다. 노화 또한 기억의 손실을 가져온다.

전화번호, 약속, 대화 목록, 쇼핑 목록과 같은 내담자의 지식을 평가하는데, 특히 과음이 일상적인 경우에는 이런 질문이 유용하다. 내담자가 새로운 정보를 습득하는 데 어려움이 없는지 탐색해 볼 수 있다. 예를 들면, 인지적인 손상이 있는 내담자는 일상적인 생활의 변화를 어려워할 것이고, 새로운 위치나 직장에서의 새로운 과정을 익히는 데 어려움을 겪을 것이다. 내담자와의 솔직한 대화는 내담자가 기억상실이나 학습의 어려움을 어느 정도 경험하고 있는지 알아보는 데 도움이 될 것이다. 대략적인 손상 이상의 것을 판단하기 어렵다는 단점에도 불구하고, 간이정신상태검사(Mini-Mental State Examination: MMSE)는 빠르고 진행이 쉬운 평가 도구로 사용될 수 있다. 만일 내담자가 인지적인 손상이 있다고 생각되면, 임상심리학자나 신경심리학자에게 다른 종합적인 평가를 의뢰하는 것도 좋다. 보통 알코올 관련 뇌 손상은 지속적인 알코올 및 약물 사용으로 인해 더 악화될 수 있기 때문에, 내담자에게 이러한 손상이 나타나는 경우 상담자는 단약 또는 단주를 치료의 목표로 삼아야 한다.

알코올과 벤조디아제핀은 취한 상태에서 일어난 특정 사건에 대한 기억상실을 유발한다. 이러한 기억상실 현상은 알코올 의존 환자에게서 자주 나타나지만, 사람들과 어울리며 술을 마시는 것을 좋아하는 사람들도 과음을 한 후에는 이러한 기억상실을 나타낼 수 있다. 내담자가 언제, 얼마나 자주 알코올로 인한 기억상실을 나타내는지, 이러한 것들이 문제가 되는지 알아보라. 술에 취한 후의 기억상실은 알코올이 어떻게 내담자의 통제력을 방해하는지 보여 주는 확실한 예다. 내담자의 알코올로 인한 기억상실 현상을 동기강화상담 접근 기술로 대화하다 보면, 내담자의 술에 대한 애증의 감정을 발견할 수 있을 것이다.

주입식 약물의 사용은 과다복용을 하지 않는 이상 뇌 손상을 유발하지 않는다.

그래도 뇌 손상의 가능성을 내담자와 확인해 보는 것도 나쁘지 않다. 내담자가 약물을 과다 사용했을 경우, 어느 정도의 의학적인 치료가 필요한지, 내담자가 이로 인한 합병증을 알고 있는지 확인해 보아야 한다.

인지적 손상을 입은 약물, 알코올 사용 내담자를 어떻게 치료해야 하는지는 20장(p. 439)을 참고하라. 인지적 손상을 입은 내담자에 대한 입원치료의 적절성은 21장(종합하기)을 참고하라.

변화 단계

내담자가 치료 과정에서 얼마나 진척을 보일 것인가는 내담자가 알코올이나 약물 사용에서 얼마나 변화할 준비가 되어 있느냐에 따라 영향을 받는다. 내담자의 치료에 대한 참여 의지를 평가하는 데 '변화 단계' 모델이 사용될 수 있다(Prochaska & DiClemente, 1982). 모든 내담자들에게 적용되는 하나의 법칙과 같은 단계를 상정하기보다는, 오히려 내담자의 변화에 대한 준비성에 효과적으로 반응하도록 돕는 유동적인 구조적 틀로 이해하는 것이 좋다. Prochaska, DiClemente와 Norcross(1992)에 따르면 여러 치료적 반응에 따라 5단계가 있다고 한다. 이 단계는 다음에서 설명된다.

전 숙고 단계

이 단계에서 내담자는 변화에 대한 의지가 없으며, 알코올이나 약물의 긍정적인 측면이 더 중요하다고 믿는다. 내담자가 다음과 같이 말할 수도 있다. "난 술을 즐겨요." "난 약물을 끊는 데 관심 없어요." "전에도 시도해 봤는데 실패했어요."

이 단계의 내담자는 강제적으로(예: 법적으로나 친지에 의해) 참여시키지 않는 이상 치료기관을 방문하지 않는다. 만일 내담자가 '전 숙고 단계'에 있다면 행동 중심적 치료 접근에는 반응하지 않을 것이다. 그러므로 동기강화상담을 이용하여(pp. 104–105 참조) 숙고 단계로 나아갈 수 있도록 정보를 제공하면서 격려한다.

숙고 단계

이 단계에서 내담자는 술을 마시거나 약물을 사용하는 것의 대가와 변화에서 비롯되는 장점에 대해서 생각하기 시작하지만 변화에 대해서 양가감정을 가지고 있고, 뭔가 덫에 걸렸다고 느끼며 행동을 취하지 않는다. 이러한 양가감정은 다음과 같이 표현될 수 있다. "나는 여러 가지 나쁜 점들 때문에 약을 끊고는 싶지만 그 기분 좋은 상태는 정말 그립습니다."

이 단계에서는 동기강화상담이 특히 효과적이다(3장 참조). 동기강화상담은 내담자가 음주와 약물 사용에 대해 장단점을 자세하게 발견할 수 있도록 하고 적극적인 행동을 취하기 위한 결심을 하게 한다.

준비 단계

이 단계에서 내담자는 다음 달부터 바로 새로운 행동을 취할 준비를 하거나, 아마도 행동으로써 이미 어떤 변화를 시도했을 것이다. 이 단계와 다음 단계에서는 알코올과 약물 사용으로 인한 부정적인 결과가 좋은 점보다 더 많다는 것을 믿기 시작한다. 내담자는 행동을 준비함에 있어서 "이제 노력할 준비가 되었어." 또는 "어떻게 알코올과 약물을 포기하는지 더 알아보고 싶어."라고 말할지도 모른다.

격려와 더불어서 내담자는 목표를 정하는 데 도움이 필요할 것이다(4장 참조). 이 시기에는 또한 변화에 대한 일련의 전략을 제시할 수도 있다.

실행 단계

이 단계 동안 내담자는 음주 혹은 약물의 사용을 줄이거나 중단하기 위해 적극적인 시도를 한다. 이 단계에서 내담자는 이후의 매뉴얼에 설명되어 있는 종합적인 치료 계획에 참여할 것이다(21장 참조).

유지 단계

이 단계는 내담자가 음주행동이나 약물 사용 행동을 바꿀 때 시작되고, 내담자가 이 변화를 유지하기 위하여 노력하는 한 계속된다. 이 과정 동안에 많은 내담자가 재발하거나 변화의 초기 단계로 다시 돌아간다. 만일 내담자가 재발예방 훈련(16장)을 받았고 잘 짜인 프로그램(17장)으로 도움을 받고 있다면 치료의 활발한 진행에서 재발하지 않도록 훈련되고 있는 것이다.

준비 · 실행 · 유지 단계에서라도, 내담자는 알코올이나 약물 사용과 관련해 자신이 변할 수 있다는 사실을 의심할 수 있다. 내담자가 자신의 결정에 대해 갈등할 때나 자신이 변해야만 하는 이유에 대해서 검토해 보고자 할 때마다 동기강화상담(3장)을 사용한다(Shand et al., 2003).

내담자는 이러한 단계에서 빠른 변화를 보일 수도 있지만, 이것은 예외적인 것이다. 어떤 내담자는 한 단계에 계속 머물러 있을 수도 있고, 단계 사이를 반복하며 앞뒤로 왔다 갔다 할 수도 있다. 내담자가 장기간의 변화를 획득하기 전에 여러 번에 걸쳐 재발할 수도 있다. 이러한 일이 일어날 때마다, 내담자는 자신의 행동에 대해서 새로운 정보를 알게 될 것이고, 이러한 정보를 다음 번 시도에 적용해 볼 수 있을 것이다. 이러한 순환적인 변화의 패턴은 [그림 2-1]에서 설명되었다.

내담자의 변화 단계를 평가할 때는 내담자와 관련된 이슈만을 이야기한다. 내담자가 얼마만큼 변화되기를 원하는지 구체적으로 물어보면 도움이 된다. 그 예로 이렇게 물어볼 수 있다. "음주 습관을 변화시키는 데 얼마나 관심이 있나요?" "약물 사용을 그만해야만 한다고 느끼나요? 아니면 정말 그만하기를 원하나요?" 내담자가 변화를 시도하는 데 직접 행동을 취할 준비가 되었는지 알아보려면 다음과 같이 질문할 수 있다. "이러한 음주 문제를 해결하기 위해 어떻게 준비해야 할 것 같나요?" "이 문제를 해결할 수 있다는 자신감이 얼마나 있나요?"

만일 내담자가 알코올과 약물을 절제하려는 시도를 성공하지 못해서 낙담하게 되었다면, [그림 2-1]을 사용해서 이러한 노력을 보여 줄 수 있다. 내담자가 매번 원을 그리며 무엇인가 새로운 것을 배워서 다음 단계에 도움을 줄 수 있다고 설명한다. 내담자의 변화에 대한 준비에 대해서 이야기하면서 자연스럽게 동기강화상담으로 이끌 수 있다.

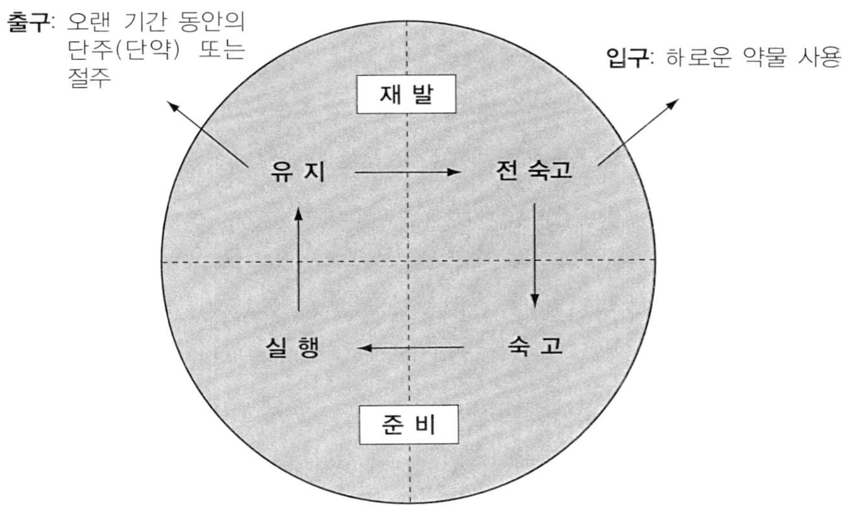

그림 2-1 중독행동의 변화 모델

*출처: Prochaska & Diclemente(1982).

알코올 의존 심각도 질문지 C형(SADQ-C)

이름: ______________ 나이: ______________ 성별: ______________

- 지난 6개월 동안 술을 마신 적이 있습니까? 그렇다 / 아니다
- '그렇다' 로 응답하였다면 다음의 질문들에 가장 적절한 답에 표시하세요.

나는 지난 6개월 동안……

1. 술 마신 다음 날, 몸에 땀이 난 느낌으로 잠을 깬다.
   ① 거의 그렇지 않다 ② 때때로 그렇다 ③ 자주 그렇다 ④ 거의 항상 그렇다
2. 술 마신 다음 날, 이른 아침이면 손이 떨린다.
   ① 거의 그렇지 않다 ② 때때로 그렇다 ③ 자주 그렇다 ④ 거의 항상 그렇다
3. 술 마신 다음 날, 아침에 술을 마시지 않으면 온몸이 격렬하게 흔들리거나 떨린다.
   ① 거의 그렇지 않다 ② 때때로 그렇다 ③ 자주 그렇다 ④ 거의 항상 그렇다
4. 술 마신 다음 날, 나는 땀에 흠뻑 젖어 깨어난다.
   ① 거의 그렇지 않다 ② 때때로 그렇다 ③ 자주 그렇다 ④ 거의 항상 그렇다
5. 술 마신 다음 날, 나는 아침에 잠을 깨는 것이 두렵다.
   ① 거의 그렇지 않다 ② 때때로 그렇다 ③ 자주 그렇다 ④ 거의 항상 그렇다
6. 술 마신 다음 날, 아침에 사람을 만나는 것이 두렵다.
   ① 거의 그렇지 않다 ② 때때로 그렇다 ③ 자주 그렇다 ④ 거의 항상 그렇다
7. 술 마신 다음 날, 아침에 잠에서 깨어나면 처절한 절망감을 느낀다.
   ① 거의 그렇지 않다 ② 때때로 그렇다 ③ 자주 그렇다 ④ 거의 항상 그렇다
8. 술 마신 다음 날, 잠에서 깨어나면 매우 무서운 느낌이 든다.
   ① 거의 그렇지 않다 ② 때때로 그렇다 ③ 자주 그렇다 ④ 거의 항상 그렇다
9. 술 마신 다음 날, 아침에 해장술을 한잔하고 싶다.
   ① 거의 그렇지 않다 ② 때때로 그렇다 ③ 자주 그렇다 ④ 거의 항상 그렇다
10. 술 마신 다음 날, 나는 가능한 한 빨리 해장술부터 몇 잔 마신다.
    ① 거의 그렇지 않다 ② 때때로 그렇다 ③ 자주 그렇다 ④ 거의 항상 그렇다

(계속)

11. 술 마신 다음 날, 몸이 떨리는 것을 없애기 위해서 아침에 술을 마신다.
    ① 거의 그렇지 않다　② 때때로 그렇다　③ 자주 그렇다　④ 거의 항상 그렇다

12. 술 마신 다음 날, 잠에서 깨어나면 술을 한잔하고 싶은 매우 강한 충동을 느낀다.
    ① 거의 그렇지 않다　② 때때로 그렇다　③ 자주 그렇다　④ 거의 항상 그렇다

13. 하루에 소주 3/4병(또는 막걸리나 와인 1병, 맥주 3병) 이상을 마신다.
    ① 거의 그렇지 않다　② 때때로 그렇다　③ 자주 그렇다　④ 거의 항상 그렇다

14. 하루에 소주 1.5병(또는 막걸리나 와인 2병, 맥주 6병) 이상을 마신다.
    ① 거의 그렇지 않다　② 때때로 그렇다　③ 자주 그렇다　④ 거의 항상 그렇다

15. 하루에 소주 3병(또는 막걸리나 와인 4병, 맥주 11병) 이상을 마신다.
    ① 거의 그렇지 않다　② 때때로 그렇다　③ 자주 그렇다　④ 거의 항상 그렇다

16. 하루에 소주 6병(또는 막걸리나 와인 8병, 맥주 22병) 이상을 마신다.
    ① 거의 그렇지 않다　② 때때로 그렇다　③ 자주 그렇다　④ 거의 항상 그렇다

• 다음의 상황을 생각해 보십시오.
  (1) 몇 주일 동안 술을 전혀 마시지 않았습니다.
  (2) 그러고 나서 연이어 이틀 동안 술을 매우 많이 마셨습니다.

• 이틀 동안 술을 많이 마신 후 아침에 일어났을 때 기분이 어떨 것 같습니까?

17. 땀이 나기 시작할 것이다.
    ① 전혀 그렇지 않다　② 약간 그렇다　③ 어느 정도 그렇다　④ 매우 심하게 그렇다

18. 손이 떨릴 것이다.
    ① 전혀 그렇지 않다　② 약간 그렇다　③ 어느 정도 그렇다　④ 매우 심하게 그렇다

19. 온몸이 흔들리고 떨릴 것이다.
    ① 전혀 그렇지 않다　② 약간 그렇다　③ 어느 정도 그렇다　④ 매우 심하게 그렇다

20. 술을 마시고 싶은 매우 심한 갈망을 느낄 것이다.
    ① 전혀 그렇지 않다　② 약간 그렇다　③ 어느 정도 그렇다　④ 매우 심하게 그렇다

*출처: Stockwell, T., Sitharthan, T., McGrath, D., & Long, E. (1994). The measurement of alcohol dependence and impaired control in community samples. *British Journal of Addiction, 89*, 167-174. Reproduced with permission from Blackwell Publishing Ltd.

약식 알코올 의존 척도(SADD)

다음의 문항들은 음주와 관련된 다양한 주제들을 다루고 있습니다. 각 문항을 주의 깊게 읽되 너무 깊게 생각하지 마십시오. 당신의 가장 최근의 음주 습관에 근거해서 각 질문에 가장 적절하다고 생각되는 부분에 ∨로 표시해 주십시오.

	문 항	거의 그렇지 않다	때때로 그렇다	자주 그렇다	거의 항상 그렇다
1	술 마시고 싶은 생각을 떨쳐 버리는 것이 어렵다.				
2	식사를 하는 것보다 술을 마시는 것이 점점 더 중요해진다.				
3	술을 마시는 시간과 장소에 따라서 하루 일과를 계획한다.				
4	아침, 점심, 저녁에 술을 마신다.				
5	술의 종류와 관계없이 취하기 위해서 술을 마신다.				
6	다음 날 일정과 관계없이 마시고 싶은 만큼 술을 마신다.				
7	술을 너무 많이 마시는 것 때문에 생긴 많은 문제들을 가지고 있다.				
8	한번 술을 마시기 시작하면 멈출 수 없다는 것을 스스로 알고 있다.				
9	며칠 혹은 몇 주 동안 술을 완전히 마시지 않는 것으로 술 마시는 것을 억제하려 한다.				
10	과음을 한 다음 날 아침이면 하루를 시작하기 위해서 가장 먼저 술을 마셔야 한다.				
11	과음을 한 다음 날 아침에 일어날 때 손이 뚜렷하게 떨린다.				
12	과음을 한 다음 잠에서 깨어나면서 구토를 한다.				
13	과음을 한 다음 날 아침에 사람들을 피하기 위해서 평소에 다니지 않던 길로 다닌다.				
14	과음을 한 다음에 갑자기 흠칫 놀라고 무서워했는데 후에 그것이 실제가 아니었다는 것을 깨닫게 된다.				
15	술을 마시러 간 다음 날, 전날에 무슨 일이 있었는지 잊어버린다.				

*출처: Raistrick, D., Dunbar, G., & Davidson, R. (1983). Development of a questionnaire to measure alcohol dependence. *British Journal of Addiction, 78,* 89–95. Reproduced with permission from Blackwell Publishing Ltd.

아편 의존 심각도 질문지 C형(SODQ-C)

이름: ________ 나이: ________ 성별: ________

• 최근에 아편을 과도하게 사용했던 특정 기간에 대한 기억을 떠올리면서 그때가 언제였는지 적어 보세요.

연도: ________ 월: ___

• 각 문항에 대해서 한 가지 항목에만 ○로 표시하세요.

1. 아편의 약효는 떨어진 상태이며, 아직 아편을 사용하기 전 상황

1) 몸이 아프거나 경직된다.
① 거의 그렇지 않다 ② 때때로 그렇다 ③ 자주 그렇다 ④ 거의 항상 그렇다

2) 복통에 시달린다.
① 거의 그렇지 않다 ② 때때로 그렇다 ③ 자주 그렇다 ④ 거의 항상 그렇다

3) 아프다.
① 거의 그렇지 않다 ② 때때로 그렇다 ③ 자주 그렇다 ④ 거의 항상 그렇다

4) 심장이 두근거리는 것을 인지한다.
① 거의 그렇지 않다 ② 때때로 그렇다 ③ 자주 그렇다 ④ 거의 항상 그렇다

5) 얼굴이 열이 올라 붉어졌다가 창백해진다.
① 거의 그렇지 않다 ② 때때로 그렇다 ③ 자주 그렇다 ④ 거의 항상 그렇다

6) 절망감이나 우울감을 경험한다.
① 거의 그렇지 않다 ② 때때로 그렇다 ③ 자주 그렇다 ④ 거의 항상 그렇다

7) 긴장 또는 공황 상태를 경험한다.
① 거의 그렇지 않다 ② 때때로 그렇다 ③ 자주 그렇다 ④ 거의 항상 그렇다

8) 예민해지거나 분노감을 경험한다.
① 거의 그렇지 않다 ② 때때로 그렇다 ③ 자주 그렇다 ④ 거의 항상 그렇다

9) 침착하지 못하고 들떠 있거나 휴식을 취하지 못한다.
① 거의 그렇지 않다 ② 때때로 그렇다 ③ 자주 그렇다 ④ 거의 항상 그렇다

(계속)

10) 강한 갈망을 경험한다.
① 거의 그렇지 않다 ② 때때로 그렇다 ③ 자주 그렇다 ④ 거의 항상 그렇다

• 각 문항에 대해서 한 가지 항목에만 ○로 표시하세요.

2. 다음 문항에 응답하세요.

1) 나는 약 기운이 떨어지면 사용하려고 아편을 미리 준비해 놓는다.
① 거의 그렇지 않다 ② 때때로 그렇다 ③ 자주 그렇다 ④ 거의 항상 그렇다

2) 잠에서 깨어난 후 2시간 이내에 아편을 사용하는 것을 선호한다.
① 거의 그렇지 않다 ② 때때로 그렇다 ③ 자주 그렇다 ④ 거의 항상 그렇다

3) 아침에 약 기운이 떨어져 괴로운 것을 멈추기 위해서 아편을 사용한다.
① 거의 그렇지 않다 ② 때때로 그렇다 ③ 자주 그렇다 ④ 거의 항상 그렇다

4) 잠에서 깨어나자마자 처음으로 하고자 하는 것은 아편을 사용하는 것이다.
① 거의 그렇지 않다 ② 때때로 그렇다 ③ 자주 그렇다 ④ 거의 항상 그렇다

5) 잠에서 깨어나면 아프거나 경직되는 것을 멈추기 위해서 아편을 사용한다.
① 거의 그렇지 않다 ② 때때로 그렇다 ③ 자주 그렇다 ④ 거의 항상 그렇다

6) 잠에서 깨어나자마자 나는 가장 먼저 아편을 사용한다.
① 거의 그렇지 않다 ② 때때로 그렇다 ③ 자주 그렇다 ④ 거의 항상 그렇다

3. 약물을 사용하는 특정 기간 동안 아편을 사용했던 기억에 따라서 다음의 문항들에 응답하세요.

1) 당신의 아편 사용은 자신의 통제를 벗어났었습니까?
① 거의 그렇지 않다 ② 때때로 그렇다 ③ 자주 그렇다 ④ 거의 항상 그렇다

2) 1회 사용량의 아편을 잃어버린다면 매우 화가 나고 염려가 될 것 같습니까?
① 거의 그렇지 않다 ② 때때로 그렇다 ③ 자주 그렇다 ④ 거의 항상 그렇다

3) 자신의 아편 사용에 대해서 걱정했습니까?
① 거의 그렇지 않다 ② 때때로 그렇다 ③ 자주 그렇다 ④ 거의 항상 그렇다

4) 아편 사용을 멈출 수 있다면 멈추기를 원합니까?
① 거의 그렇지 않다 ② 때때로 그렇다 ③ 자주 그렇다 ④ 거의 항상 그렇다

5) 아편 사용을 멈추거나 또는 아편 없이 생활하는 것이 매우 어렵다는 것을 느낍니까?
① 거의 그렇지 않다 ② 때때로 그렇다 ③ 자주 그렇다 ④ 거의 항상 그렇다

*출처: Sutherland, G., Edwards, G., Taylor, C., Phillips, G., Gossop, M., & Brady, R. (1986). The measurement of opiate dependence. *British Journal of Addiction, 81*, 485-494. Reproduced with permission from Blackwell Publishing Ltd.

의존성 심각도 척도(SDS)

• 다음 질문들은 당신이 주로 사용하는 약물과 그 약물을 사용했던 지난 12개월 동안의 경험에 대한 것입니다. 문제를 읽고 한 가지 항목에만 ○로 표시하세요.

• 주로 사용하는 약물은? ____________________

• 지난 12개월 동안……

1. 당신의 약물 사용이 자신의 통제를 벗어났다고 생각하나요?
   ① 거의 그렇지 않다 ② 때때로 그렇다 ③ 자주 그렇다 ④ 거의 항상 그렇다

2. 1회 사용량의 아편을 잃어버린다면 매우 화가 나고 염려가 될 것 같습니까?
   ① 거의 그렇지 않다 ② 때때로 그렇다 ③ 자주 그렇다 ④ 거의 항상 그렇다

3. 자신의 약물 사용에 대해서 걱정했습니까?
   ① 거의 그렇지 않다 ② 때때로 그렇다 ③ 자주 그렇다 ④ 거의 항상 그렇다

4. 끊을 수 있다면 약물 사용을 끊고자 합니까?
   ① 거의 그렇지 않다 ② 때때로 그렇다 ③ 자주 그렇다 ④ 거의 항상 그렇다

5. 약물 사용을 멈추거나 또는 약물 없이 생활하는 것이 매우 어렵다는 것을 느낍니까?
   ① 어렵지 않다 ② 꽤 그렇다 ③ 매우 어렵다 ④ 불가능하다

*출처: Gossop, M., Darke, S., Griffiths, P., Hando, J., Powis, B., Hall, W., & Strang, J. (1995). The Severity of Dependence Scale(SDS): Psychometric properties of the SDS in English and Australian samples of heroin, cocaine and amphetamine users. *Addiction, 90*, 607-614. Reproduced with permission from Blackwell Publishing Ltd.

참고자료

평가 도구

Darke, S., Ward, J., Hall, W., Heather, N., & Wodak, A. (1991). *The Opiate Treatment Index(OTI) Manual*, Technical Report Number 11. Sydney: National Drug and Alcohol Research Centre.

-주로 아편 사용자를 진단하기 위해서 고안되었지만 이 척도는 다른 약물뿐만 아니라 위험도와 다른 생활양식 요인에 대한 광범위한 평가가 가능하다. OTI 사본과 매뉴얼을 얻기 위해서는 National Drug and Alcohol Research Centre, University of New South Wales, Sydney NSW 2052, Australia에 문의하거나 www.med.unsw.edu.au/ndarc에서 이용 가능하다.

Darke, S., Hall, W., Wodak, A., Heather, N., & Ward, J. (1992). Development and validation of a multi-dimensional instrument for assessing outcome of treatment among opiate users: The opiate treatment index. *British Journal of Addiction, 87,* 733-742.

-Opiate Treatment Index의 신뢰할 수 있고 타당한 자료들을 제공한다.

Dawe, S., Loxton, N. J., Hides, L., Kavanagh, D. J., & Mattick, R. P. (2002). *Review of Diagnostic Screening Instruments for Alcohol and Other Drug Use and other Psychiatric Disorders* (2nd edn), Canberra: Commonwealth of Australia.

-다음 사이트에서 이용 가능: http://www.health.gov.au/pubhlth/publicat/document/mono48.pdf.

-물질남용과 정신장애의 선별 및 진단 도구에 대한 자세한 설명을 제공하고 있다.

Drummond, D. (1990). The relationship between alcohol dependence and alcohol-related problems in a clinical population. *British Journal of Addiction, 85*(3), 357-366.

-알코올 소비와 관계없이 알코올과 관련된 문제를 측정할 수 있는 신뢰도 있는 질문지인 알코올 문제 질문지에 대해서 설명하고 있다.

Folstein, M. F., Folstein, S. E., & McHugh, P. R. (1975). Mini-mental state. A practical method for grading the cognitive state of patients for the clinician. *Journal of Psychiatric Research, 12*, 189-198.
- 일반적인 인지기능에 대한 간단한 검사로 고안되었다.

Gossop, M., Darke, S., Griffiths, P., Hando, J., Powis, B., Hall, W., & Strang, J. (1995). The Severity of Dependence Scale(SDS): Psychometric properties of the SDS in English and Australian samples of heroin, cocaine and amphetamine users. *Addiction, 90*, 607-614.
- 다음 사이트에서 이용 가능: www.nelmh.org/downloads/other_info/severity_dependence_scale.pdf.
- SDS는 약물 사용에 있어서 통제력의 손상 정도를 포함한 의존의 심리적 양상과 지난 12개월 동안 약물 사용에 대한 몰두와 관심 정도에 대해서 초점을 맞추고 있다.

Lezak, M. D. (1995). *Neuropsychological Assessment* (3rd edn). New York: Oxford University Press.
- 이 책은 지각 기관과 시각적 기억을 검사하도록 고안된 Mini Mental State, Rey-Osterrieth Complex Figure Test와 기억 회상과 인지를 측정할 수 있도록 고안된 Rey Auditory-Verbal Learning Test(AVLT) 그리고 시각적 개념과 시각운동 협응 능력을 검사하기 위해서 고안된 Trail Making Test(TMT)와 같은 알코올과 관련해 뇌 손상을 선별할 수 있는 검사에 대해서 설명하고 있다.

Marsden, J., Gossop, M., & Stewart, D. (1998). *The Maudsley Addiction Profile (MAP): A Brief Instrument for Treatment Outcome Research. Development and User Manual.* London: National Addiction Centre/Institute of Psychiatry.
- 이 도구는 음주자나 약물 사용자들을 위해서 고안된 것으로 물질 사용, 의험 행동, 신체적 · 정신적 건강과 개인적 · 사회적 기능의 영역을 평가할 수 있다.

McLellan, A. T., Kushner, H., Metzger, D., Peters, R., Smith I., Grissom, G., Pettinati, H., & Argeriou, M. (1992). The fifth edition of the Addiction Severity Index. *Journal of Substance Abuse Treatment, 9*, 199-213.
- 다음 사이트에서 무료 질문지 이용 가능: www.tresearch.org

-내담자의 생활양식과 관련된 문제와 약물 및 알코올의 사용력을 평가할 수 있다.

Miller, W. R., & Marlatt, G. A. (1984a). *Comprehensive Drinker Profile.* Odessa, Florida: Psychological Assessment Resources.
-아래 평가 도구의 포괄적인 첫 번째 버전이다.

Miller, W. R., & Marlatt, G. A. (1984b). *Brief Drinker Profile.* Odessa, Florida: Psychological Assessment Resources.
-알코올 소비 및 생활양식과 관련된 문제들을 측정할 수 있는 탁월한 도구다.

Raistrick, D., Dunbar, G., & Davidson, R. (1983). Development of a questionnaire to measure alcohol dependence. *British Journal of Addiction, 78*, 89-95.
-음주에 대한 주관적 갈망, 술을 찾는 행동의 특징 그리고 특정한 술의 종류를 고집하는 것과 같은 알코올 의존의 심리적 측면을 측정하기 위한 내용을 포함한 것으로 이것은 SADQ-C의 대안이 될 수 있다.

Sobell, L., & Sobell, M. (1992). Timeline follow-back: A technique for assessing self-reported alcohol consumption. In R. Litten & J. Allen (eds.), *Measuring Alcohol Consumption.* New Jersey: Humana Press Inc.
-TLFB 사용자 가이드는 다음에서 구매 가능: Centre for Addiction and Mental Health, 33 Russell Street, Toronto, Ontario, Canada, M5S 2S1 or at: www.camh.net/publications/clinicaltoolsandassessments.html
-지난 3개월 이상 지속된 내담자의 음주 습관을 재구성하는 방법과 알코올 문제 진단을 위한 정보를 활용하는 방법에 대해서 설명하고 있다.

Stockwell, T., Murphy, D., & Hodgson, R. (1983). The severity of alcohol dependence questionnaire: Its use, reliability and validity. *British Journal of Addiction, 78*, 145-155.
-표준 데이터뿐만 아니라 SADQ의 검사-재검사 신뢰도와 타당도의 결과를 보여 준다.

Stockwell, T., Sitharthan, T., McGrath, D., & Lang, E. (1994). The measurement of alcohol dependence and impaired control in community samples. *British Journal of Addiction, 89*, 167-174.

- 치료기관을 찾지 않는 지역사회의 음주자에게 적용하기 위해 SADQ를 수정한 평가 도구에 대해서 설명하고 있다.

Sutherland, G., Edwards, G., Taylor, C., Phillips, G., Gossop, M., & Brady, R. (1986). The measurement of opiate dependence. *British Journal of Addiction, 81*, 485-494.
- SADQ와 비교될 수 있는 척도로, 이 척도는 신체적 · 정서적 금단증상, 약물 복용에 의한 금단의 감소 그리고 단약 후의 회복 속도 등을 측정할 수 있다.

Wechsler, D. (1997). *Wechsler Adult Intelligence Scale-Third Edition (WAIS-III)*. New York, NY: Harcourt, Brace, Jovanovich.
- 행동과 언어 능력을 측정할 수 있는 포괄적인 지능검사로 16~89세의 내담자에게 적용될 수 있고 훈련된 심리학자들에 의해서 사용될 수 있는 11가지 소검사를 포함한다.

Wechsler, D. (2003). *Wechsler Intelligence Scale for Children-Fourth Edition (WISC-IV)*. New York, NY: Harcourt, Brace, Jovanovich.
- WAIS-III와 유사한 포괄적인 지능검사로 6~16세의 내담자를 대상으로 검사할 수 있도록 고안되었다.

Wechsler, D. (1997). *Wechsler Memory Scale-Third Edition (WMS-III)*. New York, NY: Harcourt, Brace, Jovanovich.
- 성인을 위한 단기/장기 기억을 측정하기 위한 포괄적인 도구로서 특정한 자격을 가진 심리학자들만 사용할 수 있다.

그 밖의 자료

Budney, A. J., Moore, B. A., Vandrey, R. G., & Hughes, J. R. (2003). The time course and significance of cannabis withdrawal, *Journal of Abnormal Psychology, 112*(3), 393-402.
- 대마제제의 금단증상과 관련된 일반적인 증상을 설명하고 있는 연구 자료다.

Better Health Good Health Care (2000). *Alcohol and Other Drugs Policy for*

Nursing Practice in NSW: Clinical Guidelines. Sydney: NSW Department of Health.
-금단증상을 다루기 위한 지침을 포함하고 있다.

DiClemente, C. C., & Marden Velasquez, M. (2002). Motivational interviewing and the stages of change. In W. R. Miller & S. Rollnick (eds.), *Motivational Interviewing: Preparing People to Change Addictive Behavior* (2nd edn). New York: Guilford Press.
-동기강화상담과 변화 단계 모델을 연결하는 방법에 대해서 설명하고 있다.

Edwards, G. E., Marshall, E. J., & Cook, C. C. H. (2003). *The Treatment of Drinking Problems: A Guide for the Helping Professions* (3rd edn). Cambridge, UK: Cambridge University Press.
-평가를 치료 계획을 세우는 데 사용할 수 있는 방법에 대한 지침을 포함하여 알코올 치료 현장의 주요 이슈에 대해서 다루고 있다(사례 연구를 포함하고 있음).

Edwards, G., & Gross, M. M. (1976). Alcohol dependence: Provisional description of a clinical syndrome. *British Medical Journal, 1*, 1058-1061.
-알코올 의존 증후군의 증상과 그것이 내담자에게 어떻게 영향을 미치는지에 대해서 자세한 설명을 제공한다.

Lishman, W. A. (1997). *Organic Psychiatry: The Psychological Consequences of Cerebral Disorder* (3rd edn). Oxford: Blackwell Scientific Publications.
-대뇌의 기능 문제와 임상적 신호 및 증상에 대한 탁월한 개요를 제공한다.

Miller, W. R. (1995). Increasing motivation for change. In R. K. Hester & W. R. Miller (eds.), *Handbook of Alcoholism Treatment Approaches: Effective Alternatives* (2nd edn) (pp. 89-104). Boston: Allyn and Bacon.
-변화 단계 모델에 대한 간단하고 실제적인 개요를 포함하고 있다.

Miller, W. R., & Rollnick, S. (1991). *Motivational Interviewing: Preparing People to Change Addictive Behavior*. New York: Guilford Press.
-이 책의 초판의 7장은 동기를 평가하는 것을 포함해서 평가에 있어서 가장 중요한 영

역에 대해 간단하게 논의하고 있다.

Shand, F., Gates, J., Fawcett, J., & Mattick, R. P. (2003). *Guidelines for the Treatment of Alcohol Problems.* Canberra: Australian Government Department of Health and Ageing.

- 알코올 문제의 선별과 평가, 알코올 금단증상 관리에 대한 지침을 제공하고 있다.

National Health and Medical Research Council (2001). *Australian Alcohol Guidelines: Health Risks and Benefits*. Canberra: NH & MRC.

- 다음 사이트에서 이용 가능: www.alcoholguidelines.gov.au
- 과도한 알코올 섭취의 건강 및 심리-사회적 효과에 대해서 자세하게 정리하고 있다.

Prochaska, J. O., & DiClemente, C. C. (1982). Transtheoretical therapy: Toward a more integrative model of change. *Psychotherapy: Theory, Research and Practice, 19*(3), 276-288.

- 변화 단계 모델을 설명하고 있는 초기 논문이다.

Prochaska, J. O., DiClemente, C. C., & Norcross, J. C. (1992). In search of how people change: Applications to addictive behaviors. *American Psychologist, 47*, 1102-1114.

- 이론적 변화 단계 모델과 이러한 단계들을 통해 진행되는 과정에 대해서 설명하고 있다. 이 논문은 치료에 있어서 중요한 발견과 관계에 대한 연구를 포함하고 있다

Saunders, J., Ward, H., & Novak, H. (1996). *Guide to Home Detoxification.* Sydney: Drug and Alcohol Department, Central Sydney Area Health Service, National Drug Strategy.

- 치료 장면 밖에서 금단증상을 다루는 지침을 제공하고 있다.

제3장

동기강화상담

추천 용도

동기강화상담은 치료의 전 과정에 걸쳐 사용될 수 있는 상담 방식이다(1장 참조). 내담자가 변화에 대한 결심으로 갈등하고 있을 때, 언제든지 유용한 접근 방법이다. 그러나 동기강화상담은 음주 또는 약물 사용에 대한 변화에 있어서 양가감정을 경험하고 있는 '숙고자(contemplators)' 상태에 있는 약물 사용자와의 초기 상담 회기 동안에 특히 유용하다(p. 73 참조).

여전히 '전 숙고자(pre-contemplators)' 상태에 머물러 있는 내담자에게 동기강화상담은 변화에 대한 동기를 부여하는 데 사용될 수 있다. 이러한 내담자들은 다른 사람들의 강요가 없었다면 약물이나 알코올 치료기관에 오지 않고, 오히려 기본적인 건강 관리 기관에 가려고 했을 것이다. 내담자가 숙고자든 전 숙고자든지 간에 동기강화상담은 단기 및 초기 개입(5장)에 있어서 핵심이 되는 기법이다. 동기강화상담 방식은 강제로 약물이나 알코올 상담에 참여하고 있는 내담자를 후에 진행될 평가 회기에 참여하도록 격려하기 위한 목적으로 첫 회기에 사용할 것을 권한다.

만약 내담자가 이미 충분히 동기화되어 있고, 기꺼이 변화하려고 한다면 치료 초기에 동기강화상담 전략이 필수적인 것은 아니다. 그러나 내담자가 변화를 통해서 성취하고자 하는 것을 탐색하고 재확인하는 과정에서 그들의 동기를 강화하는 데 동기강화상담은 여전히 유용하다.

동기강화상담은 매우 개별화된 접근에 속하기 때문에 일반적으로는 집단을 대상으로 그 효과를 장담할 수 없다. 집단의 동기를 향상시키기 위한 방법에 대해서도 후에 간단히 논의하도록 하겠다.

목 표

근본적으로 동기강화상담의 목표는 약물 사용 행위에 대한 변화 결심을 내담자 스스로 이야기하도록 하는 데 있다. 그렇지만 동기강화상담은 내담자가 선택할 권리와 자신이 결정한 것의 결과에 대한 책임을 받아들일 것을 강조한다.

동기강화상담 전략은 전통적인 직면 방법을 피한다. 왜냐하면 “당신은 심각한 문제를 가지고 있군요.” 와 같은 ‘공격적 방법’ 은 자동적으로 “나는 어떠한 문제도 가지고 있지 않습니다.” 와 같은 ‘방어적 반응’ 을 초래하기 때문이다. 만약 상담자의 목적이 변화를 위한 논의에 내담자를 참여시키는 것이라면 직면은 도움이 되지 않고 또한 비생산적인 방법일 것이다.

주요 개념

공 감

공감에 대해서는 1장(일반적인 상담의 기술)에 자세하게 정의되어 있다. 이 공감이라는 개념은 동기강화상담에서도 내담자의 말을 약간 수정하기도 하고 혹은 재구성하는 방식으로 반영해 주되 내담자에 대해서 항상 존중하고 수용하는 태도를 유지하면서 경청하는 방식을 설명하기 위해서 사용된다.

그러나 이러한 무비판적인(non-judgemental) 태도가 내담자의 견해에 동의해야 한다는 것을 의미하는 것은 아니다. 오히려 상담자의 공감적 수용은 내담자의 자존감을 지지하고 내담자가 변화의 가능성을 탐색할 수 있는 자유를 허용하는 치료적 관계(rapport)를 형성하도록 돕는다.

양가감정

양가감정은 하나의 대상 혹은 행위에 대해서 상반되는 감정을 경험하는 것으로서 일반적이고 자연스러운 것이다. 중독과 관련해서 이러한 양가감정을 가진다는 것은 변화를 거부한다는 의미가 아니다. 물질 사용이라는 상황에서 이 감정은 음주나 약물 사용을 계속해서 하고자 하는 마음과 절제하거나 끊고자 하는 욕구 사이의 불일치(conflict)를 의미한다. 내담자가 자신의 약물 사용에 대한 변화를 결심하는 단계에 이르게 되면 될수록 이러한 감정의 불일치는 더욱더 커질 가능성이 높다. 양가감정은 변화에 적극적으로 참여하는 데 있어서 가장 큰 장애물이 될 수 있고 오랜 기간 숙고자로 머무르게 되는 주요 원인이 될 수도 있다. 동기강화상담의 목표는 행동하는 데 있어서 양가감정의 균형을 깨뜨리는 것이다.

내담자의 동기는 변화의 과정 전반에 걸쳐서 오르내릴 가능성이 높다는 것을 알고 있어야 한다. 심지어 내담자가 약물이나 알코올 사용 변화에 성공한 후 그러한 변화를 유지하는 데 수반되는 노력에 대해서도 때때로 양가감정을 경험하기도 한다.

저 항

저항은 내담자가 특정 변화에 대해서 깊이 생각하는 것으로부터 멀어지게 하는 행동으로, 때때로 억압된 감정에 반응해서 나타나기도 한다. 동기강화상담에서는 내담자의 저항을 불러일으키거나 강화하는 것을 피하는 것이 중요하다. 1장(일반적인 상담의 기술)의 내용 중에서 저항에 관한 부분을 반드시 읽기를 권한다.

변화 대화

Miller와 Rollnick(2002)은 저항 행동과 내담자가 특정한 변화를 향해 나아가는 신호로서의 행동 간의 차이점을 이끌어 냈는데, 이러한 행동을 '변화 대화(change talk)' 또는 '자기동기 진술(self-motivational statement)'이라고 언급했다. 변화 대화는 자신이 변하지 않았을 때의 불이익에 대한 내담자의 인지, 변화했을 때의 이익에 대한 인지, 변화 가능성에 대한 낙관적 표현 또는 변화하고자 하는 의지(또는 바람)를 표현하는 진술들을 포함한다.

이러한 형태의 진술이 치료자나 다른 사람들로부터 나왔을 때보다 내담자로부터 나오게 될 때 내담자가 변화하도록 설득할 수 있는 가능성은 훨씬 더 높아진다. 그러므로 내담자로부터 보다 정교한 변화 대화를 이끌어 내는 것이 동기강화상담의 목표 중 하나다.

자기효능감

자기효능감은 자신이 변화할 수 있다는, 능력에 대한 내담자 자신의 긍정적인 믿음이다. 내담자가 변화할 수 있다는 확신에 차면 찰수록 내담자가 성공할 가능성은 더욱더 높아진다. 자기효능감은 때때로 내담자에게 심각한 위기 상황을 극복할 수 있는 자신감 정도에 대해서 질문하는 방식으로 측정될 수 있다. 이러한 유형의 질문지는 16장(재발예방 훈련)에서 제공하는 참고자료에서 찾아볼 수 있다.

방법

동기강화상담 전략의 성공적인 적용에 있어서 기본은 내담자 중심의 세부적인 기술이다. 여기에는 열린 질문의 사용, 반영적 경청, 자세하게 기술하기, 긍정과 요약 정리 등이 포함된다. 이것들에 대해서는 1장(일반적인 상담의 기술)에 보다 자세하게 설명되어 있다.

많은 비지시적 내담자 중심의 접근과 달리 동기강화상담에서 이러한 기술들은 모두 내담자가 자신의 양가감정을 탐색하고, 변화의 가능성을 깊이 생각할 수 있도록 격려하기 위한 지시적인(방향성을 가진, directive) 방법으로 사용된다. 예를 들면, 열린 질문은 약물 사용이나 변화의 이유에 대한 내담자의 관심을 불러일으키고 자세히 설명하기 위해서 사용된다. '요약하기'와 '반영적 경청' 기술 또한 내담자의 변화 대화를 선택적으로 강화하고자 할 때 지시적 방법으로 사용된다.

세부 기술의 지시적인 사용이 내담자로 하여금 억지로 자신의 관심사와 가치에 반대되는 결정을 하도록 강제하는 것을 목표로 하지 않는다는 것을 명심하라. 오히려 내담자가 변화의 가능성을 탐색하고, 협상할 수 있도록 함께 협력하고 나아가는 것을 목표로 한다. 변화의 방향은 변화에 대한 내담자의 각오, 가치, 관심과 경험 그리고 내담자가 고려하는 변화의 형태에 의해서 좌우된다.

다양하고 수많은 동기강화상담의 접근과 해석이 존재한다. 그러나 이러한 동기강화상담에 대한 다른 적용들은 공통된 핵심 전략을 가지고 있다. 아래에서 이러한 전략에 대해서 대략적인 설명을 할 것이다. 이 내용은 Miller, Rollnick, Saunders와 그의 동료들의 연구에서 직접 가져온 것이다('참고자료' 참조). 이러한 전략을 사용하고 통합하는 몇 가지 방법이 있지만, 이것들이 모두 적절하거나 모든 내담자들에게 사용되어야 하는 것은 아니다.

Rollnick, Heather와 Bell(1992)은 이 전략을 사용함에 있어서 내담자의 생각과 감정을 보다 깊이 탐색하기 위해서 열린 질문과 반영적 경청기술로서 시작할 것을 제안한다. 각각의 전략은 5~15분의 시간이 소요된다. 그들은 다른 전략으로 넘어가기 전에 상담자가 핵심 사항을 요약해 줄 것을 추가적으로 제안한다. 이때 중요 사항을 적기 위해 화이트보드나 노트를 사용하는 것이 좋은데, 이는 상담자가 요약하는 것을 수월하게 하고, 내담자가 자신의 계속된 음주나 약물 사용의 대가와 이익을 비교하는 데 도움이 되는 강력한 시각적 도구가 될 수 있다.

좋은 점과 좋지 않은 점 탐색하기

이 전략의 목적은 내담자가 음주나 약물 사용에 대한 자신의 생각이나 감정을 탐색하게 하는 것이다. 종종 이것은 내담자의 변화 단계를 평가할 수 있는 가장 좋은 방법이 되기도 한다. 이 전략이 효과적이기 위해서는 상담자가 무비판적인 태도를 견지하고, 반대 의견을 표현하지 않으며, 음주나 약물 사용에 대한 내담자의 견해(좋게 혹은 좋지 않게 생각하는 것)에 대해서 놀라지 않아야 한다. 이 전략의 4가지 핵심 견해는 다음에서 설명하는 바와 같다.

좋은 점

부정적인 모습을 보기 전에 먼저 좋은 점에 초점을 맞추는 것이 치료적 관계 형성과 내담자의 음주 및 약물 사용 상황을 이해하는 데 유리하다. 다음과 같은 열린 질문으로 시작하라.

"……를 사용하는 데 좋은 점에는 어떤 것들이 있나요?"

"음주 또는 약물의 사용에 있어서 당신이 좋아하는 점은 무엇입니까?"

좋지 않은 점

여기에서의 목적은 내담자(상담자가 아니다!)가 자신의 약물과 알코올 사용에 대해서 좋지 않은 점을 이야기하여 스스로 확인할 수 있도록 하는 것이다. 부드럽게 접근하는 것은 보다 편하게 터놓고 이야기할 수 있도록 돕기 때문에 내담자가 사용하지 않는다면 '나쁜 것' '문제'와 같은 표현은 피하는 것이 좋다. 종종 내담자는 상담자와 '좋은 것'에 대해서 이야기한 것처럼 '좋지 않은 것'에 대해서 이야기할 것이다. 이것은 상담자가 손쉽게 내담자의 약물 사용에 대한 일면을 탐색할 수 있도록 한다. 만약 그렇지 않으면 '좋은 것'에 대한 요약이 끝난 후에 다음과 같은 열린 질문으로 시작하라

"……에 관해 좋지 않은 점이 있습니까?"
"당신이 사용하고 있는 ……에 대해서 당신이 좋아하지 않는 점은 무엇입니까?"

내담자가 대답한 내용을 '좋지 않다'라고 생각한 이유를 찾도록 힘쓰라. 무엇보다도 무비판적인 태도를 취할 것을 기억하라. 이 활동은 다른 사람들에 의해서 자신의 음주나 약물 사용이 문제로 분류될 것이라는 위협 없이 내담자가 스스로 그것의 부정적인 부분을 탐색할 수 있는 기회를 제공한다.

"이것이 당신에게 어떤 악영향을 미칩니까?"
"그것의 좋지 않은 점은 어떤 것이 있습니까?"

애매한 이유보다 구체적인 이유를 말하도록 하라. 왜냐하면 내담자가 자신의 문제를 구체적으로 말하고 그것을 스스로 듣게 될수록 그것을 통해서 보다 확실하게 자신의 문제를 확인하게 될 것이기 때문이다. 예를 들어, 내담자가 "제 건

강에 대해서 걱정하고 있어요." 또는 "저의 대인관계에 미치는 영향에 대해서 걱정하고 있어요."라는 진술을 한 경우 다음의 질문을 하라.

"그것과 관련된 최근의 예를 하나 말씀해 주시겠어요?"
"그것에 대해서 좀 더 이야기해 주시겠어요?"

만약 내담자가 '좋지 않은 점'에 관한 목록 작성을 어려워하거나 내담자가 몇몇 중요한 영역(예: 법적, 사회적, 경제적, 직업적, 가족, 성적 관계)에 대해서 탐색하고 있지 않는다고 느낀다면 상담자는 다른 이유에 대해서 부드럽게 자극하는 방법을 선택할 수 있다. 그러나 자제력 있게 이러한 전략을 사용해야만 한다.

"사회적 상황에서 긴장을 느낀다고 하셨는데요, 몇몇 사람들은 가족들과 심하게 다투기도 한다고 이야기합니다. 당신에게는 이러한 일들이 일어나지 않습니까?"

문제 탐색하기

어떤 '좋지 않은 점'이 내담자에게 문제일 것이라고 상담자가 추측하지 않는 것이 중요하다. 예를 들어, 만약에 내담자가 배우자와의 관계에 대해서 실제로 크게 신경 쓰지 않는다면 배우자와 다투는 것은 주요 문제가 아닐 수 있다. 내담자는 종종 지금 문제를 일으키는 데 있어서 크게 필연적이지 않은 음주나 약물 사용과 관련된 '좋지 않은 점'을 탐색할 수 있다. 그러므로 내담자의 현재 고민과 관련된 '좋지 않은 점'에 집중하기 위해 계속해서 내담자의 진술을 열린 질문을 통해서 짚어 가는 것이 중요하다.

"그것에 대해서 어떻게 느낍니까?"
"어찌 되었든지 간에 이것이 당신에게 문제가 되거나 걱정되는 부분인가요?"

문제에 대한 집중적인 조명과 보다 심도 있는 탐색은 동기강화상담의 주요 전략이다. 음주나 약물 사용의 '좋지 않은 점' 이 내담자에게 별로 문제가 되지 않는다면 그것은 내담자의 변화 동기를 증진시키는 데 바람직하지 않다. 반면에 내담자 자신이 약물과 알코올 사용에 관해 문제가 있다는 것을 알아차리면 내담자가 변화의 필요성을 느낄 가능성은 더욱더 높아진다. 내담자가 자신의 문제를 탐색하는 과정에서 상담자는 그것을 반영해 주고 요약해 주는 것이 특히 중요한데, 내담자에게 그것을 다시 말해 줌으로써 이러한 문제의 심각성이 보다 강화되기 때문이다.

어떠한 경우에라도 이 전략을 사용할 때는 "감옥에 두 번 오게 된 것이 당신의 문제라고 생각하지 않으세요?" 라는 식으로 이야기하는 것은 피해야 한다. 자신의 문제가 무엇인지 정의해야 하는 사람은 바로 내담자다. 직면적인 언급은 내담자의 부인과 방어적 반응을 불러일으킬 뿐이다.

요약하기

'좋은 점' 과 '좋지 않은 점' 에 대해서 모두 이야기하고 난 후에 가능하면 내담자가 사용한 단어를 사용해서 요약하라. 요약할 때는 다음과 같은 문장을 사용할 것이다. "그러니까 한편으로 생각하면 당신은 ……을 좋아하는군요. 그리고 다른 한편으로는……." 이 예에서와 같이 내담자가 생각하는 음주와 약물 사용에 대한 긍정적인 면과 부정적인 면의 중요성을 공감하고 이해하고 있다는 것을 표현할 때는 '그러나' 보다는 '그리고' 를 사용하라.

내담자가 언급한 모든 '좋지 않은 점' 을 단순히 나열하는 것은 피하도록 하라. 대신에 '좋지 않은 점' 을 요약할 때는 내담자가 지적한 주제들 중에서 내담자를 가장 불편하게 만드는 주제에 집중하라. 즉, 약물 사용 및 음주로 인해 내담자가 느끼는 걱정과 문제들이 계속 사용했을 때의 좋은 점보다 더 크다는 것을 스스로 느끼도록 돕는 것이 목적이다. 변화를 돕기 위해 내담자의 균형을 흔들 수 있는 다른 전략들을 이어서 소개하도록 하겠다. 또 다른 전략으로 넘어가기 전에 상담자가 요약한 것에 대해서 내담자가 반응할 수 있는 시간을 주어야 한다는 것을 명심하라.

예상되는 문제 상황 다루기

만약 내담자가 계속해서 저항적인 행동을 보인다면 그것은 상담자의 방법이 너무 직면적이거나 상담자의 전략이 내담자의 현재 변화 단계에 부적절하다는 신호일 수 있다. 예를 들어, 내담자가 변화를 고려할 준비가 전혀 되어 있지 않다면 '좋지 않은 점' 의 가능성이 제시될 때 저항할 것이다. 혹은 내담자가 수많은 '좋지 않은 점' 의 목록을 작성하더라도 그것들 중 어느 것에 대해서도 거의 관심을 가지지 않을 것이다. 만약에 상담자가 이러한 '전 숙고 단계의 내담자' 를 만났을 때는 아래에 설명하고 있는 정보 제공 전략의 적용을 고려해야 한다(pp. 104-105 참조).

어떤 내담자의 경우, 저항에 대응하는 최선의 방법은 '저항과 함께 구르기' 다. 절대 논쟁이나 설득, 경고 또는 직면을 통해서 내담자에게 정면으로 대응하지 마라. 이러한 대응은 오히려 맞불을 놓게 되는 것인데, 이러한 방식은 음주나 약물 사용을 강력하게 지지하는 반대 입장으로 내담자를 밀어 넣는 결과를 가져오기 때문이다.

내담자가 저항과 함께 구르는 데는 다양한 방법이 있다. 그리고 그 방법에 대해서는 1장(일반적인 상담의 기술)에서 자세하게 다루었다. 그러나 기본이 되는 원리는 직면이나 논쟁을 피하는 것이다. 대신에 내담자가 계속해서 문제와 걱정을 탐색할 수 있도록 면담을 진행함으로써 내담자의 감정과 불일치를 인지하고 재구성하라.

Saunders, Wilkinson과 Allsop(1991, pp. 248-285)은 종종 내담자가 자기 자신과 '좋지 않은 점' 은 거리가 먼 것처럼 보이게 하려 한다는 것에 주목했다. 예를 들어, 내담자는 "의사가 만약 주사기를 여럿이 나눠 쓰면 에이즈(ADIS)에 걸릴 수 있다고 말했어요." 라고 할 수 있다. 이때는 "그것에 대해서 당신은 어떻게 생각하나요?" 라고 질문함으로써 내담자의 반응을 탐색하라. 때때로 이 질문에 대한 대답은 음주나 약물 사용의 결과에 대해서 내담자가 잘 알고 있지 못하거나 오해하고 있다는 것을 보여 주기도 한다. 이러한 오해는 객관적이고 비직면적인 방법으로 수정될 필요가 있다(pp. 104-105 참조).

삶에 대한 만족

문제점과 걱정을 부각하기 위해서 내담자가 과거에 자기 자신을 어떻게 바라보았고, 미래의 자신에 대해서 어떻게 생각하는지 질문하라. 현재의 모습과 과거의 희망 또는 미래의 포부를 비교하는 것은 내담자에게 불편한 불일치감을 만들어 낼 수 있다. 이러한 불편함은 변화의 강력한 동기가 될 수 있다.

Rollnick과 그의 동료들(1992)은 이 전략이 적어도 음주나 약물 사용에 대해 이미 어느 정도 걱정하고 있는 내담자에게 사용되어야 한다고 제안하였다.

과거의 탐색

다음과 같은 질문으로 시작하라.

"당신은 18세였을 때 지금쯤 무엇을 하고 있을 것이라고 생각했나요?"

다음에 이어지는 질문을 통해서 현재 상황과 과거의 기대 사이에 어떠한 차이점이 있는지 내담자와 함께 탐색할 수 있다.

"현재 상황과 어떻게 다른가요?"
"그것에 대해서 어떻게 느끼나요?"
"……의 사용이 이러한 것들에 어떤 영향을 주었나요?"

이러한 질문의 목적은 내담자가 물질 사용과 자신의 목표나 포부를 관련지을 수 있도록 유도하는 것이다.

미래의 탐색

비슷한 방식으로 미래에 대한 질문을 한다.

"미래에는 어떤 것이 달라졌으면 좋겠나요?"
"당신이 좋아하는 것을 하지 못하도록 막은 것은 무엇이었나요?"
"지금 이 순간 ……의 사용이 당신의 삶에 어떤 영향을 주나요?"

이러한 질문은 약물이나 알코올 사용에 대한 걱정과 염려를 표현하도록 하고, 내담자가 행동 변화에 대한 필요성을 스스로 이야기하도록 이끈다.

어떤 상담자는 이보다 더 직접적인 질문을 하기도 한다.

"만약 음주를 계속하기로 선택한다면 무슨 일이 일어날 것 같나요?"
"그것에 대해서 어떻게 느끼나요?"

이러한 영역을 탐색하는 과정에서 과거와 미래의 포부 그리고 현재의 관계와 함께 물질 사용의 역할을 집중 조명하여 요약하도록 하라. 그리고 가능하다면 내담자가 사용한 단어를 사용하라.

예상되는 문제 상황 다루기

이 전략을 통해서 내담자가 자신의 강한 절망감이나 좌절감을 표현하도록 할 수 있다. 이러한 고통을 인식하는 과정에서 고통에 초점을 맞추면 내담자는 변화를 선택할 수 있다. 또한 약물 사용 행동을 변화시켜야 한다는 압박은 내담자의 삶에 있어서 긍정적인 변화를 이끌어 낼 수 있고, 변화로부터 내담자가 얻게 될 이익을 탐색하도록 할 수 있다. 변화할 수 있다는 신념은 매우 중요한 동기가 된다는 것을 기억하라.

자신 대 약물 사용자

앞서 제시한 전략과 비슷하게 이 접근 방식은 Saunders와 그의 동료들(1991)이 내담자의 '심리적인 머뭇거림(psychological squirm)' 이라고 묘사한 것을 증가시키는 데 그 목적이 있다. 이것은 한 인격체로서의 자신과 약물 사용자로서의 자신 사이에 나타나는 불일치에 대해 생각하도록 도와준다. 예를 들면, 다음과 같이 질문할 수 있다.

"당신의 가장 친한 친구는 당신의 좋은 점이 무엇이라고 하나요?" (이러한 질문은 낮은 자존감 때문에 힘들어하는 내담자에게 유용하다.)

"당신 자신에 대해서 좋아하는 점을 어떻게 설명할 수 있을까요?

반영적 경청과 심층 질문하기, 요약하기 등을 사용하여 이러한 특징을 탐색한 후에 질문하라.

"헤로인 사용자 또는 음주자로서 자신을 어떻게 설명할 수 있을까요?"

다시 세부적인 사항과 요약하기를 통해서 이러한 특징을 탐색한 후에 다음과 같이 질문하라.

"이러한 것들이 어떻게 함께 어울릴 수 있을까요?"

Saunders와 그의 동료들(1991)은 이 활동이 내담자로 하여금 자신의 가치와 모순되는 물질 사용자로서의 모습 그리고 자신이 원하는 모습에 초점을 맞추도록 이끈다고 기술했다. 이러한 질문을 할 때 공감적이고 무비판적인 태도가 매우 중요하다. 내담자가 인정한 불일치를 집중 조명하면서 요약하는 것으로 마무리하라.

'결정하기' 돕기

내담자가 변화의 필요에 대한 걱정을 성공적으로 표현하도록 도와주었다면 다음 단계는 물질 사용 행동에 대한 변화를 결심하도록 내담자를 돕는 것이다.

이 단계는 매우 중요한데, 내담자가 자신의 음주나 약물 사용에 대해서 걱정을 하더라도 여전히 행동을 취하는 것에는 마음이 동하지 않을 수 있기 때문이다. Miller와 Rollnick(2002, p. 127)은 저항의 감소, 문제에 대해서 덜 이야기하기, 보다 침착하게 변화를 결심하기, 변화 대화의 증가, 변화 이후의 삶에 대해서 이야기하기, 변화 전략의 시도 등은 내담자가 이 단계를 위해 준비가 되었다는 것을 나타낸다고 보았다.

그 상담의 맥락을 요약하고 함께 묘사해 봄으로써 동기강화상담의 단계를 시작하는 것은 매우 유익하다. 이것은 문제에 대한 내담자 자신의 인식을 재검토하고, 문제에 대해서 긍정적이고 매력적으로 생각하는 것을 포함한 내담자의 양가감정 요약하기를 수반하게 될 것이다. 또한 상담자는 변화하기 원하거나 변화를 의도하는 것에 대한 내담자의 진술을 재진술해야 하고, 그 상황에 대한 상담자의 평가를 제시해야 한다. 내담자와 나눈 문제의 영역을 강조하라. 그리고 문제가 되거나 위험하다는 객관적인 증거를 포함시켜라. 요약하기의 목적은 내담자가 변화에 대한 복잡한 감정에 대해서 깨닫게 하는 동시에 가능한 한 변화의 이유를 많이 찾아내는 것이다.

요약하기에 이어서 다음의 핵심 질문 유형 중에 하나를 질문하라.

> "이것이 당신을 어디에 남겨 놓았나요? 이것이 당신을 어떻게 만들었나요?"
> "이제 어떤 일이 일어날까요? 여기로부터 우리는 어디로 갈까요?"
> "이것이 당신의 음주나 약물 사용에 대해서 의미하는 것은 무엇인가요?"

내담자가 물질 사용을 멈추거나 줄이기를 원한다고 말했을 때, 너무 성급하게 내담자에게 무엇을 하도록 요구해서는 안 된다. 만약 그렇게 성급한 요구를 하게 된다면 내담자가 책임감을 표현하고 자신의 행동에 대해서 관심을 갖도록 격려하는 동기강화상담의 전체 과정이 훼손될 것이다. 내담자의 양가감정은 '사라지는 것' 이 아니라 오히려 양가감정의 균형이 단순히 변화를 향해서 기우는 것임을 기억하라. 만약에 상담자가 너무 강하게 원하거나 너무 강하게 행동하기를 강요한다면 이 균형은 반대쪽으로 기울게 될 것이다.

상담자가 내담자의 과거 성공을 회고하거나 내담자의 장점을 탐색하는 것 또는 내담자가 자신감을 가질 수 있도록 신중하게 표현하는 것 등을 통해서 내담자의 자기효능감(self-efficacy)을 지지하는 것이 중요하다(pp. 92-93 참조). 이것을 가능하게 하는 또 다른 방법은 4장(목표 설정)에서 설명한 것과 같이 내담자에게 선택 가능한 치료의 범위를 제공하는 것이다. 이것은 내담자에게 자신의 특정한 필요를 채울 수 있는 전략을 선택하도록 할 수 있고, 내담자가 인지한 자신의 선택과 통제를 강화한다. 중립적 태도로 선택할 수 있는 사항에 대한 정보를 제공하라. 비슷한 상황에서 다른 내담자들이 어떻게 선택했는지에 대해서 이야기할 수도 있다. 상담자가 내담자를 지지하고 안내하겠지만, 내담자 자신이 스스로에게 가장 좋은 것이 무엇인지를 가장 잘 선택할 수 있는 사람이라는 것을 강조하라.

내담자가 특정한 목표를 선호할 때는, 그 목표의 실현 가능성과 그에 따른 결과가 무엇인지 시간을 두고 검토하라. 여기에 제시된 질문(Miller & Rollnick, 1991, p. 120; Miller & Rollnick, 2002, p. 134)을 통해서 막연하게 표현된 목표는 내담자의 문제를 보다 타당하고 명확하게 수정하도록 도움을 줄 것이다.

"이 목표를 이룬다면 당신의 삶은 어떻게 달라질까요?"

"끊고 싶다고 이야기해 오셨는데요, 그것이 가능하다고 생각하세요?"

"당신의 계획대로 달성하지 못하게 하는 요인에는 어떤 것들이 있다고 생각하나요?"

"당신이 가진 기술 중에서 이 목표를 성취하는 데 도움이 되는 것은 무엇이 있을까요?"

전 숙고 단계에 있는 내담자에게 정보 제공하기

많은 상황에서 정보 제공은 유용한 전략이 될 수 있다. 그것은 현재 음주나 약물 사용에 대해 고민하고 있지 않은 내담자에게 변화에 대해서 생각하도록 하기 위해 사용될 수 있다. 이것은 또한 내담자에게 약물 사용으로 인한 결과에 대해서 보다 깊이 알 수 있는 기회를 제공하고, 약물 사용과 관련된 위험에 대한 잘못된 개념을 바로잡도록 이끌어 준다. 예를 들면, 약물 주입과 관련된 폐해 감소를 목표로 한 개입에서 약물 사용자는 주사 기구를 돌려 가며 사용하는 것에 대해서는 숙고 단계에 있을 수 있지만, 콘돔을 사용하는 것에 대해서는 전 숙고 단계에 있을 수 있다. 이러한 경우에 정보를 제공하고 이러한 위험을 스스로에게 적용해 보도록 하는 것은(다음의 내용 참조) 내담자에게 위험한 행동에 대해서 인식하게 해 준다(Baker & Dixon, 1991).

보통은 약물 사용과 관련된 위험성에 대해서 내담자가 알고 있는 것을 질문하면서 시작하는 것이 유용하다. 이것은 내담자에게 위험성에 대해 인식할 수 있도록 하고, 내담자에게 바로잡아 주어야 할 어떤 잘못된 이해가 있는지를 상담자에게 알려 주는 역할을 한다. 그다음에 상담자는 내담자에게 보다 많이 알기를 원하는지 질문할 수 있다. 이렇게 삼가는 태도로 정보를 제공하는 것에 대해서 내담자에게 허락을 구하는 것은 종종 유용하다.

> "제 생각에는 임신 중 안전한 약물 사용 수준과 관련된 이 질문에 대해서 잠시 살펴보는 것이 필요할 것 같군요."
>
> "알코올이 신체에 미치는 영향에 대해서 보다 많이 알고 싶으신가요?"

내담자가 동의하면, '전문가'의 견해를 제시하고, 중립적이면서도 무비판적이며, 개인적이지 않은 방식으로 정보를 제공하라. 예를 들면, "권장량 이상으로 음주를 하는 사람들에게는 ……이 일어날 수 있습니다."라고 말해 줄 수 있다. 정보를 제공한 후에는 내담자에게 다음과 같이 질문하라.

"어떤 식으로 이것을 사용할 건가요? 사용하는 것을 어떻게 조절하실 건가요?"
"이것이 당신에게 어떤 의미가 있는지 궁금하군요."

이러한 질문은 정보 제공에 있어서 핵심이 되는 동기 강화적 형태이기 때문에 내담자와 그 정보의 개인적 관련성을 탐색하는 데 시간을 투자하는 것이 중요하다. 그러나 내담자에게 변화하도록 강요하기 위한 증거로서 정보를 사용하지 않을 것을 보장해야만 한다. 변화를 강요하는 것은 정보 제공의 목적이 아니다. 오히려 상담자는 (정보 제공을 통해서) 내담자를 불안하게 하고 약물 사용에 관련된 위험성과 문제들에 대한 지각을 증가시키도록 노력하고 있는 것이다. 만약에 이것이 성공적으로 진행된다면 상담자는 내담자의 고민과 변화의 관련성에 대해서 보다 깊이 탐색하면서 상담을 계속 진행하려 할 것이다(앞의 내용 참조).

그러나 반드시 기억해야 할 것은 동기강화상담은 내담자의 책임을 강조한다는 점이다. 또한 어떤 내담자들에게 이것은 정보에 근거하여 당분간 약물을 계속해서 사용하겠다는 결정을 내릴 수 있는 권리를 의미하기도 한다는 것이다. 그럼에도 불구하고 세심하게 제공되는 정보로 인해 내담자가 이후에 중요한 전환점을 경험하게 될 것이기에 동기강화상담은 가치가 있다.

그 밖의 동기강화상담의 적용

평가 결과에 대한 개별적 피드백

앞서 설명한 정보 제공 전략은 모든 내담자들에게 평가 결과를 피드백하기 위한 모델을 제공해 준다. 상담자는 개별적 피드백을 통해서 내담자에게 내담자의 상황에 대한 객관적인 측정 결과(예: 의존의 심각성, HIV 감염 위험 수준, 인지실험 또는 간 기능 검사 결과)와 이러한 결과가 의미하는 것 그리고 인구 표준 또는 기관에서 일반적으로 볼 수 있는 내담자들과 비교했을 때 어느 정도인지에 대해 간단한 설명을 제공한다.

개별적 피드백은 자신의 건강에 대한 고민이 증가하는 순간같이 '배울 자세가 되어 있는' 순간에 그것과 관련한 선별된 정보를 제공함으로써 내담자의 동기를 강화할 수 있다. 상담자가 자신과 관련된 정보를 제공해 주었을 때 이것을 떨쳐버리는 것은 기억하는 것보다도 어려운 일이다. 때문에 개별적 피드백은 알코올이나 다른 약물의 영향에 대해 일반적인 교육을 하는 것에 비해서 더 효과적일 것이다.

온화하고 무비판적인 태도로 피드백을 제공하라. '위협하는' 전략은 피하라. 개별적 피드백의 목적은 내담자가 결정할 수 있도록 충분한 정보를 제공하는 데 있다. SADQ-C와 같은 표준화된 질문지의 결과에 대해서 피드백할 때는 어떤 질문과 응답에 내담자가 주목했는지에 대해 물으면서 시작하라.

내담자가 자신의 의견을 자유롭게 말할 수 있도록 초기부터 강조하라. Miller와 Rollnick(2002, p. 150)은 상담자가 피드백을 시작하면서 내담자의 의견을 흥미롭게 생각하고 있음을 명확하게 나타낼 것을 제안하였다.

> "나는 그것이 어떤 결과를 가져올지는 모르지만……."

만약 몇 가지 표준화된 검사를 실행한다면, 도표로 구성되어 있을지 모를 결과표를 제공하라. 내담자에게 세부 사항을 설명할 목적으로 작성된 보고서를 사용하라. 내담자가 수행한 특정 검사에 대한 점수를 알려 주고, 그 점수를 다른 사람들의 점수와 비교하여 설명하도록 하라. 예를 들어, 내담자가 SADQ-C 검사에서 36점을 획득했다면 SADQ-C에서 30점 이상은 높은 수준의 알코올 의존을 의미한다는 것을 설명하라. 높은 수준의 의존은 알코올에 대한 신체적 반응 수준과 관련이 있는데, 내성과 금단증상으로 인해 음주하게 될 수도 있음을 내담자에게 설명하라.

내담자의 반응을 살피면서 그것에 따라서 항상 피드백하라.

"이것에 대해 어떻게 생각하나요?"
"당신이 예상했던 것과 얼마나 일치하나요?"
"이것에 대해서 어떻게 느끼나요?"
"이것 때문에 놀랐습니까?"

이러한 방식으로 제시된 정보는 내담자에게 강력한 감정적인 문제를 일으킬 수 있다는 것을 알고 있어야 한다. 상담자의 공감과 반영적 경청은 내담자가 방어하지 않으면서 이러한 감정을 탐색할 수 있도록 도울 것이다.

적절하다면, 내담자에게 약물 사용에 있어서의 변화가 병적인 증상을 치료할 수 있는지에 대한 정보를 제공하라. 피드백의 마지막 부분에서 확인된 문제점과 위험 요인 그리고 이러한 정보에 대한 내담자의 반응을 요약해 주어라. 내담자가 언급한 고민 및 변화와 관련해 내담자가 표현한 필요나 욕구를 강조하라. 더불어 내담자가 상담자의 요약에 대해서 반응하거나 수정할 수 있는 기회를 허락하라.

예상되는 문제 상황 다루기

정상 범위에 있는 의학적인 결과는 주의 깊게 다루어져야 한다. 예를 들어, 내담자는 정상 범위에 속한 자신의 결과에 대해 자신의 물질 사용이 아무런 문제도 일으키지 않는다는 의미로 해석할 수 있다. 이때 상담자는 계속된 물질 사용이 내담자의 건강을 점차적으로 해치게 될 것이고, 단주나 단약을 했을 때 내담자가 보다 건강해질 것이라는 제안을 통해서 내담자가 정상 범위에 있는 결과를 잘못 해석할 가능성을 막을 수 있다.

이러한 내담자의 경우, 상담자는 내담자의 내성과 관련된 문제를 집중적으로 다루는 것을 선택할 수도 있다. 예를 들어, 내성을 면밀하게 재구성하는 것은 실제로 알코올에 의해서 많은 영향을 받고 있지만, 알코올이 자신에게 미치는 영향이 적다고 생각하는 내담자에게 특히 효과적이다. 이러한 변화에 대해 내담자가 이익과 불이익으로 생각하는 것이 무엇인지 질문하라. 이러한 이익과 불이익에 대해서 인지하는 것을 통해서 상담자는 내담자가 내성의 신체적 결과에 대해서 인지하고 있는지를 질문할 수도 있다. 내담자에게 알코올로 인해 야기된 결과는 종종 내담자의 음주가 과도하다는 경고 신호라는 것을 설명하라. 내성의 증가로 인하여 이러한 경고 신호가 신체적으로 나타나지 않을 수도 있고, 이미 신체에 해로운 수준에 도달했음에도 불구하고 계속해서 음주를 하고 있을 수도 있다. 고통이 사람을 더 큰 위험으로부터 보호하는 경고 신호라는 사실을 통해 내담자가 이것을 유추할 수 있도록 도울 수 있다.

집단에서의 동기 강화적 개입

개인상담에서와 같이 강력하지 않을 수도 있지만, 집단 장면에서도 여러 가지 동기강화상담 전략이 사용될 수 있다. 예를 들면, '좋은 점' 과 '좋지 않은 점' 에 대해 내담자 각자가 집에서 '결정 저울표' 에 기록해 오게 하는 실제 연습을 이용해 집단 차원에서 브레인스토밍을 할 수도 있다. '결정 저울표' 의 예는 이 장의 마지막에 제시하였는데, 그것은 내담자가 약물을 계속해서 사용하는 것과 변화하는 것 모두에 대한 찬성과 반대 의견에 대해서 깊이 생각할 것을 요구한다. 가정에서 연습을 하는 장면에서 상담자는 내담자에게 실제적인 문제의 긍정적인 면과 부정적인 면에 집중하도록 지시해야 한다. 그렇게 하지 않는다면 내담자는 감정적 동요 없이 단지 찬성과 반대 의견을 갖는 것으로 그칠 수 있다.

집단 장면에서 저항과 함께 구르는 것은 개인상담을 할 때보다 더 어려울 수 있는데, 특히 한 명의 내담자가 저항적인 말로써 집단에서 두드러지는 경향이 있을 때 더욱 그러하다. 상담자는 집단의 규칙을 정함으로써 다루기 어려운 행동을 미연에 방지할 수 있다(1장 참조). Walters, Ogle와 Martin(2002)은 말이 없거나 경험이 많은 집단원들에게 그들의 관점을 이야기하도록 함으로써 강한 저항에 대응하라고 제안했다. 상담자는 또한 집단 참여자들의 건설적이고 비논쟁적인 발언을 강조하면서 집단 내에서 언급된 것들을 반영하면서 요약해 줄 수 있다. 집단 장면에서 동기강화상담을 어떻게 적용하는지에 대한 보다 많은 정보를 원한다면 참고자료를 참조하라.

요 약

Miller와 Rollnick(2002, pp. 36-41)은 동기강화상담의 기초가 되는 치료적 원리를 크게 4가지로 요약 · 정리하였다.

- **공감 표현하기**
  - 내담자의 입장에 대한 수용과 존중은 변화를 촉진한다.
  - 숙련된 경청(반영적 경청)은 기초가 된다.
  - 양가감정은 정상적인 감정이다.

- **불일치감 발달시키기**
  - 현재 행동과 주요 목표 간의 불일치는 변화를 동기화한다.
  - 내담자는 변화에 대한 논의에 반드시 참여해야 한다.

- **저항과 함께 구르기**
  - 변화에 대해서 논쟁하는 것을 피하라. 논쟁은 비생산적이고 방어적인 태도를 야기한다.
  - 저항에 맞서기보다는 그것과 함께 진행하라.
  - 저항에 편승하기보다는 새로운 관점을 고려하도록 내담자에게 권유하라.
  - 해결책을 찾는 일에 내담자를 적극적으로 참여하게 하라.
  - 저항은 변화 전략의 신호가 된다.
  - 내담자의 진술은 변화에 대한 새로운 힘을 창조하기 위해서 다소 재구성될 수 있다.

- **자기효능감 지지하기**
  - 변화할 수 있다는 자신의 능력에 대한 내담자의 믿음은 큰 동기 요인이다.
  - 내담자의 자기효능감은 내담자가 변화할 수 있다는 상담자의 믿음에 의해서 자라난다.
  - 내담자는 개인적 변화를 위한 선택과 수행에 대한 책임이 있다.
  - 접근 가능한 대안이 있기에 희망이 있다.

[내담자용 유인물]

결정 저울표

〈사 례〉

변화 없이 계속해서 음주하기		음주 변화 결정하기	
장점	단점	장점	단점
• 스트레스를 해소할 수 있다. • 취하는 것이 좋다.	• 결혼생활이 깨질 수 있다. • 자녀에게 좋은 본이 안 된다. • 건강에 해롭다. • 직업을 잃을 수 있다. • 유쾌하지 않다.	• 결혼생활이 좀 더 행복해진다. • 경제 사정에 도움이 된다. • 자녀들을 위해 시간을 낼 수 있다. • 좀 더 건강해진다. • 좀 더 즐겁게 일할 수 있다.	• 스트레스나 다른 문제에 대해서 어떻게 대처해야 할지를 모른다. • 친구를 잃을 수 있다. • 취하는 것이 그리워질 것 같다.

• 아래에는 자신이 생각하는 장점과 단점을 적어 보세요. 각각이 모순되는 것처럼 보이더라도 걱정하지 마세요. 중요한 것은 여기에 적는 내용이 현재 자신의 상황을 스스로가 어떻게 바라보고 있는지 보여 준다는 것입니다.

변화 없이 계속해서 음주하기		음주 변화 결정하기	
장점	단점	장점	단점

*출처: Miller & Rollnick(2002).

참고자료

Baker, A., & Dixon, J. (1991). Motivational interviewing for HIV risk reduction. In W. R. Miller & S. Rollnick (eds.), *Motivational Interviewing: Preparing People to Change Addictive Behavior* (pp. 293-302). New York: Guilford Press.
- 폐해 감소 목적에 변화 단계 모델과 동기강화상담을 적용하였다.

Miller, W. R. (1983). Motivational interviewing with problem drinkers. *Behavioural Psychotherapy, 11*, 147-172.
- 이 책은 동기강화상담의 원리에 대해서 설명하고 있는 초기의 책이면서 동시에 여전히 최고의 책이다.

Miller, W. R. (1985). Motivation for treatment: A review with special emphasis on alcoholism. *Psychological Bulletin, 98*, 84-107.
- 이 분야에 대한 탁월한 도서다.

Miller, W. R. (1995). Increasing motivation for change. In R. K. Hester & W. R. Miller (eds.), *Handbook of Alcoholism Treatment Approaches: Effective Alternatives* (2nd edn) (pp. 89-104). Boston: Allyn and Bacon.
- 이 접근의 간단한 요약본

Miller, W. R., & Rollnick, S. (2002). *Motivational Interviewing: Preparing people to Change Addictive Behavior* (2nd edn). New York: Guilford Press.
- 이 분야에서 매우 탁월한 도서로서 이 책은 동기강화상담의 원리와 실제에 대한 최신의 자세한 내용을 담고 있다. 또한 이 책은 다양한 내담자 집단과 다양한 장면에서 동기강화상담을 적용하는 방법에 대한 지침을 제공하고 있다.

Miller, W. R., & Rollnick, S. (1991). *Motivational Interviewing: Preparing People to Change Addictive Behavior*. New York: Guilford Press.
- 앞서 언급한 책의 초기 개정판으로 이 책에서 몇몇의 예를 사용하였다. 이 개정판 또한 평가 정보를 개인적으로 피드백해 주는 것과 관련된 내용을 포함하고 있다.

Miller, W. R., Zweben, A., DiClemente, C. C., & Rychtarik, R. G. (1994). *Motivational Enhancement Therapy Manual: A Clinical Research Guide for Therapists Treating Individuals with Alcohol Abuse and Dependence. Project MATCH Monograph Series* (Volume 2). NIH Pub. No. 94-3723. Rockville, MD: National Institute on Alcohol Abuse and Alcoholism.

- 다음 사이트에서 복사본 주문 가능: www.niaaa.nih.gov/publications/match.htm
- 회기별로 매뉴얼을 제공하였는데, Miller와 Rollnick(1991)의 연구 내용에 기반을 두고 있고, MATCH 프로젝트에서 사용되었다.

Rollnick, S., Heather, N., & Bell, A. (1992). Negotiating behaviour change in medical settings: The development of brief motivational interviewing. *Journal of Mental Health, 1*, 25-37.

- 매우 유용한 여러 가지 방법과 관련된 내용을 기술하고 있는데, 특히 병원 장면이나 단기상담에서 사용될 수 있는 내용을 담고 있다.

Rollnick, S., & Miller, W. R. (1995). What is motivational interviewing? *Behavioural and Cognitive Psychotherapy, 23*, 325-334.

- 내담자와 상호작용하는 방법으로서 동기강화상담을 사용하는 것이 대한 논의를 제공하고 있다.

Saunders, B., Wilkinson C., & Allsop, S. (1991). Motivational intervention with heroin users attending a methadone clinic. In W. R. Miller & S. Rollnick (eds.), *Motivational Interviewing: Preparing People to Change Addictive Behavior* (pp. 279-292). New York: Guilford Press.

- 메타돈 유지 프로그램에서 상담의 요소로서 동기강화상담을 사용하는 것이 대해서 설명하고 있다.

Velasquez, M., Maurer, G. G., Crouch, C., & DiClemente, C. C. (2001). *Group Treatment for Substance Abuse: A Stages-of-Change Therapy Manual*. New York: Guilford Press.

- 변화 단계 모델과 동기강화상담의 원리를 기반으로 집단을 진행하는 방법에 대한 회기별 매뉴얼을 제공하고 있다.

Walters, S. T., Ogle, R., & Martin, J. E. (2002). Perils and possibilities of group-based motivational interviewing. In W. R. Miller & S. Rollnick (eds.), *Motivational Interviewing: Preparing People for Change* (2nd edn) (pp. 377-390). New York: Guilford Press.

- 집단 장면에서 동기강화상담을 적용하는 방법과 집단상담 시 일반적으로 발생할 수 있는 문제들을 해결하기 위한 방법에 대한 탁월한 논의를 제공하고 있다.

http://motivationalinterview.org/

- 동기강화상담의 주요 원리를 설명하고 있는 매우 유익한 사이트다. 참고도서, 훈련용 비디오 목록과 심화된 훈련을 위한 기회를 제공하고 있다. Motivational Interviewing Network of Trainers(MINT)와 협력하고 있는 Mid-Atlantic Addiction Technology Transfer Centre의 C. Wanger와 W. Conners, W. R. Miller, S. Rollnick이 제작 · 관리하고 있다.

제4장

목표 설정

기본 지침

목표 설정은 평가로부터 얻은 정보를 적용하여 치료의 방향에 따른 계획을 세우는 중요한 과정인데, 이때 상담자와 내담자는 함께 협의하여 상호 간에 동의된 목표를 설정한다. 분명한 언어를 사용하여 다양한 선택 사항을 설명하는 것으로 상담자는 내담자 스스로 자신을 위해 책임 있는 결정을 내릴 수 있도록 도울 수 있다. 3장에서 다루었던 '동기강화상담'은 내담자와 함께 치료 목표를 협의하기 위한 이상적인 형태다.

내담자로 하여금 그가 선택한 전략과 목표가 계획대로 진행되지 않을 가능성에 대해서 대비하도록 하는 것 또한 중요하다. 내담자는 자신에게 가장 적절한 계획을 알아내기 위해 치료 과정에서 시행착오를 겪을 수 있다는 것을 이해할 필요가 있다. 그러므로 상담자는 치료의 진행 상태를 점검하고 안내하기 위한 구체적인 이정표를 제공해 주어야 하고, 치료 과정에서 얻게 되는 새로운 정보를 조정할 수 있는 유연성이 있어야 한다. 이상적인 목표는 다음과 같은 특징을 가진다.

협의된 목표 모든 목표는 상담자와 내담자가 협의한 것이어야 한다. 이렇게 목표를 협의하면 목표를 정하는 과정에 내담자 스스로 참여했기 때문에 내담자가 목표에 전념하게 된다는 점과 내담자가 전념하게 될 목표가 상담자의 전문가적 판단을 반영하고 있다는 두 가지 이점을 얻게 된다. 내담자의 요청에 대항해서 특정한 목표만을 고집하지 마라. 이러한 시도는 치료에 대한 내담자의 동기를 감소시키고 치료를 유지하려는 마음을 저하시킬 뿐이다.

관찰 가능한 구체적인 목표 각각의 목표는 행동을 묘사하는 구체적인 단어로 정의되어야 하는데, 이렇게 해야 상담자와 내담자 모두가 목표의 성취 여부를 명확하게 확인할 수 있기 때문이다. 예를 들어, '점진적으로 줄이기' 는 명확하게 측정하기에는 모호한 용어다. '표준 음주량을 기준으로 한 주에 3잔씩 줄여 가기' 는 측정이 가능하고 치료의 진전에 대한 의구심을 남기지도 않는다. 내담자의 목표와 계획을 요약해서 적어 두는 것은 매우 유용한데, 이것을 통해서 상담자는 치료 전 과정에 걸친 내담자의 치료 경과를 측정할 수 있다. 이 장의 마지막에 Miller, Zweben, DiClemente와 Rychtarik(1994)의 작업에 근거한 '변화 계획지' 의 예가 제공되었다.

단기 목표로 나뉜 목표 광범위하고 주요한 목표를 향해 바로 나아가게 되면 내담자가 움츠러들 수 있는데, 과거의 약물 사용 및 음주에 대해 변화를 시도했다가 실패했던 사람들은 특히 그러하다. 만약 목표를 보다 작은 단기 목표로 나누게 된다면 내담자는 각각의 단기 목표를 달성할 때마다 성취감이 고취되고 더불어 격려를 받게 될 것이다. 성취 경험은 내담자의 자존감 향상 및 치료를 계속하고자 하는 동기를 증가시키는 데 도움이 된다. 절제 또는 후천성 면역 결핍증(HIV)의 전염 위험 감소 등의 일반적인 목표를 보다 작은 단기 목표로 세분화하는 것은 명료해 보이는 반면, 단주 및 단약은 대개 음주나 약물 사용을 멈춤으로써 달성되기 때문에 단주 및 단약을 목표로 할 때 이를 단기 목표로 나누는 것은 명료해 보이지 않는다. 그렇지만 내담자의 단주 및 단약의 유지에는 수많은 생활양식의 변화가 요구되므로 이것들을 우선되는 목표로 세분화한다면 내담자는 보다 쉽게 목표를 달성할 수 있을 것이다.

성취 가능한 목표 상담자와 내담자 사이의 협의는 성취 가능한 목표를 확인하는 것에 집중되어야 한다. 만약 현 단계에서 내담자가 목표를 성취할 수 없다면 상담자는 때때로 이상적인 목표라 할지라도 그것에 대한 기대를 줄여야 할 필요가 있다. 내담자가 목표에 도달하지 못해 실패감을 느끼거나 치료를 그만두게 되는 경우가 발생하는 것보다는 별로 거창하지 않은 목표라 할지라도 그것을 성취하는 것이 치료의 결과로서 훨씬 바람직하다.

이 장의 뒷부분에는 음주, 아편, 약물 사용과 관련된 목표가 설명되어 있다. 이러한 주요 목표에 치료의 초점이 맞춰져야 한다. 그러나 내담자가 사용하고 있는 물질의 종류와 관계없이 일반적 생활양식의 개선과 관련된 도움이 필요할 수도 있다. 몇몇 생활양식과 관련된 문제는 치료가 진행되기 전에 중점을 두고 다루어져야 할 필요가 있다. 예를 들면, 해독과 관련된 도움, 자살 예방, 거주할 장소, 경제적 소득의 안정 또는 가정폭력으로부터 은신처를 찾는 일과 관련된 도움이 내담자에게 즉각적으로 필요할 수 있다. 다른 문제는 급박하지 않을 수도 있지만, 이러한 문제가 치료 과정에서 다루어지지 않은 채로 남겨져 있다면 음주나 약물 사용의 변화를 목표로 한 내담자의 치료 과정을 방해할 수 있다.

생활방식 개선을 위한 목표

술과 다른 약물을 오용하는 내담자는 삶의 다른 영역에서도 문제를 가지고 있을 가능성이 높다. 이러한 문제들이 약물 의존보다 먼저 존재했고, 약물 의존이 발달하는 데 기여했을 수 있다. 예를 들어, 내담자는 우울, 외상후 스트레스 또는 사회공포증과 같은 심리적 고통을 다루기 위해 스스로 약물을 처방하여 복용하기 시작했을 수 있다. 심리적 불안 및 장애는 약물을 사용하는 사람들 사이에서는 매우 일반적이지만 이러한 심리적 장애가 약물 오용보다 먼저 존재했는지 혹은 약물 오용의 결과인지 항상 명확한 것은 아니다(이 주제에 대해서는 '20장' 에서 보다 자세히 다루도록 하겠다). 많은 약물 사용 관련 내담자들은 사회적 · 법적 · 심리적 · 경제적 측면에서 붕괴 상태에 이르게 된다. 아마도 내담자는 선호하는 약물에 접근하는 것과 관련하여 자신의 생활방식을 만들어 왔을 것이다. 그러므로 목표 설정 과정에서 이러한 점을 고려하는 것은 매우 중요하다. 어떤 문제들은 치료자의 치료 프로그램 중에 다루어질 수 있는 반면, 어떤 것들은 정신보건, 복지 및 법과 관련된 서비스 기관에 의뢰하거나 협조하여 중점적으로 다루어지는 것이 최선일 수 있다. 만약에 내담자가 복합적인 문제를 가지고 있다면 사례관리(case management) 접근이 통합적인 치료 계획에 가장 적절하다(18장 참조). 문제 가능성이 있는 영역과 그에 따른 개입을 〈표 4-1〉에 요약하였다.

표 4-1 생활방식 치료 목표

내담자의 삶의 영역	개 입
가족 및 관계	부부치료, 가족 구성원을 위한 조력, 지인들과 함께 작업하기, 전문가 가족치료, 가정 교육 기술, 육아 조력, 가정폭력 또는 성적 학대에 대한 개입
고 용	직업적 조력, 직업 면접과 관련된 기술 교육 및 훈련, 경제적 도움, 약물 관련 범죄에 대한 대안을 찾도록 격려
법률 요건	법적 충고, 법정과의 연결
주 거	주거 조력, 거주 치료
심리적 상태	자살 위험, 불안, 우울증, 정신병, 반사회적 행동, 외상후 스트레스 장애 또는 뇌장애와 같은 심리적 문제에 대한 치료
신체적 건강	해독, 영양 보충, 질병 관리, 치아 건강 조언, 휴식 관리, 운동, 임산부를 위한 조력을 포함하는 의학적 치료
사회적 기능	의사소통 기술, 자기주장 훈련, 단약 관련 사회적 지지 네트워크의 확립(예: 자조 모임, 동료 모임)

폐해 감소 목표

약물남용이 개인과 가정 그리고 사회에 미치는 악영향을 감소시키는 것이 폐해 감소 접근의 근본 원리다. 폐해 감소 접근이 약물 사용을 너그럽게 봐준다거나 내담자의 약물 사용 및 음주를 지속하도록 격려하는 것을 의미하지는 않는다. 사실 단약 및 단주는 폐해 감소 접근의 (이상적인) 목표 전략 중 하나이지만, 치료를 시작하는 시점에서 다수의 내담자들은 즉각적인 단약이나 단주를 할 수 없거나 내켜 하지 않는다. 그래서 개입의 목표는 내담자가 약물 사용에 대한 보다 실제적인 변화가 가능할 때까지 약물 사용의 부정적 영향을 최소화하여 생존할 수 있도록 돕는 것이다(Mentha, 2002).

폐해 감소 목표는 다음과 같다.

- 약물 사용 방법(투여 방법)을 바꾸는 것. 여기에는 오염되지 않은 주사 기구를 구할 수 있는 곳과 가장 적절하게 사용하는 방법에 대한 교육이 포함될 것이다. 그리고 대안으로서 주사하지 않고 약물을 사용하는 방법(흡연, 코로 흡입하기, 입으로 먹기 등)과 관련된 목표 설정이 필요할 수도 있다.
- 몸에 해로운 약물을 메타돈(methadone), 부프레노르핀(buprenorphine)과 같이 덜 위험하고 합법화된 처방 약물로 대체하기(14장 참조)
- 빈도수, 1회 복용량, 약물 혼용 줄이기('약물칵테일'의 사용을 멈추거나 음주는 주말에만 허용하기 등)
- 위험행동 줄이기(예: 안전하지 않은 성관계, 술이나 약물에 취한 상태로 운전하기, 스스로를 돌보지 않는 행위, 혼자 있을 때 약물을 주입하는 행위 등)
- 단주 및 단약

폐해 감소 전략과 재발예방 전략 사이에는 몇 가지 겹치는 부분이 있다. 단주 및 단약을 목표로 정한 내담자라도 재발이 발생할 경우를 대비해서 위험을 감소시키기 위한 계획(예: 알코올 도수가 낮은 맥주 마시기, 항상 새로운 주사 기구 사용하기)을 세우기도 한다.

음주 관련 목표

알코올 문제의 치료에는 3가지 목표가 있는데 〈표 4-2〉에서 설명하고 있다. 앞서 언급한 것처럼 이러한 전체적인 목표는 세부 항목으로 나눌 수 있다. 예를 들어, 만약 목표가 절주라면 상담자는 운전 중 음주, 특정한 상황에서의 음주 및 과음과 같이 특별히 위험한 행동을 제거하는 것부터 시작할 수 있다. 이것과 관련된 문제들은 12장(자기행동 관리)에서 보다 자세하게 다루도록 하겠다.

단주와 절주 사이에서 선택하기

목표를 단주로 할 것인지, 절주로 할 것인지의 선택에 있어서 내담자가 선호하는 목표와 함께 다음의 지침을 고려하라.

- **신체기관 손상**: 음주로 인해서 신체적 손상이 이미 발생했다면 계속되는 음주로 보다 악화될 가능성이 높다. 예를 들어, 간 또는 골수 기능 장애나 췌장염, 소화기관에 궤양을 가진 내담자에게는 반드시 단주를 권해야 한다.
- **뇌기관 손상 또는 인지장애**: 계속되는 음주는 현재 가지고 있는 인지장애를 더욱 악화시키기 때문에 뇌 손상을 입은 내담자에게는 단주를 보다 더 권장하는 것이 좋다. 뇌 기능 장애를 가지고 있는 내담자는 절제를 목표로 할 때 필요한 대처기술을 배우는 데도 어려움을 경험할 수 있다.
- **정신질환과의 공병률**: 만약 내담자가 불안, 우울, 성격장애와 같은 정신장애를 지속적으로 보인다면 이들 장애는 절주를 결정하기에 앞서 반드시 중점적으로 다루어져야 한다.

- **신체적 금단증상**: 금단증상이 자주 나타나거나 심각하다면(예를 들어, 내담자가 진전섬망증을 가지고 있다면) 절주가 필요할 수 있다.
- **심한 알코올 의존**: 알코올 의존이 거의 없는 내담자에게는 절주가 성공적일 수 있는 반면에, 심각한 의존성을 보이는 내담자에게는 단주가 적절하다. 알코올 의존 심각도 질문지(Severity of Alcohol Dependence Questionnaire: SADQ)와 약식 알코올 의존 척도(Short Form Alcohol Dependence Data Scale: SADD) (2장 참조) 같은 평가도구에 의한 점수는 치료 강도 및 목표를 설정하기 위한 기준으로 사용될 수 있다. 예를 들어, Heather(1995)는 낮은 의존성을 가진 내담자는 절주 목표와 함께 간단한 개입으로 효과가 나타날 수 있는 반면에, 중간 정도의 의존성을 가진 내담자에게는 내담자의 선호도에 초점을 맞춘 단기 또는 보다 집중적인 개입이 필요하고, 높은 의존성을 보이는 내담자는 단주에 초점을 맞춘 집중적인 개입이 적절하다고 제안하였다.
- **음주 관련 과거력**: 만약에 내담자가 전문적인 도움에도 불구하고 반복적으로 음주량 조절에 실패해 왔다면 단주를 하는 것이 보다 성취 가능한 목표일 수 있다. 반대로, 내담자가 과거의 어떤 상황에서 음주를 조절할 수 있었다면 이는 내담자가 절주 목표를 성취할 수 있다는 근거가 될 수 있다. 만약 내담자가 되풀이해서 단주 목표를 수행하는 것이 어렵다면 음주로 인하여 악화될 알코올 관련 신체기관 손상이 없는 경우에 대안으로 절주 목표를 고려할 수 있다.
- **사회적 지지**: 만약에 내담자의 사회적 관계망(social network)에 가벼운 수준으로 음주를 조절하는 사람들이 있다면, 이것은 내담자가 절주를 학습하는 데 지지적인 환경이 될 수 있다. 그러나 내담자가 사회적인 생활을 하는 데 있어 주변에 술집이 많고 술을 과도하게 마시는 사람들이 많다면 사회적 관계망은 절주에 있어서 도움이 되지 않는다. 이러한 경우에 AA에서 제공하는 것과 같이 단주를 지지하는 사회적 관계망으로 재구성하는 것이 보다 효과적이다(15장, 16장 참조).
- **배우자의 의견**: 내담자의 가족 구성원과 배우자의 의견을 고려할 필요가 있

다. 예를 들면, 내담자의 배우자는 내담자의 계속되는 음주로 인한 영향에 대해 특별한 관심을 가지고 있을 것이다. 치료 목표에 대한 배우자나 가족 구성원 그리고 친구들의 지지는 목표 성취에 중요한 공헌을 하게 된다(13장 참조).

이러한 것들은 불변의 규칙이라기보다는 의사 결정 과정에서 내담자와 의논해야 하는 유용한 지침이다. 상담자가 성취 가능하며 위험성이 없고 바람직한 치료 목표를 설정하는 데 이러한 지침이 도움이 될 것이다.

표 4-2 음주 관련 치료 목표

목 표	설 명
단주	내담자가 술을 끊는 것
음주 절제	내담자가 신체적 · 개인적 · 사회적 음주 관련 문제를 감소시켜서 해롭지 않은 수준으로 음주량을 줄이는 것. 이러한 수준은 보통 건강 전문가들이 추천한 지침에 따른다. 보다 자세한 정보는 '12장'을 참조하라.
음주량의 감소	몇몇 내담자의 경우에는 음주량을 줄이는 것이 자신이나 가족들의 폐해 감소에 도움이 된다. 이상적인 목표는 아니지만 몇몇 내담자의 경우 유일하게 실행 가능한 목표일 수도 있다.

예상되는 문제 상황 다루기

때때로 내담자가 선택한 목표가 적절한지에 대해서 내담자와 상담자 간에 불일치를 보이기도 한다. 예를 들어, 음주와 관련된 심각한 문제에도 불구하고 내담자는 음주 절제를 목표로 하고, 상담자는 단주를 목표로 할 수도 있다. 이러한 상황에서 서로 다른 의견을 다루는 몇 가지 방법을 Miller(1995)의 글에서 발췌하였다.

① 내담자가 선택한 목표를 거부할 수 있다. 내담자가 선택한 목표를 지지하는 것이 상담자에게 비윤리적이라고 느껴지는 경우에 이 방법을 선택할 수

있다. 이 결정은 두 번째 방법의 가능성에 대해서 생각한 후에 비교하여 최선의 것으로 선택하는 것이 좋다.

② 임시적인 기준 혹은 타협안으로서 내담자가 선택한 목표를 받아들일 수도 있다. Miller와 Page(1991)는 즉각적인 단주에 대조적으로 '따뜻한 칠면조' 혹은 '차갑게 식은 칠면조' 라고 부르는 3가지 방법을 제안하였다.

- 단주 시도 기간을 협상하라. 예를 들어, 내담자가 절주를 시도하려 한다면 절주를 시도하기 전에 대략 6개월간 단주하는 것이 이롭다는 것을 제안하라. 단주 기간은 음주로 인한 신체적 영향과 과도한 음주와 관련된 다른 문제들을 다룰 수 있는 시간을 준다. 이러한 단주 기간을 보내고 나서 치료 목표를 재설정할 것에 대해서 협상하라.
- 단주에 이르기까지 점차적으로 음주량을 줄여 가는 방법을 제안하라. 이것을 성취하기 위해서 상담자는 현실적인 중간 목표를 설정할 필요가 있고, 내담자에게 12장 '자기행동 관리' 에서 제시한 것과 같은 자신의 음주와 관련한 자기보고(self-monitoring)를 위한 '일지' 를 제공해야 한다.
- 절주를 시도하는 기간을 정하라. 예를 들면, 내담자가 절주하는 방법을 배울 수 있는지에 대해서 실제로 실험해 보기를 원할 수도 있다. 만약 적절한 기술을 훈련한다고 할지라도 내담자는 절주가 어렵다는 것과 단주가 보다 적당한 목표라는 것을 알게 될 수도 있다.

③ 내담자에게 그의 목표를 바꾸도록 강력하게 설득하라. 위험한 결정을 내리는 것으로부터 내담자를 보호하기 위해서 혹은 그럴 의무가 있을 때 상담자는 이 방법을 선택할 수 있다. 그러나 이 접근은 내담자가 방어적이거나 비협조적인 경우에 역효과가 날 수 있고 협력 관계를 해쳐서 목표 달성을 어렵게 할 수도 있다.

심지어 상담자와 내담자가 처음에는 목표에 대해서 동의했다고 할지라도 이러한 목표에 대한 내담자의 성취 여부를 정기적으로 재검토해야 하기 때문에 상담자의 협상은 전 치료 기간 동안에 계속해서 이루어져야 한다.

아편류 및 다른 약물과 관련된 목표

폐해 감소적인 관점에서 볼 때 약물 사용의 경우 완전한 단약이 이상적인 목표라고 할 수 있다. 그러나 완전한 단약이 비현실적일 때 상담자와 내담자는 약물 사용과 그로 인한 폐해를 감소시키기 위한 방법들을 고려할 필요가 있다. 만약에 내담자가 여러 종류의 약물을 사용한다면 치료는 가장 심각한 문제를 일으키는 약물에 집중되어야 한다. 그러나 하나의 약물이 다른 약물의 사용을 강화하고 있다면 이때는 두 가지 약물 모두에 집중하는 것이 보다 효과적일 것이다.

약물치료를 통한 단약

약물로부터 자유로운 생활을 목표로 하는 치료에 있어서 가장 일반적인 환경은 치료적 공동체다. 대부분의 내담자들은 단약 치료(drug-free treatment)를 받는 것에 대해서 좋고 싫음이 분명할 것이다. 공감적 상담과 이 책에서 설명하고 있는 기술들을 바탕으로 한 접근은 이러한 상황에 매우 적절하다. 이러한 기술들 중 대부분은 집단에서 사용할 때 가장 효과적이기 때문에 치료적 공동체의 구조는 이러한 훈련에 이상적이라고 할 수 있다.

단약 치료에 대한 대안으로서 약물을 사용한 치료법이 불법 약물 사용의 감소 혹은 단약의 목표를 달성하기 위해서 제공될 수 있다(14장 참조). 이러한 개입을 통해서 불법 약물 사용과 관련해서 나타날 수 있는 범죄나 HIV와 B형 간염 혹은 C형 간염의 전염과 같은 문제들을 감소시키는 등 내담자를 보호할 수 있다. Ward, Mattick과 Hall(1998)은 약물치료를 통한 내담자의 안정화는 내담자의 의존 수준뿐만 아니라, 그의 생활방식과 현재 건강 상태와 관련된 위험 정도를 고려해서 행해져야 한다고 권고했다.

약물 관련 폐해의 감소

폐해 감소에 있어서 HIV나 간염, 성병과 같이 약물과 관련된 전염성 질병의 전염 위험을 감소시키는 것이 특히 중요하다. 약물 사용과 성적 행위에 있어서 보다 안전한 습관을 장려하는 것은 모든 형태의 치료에서 중점을 두고 다루어져야 한다. 이것은 내담자가 계속해서 불법 약물을 사용하려고 할 때 치료의 주요 목표가 되어야 하고, 또한 단약 프로그램 내의 재발예방 훈련의 한 부분으로 포함되어야 한다.

내담자에게 폐해 감소에 대해서 효과적으로 가르치기 위해서는 상담자 스스로 상담자로서의 목표를 명확히 할 필요가 있다. 예를 들어, 상담자의 역할이 내담자의 불법 약물 사용을 단속하는 것이라면 내담자는 자신의 약물 사용에 대해서 상담자에게 정직하게 말하는 것을 두려워할 것이다. Ward, Mattick과 Hall(1992)은 폐해 감소의 목표를 협의하는 과정에서 상담자로서 무비판적 태도를 취할 수 있도록 단속하는 것과 상담하는 것은 각기 다른 두 명의 상담자에 의해서 실행되어야 한다고 권고했다. 또한 이렇게 하는 것은 폐허 감소 접근이 내담자가 불법 약물을 계속 사용하는 것에 대해 눈감아 주는 것을 의미하지 않는다는 것을 내담자에게 설명하는 데도 도움이 된다.

안전하지 않은 약물 주입법 감소시키기

다음의 약물 사용 행동은 HIV와 간염에 걸릴 위험을 감소시킬 수 있는 정도에 따라 단계별로 보여 주고 있다. 이 내용을 통해서 내담자가 하위 단계에서 상위 단계로 목표를 조정해 가면서 달성하도록 도울 수 있다.

① 주사기를 공동으로 사용하지만 HIV나 혈액을 통해 질병이 전염되지 않도록 최대한 효과적인 방법으로 정화하는 경우
② 약을 조제하고 약물을 주입할 때 한 번도 사용하지 않은 살균된 주사기 혹은 기구(여과기, 수저, 정제도구, 끈, 알코올 면봉을 포함)를 사용하는 경우

③ 주사하지 않고 불법 약물을 사용하는 경우(예: 입으로 삼키기, 코로 흡입하기 또는 흡연하기)
④ 불법 약물의 사용을 단약한 경우

주사와 관련된 다른 폐해를 감소시키기 위한 목표는 정맥이 손상되지 않도록 관리하는 방법이나 약물칵테일을 사용하지 않도록 하거나 혼자서 주사 약물을 주입하지 않도록 하는 것을 내담자에게 교육하는 것이 포함될 수 있다. 폐해 감소의 더 넓은 범위에 대한 보다 자세한 내용은 참고자료를 참조하라.

안전하지 않은 성적 행위를 감소시키기

성적 행위 또한 HIV나 다른 질병을 전염시킬 가능성이 가장 높은 행위(예: 무방비의 항문 성교)부터 거의 위험이 없는 행위(상호 간에 행해지는 자위 행위)에 이르기까지 그 범위가 다양하다. 안전한 성관계란 정액, 혈액 또는 질분비액이 사람의 혈류 속으로 들어가지 못하게 하는 것이다. 상담자는 내담자가 B형 간염 백신을 맞도록 격려해야 한다.

안전한 성관계는 다음을 의미한다.

- 질이나 항문 성교 시 항상 콘돔을 사용하고 남성의 성기와 성교 도구를 위한 액체 윤활제(water-based lubricant)의 사용
- 항문 성교 시 특별 처리된 콘돔의 사용
- 재사용하기 전에 성교 도구(모조 성기, 인형 등)를 세척하는 경우
- 성교 시 손에 상처나 염증이 있는 경우 장갑 착용과 윤활제 사용
- 입에 상처나 염증이 있는 경우 월경 중인 여성과 구강성교를 하지 않는 것
- 자위, 키스, 포옹, 마찰하거나 가슴 사이를 문지르는 것과 관련된 행위
- HIV와 간염 검사에서 음성 반응을 보인 두 사람이 일부일처제의 독점적인 관계 내에서 단 한 명의 배우자와 성교를 하고 주사기를 함께 사용하지 않는 경우

- 성교를 하지 않는 경우

전략 목록

상담자와 내담자가 치료 목표에 동의했다고 하더라도 그 목표를 성취하기 위해서 보다 바람직한 전략을 선택할 필요가 있다. 내담자가 자신의 현 상태와 관련된 전략을 적절히 선택하기 위해 충분히 논의할 수 있도록 여러 전략을 제공하라. 이 책에 수록되어 있는 전략 중 대부분은 알코올, 아편계열 또는 다른 약물들과 관련된 목표를 위해서 사용될 수 있다. 내담자는 다음의 내용을 고려해야 할 수도 있다.

- **거절기술과 자기주장 훈련**: 음주나 약물 사용 또는 위험한 행동을 강요하는 사회적 압력에 대해서 내담자가 효과적으로 대응할 수 있도록 도울 수 있다.
- **그 밖의 다른 기술훈련**: 내담자가 자신의 의사소통 기술과 문제해결 능력을 기르도록 도울 수 있다.
- **인지치료**: 파괴적 사고가 진행되는 것에 대항하고, 자존감을 높이며, 강한 감정을 다룰 수 있다.
- **이완훈련**: 불안을 다루는 대안 혹은 강한 욕구를 다루는 방법으로 사용할 수 있다.
- **자기행동 관리**: 절주가 내담자의 목표일 때 사용할 수 있다.
- **주위 사람들의 참여**: 격려와 실제적인 지지가 목표일 때 사용할 수 있다.
- **자조집단**: 같은 목표를 가진 사람들로부터 지지가 필요할 때 사용할 수 있다.
- **약물치료**: 강한 욕구를 다루거나 약물과 관련된 폐해의 감소를 돕기 위하여 사용할 수 있다.
- **재발예방 훈련**: 재발할 수 있는 상황을 인지하고 대처하며, 목표를 지지하는 생활양식을 확립하기 위하여 사용할 수 있다.

[내담자용 유인물]

변화 계획지

• 어떤 변화를 이루기를 원합니까?

• 변화를 원하는 가장 중요한 이유는 무엇입니까?

• 변화를 위해서 당신은 어떤 세부적인 계획을 세우고 있습니까?

• 변화를 위해서 당신 주변의 사람들이 어떻게 도와줄 수 있습니까?

• 계획대로 진행하는 데 있어서 장애물은 무엇입니까?

• 당신의 계획이 변화를 이루는 데 적절한지 어떻게 알 수 있습니까?

＊출처: Miller et al.(1994).

참고자료

Hamilton, M., King, T., & Ritter, A. (2004). *Drug Use in Australia: Preventing Harm*, Melbourne, VIC: Oxford University Press.
- 사회적 · 문화적 · 정치적 내용의 배경에 대비하여 폐해 감소 접근의 내용을 살펴볼 수 있다.

Gowing, L., Proudfoot, H., Henry-Edwards, S., & Teesson, M. (2001). *Evidence Supporting Treatment: The Effectiveness of Interventions for Illicit Drug Use.* Woden, ACT: Australian National Council on Drugs.
- 다음 사이트에서 이용 가능: http://www.ancd.org.au/publications/pdf/rp3_evidence_supporting.pdf
- 불법 약물 문제의 치료에 대한 연구문헌을 검토할 수 있고, 개입의 적절한 목표와 범위에 대한 권장 사항을 제공하고 있다.

Heather, N., & Robertson, I. (1997). *Problem Drinking* (3rd edn). Oxford: Oxford University Press.
- 금주와 절주 목표에 대한 논의를 제공하고 있고, 알코올 문제 치료에 대한 기술 중심 접근(skills-based approaches)을 지지하는 증거를 제시하고 있다.

Heather, N. (1995). Brief intervention strategies. In R. Hester & W. R. Miller (eds.), *Handbook of Alcoholism Treatment Approaches* (pp. 105-122). Boston: Allyn and Bacon.
- 알코올 의존의 경우에 있어서 치료의 강도와 목적을 계획하는 데 유용한 지침을 제공하고 있다.

Inciardi, J. A., & Harrison, L. D. (eds.) (2000). *Harm Reduction: National and International Perspectives.* Newbury Park, CA: Sage Publications.
- 폐해 감소 관련 철학과 세계 여러 곳에서 사용하고 있는 프로그램에 대해서 설명하고 있다.

Kelly, J. A., St. Lawrence, J. S., Betts, R., Brasfield, T. L., & Hood, H. V. (1990). A skills training group intervention model to assist persons in reducing risk behaviors for HIV infection. *AIDS Education and Prevention, 2*(1), 24-35.
-내담자의 안전하지 않은 성 활동을 감소시키는 데 도움이 되는 실제적인 지침을 제공하고 있다.

Marlatt, G. A. (2002). *Harm Reduction: Pragmatic Strategies for Managing High-Risk Behaviours*. New York: Guilford Press.
-중독행동과 다른 위험성이 높은 행동에 폐해 감소 전략을 적용하는 방법에 대해서 설명한다.

National Health and Medical Research Council (2001). *Australian Alcohol Guidelines: Health Risks and Benefits*. Canberra: NH & MRC.
다음 사이트에서 이용 가능: www.alcoholguidelines.gov.au
-과도한 알코올 섭취와 다른 알코올 관련 폐해가 건강에 미치는 악영향에 대해 자세히 요약하고 있다.

Shand, F., Gates, J., Fawcett, J., & Mattick, R. P. (2003). *Guidelines for the Treatment of Alcohol Problems* (pp. 34-36). Canberra: Australian Government Department of Health and Ageing.
-평가와 목표 설정과 관련된 간단한 근거 중심의 지침을 제공한다.

Mentha, H. (2002). *An Introduction to Working with Alcohol and Other Drug Issues* (2nd edn). Melbourne: Eastern Drug and Alcohol Service.
다음 사이트에서 이용 가능: http://www.edas.org.au/pdf/introdrug2002.pdf
-약물과 알코올 치료의 주요 이슈에 대해서 탁월하고 간략하게 소개하고 있다.

Miller, W. R. (1995). Increasing motivation for change. In R. K. Hester & W. R. Miller (eds.), *Handbook of Alcoholism Treatment Approaches: Effective Alternatives* (2nd edn) (pp. 89-104). Boston: Allyn and Bacon.
-이 장은 내담자의 목표를 어떻게 명료화할 것인가에 대한 지침을 포함하고 있다.

Miller, W. R., & Page, A. C. (1991). Warm turkey: Other routes to abstinence.

Journal of Substance Abuse Treatment, 8(4), 227-232.
-당장 단약이나 단주를 목표로 하지 않을 때, 단약이나 단주 목표를 이루기 위한 3가지 접근에 대해서 다루고 있다.

Miller, W. R., & Rollnick, S. (2002). *Motivational Interviewing: Preparing People to Change Addictive Behavior* (2nd edn). New York: Guilford Press.
-이 책의 10장은 내담자와 목표나 계획을 협상하는 것에 대한 지침을 제공하고 있다.

Miller, W. R., Zweben, D. S. W., DiClemente, C. C., & Rychtarik, R. G. (1994). *Motivational Enhancement Therapy Manual: A Clinical Research Guide for Therapists Treating Individuals with Alcohol Abuse and Dependence* (Project MATCH Monograph Series, Volume 2). NIH Pub. No. 94-3723. Rockville, MD: National Institute on Alcohol Abuse and Alcoholism.
-다음 사이트에서 복사본 이용 가능: www.niaaa.nih.gov/publications/match.htm
-이 회기별 매뉴얼의 2면에서는 강화 약속과 목표 설정에 대한 동기강화상담 접근을 하고 있다.

Ward, J., Mattick, R. P., & Hall, W. (1998). *Methadone Maintenance Treatment and Other Opioid Replacement Therapies.* Amsterdam: Harwood Academic Publishers.
-평가 결과를 이용해서 치료 목표와 개입 목표를 설정하는 방법에 대한 지침과 더불어 아편 의존 치료에서 대체 약물을 이용하는 것에 대한 포괄적인 지침을 제공한다.

Ward, J., Mattick, R. P., & Hall, W. (1992). *Key Issues in Methadone Maintenance Treatment.* Sydney: New South Wales University Press.
-메타돈 유지 치료와 관련된 연구들과 치료적 이슈에 대해 간단히 요약하였다.

Weingardt, K. R., & Marlatt, G. A. (1998). Sustaining change. In W. R. Miller & N. Heather (eds.), *Treating Addictive Behaviors* (2nd edn)(pp. 337-351). New York: Plenum Press.
-폐해 감소와 관련된 논의를 간결하게 제공하고 있다.

폐해 감소 자료

- 다음에서 이용 가능: The National Drug and Alcohol Research Centre(NDARC), University of New South Wales, Sydney NSW 2052, Australia.
- 다음 사이트에서 이용 가능: http://ndarc.med.unsw.edu.au/ndarc.nsf

능률을 높이기 위한 사용자 지침
- 암페타민의 사용을 줄이거나 멈추기 위한 폐해 감소 방법과 조언 제공

엑스터시: 진실과 허구
- 엑스터시의 단기 및 장기 효과에 대한 정보와 폐해 위험을 줄이는 방법에 대한 정보를 제공한다.

헤로인
- 헤로인 사용자와의 인터뷰에 근거하여 헤로인에 대한 정보와 그것의 효과 및 위험성을 제공하고 있는데, 특히 지나친 사용량과 관련해서 강조하고 있다.

흡입제
- 다른 종류의 흡입제에 대한 검사와 그것들을 사용하는 것과 관련된 위험성에 대한 정보를 제공한다.

유용한 인터넷 사이트

http://www.aivl.org.au
- 주사기를 이용한 약물 투여와 관련된 폐해 감소의 범위에 대한 정보를 제공하고, 관련 소책자 등을 판매하고 있는 Australian Injecting and Illicit Drug User's League(AIVL)의 홈페이지

http://www.adf.org.au/drugstore/pdf/Harm_Minimise_Fact_Sheet.pdf
- 주로 약에 취해 있는 상태와 관련된 위험성에 대해서 다루고 있는데, 이 사이트는 젊은 사람들에게 파티에서 약물을 안전하게 사용할 수 있는 방법에 대해서 소개한다(Knox Community Health Service and the Australian Drug Foundation).

http://www.fds.org.au/pdf/FactSheet17a_HM.pdf
- '사용자의 폐해를 최소화하기'에 대해서 2장으로 요약하고 있으며, 주사를 이용한 약물 투여에 대한 내용과 과다 투여한 경우에 어떻게 해야 하는지에 대해서 다루고

있다.

http://www.harmreduction.org/brochure.htm

– 약물 사용과 관련해서 폐해를 감소시킬 수 있는 방법에 대한 소책자를 다운로드 할 수 있는 사이트(Harm Reduction Coalition, USA), 다운로드 할 수 있는 소책자로는 '주사기를 사용한 약물 투여의 안전한 사용법(Getting off Right: A Safety Manual for Injecting Drug Users)'이 있다.

http://www.lindesmith.org/reducingharm

– 클럽 약물과 대마초를 포함한 약물과 위험행동의 범위를 모두 포괄한 영역에서 폐해 감소에 대한 실제적인 정보를 제공하고 있다.

http://www.wrecked.co.uk

– 폐해 감소에 초점을 맞춘 알코올 관련 퀴즈를 제공한다.

http://www.ysas.org.au/harm_reduction/safer_injecting.html

– 바이러스나 세균 또는 다른 병에 감염되는 것을 피하는 방법에 대해서 설명하고 있는 사이트로, 과다 투여와 정맥 손상을 예방하는 방법과 다른 사람들에게 위험한 행동을 함으로써 영향을 미치지 않도록 하는 방법에 대해서 다루고 있다(Youth Substance Abuse Service, Australia).

제2부

행동 전략

제5장

단기 및 초기 개입

추천 용도

단기 및 초기 개입의 목적은 약물 의존이 되기 전의 내담자들을 선별하고 찾아내어 개입하기 위함이다. 단기 및 초기 개입은 위험 수준에 있는 지역사회의 수많은 음주자들에게 바람직하고 건강한 수준으로 음주를 줄이도록 격려함으로써 알코올과 관련된 질병, 사망률 그리고 사회-경제적 비용을 전체적으로 감소시키는 데 근본 방침을 두고 있다.

음주자와 흡연자에 대한 이 접근의 효과성을 입증하는 보고와 더불어 이 접근이 코카인이나 다른 약물 사용자에게도 적절하다는 보고들이 많이 있다. 이는 단기 및 초기 개입이 약물 문제나 위험행동의 영역에서도 효과가 있음을 시사한다. 대부분의 단기 개입이 주로 알코올 문제를 다루기 위해 개발되었기 때문에 이 장은 위험 수준의 음주를 감소시키는 개입에 주로 초점을 맞추고 있지만, 적절하다고 여겨지는 부분에서는 기타 다른 약물 사용자에게도 적용할 수 있는 방법이나 참고자료에 대해서도 언급하였다.

넓은 의미의 단기 개입은 초기 개입과 단기 개입 두 가지 모두를 포함한다. 초기 개입은 분명한 알코올 관련 문제를 가지고 있지 않더라도 위험 음주 수준이 탐지된 경우에 이루어지는 '기회를 봐서 간략하게 하는 개입'을 말하고, 단기 개입은 알코올 관련 문제로 도움을 구하는 데 적극적인 내담자에게 집중적인 개입이 아닌 다른 개입을 하는 것을 말한다.

초기 개입은 보통 일차 건강 기관이나 다른 여러 건강 기관에서 적용하기에 적절한데, 보통 최대 30분 정도의 한 회기로 이루어진다. 시간적으로 여유가 있거나 높은 위험 음주 수준 또는 약물 사용이 탐지된 내담자의 경우와 같이 특정한 경우는 초기 및 단기 개입 기간을 늘리는 것이 적절하다.

단기 개입을 여러 회기(1～5회기)에 걸쳐서 하는 것은 약물이나 알코올 치료소의 경우에도 적절하다. 이러한 치료 시설에서의 단기 개입은 약물이나 알코올 사용에 있어서 변화를 원하는 내담자와 낮은 의존 수준을 보이거나 알코올이나 약물과 관련된 문제가 거의 없는 내담자들에게 가장 적절하다.

알코올 치료에 대한 초기 및 단기 개입은 단주 또는 절주에 적절한데, 실제 경우에는 절주 또는 해가 되지 않을 만큼의 음주를 목적으로 삼는 경우가 많다(Heather, 1995). 또한 임산부, 모유를 수유하는 산모, 약물치료 처방을 받은 경우와 같이 일정 기간 동안 단주가 필요한 위급 상황에 처한 사람들을 위한 치료 방법으로도 알맞다(Babor & Higgins-Biddle, 2001). 알코올 의존도가 심각하지 않거나 알코올 관련 문제가 적은 내담자의 경우 전문가의 명료한 조언을 듣고 자신의 음주행동을 변화시킬 가능성이 높기 때문에 단기 개입이 가장 효과적이다. 그렇지만 실제 선별 과정에서 만나게 되는 심각한 음주 문제를 가지고 있는 내담자에게도 단기 개입과 지속적인 약속 그리고 필요한 경우에 의뢰와 관련된 선택 사항이 제공되어야 할 것이다.

단기 개입으로 효과를 볼 수 있는 내담자 중에는 전 숙고 단계에 있거나 음주 문제 혹은 약물 문제의 변화에 대해 양가감정을 가지고 있는 내담자들이 상당한 비율을 차지한다(pp. 72-75 '변화 단계' 참조). 그러므로 효과적인 개입을 위해서는 동기강화상담 전략이 매우 중요하다. 이 장과 함께 3장(동기강화상담)을 읽을 것을 적극 권장한다. 특히, 음주 문제에 대해서 변화할 준비가 된 내담자에게 적절한 12장(자기행동 관리)도 함께 읽어 보기를 권한다. 폐해 감소 목적으로 정의된 지침을 제공하는 4장(목표 설정)은 알코올 이외의 다른 약물 사용 내담자를 대상으로 단기 개입을 할 경우에 적절하다.

목 표

단기 및 초기 개입의 목표는 다음과 같다.

- 알코올이나 약물 사용이 위험 수위에 있는 사람을 선별하고 찾아내기
- 내담자에게 정보와 조언을 제공하여 내담자가 알코올이나 약물 사용을 줄이도록 돕기
- 보다 심각한 수준의 알코올, 약물 관련 문제를 가진 내담자에게 의뢰를 통해서 보다 적절한 서비스 제공하기
- 내담자의 경과를 지속적으로 살피고 필요 시 부가적인 안내해 주기

주요 개념

표준 음주량/단위

술의 종류에 따라 함유된 알코올 양이 다르므로 표준 음주량의 개념은 음주량을 기록하는 유용한 방법이다. 각 나라마다 표준 음주량에 들어 있는 알코올의 양은 약간씩 차이가 있지만(호주=10g, 영국=8g, 미국=14g), 표준 음주량의 단위는 보통 맥주, 와인 혹은 스피리츠(spirits) 등 다양한 술의 종류에 따라 주로 사

용하는 표준 잔의 한 잔과 비슷하다. '분별 있는 음주를 위한 지침(Guidelines for Sensible Drinking)' (p. 259)에서는 호주, 영국, 미국의 술집에서 판매하는 주류에 따라 표준 음주량 또는 단위를 측정하는 방법을 설명하고 있다.

위험 음주 수준

위험 음주 수준은 정부기관의 건강 관련 권위자가 건강에 해롭다고 말하는 알코올 소비량의 수준을 말한다. 이 장의 마지막에 호주의 '위험 음주 수준(Levels of Risk in Drinking Alcohol)' 에 대한 지침이 제시되어 있다.

방 법

단기 개입을 위한 환경

단기 및 초기 개입은 정기적으로 다음과 같은 환경에서 이루어져야 한다. 위험 수준의 음주자들이 많은 장소와 음주량 감소를 위한 탐지 및 조언의 효과가 가장 크게 나타날 수 있는 장소로, 다음은 이러한 환경에 해당되는 장소다.

- **일반의나 전문의가 있는 병원**: 일차 건강진료기관으로서의 역할과 일반 대중과 자주 접촉하고 그들의 신뢰를 받고 있다는 이유를 생각해 볼 때, 이곳에서 일하는 일반의나 전문의는 약물이나 알코올 문제를 가진 내담자들을 탐지하고 그들에게 음주량 감소에 대해 권고할 수 있는 이상적인 위치에 있다.
- **일반 종합병원**: 일반 종합병원에서는 입원환자나 외래환자를 대상으로 위험 수준의 알코올 사용과 다른 약물 사용 여부를 선별하기 위한 과정 및 적절한 개입 과정이 있고, 최소한 어떠한 종합병원이라도 약물 및 알코올에 대한 통상적인 탐지 과정과 약물 및 알코올 관련 건강 문제를 담당하는 요원이 있

다. 이러한 탐지 과정에 따라서 간단한 개입이 있어야 하고, 필요한 경우에는 다른 의사 혹은 기관에 의뢰해야 한다. 의뢰 시에는 내담자의 알코올이나 약물 사용 수준과 추후에 필요한 것에 대한 조언이 적힌 소견서를 함께 보내야 한다.

- **직장**: 직장에서의 정기 건강검진으로 과도한 음주가 드러날 수 있다. 이러한 선별 과정과 단기 개입을 통해서 직장인들의 건강과 안전이 증진되고 직장에서 발생할 수 있는 위험이나 사고를 줄일 수 있다.
- **복지관 및 일반 상담소**: 복지관이나 상담소에서 선별 검사를 받는 경우에는 개입을 위한 의뢰 기회를 제공받게 되는데, 잠재적으로 내담자는 보다 나은 결과를 얻을 수 있다. 알코올이나 약물의 과도한 사용이 현저 문제의 원인이 되는 경우가 사례 중 많은 비율을 차지한다.
- **약물 및 알코올 치료센터**: 알코올이나 약물 사용에 대한 도움을 구하는 내담자에게 단기 개입(5회기까지)은 집중적인 개입만큼이나 효과적이다(Shand, Gates, Fawcett, & Mattick, 2003). 약물 및 알코올 치료센터에서 이루어지는 단기 개입에는 2가지 이득이 있는데, 첫째는 덜 심각한 문제를 가진 내담자의 필요에 효율적으로 임할 수 있다는 것이고, 둘째는 보다 집중적인 개입이 필요한 내담자에게 집중적인 개입을 하기 위한 시간을 벌 수 있다는 것이다. 폐해 감소를 목적으로 하는 단기 개입은 법원의 명령에 의해서 강제로 치료센터에 의뢰된 전 숙고 과정의 내담자나 아직 약물 사용과 관련한 본질적 변화에 관심이 없는 내담자에게도 매우 적절하다.

선별과 탐지

일차 건강진료기관에 근무한다면 초기 개입의 효과가 나타날 수 있는 사람들을 탐지하기 위해 적극적으로 내담자 선별을 준비해야 할 필요가 있다. 선별 방법은 음주나 약물 사용 여부에 대해 질문하기, 표준화 설문지, 위험 음주나 그 밖의 위험행동에 대한 임상적 징후 검사하기 등 여러 가지 방법이 있다. 이 중 직접 질문하는 것과 표준화 설문지를 이용하는 방법이 가장 효과적이고, 비용 면에서도 효율적이다. 이에 대한 전체적인 개요를 기술하면 다음과 같다.

알코올 및 약물 사용에 대해 질문하기

비록 알코올이나 약물 사용과 관련된 선별 검사가 과거보다 더 일반적이고 심지어 몇몇 곳에서는 의례 행하는 것으로 여겨지지만 많은 보건 관련 치료자들은 내담자에게 이것과 관련하여 질문하는 것을 여전히 불편하게 생각한다. 우리는 과도한 음주에 의해서 야기되거나 악화된 건강 문제(예: 고혈압, 우울증, 당뇨병, 수면장애, 비만)와 관련된 일반적인 검사를 진행하는 과정에서 음주와 관련된 질문을 할 수 있는 기회를 얻을 수 있다.

음주와 내담자의 건강 문제의 관련성을 설명하는 것으로 시작하라. 이 2가지를 연결할 때는 일반적인 표현을 사용하는 것이 좋은데, 예를 들면 "많은 사람들을 검사해 본 결과 음주는 혈압에 영향을 줄 수 있습니다."라는 식으로 하면 된다. 내담자가 거리낌 없이 이야기하도록 돕기 위하여 음주를 일반적인 것으로 표현하라. 예를 들면, "사람들은 대부분 한잔하는 걸 좋아하지요. 당신은 주중에 보통 몇 번 정도 술을 마시나요?"라고 질문할 수 있을 것이다. 그리고 이러한 질문은 음주량에 관한 것으로 이어질 수 있다. 경우에 따라서 예상되는 내담자의 실제 음주량보다 그 양을 부풀려서 질문하는 것이 더 나을 수도 있는데, 이렇게 함으로써 내담자는 부끄러워하지 않고 자신의 음주량을 보다 정확하게 말할 수 있게 된다. 예를 들어, 만약 내담자가 "밤에 보통 맥주 몇 잔 정도 마십니다."라고 말한다면 당신은 "음, 몇 잔이라면…… 매일 밤 맥주 10병 이상 마시나요?"라고 되물을 수 있다.

처방전 발급 및 재발급 시에도 이러한 기회가 생긴다. 어떤 종류의 약은 알코올과 함께 복용할 때 부작용이 생길 수 있기 때문에 "이 약은 술과 함께 복용하면 약효가 없으므로 (혹은 위험하므로) 음주와 관련된 몇 가지 질문을 드리겠습니다."라고 내담자에게 알코올과 함께 약을 복용하는 것의 적절성에 대해서 설명할 수 있다. 그리고 이때 상담자는 판단하지 않고 확신에 찬 태도로 질문함으로써 내담자가 열린 마음으로 음주에 대해서 이야기할 수 있도록 도울 수 있다.

내담자가 약물과 관련된 건강 문제나 다른 문제를 가지고 있다고 보일 때도 앞서 언급한 것과 같은 접근으로 약물 사용(마리화나, 아편, 암페타민, 벤조디아제핀 등의 장기 복용)에 대해서 질문할 수 있다. 이러한 약물들은 불법 약물이기 때문에 질문을 할 때 특히 더 무비판적인 태도의 접근이 필요하고 내담자의 비밀보장과 관련된 권리에 대해서도 알려 주는 것이 매우 중요하다.

위험 음주 수준에 대한 선별

지난 일주일 동안 있었던 일을 돌이켜 생각해 보는 회상일기(One-Week Retrospective Diary)를 작성하는 것은 내담자의 음주 경향을 확인할 수 있는 간단한 방법이다(Shakeshaft, Bowman, & Sanson-Fisher, 1998). 내담자에게 어제 어떤 술을 얼마만큼 마셨는지 질문하고 그다음에는 그저께 마신 술의 종류와 양에 대해서 질문한다. 이때 반드시 마신 술의 종류와 어떤 잔으로 마셨는지를 확인해야 하는데, 이것은 내담자가 마신 술을 표준 음주량으로 정확하게 산정하기 위함이다. 알코올 관련 폐해의 위험 수준 평가는 이 장의 마지막에 제시된 '위험 음주 수준' 지침을 이용하라.

또한 세계보건기구(World Health Organization: WHO)에서 개발한 '알코올리즘 간이선별검사(Alcohol Use Disorders Identification Test: AUDIT)'의 사용을 추천한다(Babor, Higgins-Biddle, Saunders, & Montiero, 2001). AUDIT는 151쪽에 소개되어 있다.

AUDIT 문항 중에 처음 8개의 문항은 각각 0~4점을 얻을 수 있다. 그리고 마지막 두 문항에서는 '전혀 없음'으로 응답할 경우에는 0점, '있었지만 지난 일 년간은 없었음'으로 응답할 경우에는 2점, '지난 일 년간 있었음'의 경우에는 4점으로 계산한다. 각각의 문항에 대한 응답을 살펴보면 질적 정보를 얻을 수 있는데, 1~3번 문항에서는 음주 패턴을 검사하고, 4~6번 문항에서는 알코올 의존 징후를 검사하며, 7~10번까지 마지막 4개 문항은 내담자가 경험할 수 있는 알코올 문제와 관련되어 있다. AUDIT의 점수는 내담자에게 필요한 초기 및 단기 개입 유형을 결정하는 데 지침으로 사용될 수 있다.

참고자료에서 알코올 문제를 선별할 수 있는 도구와 관련된 정보를 얻을 수 있는데, 이 중에는 임신 중 선별을 위한 검사도구도 포함되어 있다.

약물 문제의 선별

내담자에게 약물 사용 문제와 관련된 간단한 질문을 통해서 약물 관련 문제를 탐지할 수 있다. 또한 약물남용 선별검사(Drug Abuse Screening Test: DAST-20, Skinner, 1982)를 이용하여 지난 12개월 동안 약물남용과 관련된 문제 수준과 결과를 측정할 수 있는데, DAST-20을 실시하는 데는 5분 정도가 소요된다(p. 152, DAST-20 참조). 모든 문항에서 '예'로 응답한 경우 1점으로 계산하는데, 예외적으로 4번과 5번에서는 '아니요'로 응답한 경우를 1점으로 역채점한다. DAST-20은 약물에 대한 일반적인 검사이기 때문에 어떤 특정 약물 종류와 관련해서 발생할 수 있는 특정 문제를 탐지하지는 못한다.

판단이나 부정적인 결과에 대한 불안 등이 내담자의 응답에 영향을 줄 수 있다는 것을 상담자는 알고 있어야 한다. 뿐만 아니라 자가 실시 검사의 경우 내담자의 교육 수준이나 기억력 문제로 인한 한계가 있다는 사실을 알아야 한다.

개입법-일차 건강진료시설 또는 기관

개입 기간은 여러 가지 요인에 따라 달라진다. 예를 들어, 상담자가 할애할 수 있는 시간, 알코올 혹은 약물 관련 문제의 심각성 수준, 내담자의 변화 단계 수준 등에 의해 영향을 받을 수 있다. 어떤 경우에는 직접 내담자를 대면하지 않고도 개입이 이루어질 수 있는데, 일반의가 처방한 벤조디아제핀 투약을 줄이라는 충고 서신을 보내는 것은 이 경우에 해당하는 단기 개입의 예라고 할 수 있다. 일차 건강진료시설에서 환자를 직접 대면하여 실시하는 3가지 형태의 개입을 수준별로 설명하면 다음과 같다.

① 다른 건강 문제에 대한 상담 중에 음주량 및 약물 사용을 줄이는 것에 대한 간단한 권고로 이루어지는 개입
② 한계 상황과 변화 전략에 초점을 맞춘 단기 교육 상담으로 이루어지는 개입
③ 필요 시 내담자를 보다 적절한 기관에 의뢰하는 강력한 개입

한 회기에서 이루어지는 간단한 권고

일차 건강진료시설에서 문제 발견 시 이루어지는 초기 및 단기 개입은 한 회기 중에 주로 5~30분 정도의 시간 범위 내의 간단한 조언으로 이루어진다. 간단한 권고는 내담자의 AUDIT 점수가 8~15점의 범위 내에 있거나 8점 이하지만 때때로 하루쯤 낮은 위험 수준 이상의 음주를 하거나 낮은 음주 수준의 주간 한계를 넘어서는 경우일 때 적절하다(Babor & Higgins-Biddle, 2001).

간단한 권고를 하는 기술은 내담자와 솔직하고 명확하게 의사소통하는 것이다. 내담자에게 음주 수준의 위험이 확인되면 최소한 다음과 같이 조치해야 한다.

- 선별검사 결과에 대한 간단한 피드백을 한다.
- 분명하고 확실하게 그러나 무비판적인 태도로 음주량을 줄이라는 권고를 한다.
- 낮은 위험 수준의 음주 방법에 대해 설명해 준다['분별 있는 음주를 위한 지침' (p. 259)을 건네줄 수도 있다].
- 다음 회기를 권유하거나 추후 상담 회기에 대한 약속을 잡는다.

다음 회기에서는 내담자의 음주행동 수준을 다시 진단한다. 만약 여전히 같은 수준을 유지한다면 내담자에게 음주행동의 변화를 방해하는 것이 무엇인지에 대해서 질문하도록 한다. 필요한 경우 보다 깊이가 있는 단기 상담을 제공하거나 약물 혹은 알코올 치료기관에 의뢰한다.

단기 교육 상담

단기 교육 상담은 좀 더 체계적이고 더 긴 회기 동안 집중적으로 이루어지는 개입이다. Babor와 Higgins-Biddle(2001)은 일차 진료기관에서 AUDIT 점수가 16~19점(폐해와 관련한 알코올 위험의 증가를 의미)에 해당하는 내담자에게 가장 적절하다고 보고했는데, 이들은 위험 음주 수준으로 야기된 정신적 또는 신체적 문제를 나타내거나 손상, 폭력, 직업 수행에서 문제를 보이고, 빈번한 중독과 관련한 사회적 · 법적 문제 같은 알코올 관련 문제를 가지고 있다. 또한 단기 교육 상담 접근은 간단한 권고로 이루어진 지난 회기에 대해서 별다른 반응을 보이지 않는 내담자에게도 적절하다. 물론 단기 개입의 확장된 형태인 이 접근은 상담자가 얼마만큼의 시간을 할애할 수 있는지에 따라서 다르게 제공될 수 있다.

단기 교육 상담의 주요 구성 요소는 다음과 같다.

- 간단한 권고
- 내담자의 알코올 문제 정도에 대한 후속 진단(2장 참조)
- 내담자의 알코올 소비와 위험 음주 수준과 관련된 부정적 결과에 대한 개별적 피드백(pp. 105-108 참조)
- 내담자의 변화 준비도에 대한 진단(pp. 72-75 참조). 예를 들면, "음주 문제를 변화시키는 데 얼마나 관심이 있습니까?" 라고 질문할 수 있다.
- 한계 설정과 감소 전략에 대한 조언(12장 참조)
- 자조(self-help) (p. 260, '절주를 위한 정보' 에 관한 유인물 또는 이 장의 마지막에 있는 참고자료의 자조 관련 자료 참조)
- 다음 회기를 권유하거나 추후 상담 회기에 대한 약속 정하기

예상되는 문제 상황 다루기

개입 후에 내담자에게 어떠한 변화도 일어나지 않는다면 아마 그 내담자는 현재 전 숙고 단계에 있는지도 모른다. 이 단계에 있는 내담자라면 상담자는 부정적인 결과에 대한 피드백에도 불구하고 현재 자신의 음주 방식에 대해 만족스러

워할 수도 있다. 이러한 경우 내담자의 다른 건강 문제에 초점을 맞추어 계속 이야기를 끌고 나가고 적절한 때에 술이나 약물 관련 폐해를 감소시키는 치료를 제공하라(즉, 티아민을 준다든지 주사기를 보다 안전하게 사용하는 방법에 대한 정보를 제공한다). 그러다가 기회가 생기면 술을 줄이는 것에 대해서 생각해 본 적이 있는지에 대해 질문할 수 있다. 만약 음주나 약물 사용의 변화에는 관심이 있으나 개입 이후에 변화가 나타나지 않는 내담자라면 더 집중적인 도움을 줄 수 있는 기관에 의뢰할 필요가 있는 심각한 문제를 가지고 있을 수도 있다.

의뢰하기

만약에 내담자가 AUDIT에서 20점 이상의 점수를 받았거나 심각한 알코올 의존을 보이는 경우 또는 알코올이나 약물 의존과 관련된 병력을 가지고 있는 경우, 간 손상이 있는 경우, 심각한 정신건강 문제와 관련된 병력이 있거나 현재 가지고 있는 경우 또는 단기 개입 이후에 목표에 도달하지 못한 경우에는 보다 집중적인 약물 및 알코올 치료 프로그램에 의뢰하는 것이 적절하다(Babor & Higgins-Biddle, 2001).

이러한 내담자에게는 해독치료가 필요하며, 이 책의 다른 부분에서 설명하고 있는 방법들을 포함해 보다 집중적이고 장기적인 치료가 필요할 것이다. AUDIT의 의존에 관한 문항(4~6번)에서 4점 이상을 받았다면 의존 가능성을 시사한다. 내담자의 알코올 의존을 평가하는 것과 관련된 보다 풍부한 정보는 2장(평가)에서 찾을 수 있다. 치료 강도와 목표의 결정에 의존 평가를 어떻게 사용할 것인가와 관련된 지침은 122쪽을 참조하라.

선별검사와 진단평가의 결과에 대한 피드백을 내담자에게 이야기할 때는 의뢰에 대한 견해도 함께 이야기하라. 이때 더 심도 깊은 평가와 개입의 필요성에 대해서 명확하고 확실하게 권유하고 의뢰로 인해 얻을 수 있는 유익한 점에 대해서 긍정적으로 이야기하라. 내담자에게 선택할 수 있는 의뢰 범위에 대한 정보를 제공하고, 내담자가 선호하는 것이 무엇인지 묻는다. 의뢰를 하고 난 후에도 그 내담자를 다른 문제로 계속 봐야 한다면 치료 경과를 관찰하고, 필요 시에는 격려와 지도를 제공한다.

예상되는 문제 상황 다루기

'알코올중독자' 라는 것과 관련된 수치스러운 감정이나 음주 관련 변화에 대해서 아직 전 숙고 단계에 머무르고 있다는 이유 등으로 내담자는 의뢰에 대해서 마지못해 동의할 수도 있다. 이러한 내담자의 '저항과 함께 구르기' 에 대해 섣부른 판단이나 진단을 피하는 것은 중요하다(1장 참조). 이때 내담자에게 그가 고려할 수 있는 의뢰 선택의 범위와 의뢰에 대해서 나중에 다시 만나서 이야기할 수 있도록 다음 회기를 제공하라.

개입법-약물/알코올 치료시설

약물이나 알코올 치료기관에 도움을 얻으려고 찾아온 내담자들 중 다수는 외래 상담 회기만으로도 필요한 것이나 혹은 원하는 것을 충분히 얻을 수 있다. 약물 및 알코올 치료 서비스의 단기 개입은 특히 알코올 의존 정도가 낮거나 중간 정도인, 약물이나 알코올과 관련된 문제가 거의 없는 내담자에게 특히 적절하다. 간단한 권고와 단기 교육 상담에서와 마찬가지로 매 회기마다 이루어지는 단기 개입 역시 다음과 같은 내용을 포함한다.

- 내담자의 알코올 의존도 및 다른 기능 영역에 대한 평가(2장 참조)
- 보다 광범위하게 영향을 미치는 동기강화상담 접근을 통해서 내담자의 양가감정을 탐색하고 음주에 대한 생각을 이끌어 내며, 변화 대화를 확인하고 이를 반영하기(3장 참조)
- 고위험 상황을 확인하고 재발예방 전략 소개하기(16장 참조)
- 다음 회기에 대한 결정

내담자가 상담 회기를 거치는 동안의 경과를 지켜보고, 그가 대면하게 될 고위험 상황에 적절하게 대처할 수 있도록 돕고, 모든 우발적인 사건에 대해서도 계획을 세울 수 있도록 격려하라. 예를 들어, 내담자가 사회적인 모임에 나가면 보통 술을 마시게 되기 때문에 이것을 피하기 위해서 외출하지 않겠다는 계획을 세운다면 상담자는 이 계획의 실현 가능성을 점검하는 질문을 해야 한다(예: "아마도 당신은 정말로 가고 싶어 하는 곳에 가게 될지도 모릅니다. 그때 과음하지 않을 수 있겠습니까?"). 상담자는 내담자가 목적을 이룰 수 있다는 긍정적인 믿음을 이야기함으로써 내담자에게 자기효능감을 갖도록 하는 것이 중요하다.

약물 사용에 대한 단기 개입

약물 사용과 관련된 개입을 결정하기 위해 DAST-20의 점수를 활용할 수 있다. 점수가 0인 경우는 내담자에게 약물 관련 문제 및 징후가 없다는 것을 의미한다. 이러한 경우에는 내담자가 건강한 생활양식을 선택하도록 강화하는 것에 집중하는 것이 좋다. 1~5점을 얻은 내담자는 단기 개입이 효과적일 수 있다. 약물 사용과 관련된 문제를 확인하기 위한 시작점으로서 DAST-20의 개인적 문항을 이용하라. 6~10점은 장기적인 개입이나 의뢰 제공과 같이 보다 집중적인 접근이 필요하다는 것을 의미한다. 만약에 내담자가 DAST-20에서 10점 이상의 점수를 받았다면 약물 및 알코올 치료센터에 의뢰할 필요가 있다.

앞서 간단히 설명한 알코올 문제에 대한 단기 개입의 기본적인 원리는 내담자가 약물과 관련된 문제를 가지고 있을 때도 적용될 수 있다. 내담자에게 선별검사 결과 또는 약물과 관련된 건강 문제에 대해서 피드백을 하는 것으로 시작하라. "이것에 대해 어떻게 생각하나요?" (pp. 106-107 참조)라고 질문함으로써 피드백에 대한 내담자의 반응을 끌어내라. 내담자가 가진 문제의 특성과 변화 단계에 따른 폐해 감소(pp. 125-127 참조)와 관련된 정보를 주고, 약물 사용을 줄이거나 끊을 수 있는 방법에 관한 정보를 제공하라. 만약에 약물 사용의 변화에 관심을 보인다고 생각되면 내담자가 변화할 준비가 되었을 때 적용할 수 있는 전략에 대해서 간략하게 설명하고 언제 변화를 결심할 준비가 될 수 있을지에 대해서 질문하라. 참고자료에 제시된 자조 관련 자료를 제공하고, 적절하다고 생각되면 이 책의 다른 장에서 설명하고 있는 방법을 포함하여 선택할 수 있는 의뢰 범위에 대해서 이야기하라. 추후 회기를 약속하여 내담자의 경과를 살펴보라.

공통 요소의 요약

단기 상담의 공통 요소를 약자인 'FRAMES'로 표시할 수 있다.

- **피드백**(Feedback): 내담자의 음주 수준이나 약물 사용이 건강에 미치는 영향에 대해서 피드백하라.
- **책임**(Responsibility): 변화의 책임은 내담자에게 있음을 명시하라.
- **권고**(Advice): 음주 및 약물 사용에 대한 변화를 권고하라.
- **메뉴**(Menu): 변화하기 위해 선택할 수 있는 다양한 방법이 있다는 것을 기억하라.
- **공감**(Empathy): 공감하는 상담 기법을 유지하라.
- **자기효능감**(Self-efficacy): 변화의 가능성에 대한 내담자의 긍정적인 믿음이 강해질 때 자기효능감이 증진됨을 명심하라.

(Miller & Sanchez, 1993)

한국형 알코올리즘 간이선별검사(AUDIT-K)

• 자신에게 해당하는 문항에 동그라미를 하십시오.

1. 얼마나 자주 술을 마십니까?
   전혀 안 마심 월 1회 미만 월 2~4회 주 2~3회 주 4회 이상
2. 술을 마시면 한 번에 몇 잔 정도 마십니까?
   소주 1~2잔 소주 3~4잔 소주 5~6잔 소주 7~9잔 10잔 이상
3. 한 번에 소주 한 병 또는 맥주 4병 이상 마시는 경우는 얼마나 자주 있습니까?
   없음 월 1회 미만 월 1회 주 1회 거의 매일
4. 지난 일 년간 한 번 술을 마시기 시작하면 멈출 수 없었던 때가 얼마나 자주 있었습니까?
   없음 월 1회 미만 월 1회 주 1회 거의 매일
5. 지난 일 년간 평소 같으면 할 수 있던 일을 음주 때문에 실패한 적이 얼마나 자주 있었습니까?
   없음 월 1회 미만 월 1회 주 1회 거의 매일
6. 지난 일 년간 술을 마신 다음 날 컨디션을 회복하기 위해 해장술이 필요했던 적은 얼마나 자주 있었습니까?
   없음 월 1회 미만 월 1회 주 1회 거의 매일
7. 지난 일 년간 음주 후에 죄책감이 들거나 후회한 적이 있습니까?
   없음 월 1회 미만 월 1회 주 1회 거의 매일
8. 지난 일 년간 음주로 인해 전날 밤의 일을 기억하지 못했던 적이 얼마나 자주 있었습니까?
   없음 월 1회 미만 월 1회 주 1회 거의 매일
9. 음주로 인해 자신이나 다른 사람을 다치게 한 적이 있습니까?
   전혀 없음 있었지만 지난 일 년간은 없었음 지난 일 년간 있었음
10. 친척이나 친구 또는 의사가 당신이 술을 마시는 것을 걱정하거나 당신에게 술 끊기를 권유한 적이 있었습니까?
   전혀 없음 있었지만 지난 일 년간은 없었음 지난 일 년간 있었음

총점 ________

*출처: Babor, T. F., Higgins-Biddle, J. C., Saunders, J. B., & Montiero, M. G. (2001). *The Alcohol Use Disorders Identification Test: Guidelines for Use in Primary Care* (2nd edn). Geneva: World Health Organization. 다음 사이트에서 이용 가능: http://www.who.int/substance_abuse/publications/alcohol/en/

약물남용 선별검사(DAST-20)

- 다음의 질문들은 지난 12개월 동안 술을 제외한 약물 사용의 정보에 대한 것입니다. 각각의 질문을 주의 깊게 읽고 '예' 와 '아니요' 중 선택하여 동그라미로 표시하십시오.

- 질문에서 '약물남용' 은 처방받은 혹은 처방받지 않은 약물을 지시 사항 이상으로 과도하게 사용하는 것과 의료적으로 사용되지 않는 약물의 사용을 말합니다. 약물의 종류는 카나비스(마리화나, 해시시), 솔벤트, 진정제(바륨), 바비튜레이트, 코카인, 흥분제(스피드), 환각제(LSD), 마약(헤로인) 등 다양합니다. 아래 질문 항목 중 술(알코올 음료)은 해당되지 않습니다.

- 모든 질문에 답하십시오. 답하기 애매한 질문의 경우, 좀 더 근접한 대답을 선택하십시오.

1. 의학적인 이유로 처방된 약물이 아닌 다른 약물을 복용한 적이 있습니까? 예 / 아니요
2. 처방된 약물을 남용한 적이 있습니까? 예 / 아니요
3. 약물을 한꺼번에 두 종류 이상 남용한 적이 있습니까? 예 / 아니요
4. 일주일 동안 약물을 사용하지 않고 지낼 수 있습니까? 예 / 아니요
5. 자신이 원한다면 언제든지 약물 사용을 중지할 수 있습니까? 예 / 아니요
6. 약물 사용의 결과로 '일시적 기억상실' 이나 '환각의 재현(플래시백)' 을 경험한 적이 있습니까? 예 / 아니요
7. 본인의 약물 사용에 대해서 불쾌감 또는 죄책감을 느낀 적이 있습니까? 예 / 아니요
8. 배우자(혹은 부모)가 당신의 약물 사용에 불만을 표현했던 적이 있습니까? 예 / 아니요
9. 약물남용으로 배우자 혹은 부모님과의 관계에 문제가 생겼던 적이 있습니까? 예 / 아니요
10. 본인의 약물 사용으로 인해 친구들을 잃었던 적이 있습니까? 예 / 아니요
11. 본인의 약물 사용으로 인해 가족들을 방치했던 적이 있습니까? 예 / 아니요
12. 약물남용으로 인해 직장(혹은 학교)에서 어려움에 처했던 적이 있습니까? 예 / 아니요
13. 약물남용으로 인해 직장을 잃었던 적이 있습니까? 예 / 아니요
14. 약물에 취한 상태로 싸움을 한 적이 있습니까? 예 / 아니요
15. 약물을 얻기 위해 불법 행위에 관련된 적이 있습니까? 예 / 아니요
16. 불법 약물 소지로 인해 체포된 적이 있습니까? 예 / 아니요
17. 약물 사용을 중단했을 때 금단증상을 경험한 적이 있습니까? 예 / 아니요
18. 약물 사용의 결과로 의학적 문제가 생겼습니까? (기억상실, 간염, 경련, 출혈 등) 예 / 아니요
19. 약물 문제로 누군가에게 도움을 청하러 간 적이 있습니까? 예 / 아니요
20. 약물 사용 관련 치료 프로그램에 참여해 본 적이 있습니까? 예 / 아니요

[내담자용 유인물]

위험 음주 수준

	단기적 위험		
	낮은 위험	위험	높은 위험
남자	하루 최대 6잔씩 주 3일 이하	항상 7～10잔 정도	항상 11잔 이상
여자	하루 최대 4잔씩 주 3일 이하	항상 5～6잔 정도	항상 7잔 이상

	장기적 위험		
	낮은 위험	위험	높은 위험
남자	평균 하루 최대 4잔씩 주 28잔	평균 하루 5～6잔씩 주 29~42잔	평균 하루 7잔 이상씩 주 43잔 이상
여자	평균 하루 최대 2잔씩 주 14잔	평균 하루 3～4잔씩 주 15～28잔	평균 하루 5잔 이상씩 주 29잔 이상

* 출처: From the National Health and Medical Research Council, Australia(2001).

* 한 잔의 표준단위는 호주의 기준임(p. 259, '분별 있는 음주를 위한 지침' 참조).

참고자료

Adamson, S. J., & Sellman, J. D. (2003). A prototype screening instrument for cannabis use disorder: The Cannabis Use Disorders Identification Test (CUDIT) in an alcohol dependent clinical sample. *Drug and Alcohol Review, 22*, 309-315.

- 척도는 다음 사이트에서 이용 가능: http://adai.washington.edu/instruments/CUDITinfo.htm
- 대마제제와 관련된 문제를 선별할 수 있도록 AUDIT를 수정한 것으로, 비록 이 척도의 사용에 대한 더 많은 연구가 필요하겠지만 이 논문은 이 척도의 타당성에 대한 증거를 제시하고 있다.

Babor, T. F., Higgins-Biddle, J. C., Saunders, J. B., & Montiero, M. G. (2001). *The Alcohol Use Disorders Identification Test: Guidelines for Use in Primary Care* (2nd edn). Geneva: World Health Organization.

- 다음 사이트에서 이용 가능: http://www.who.int/substance_abuse/publications/alcohol/en/
- AUDIT의 최신 버전으로 일차 치료기관에서 간단한 검사도구로 사용될 수 있는 타당성 있고 광범위한 검사다.

Babor, T. F., & Higgins-Biddle, J. C. (2001). *Brief Intervention for Hazardous and Harmful Drinking: A Manual for Use in Primary Care*. Geneva, Switzerland: World Health Organization.

- 다음 사이트에서 이용 가능: http://whqlibdoc.who.int/hq/2001/WHO_MSD_MSB_01.6b.pdf
- 이 장을 집필하는 데 주요 자료가 되었던 이 매뉴얼은 AUDIT의 지침서로서 이용될 수 있도록 고안되었다. 또한 이 매뉴얼은 알코올이 건강에 미치는 영향에 대한 정보, 어느 수준의 개입이 적절한지에 대한 결정과 관련된 지침, 단기 개입 방법 그리고 내담자에게 제공할 수 있는 자조도구를 포함하고 있다.

Baker, A., Kay-Lambkin, F., Lee, N. K., Claire, M., & Jenner, L. (2003). *A Brief*

Cognitive Behavioural Intervention for Regular Amphetamine Users: A Treatment Guide. Canberra, ACT: Australian Government Department of Health and Ageing.
- 다음 사이트에서 이용 가능: www.health.gov.au/pubhlth/publicat/document/cognitive_intervention.pdf.
- 암페타민 사용자의 사용량과 위험행동 수준을 낮추는 데 도움이 될 수 있는 자료로 구성된 탁월한 매뉴얼로, 4개의 부분으로 구성되어 있다.

Bien, T., Miller, W., & Tonigan, J. (1993). Brief interventions for alcohol problems: A review. *Addiction, 88*(3), 315-355.
- 'FRAMES' 접근에 대한 논의를 포함해서 알코올 문제에 대한 단기 개입의 효과성과 관련해 탁월한 견해를 제시하고 있다.

Bohn, M. J., Babor, T., & Kranzler, H. R. (1991). Validity of the Drug Abuse Screening Test(DAST-10) in inpatient substance abusers. *Problems of Drug Dependence, 119*, 233-235.
- DAST-20과 잘 연결된 DAST의 보다 간단한 버전이다. DAST-10의 복사본과 그것의 해석에 대한 정보는 토론토 대학의 공중보건학과 Harvey A. Skinner로부터 이용할 수 있다.

Dawe, S., Loxton, N. J., Hides, L., Kavanagh, D. J., & Mattick, R. P. (2002). *Review of Diagnostic Screening Instruments for Alcohol and Other Drug Use and other Psychiatric Disorders* (2nd edn). Canberra: Commonwealth of Australia.
- 다음 사이트에서 이용 가능: http://www.health.gov.au/pubhlth/publicat/document/mono48.pdf
- 물질남용과 정신장애를 선별하고 진단하는 도구에 대한 포괄적인 자료를 제공한다.

Heather, N. (1995). Brief intervention strategies. In R. K. Hester & W. R. Miller (eds.), *Alcoholism Treatment Approaches: Effective Alternatives* (2nd edn) (pp. 105-122). Boston: Allyn and Bacon.
- 일차 건강 관련 분야와 약물 혹은 알코올 치료 장면에 적용될 수 있는 단기 및 초기 개입의 원리에 대한 탁월한 견해를 그것의 효과성과 함께 제시하고 있다.

Heather, N., Bowie, A., Ashton, H., McAvoy, B., Spencer, I., Brodie, J., & Giddings, D. (2004). Randomised controlled trial of two brief interventions against long-term benzodiazepine use: Outcome of intervention. *Addiction Research and Theory, 12*(2), 141-154.

- 벤조디아제핀을 복용하고 있는 내담자에게 약의 사용을 줄이도록 권고하는 상담자의 간단한 설명이나 메모만으로도 다른 부작용 없이 효과적으로 복용량을 줄일 수 있었다는 연구 결과를 제공한다.

Martino, S., Grilo, C. M., & Fehon, D. C. (2000). Development of the Drug Abuse Screening Test for Adolescents (DAST-A). *Addictive Behaviors, 25*(1), 57-70.

- 청년층 내담자에게 맞춰서 수정된 DAST를 제공한다.

Miller, W. R., & Sanchez, V. C. (1993). Motivating young adults for treatment and lifestyle change. In G. Howard (ed.), *Issues in Alcohol Use and Misuse by Young Adults* (pp. 55-79). Notre Dame, IN: University of Notre Dame Press.

- 'FRAMES'으로 줄여서 표기할 수 있는 방법을 사용한 효과적인 단기 개입의 일반적인 구성 요소에 대해서 설명하고 있다.

National Health and Medical Research Council (2001). *Australian Alcohol Guidelines: Health Risks and Benefits*. Canberra: NH & MRC.

- 다음 사이트에서 이용 가능: www.alcoholguidelines.gov.au
- 위험성의 그리고 고위험성의 음주에 대한 정의와 Australian National Health and Medical Research Council에서 추천하는 '분별 있는 음주를 위한 지침'에 대해서 설명하고 있다.

Rollnick, S., Heather, N., & Bell, A. (1992). Negotiating behaviour change in medical settings: The development of brief motivational interviewing. *Journal of Mental Health, 1*, 25-37.

- 단기 및 초기 개입에 동기강화상담을 적용하는 것에 대해서 탁월하게 논증하고 있다.

Russell, M., Martier, S., Sokol, R., & Mudar, P. (1994). Screening for pregnancy risk-drinking. *Alcoholism, Clinical and Experimental Research, 18*, 1156-1161.

- 태아 검진 병원에서 위험 음주를 선별하기 위해 사용되는 T-ACE와 TWEAK에 대해

서 설명하고 있다.

Sanchez-Craig, M. (1996). *A Therapist's Manual for Secondary Prevention of Alcohol Problems*. Toronto: Addiction Research Foundation.
- 다음 주소로 문의할 것: Available from the Centre for Addiction and Mental Health, 33 Russell Street, Toronto, ON, Canada M5S 2S1 or http://www.camh.net/publications/substance_use_addiction.html
- 심각하지 않거나 보통의 음주 문제를 다루는 단기 및 초기 개입에 대해서 설명하고 있으며, 사례를 통한 예시와 평가도구를 포함하고 있다. 이 매뉴얼은 다음에서 언급하고 있는 자조용 소책자 『DrinkWise』(아래 내용 참조)와 함께 사용될 수 있다.

Sanchez-Craig, M., Davila, R., & Cooper, G. (1996). A self-help approach for high-risk drinking: Effect of an initial assessment. *Journal of Consulting and Clinical Psychology, 64*, 694-700.
- 초기 버전의 『DrinkWise』를 이용한 단기 개입의 2가지 형태에 대한 연구로, 단기 개입에 자조도구를 사용하는 것의 이점에 대해서 논의하고 있다.

Saunders, J. B., Aasland, O. G., Babor, T. F., de la Fuente, J. R., & Grant, M. (1993). Development of the Alcohol Use Disorders Identification Test(AUDIT). WHO collaborative project on early detection of persons with harmful alcohol consumption II. *Addiction, 88*, 791-804.
- 알코올 문제를 선별하기 위한 가장 초기 버전의 AUDIT 사용에 대한 연구를 제공하고 있다.

Shakeshaft, A., Bowman, J., & Sanson-Fisher, R. (1998). Comparison of three methods to assess binge consumption: One-week retrospective drinking diary, AUDIT, and quantity/frequency. *Substance Abuse, 19*(4), 191-203.
- 지역 공동체 중심의 약물 및 알코올 상담자를 찾은 내담자에게 이 3가지 도구를 사용하여 서로 비교한 내용을 다루고 있다.

Shand, F., Gates, J., Fawcett, J., & Mattick, R. P. (2003). *Guidelines for The Treatment of Alcohol Problems* (pp. 91-95). Canberra: Australian Government Department of Health and Ageing.

-단기 및 초기 개입에 대한 근거 중심의 권장 사항을 제공하고 있다.

Skinner, H. A. (1982). The drug abuse screening test. *Addictive Behaviors, 7*, 363-371.
-약물 사용과 관련된 문제를 탐지할 수 있는 이 유용한 도구는 문항 수에 따라서 DAST-28, DAST-20 그리고 DAST-10의 3가지 형태로 구분할 수 있다.

자조 관련 자료

Commonwealth Department of Veterans Affairs (2003). *Changing the mix: A guide to low risk drinking for the veteran community.* Canberra: Commonwealth Department of Veterans Affairs.
-다음 사이트에서 이용 가능: www.therightmix.gov.au
-유익한 정보를 제공하는 구성이 알찬 자조 매뉴얼로 경험이 많은 내담자를 위해서 고안되었다.

Heather, N., Richmond, R., Webster, I., Wodak, A., Hardie, M., & Polkinghorne, H. (1989). *A Guide to Healthier Drinking: A Self-help Manual.* Sydney: Clarendon Printing.
-이 간단하고 다채로운 매뉴얼은 호주의 시드니에 있는 뉴사우스웨일스 대학교에 위치한 Brief Intervention Unit에서 구할 수 있다.

Mentha, H. (2001). *Getting Out of It: How to Cut Down or Quit Cannabis.* Victoria, Australia: Inner East Community Health Service.
-다음 사이트에서 이용 가능: www.edas.org.au/pdf/cannabis.pdf
-대마제제의 사용을 줄이거나 멈출 수 있도록 실제적인 단계별 지침을 제공한다.

Miller, W. R., & Munoz, R. F. (2004). *Controlling Your Drinking: Tools to Make Moderation Work for You.* New York: Guilford.
-내담자와 상담자에게 매우 실제적이고 따라 하기 쉬운 지침을 제공한다.

Robertson, I., & Heather, N. (1993). *So, You Want to Cut Down Your Drinking? A Self-help Guide.* Edinburgh: Scottish Health Education Group.

-절주에 대한 실제적이고 적절한 자조 지침을 제공한다.

Robertson, I., & Heather, N. (1996). *Let's Drink to Your Health!* (2nd edn). Oxford, UK: BPS Blackwell.
-매우 유용하고 포괄적인 자조 매뉴얼을 제공한다.

Robertson, I., & Heather, N. (1987). *Let's Drink to Your Health! A Guide to Safe and Sensible Drinking.* Sydney: Angus & Robertson.
-호주와 뉴질랜드의 독자에게 맞도록 구성된 위 문헌의 첫 번째 개정판이다.

Sanchez-Craig, M. (1995) *DrinkWise: How to Quit Drinking or Cut Down.* Toronto, ON, Canada: The Centre for Addiction and Mental Health(CAMH). Formerly entitled 'Saying When', 이 자료는 다음 주소로 문의할 것: this resources is available from the Centre for Addiction and Mental Health, 33 Russell Street, Toronto, ON, Canada M5S 2S1 or http://www.camh.net/publications
-『DrinkWise』는 사람들에게 과도한 음주를 일으키는 단서가 되는 상황이나 느낌을 분간할 수 있도록 교육하는 것을 통해서 효과적으로 절주하거나 단주할 수 있도록 단계별 프로그램을 제공한다.

The Drug and Alcohol Services Council, South Australia (2001). *Women's Drinking Guide.* Adelaide, Australia: The Drug and Alcohol Services Council
-다음 사이트에서 이용 가능: www.dasc.sa.gov.au
-여성의 위험한 음주를 줄이는 데 도움이 되는 적절한 자조 매뉴얼을 제공한다

참고할 만한 소책자와 인터넷 사이트

다음의 소책자는 National Drug and Alcohol Research Centre(NDARC)에서 구할 수 있다. 다음 사이트에 있는 출판물과 자료로부터 이용 가능: http://ndarc.med.unsw.edu.au/ndarc.nsf

능률을 높이기 위한 사용자 지침

-암페타민 사용을 멈추거나 줄일 수 있는 폐해 감소와 조언을 제공한다. 단약의 대가는 무엇인가? 스스로 할 수 있는 것은 무엇인가?

- 대마제제를 단약하고자 하는 사람들에게 도움을 주기 위해서 고안되었다.

단기 및 초기 개입에 도움이 될 수 있는 인터넷 사이트

http://www.alcoholguidelines.gov.au

- 분별 있는 음주에 대한 지침, 표준 음주량에 대한 정의 및 퀴즈와 다양하고 유용한 자료를 제공해 주는 대화식 인터넷 사이트

http://www.therightmix.gov.au

- Australia Government Department of Veterans Affairs에 의해 운영되는 대화식 단기 개입 사이트로, AUDIT, 변화준비도 검사 그리고 개개인에게 위험 수준에 대한 피드백을 제공해 준다.

http://www.wrecked.co.uk

- 표준 음주량에 대한 지침과 함께 알코올에 대한 대화식 퀴즈를 제공한다(National Health Service, UK).

제6장

문제해결 기술

추천 용도

문제해결 기술훈련은 내담자가 중독행동 패턴을 변화시켜 나가는 데 방해가 되는 삶의 문제를 해결하는 기술을 가르치는 것이다. 이 훈련은 내담자의 목표가 단주나 절주 혹은 폐해 감소, 그 어떤 것이든지 간에 도움이 되며 또 어느 종류의 약물 문제를 가지고 있든지 간에 적절하게 사용할 수 있다. 문제해결은 두 명 이상의 집단에서 서로 간에 촉진이 이루어지며, 개인상담의 경우에도 적용이 가능하다.

1회기나 2회기에 걸쳐서 문제해결의 원리를 가르칠 수도 있지만, 효과적인 학습을 위해서는 보다 많은 연습이 필요하다. 그러므로 문제해결 전략은 회기 중에는 물론이고 가정에서도 내담자 스스로 연습하고 다듬고 강화해 나가야 한다.

목 표

문제해결 기술훈련의 목표는 내담자로 하여금 다음을 가능하게 하는 것이다.

- 문제가 있을 때 이를 인지하게 한다.
- 문제에 대한 다양한 잠재적 해결책을 생각해 내도록 한다.
- 가장 적합한 해결책을 선택하고 그것을 실행하기 위한 계획을 세우게 한다.
- 선택한 접근의 효과를 평가할 수 있도록 한다.

방 법

내담자를 위한 설명

Monti, Kadden, Rohsenow, Cooney와 Abrams(2002)는 문제해결 전략의 이론적 근거를 내담자에게 제공하기를 권한다. 많은 사람들이 어려운 문제 상황을 일상의 한 부분으로서 지속적으로 경험하게 된다는 것을 이야기해 주어야 한다. 어려운 상황이란 약물을 쉽게 접할 수 있는 집단에서 어떤 약물이나 술에 관해 생길 수 있는 특수한 것이나 직장에서의 갈등과 같이 보다 일반적인 문제일 수도 있고, 개인적인 생각이나 느낌(예: 우울한 생각, 약물 사용에 대한 강한 욕구) 또는 타인과의 상호작용(예: 논쟁)의 결과로 생겨난 것일 수도 있다. 이때 이러한 문제를 효과적으로 다루지 못한다면 문제가 될 수 있다는 것을 지적하라. 그리고 우리는 자주 문제를 무시하거나 가장 쉬운 방법으로 해결하고 혹은 충동적으로 반응한다는 것을 강조하라. 미해결되거나 제대로 해결되지 않은 문제로 인한 압박은 점점 더 심해지고, 이것은 내담자에게 재발을 일으키는 방아쇠가 될 수 있다. 내담자에게 자신의 경험 중 미해결된 문제가 재발의 계기가 되었던 예를 생각해 내도록 한 후, 내담자가 인지할 수 있는 문제 상황에 대한 효과적인 문제해결 방법을 설명하고, 내담자에게 가장 도움이 될 수 있는 효과적인 해결책을 연습해 보는 시간을 주는 것도 가능하다.

시작에 앞서

문제해결 전략을 간단하게 요약한 내담자용 유인물을 준비해 두는 것도 효과적이다(이 장의 마지막 부분에 있는 첫 번째 '내담자용 유인물' 참조). 가능하다면 내담자가 여러 생각을 기록할 수 있도록 화이트보드를 준비하는 것이 좋다. 내담자가 나중에 참고할 수 있게 문제해결 과정의 예를 적도록 격려하라.

문제해결의 과정

효과적인 문제해결 과정은 다음과 같이 6단계를 거친다.

① 문제를 정확하게 정의하기
② 문제를 다루기 위한 선택 사항 브레인스토밍하기
③ 최선책 선택하기
④ 자세한 행동 계획 세우기
⑤ 계획을 실행에 옮기기
⑥ 결과 평가하기

문제를 정확하게 정의하기

문제가 무엇인지 정확하게 정의했다면 그 문제는 거의 해결된 것이다. 그러나 만약 문제를 애매한 단어로만 이해했다면 그 문제를 해결하는 것은 거의 불가능할 것이다. 왜냐하면 정확히 무엇이 문제인지가 불분명하기 때문이다. 그러므로 내담자가 수정할 수 있는 구체적인 행동과 관련된 단어로 문제를 정의하도록 하

라. 이것은 특정한 부분들로 문제를 나누어 보는 것에도 도움이 된다.

예를 들면, 우리는 '나의 인생은 엉망진창이 되었어요.' 와 같이 총체적이고 복합적인 문제에 압도되기 쉽다. 그러나 그 문제는 다음의 예와 같이 보다 구체적인 문제들로 세분화할 수 있다. ① 친구들과 연락이 끊어져서 나는 외롭다. ② 근래에 살이 많이 쪄서 매력이 없어진 것 같다. ③ 직장에서 극심한 스트레스에 시달리고 있고 직장생활이 불만족스럽다. ④ 내가 많은 시간을 함께 보내지 않는다고 남자 친구가 불평한다. 이러한 문제들은 우선순위를 정할 수 있고, 각각에 대해 문제해결 기술을 적용할 수 있다. 경청과 일련의 질문(예: '어떤 구체적인 일 때문에 혹은 어떤 사건이 일어날 때 그렇게 느끼나요?' '정확히 언제 그런 느낌이 드나요?')을 통해서 내담자가 자신의 총체적이고 복합적인 문제를 보다 명확히 하고 구체적인 문제들로 세분화하도록 도울 수 있다.

내담자가 문제 상황을 선택하게 하라. 가능하다면 '위험이 높은 상황' 이지만 상대적으로 다루기 쉬운 것부터 시작하는 것이 좋다(16장 참조). 내담자가 자신의 문제를 구체적으로 행동과 관련된 단어로 명확하게 구성할 수 있도록 돕고, 필요하다면 다시 이를 다루기 쉬운 하위 문제들로 나누게 하여 우선순위를 정하도록 도울 수 있다.

예상되는 문제 상황 다루기

몇몇 내담자에게는 문제를 인지하는 것이 문제해결 과정에서 가장 어려운 부분일 수 있다. Monti와 그의 동료들(2002)은 내담자가 자신의 문제 상황을 인지하는 데 도움이 되는 많은 정보를 제공하고 있다. 여기에는 내담자가 다음의 내용을 인지하고 있는 경우—① 불쾌한 신체적 증상(예: 갈망), ② 부정적 느낌(예: 우울, 좌절, 공포, 짜증), ③ 자신을 향한 다른 사람들의 부정적 반응(예: 자신을 피하거나 비판하는 것), ④ 다른 사람들을 향한 자신의 부정적인 반응(예: 분노, 위축), ⑤ 자기행동과 그에 대한 기대가 서로 어긋남(예: 직장 업무, 가정생활, 친구 관계)—를 포함한다.

문제를 해결하지 않은 채 생활하는 것이 정말로 편안한지에 대해 내담자 스스로 깊게 생각하도록 함으로써 그 문제 영역에 집중하는 것의 가치를 깨닫도록 내담자를 도울 수 있다.

문제를 다루기 위한 선택 사항 브레인스토밍하기

브레인스토밍은 아이디어를 만들어 내는 기술인데, 다음의 규칙을 준수할 때 보다 효과적으로 활용될 수 있다.

- 비판하지 않는다. 비판은 창조성을 억누른다. 여러 선택 사항에 대한 평가는 이후에 다른 단계에서 하게 될 것이다.
- 가능한 한 자유롭고, 포괄적이며, 모험적인 것이 좋다. 어떤 생각이라도 문제시되지 않는다. 내담자가 자유롭게 생각하면 할수록 더 기발하고 좋은 해결책을 생각해 낼 수 있는 가능성은 높아진다.
- 아이디어의 양은 많을수록 좋다. 대안이 많으면 많을수록 유용한 대안이 나타날 확률은 커진다. 종종 최선의 해결책은 브레인스토밍 과정의 마지막에 가서 나타난다.
- 이전에 효과가 있었던 해결책에 대해 생각하라. 기존의 해결책은 갱신하고 바꿔야 할지도 모른다. 그러나 동시에 좋은 출발점이 될 수도 있다. 아이디어는 해결책을 찾는 과정에서 서로 합쳐지기도 하고, 더해질 수도 있다. 내담자는 다른 사람들이 비슷한 상황에서 효과적으로 사용했던 방법에 대해서 그들에게 질문할 수도 있다. 또한 상담자는 내담자가 비슷한 문제를 가진 친구에게 해결책을 제안할 수 있도록 격려하고 지지해야 한다.

브레인스토밍은 특히 집단 상황에서 효과가 있는데, 상담자가 우스꽝스럽거나 터무니없는 해결책을 몇 가지 먼저 제시하는 것은 효과적인 시작 방법이 될 수 있다. 집단 작업은 차례대로 돌아가면서 내담자와 관련된 문제를 최소한 하나씩 다루어야 한다.

예상되는 문제 상황 다루기

만약에 내담자가 수정 가능한 행동에 대해 구체적인 단어를 사용하여 문제를 정의하지 않았다면 효과적인 해결책을 생각해 내는 것은 어려울 수 있다(예: '우리 아버지는 나를 괴롭힌다.' 와 '아버지가 나를 화나게 하기 때문에 나는 빈정거리게 된다.' 의 비교).

최선책 선택하기

명백하게 비현실적인 전략부터 지우고, 남은 전략들의 장단점을 숙고하라. 장점과 단점에는 그 방법의 단기적 · 장기적 결과 모두를 포함해야 한다. 또한 각 선택 방법을 실행하는 데 방해가 되거나 도움이 될 수 있는 요인들이 무엇인지 내담자 스스로 고려할 수 있도록 하라. 이러한 요인들을 숙고한 뒤에 내담자에게 가장 현실적이고 효과적으로 여겨지는 대안을 선택하도록 돕는다.

두 사람이 한 조를 이루거나 집단으로 작업을 하게 되는 경우에는 내담자 각각 자신에게 최선인 해결책을 선택하도록 한다. 집단이 선택한 해결책이 반드시 개인에게 최선이거나 또는 개개인의 문제에 가장 적절한 것이 아닐 수도 있다.

자세한 행동 계획 세우기

선택한 사항을 실행하기 위해 구체적인 계획을 세우는 것은 중요하다. 이 과정에는 해결책을 실행 가능한 단계들로 세분화하는 과정이 포함될 수 있다. 예를 들면, 어떤 문제에 대해 선택된 해결책 하나가 '새로운 운동을 시작하는 것' 이라면 이것의 행동 계획에는 운동의 종류, 운동할 수 있는 장소와 실시 시간 그리고 최종적으로 첫 운동 날짜를 포함시켜야 한다. 즉, 계획을 세울 때는 해결책에 대해서 언제, 어디서, 어떻게, 누구와 할 것인지와 관련하여 시간표를 작성할 것을 고려해야 한다.

계획을 실행에 옮기기

내담자는 자신의 계획에 대해서 충분히 생각해 보아야 한다. 즉, 생각으로 예행연습을 해 보는 것이다. 문제해결 기술을 가르치는 데 상담 회기 도중 적절한 때에 역할극(p. 39 참조)을 통해 계획을 실행해 보는 것도 매우 큰 도움이 된다. 회기 중에 연습한 것처럼 가정에서도 연습할 수 있다.

결과 평가하기

선택된 해결책을 통해 문제가 전체적으로 해결되었는지 아니면 일부분만 해결되었는지를 주의 깊게 생각하라. 만일 부분적으로만 문제가 해결되었거나 전혀 성공적이지 않았다면 행동 계획의 개선이나('4단계' 로 돌아갈 것) 새로운 전략이 필요하며('3단계' 로 돌아갈 것) 이에 대해 고려해 보도록 한다.

성공적인 문제해결의 예를 보여 주는 두 번째 '내담자용 유인물' 과 '연습용 유인물' 이 다음에 제시되었다.

[내담자용 유인물]

성공적인 문제해결을 위한 6단계

1. 문제를 정확하게 정의하기
   문제가 구체적인지 확인하고 필요하다면 작은 하위 문제들로 세분화되었는지 확인하라.

2. 문제를 다루기 위한 선택 사항 브레인스토밍하기
   아이디어를 비판하지 않고 모험적이어야 한다는 것을 기억하라.

3. 최선책 선택하기
   잠재적 해결책의 장점과 단점을 각각 점검하여 어떤 해결책이 가장 효과적일지 생각하라.

4. 자세한 행동 계획 세우기
   언제, 어디서, 누구와 어떻게 선택한 해결책을 시도할 것인가를 계획하라.

5. 계획을 실행에 옮기기
   머릿속으로나 역할극을 통해 예행연습을 하고 나서 계획을 실행에 옮겨라.

6. 결과 평가하기
   선택된 해결책이 얼마나 효과가 있었는지 평가하라. 만약 효과가 없었다면 3단계로 돌아가서 다시 시도하라!

[내담자용 유인물]

문제해결 과정(예)

1단계: 나의 문제는?

- 친구가 거의 없고 쉽게 외로움이나 우울감에 빠진다. 특히 밤이나 주말에는 더욱 그렇다.
- 외로움을 느낄 때 보통 와인으로 슬픔을 달랜다.

2단계: 가능한 해결책에 대해서 브레인스토밍하기

- 뭔가 관심을 끄는 클럽 가입 또는 강좌 듣기
- 인터넷으로 사람들과 채팅하기
- 독신클럽에 가입하기
- 운동클럽에 가입하거나 태극권 시작하기
- 강아지 키워 보기
- 사람들과 어울리기 위해 댄스클럽 가기
- 함께 살 수 있는 사람 찾기
- 과거에 놓친 기회에 매여 있지 않기

3단계: 각 해결책의 장점과 단점

가능한 해결책	장 점	단 점
춤추러 가기	• 춤추는 것 자체를 좋아한다.	• 음주의 위험
이사하기	• 집에서 함께 지낼 수 있다. • 룸메이트를 만날 수 있다.	• 새로운 장소로 이사하는 시간과 비용이 소모된다.
클럽 가입 또는 강좌 듣기	• 흥미가 비슷한 사람들을 만날 수 있다.	• 무슨 말을 해야 할지 모르거나 당혹스러운 상황에 대해서 걱정된다.

⇨ **이 중 '클럽 가입 또는 강좌 듣기' 가 선택되었다.**

4단계: 나의 계획은?

어떻게? 내가 사는 지역이고, 흥미 있는 클럽이나 강좌가 있는지 알아본다.
나의 흥미는 요리, 독서, 춤추기이고, 내가 언제나 하고 싶어 했던 것은 그림 그리기다.

언제? 다음 상담 회기 전에 이에 관한 정보를 알아본다.

어디서? 토요신문을 찾아본다. 지역의회에 전화한다. 시간, 장소, 가격과 같은 상세한 정보를 요청한다.

누구와? 클럽이나 강좌에 혼자 참석하기 전에 상담자와 함께 의사소통 기술을 연습한다.

[연습용 유인물]

문제해결 과정(예)

1단계: 나의 문제는?

2단계: 가능한 해결책에 대해서 브레인스토밍하기

3단계: 각 해결책의 장점과 단점

가능한 해결책	장 점	단 점

⇨ **이 중 ____________________________ 가 선택되었다.**

4단계: 나의 계획은?

어떻게?
언제?
어디서?
누구와?

5단계: 계획을 실행에 옮기기

6단계: 그것이 얼마나 효과적인가?

참고자료

Hawton, K., & Kirk, T. (1989). Problem solving. In K. Hawton, P. M. Salkovskis, J. Kirk & D. M. Clark (eds.), *Cognitive Behaviour for Psychiatric Problems: A Practical Guide* (pp. 406–426). Oxford: Oxford University Press.

-문제해결 전략에 대한 일반적인 지침을 제공한다.

Kadden, R., Carroll, K., Donovan, D., Cooney, N., Monti, P., Abrams, D., Litt, M., & Hester, R. (1995). *Cognitive Behavioral Coping Skills Therapy Manual: A Clinical Research Guide for Therapists Treating Individuals with Alcohol Abuse and Dependence* (Project MATCH Monograph Series, Volume 3). NIH Pub. No. 94-3724. Rockville, MD: National Institute on Alcohol Abuse and Alcoholism.

-다음 사이트에서 이용 가능: www.niaaa.nih.gov/publications/match.htm

-이 회기별 매뉴얼은 Monti와 그의 동료들(2002)의 책에 근거해서 문제해결 중심을 위한 회기에 집중되어 있다.

Monti, P. M., Kadden, R. M., Rohsenow, D. J., Cooney, N. L., & Abrams, D. B. (2002). *Treating Alcohol Dependence: A Coping Skills Training Guide* (2nd edn) (pp. 99–102). New York: Guilford Press

-문제해결에 대한 포괄적인 내용을 제공하고 있다.

제7장

술과 약물을 거절하는 기술

추천 용도

내담자들은 술이나 약물을 사용해야 할 것 같은 사회적 압력을 받는 상황에 자주 처하게 된다. 술과 약물을 거절하는 훈련이란 누군가가 내담자에게 술과 약물을 권할 때 서투르게 변명하지 않고 자신 있게 거절하는 방법을 훈련하는 것이다. 이 기술은 단주를 목표로 하는 내담자의 재발을 예방하는 데 매우 유용하고(16장 참조), 절주를 목표로 하는 내담자에게는 과음의 유혹에 빠지지 않고 미리 한계를 정하도록 하는 데 도움이 될 수 있다(12장 참조). 또한 이 기술은 내담자가 위험한 행동(예: 주삿바늘을 함께 사용하는 것, 안전하지 않은 성생활)을 피하도록 돕는 폐해 감소적 모델에도 쉽게 적용될 수 있다.

요약하자면 술이나 약물 사용 또는 위험한 행동과 관련된 사회적 압력을 다루는 데 자신 없어 하는 내담자에게 이 훈련을 일상에서 반복적으로 제공할 필요가 있다. 이 기술은 개인적으로 가르칠 수도 있지만 집단으로 실시할 경우 역할극을 통해서 서로 배울 수 있기 때문에 집단 장면에서 실시하는 것이 더욱 효과적이다.

목 표

이 기술의 목표는 술과 약물 사용 권유에 맞서 적절하게 거절하는 방법을 가르치는 것이다.

방 법

내담자를 위한 설명

거의 모든 사람들이 술이나 약물 사용을 권유받게 되는 상황에 처할 때가 있기 마련이라는 것을 내담자에게 설명할 필요가 있다. 단주를 목표로 선택한 내담자에게는 술이나 약물 권유를 받을 수 있는 모든 상황(예: 식사, 사회적 행사)을 언제까지나 피할 수는 없다는 것에 대해서 설명하고, 절주를 목표로 선택한 내담자에게는 스스로 계획한 음주량을 지키는 데 이 기술이 유용함을 설명해 주는 것이 좋다.

상담자는 내담자에게 설득력 있고 자신감 있게 "괜찮습니다" 라고 거절하는 것이 종종 어려운 일임을 공감하고, 보다 쉽게 거절할 수 있는 전략이 있다는 사실을 설명하라. 여기에는 적절한 몸짓과 자신감 있는 어투의 사용 그리고 명확하고 직접적으로 거절 의사를 표현하는 것이 포함된다. 특히, 내담자에게 술을 마시지 않거나 약물을 하지 않는 것에 대해서 미안해할 필요가 절대로 없다는 것을 강조해야 한다. Monti, Kadden, Rohsenow, Cooney와 Abrams(2002, p. 65)는 내담자에게 '당신은 술을 마시지 않을 권리가 있다.' 는 사실을 상기시켰다. 많은 사교적인 상황에서 누가 술을 마시고 마시지 않는가에 대해서 사람들은 전혀 주목하지 않는다는 사실을 음주 문제를 가지고 있는 내담자에게 이야기해 주는 것 또한 필요하다.

이러한 중요한 기본적인 정보에 대해서 내담자에게 설명하고 나서 '성공적으로 거절하기' 위한 핵심 요소를 가르치는 것이 좋다. 이 내용은 음주 거절하기와 관련된 Monti와 그의 동료들(2002)의 글에서 발췌했다(참고자료 참조).

몸 짓

술이나 약물 권유를 거절하는 것에 대해 확신이 없고 염려하는 마음은 자연스럽게 내담자를 스스로 움츠러들게 하고 상대방의 눈빛을 피하는 태도를 갖게 한다는 것에 대해서 설명하라. 이러한 몸짓은 실제 자신감을 떨어뜨리고 술이나 약물을 권유하는 사람에게 설득력 없고 소심하게 거절하는 결과로 이어지는 것에 대해서 내담자와 이야기하라. 그러므로 거절을 끝까지 고집하기 위한 첫 번째 중요한 조언은 술이나 약물을 강요하는 상대방의 눈을 똑바로 쳐다보는 것이다. 이야기할 때 바른 자세를 유지하는 것 또한 자신감을 갖는 데 도움이 된다.

음 색

다시 말하지만, 두려워하거나 분명하지 않은 어조는 다른 사람들에게 거절에 대한 의문을 가지게 하는 틈을 주게 된다. 그러므로 확고하고 주저하지 않는 태도로 거절할 수 있도록 내담자를 격려해야 한다.

이 2가지 규칙을 모두 설명하고 나서 내담자에게 술이나 약물을 권유하는 역할을 맡도록 하고, 상담자가 내담자의 권유에 대해서 올바른 방법으로 몸짓과 음색을 사용하여 거절하는 예와 그렇지 못한 예를 번갈아 보여 주는 것은 대단히 효과적이다. 소심한 태도와 자신 있는 태도를 비교함으로써 상당히 흥미롭게 비효과적인 거절 방법과 효과적인 거절 방법을 가르칠 수 있다.

말의 내용

다음의 지침은 Monti와 그의 동료들(2002, pp. 65-66)의 연구를 근거로 한 것이다.

- **'NO' 라는 말부터 하기**: 'No' 라고 말하기를 주저한다면 사람들은 그 태도가 사양하는 것인지 아니면 다른 의미가 있는 것인지 의문을 가지게 되므로 첫 마디에 "고맙지만 사양하겠습니다." 라고 말하는 것이 가장 좋다는 것을 내담자에게 설명하라.
- **대안 제시하기**: 'No' 라고 말한 후에 다음과 같이 제안할 수 있다.
  - 산책이나 커피숍 가기 또는 영화 보기와 같이 다른 활동을 제안할 수 있다.
  - 커피나 오렌지 주스와 같은 다른 음료나 음식을 대안으로 제시할 수 있다.
- **더 이상 권유하지 말 것을 상대방에게 요구하기**: 만약에 음주나 약물 사용을 과도하게 요구하는 사람이 있다면 내담자는 더 이상 권유하지 말 것을 부탁해야 한다. 예를 들어, 상대방이 "자, 자, 옛정을 생각해서 같이 한잔하세." 라고 권유한다면 "자네가 나를 친구로 생각한다면, 술을 권하지 말게." 라고 부탁할 수 있다.
- **대화 주제 바꾸기**: 일단 거절하고 나서는 음주나 약물 사용에 대한 긴 논쟁에 휘말리지 않기 위해서 대화의 주제를 바꾸어야 한다. 예를 들면, "고맙지만 괜찮네, 술은 끊었네. 만나서 반갑네, 오랫동안 만나지 못했는데 요즘 어떻게 지내나?" 라고 대화 주제를 바꿀 수 있다.
- **변명이나 애매한 대답하지 않기**: "지금은 술을 마실 수가 없네. 항생제를 먹고 있어." 라고 변명하는 것은 대부분의 경우 처음 시도할 때는 간편하지만 가능한 한 사용하지 않는 것이 좋다고 내담자에게 설명할 필요가 있다. 이러한 변명을 하게 되면 다음에는 거절하기가 힘들어지고 내담자의 새로운 변화 전략을 강화하는 데도 별 도움이 되지 않는다. 대부분의 경우 솔직하고 직접적인 것이 가장 최선의 방법이다. 보통은 단호한 태도로 "고맙지만 괜

찮네."라고 표현하는 것만으로도 충분하지만, 어떤 경우는 다음과 같이 상세히 설명할 필요가 있을 수도 있다.

"술은 마시지 않네."
"의사가 술을 끊어야 한다고 충고했다네."
"술을 끊었다네."
"그만 마시기로 했네."
"나한테 전혀 도움이 안 돼."

이러한 원리를 내담자에게 설명하고 난 후에 내담자가 과거에 술이나 약물을 거절하지 못해서 문제가 되었던 상황을 이야기하도록 요청하라. 상담자는 그 상황 중에 하나를 선택하여 비효과적인 방법으로 거절하는 예부터 시연하면서 상담자의 예를 통해서 몸짓, 음색 그리고 실제로 상담자가 말한 것과 관련하여 피드백을 하도록 하라. 보다 주장적이고 효과적인 반응에 대한 브레인스토밍을 한 후에 이번에는 같은 상황에서 효과적으로 반응하는 예를 시연하도록 한다.

이러한 과정이 끝난 후에 내담자에게 상담자와 함께하거나 혹은 집단 장면에서 다른 내담자와 함께 역할극을 하도록 권하는데, 이때 내담자가 '거절하는 역할'과 '강요하는 역할'을 모두 해 보도록 하는 것이 중요하다. 가능하면 여러 상황을 다루되, 반드시 기억해야 할 것은 너무 어려운 상황부터 시작해서는 안 된다는 것이다.

예상되는 문제 상황 다루기

Monti와 그의 동료들은 '권유하는 역'을 맡은 내담자가 종종 자신이 맡은 역할에 과도하게 열정을 보일 수 있다는 것을 지적했다. 이러한 상황이 발생하면 종종 대단히 재미있지만, 이때 이 활동의 목적이 현실적으로 어려운 상황에 대해서 효과적인 대응 방법을 배우기 위한 것이라는 사실을 부드럽게 상기시키는 것이 필요하다.

때때로 음주나 약물 사용과 관련된 역할극이 내담자에게 강한 갈망을 일으키는 방아쇠가 될 수 있다는 것을 알아야 한다. 역할극 중에 일어난 갈망에 대해서 내담자가 이야기할 수 있고, 이에 대한 대처 방안을 생각할 수 있는 시간을 갖도록 하라. 내담자가 극중에서 맡은 역할에서 빠져나오는 것을 돕기 위해서 역할극이 끝나면 다른 의자에 가서 앉도록 하는 것이 유용할 수 있다. '권유하는 역' 을 맡았던 내담자에게 그 역할이 실생활에서 자신의 모습과 어떻게 다른가에 대해 질문하라. 역할극의 보고 방법에 대하여 더 알고 싶다면 1장(일반적인 상담의 기술)을 참조하라.

참고자료

Kadden, R., Carroll, K., Donovan, D., Cooney, N., Monti, P., Abrams, D., Litt, M., & Hester, R. (1995). *Cognitive Behavioral Coping Skills Therapy Manual: A Clinical Research Guide for Therapists Treating Individuals with Alcohol Abuse and Dependence* (Project MATCH Monograph Series, Volume 3). NIH Pub. No. 94-3724. Rockville, MD: National Institute on Alcohol Abuse and Alcoholism.
- 다음 사이트에서 이용 가능: www.niaaa.nih.gov/publications/match.htm
- 이 회기별 매뉴얼은 Monti와 그의 동료들(2002)의 저서에 근거해서 술을 거절하는 기술을 훈련하는 회기에 집중되어 있다.

Kelly, J. A., St. Lawrence, J. S., Betts, R., Brasfield, T. L., & Hood, H. V. (1990). A skills-training group intervention model to assist persons in reducing risk behaviors for HIV infection. *AIDS Education and Prevention, 2*, 24-35.
- 안전하지 않은 성행위를 예방하기 위해 거절 기술 훈련을 적용하는 것에 대해서 다루고 있다.

Monti, P. M., Abrams, D. B., Kadden, R. M., & Cooney, N. L. (1989). *Treating Alcohol Dependence: A Coping Skills Training Guide* (pp. 61-63). New York: Guilford Press.

Monti, P. M., Kadden, R. M., Rohsenow, D. J., Cooney, N. L., & Abrams, D. B. (2002). *Treating Alcohol Dependence: A Coping Skills Training Guide* (2nd edn) (pp. 65-66). New York: Guilford Press.
- 위의 두 책에서 다루고 있는 술을 거절하는 기술을 이번 장을 집필하는 데 주요 자료로 사용하였다.

제8장

주장기술

추천 용도

주장기술을 훈련하는 것은 다른 사람들에게 자신의 욕구나 감정을 표현하기 어려워하는 사람들에게 특히 유용하다. 많은 내담자들이 개방적이고 솔직한 의사소통을 할 줄 몰라서 좌절, 분노, 비탄을 느끼고 그로 인해 다시 술이나 약물을 과도하게 사용한다.

술이나 약물, 다른 위험행동을 줄이거나 아예 그만두고 싶어 하는 내담자에게도 주장훈련은 똑같이 도움이 된다. 주장기술을 술/약물 거절기술 및 의사소통 기술과 결합하여 가르치면 효과적이다(7장, 9장 참조). 주장기술을 가르치려면 4회기 이상을 거쳐야 하는데, 이 또한 내담자가 현재 얼마나 주장적인가에 따라 회기 수가 달라진다. 주장기술을 훈련하는 데는 역할극이 필수적으로 포함되는데, 집단 장면에서 역할극을 통해 훈련하는 것이 이상적이다.

목 표

주장기술의 목표는 내담자가 원하는 것을 얻을 수 있도록 보장해 주는 방법을 훈련시키는 것으로 여기기 쉬운데 그게 아니다. 그것보다 오히려 내담자로 하여금 다음을 가능하게 하는 것이다.

- 내담자 스스로 자신이 주장적이지 못할 때가 언제인지 인지할 수 있도록 하기
- 평소에 주장적이지 못하거나 공격적으로 반응하게 되는 상황에서 다르게 반응할 수 있도록 다양한 방법을 개발하기
- 자신의 욕구, 느낌, 의견을 자신이 만족스러울 만큼 그리고 다른 사람들도 분명히 이해할 수 있도록 표현하기

주요 개념

주장성

주장성이란 적개심 없이 무례하지 않은 방법으로 자신의 느낌, 욕구, 의견을 직접적이고 솔직하게 표현하는 것을 말한다. 주장적이라는 의미는 내담자가 다른 사람의 권리를 진정으로 존중해 주면서 자신의 관점을 효과적으로 전달하는 것이다.

비주장성

비주장행동에는 여러 종류가 있는데, 그중에서 가장 보편적인 것은 수동적 주장반응(under-assertion)과 공격행동이다.

수동적 주장반응

수동적 주장반응이란 내담자가 스스로 자기부정을 하거나 어떤 행동을 선뜻 하지 못하고 자신을 억제하는 것을 말하는데, 이렇게 함으로써 내담자 자신이 내려야 할 어떤 결정을 다른 사람들이 내리도록 만든다든지 아니면 내담자 자신의 권리가 침해당하는 것을 그냥 두게 된다. 이러한 형태의 수동적 주장반응은 종종 좌절감과 적개심으로 이어진다. 이러한 수동적 주장반응을 하는 내담자는 자신의 감정을 억눌러 놓았다가 어느 시점에 이르면 결국 이 감정을 공격적으로 폭발시킨다.

공격행동

공격행동이란 어떤 관점을 옹호하며 주장하는 것이기는 하나 다른 사람의 관점이나 권리는 무시한다. 내담자가 공격행동을 보이는 경우 이 공격성은 떠때로 점점 심해져서 분노와 적개심으로 이어진다. 혹은 공격적 폭발행동을 한 내담자는 종종 자신의 행동에 대해 죄책감과 수치심을 가진다. 이 2가지 경우에서 느끼는 부정적 감정 때문에 내담자가 다시 술이나 약물을 사용하게 될 위험이 증가하는 것이다.

인 권

우리 모두에게는 기본적인 권리가 있어서 서로 상호작용하는 상황에서 서로의 권리를 존중해 주어야 함을 내담자가 깨닫도록 하는 것이 중요하다. 주장성의 기본 뼈대가 되는 인간 권리에 대해서 이 장의 마지막 부분에 그 목록을 제시하였다.

방 법

내담자를 위한 설명

상담자는 주장성이 무엇인지에 대한 개념부터 내담자에게 이해시키면서 시작한다. 주장성은 종종 일상의 상황에서 일어나는 긍정적이거나 부정적인 느낌, 생각, 의견 등을 효과적으로 표현할 수 있는 능력을 일컫는다. 주장기술은 단순한 기술이 아니기 때문에 연습을 하지 않은 사람은 숙달하기가 어렵다. 앞의 '주요 개념' 에서 설명한 것을 이용하여 주장행동의 장점과 공격행동 혹은 수동적 반응의 불리한 점에 대해 간략하게 설명한다. 두 종류의 비주장행동이 강한 부정적 정서로 이어지고 이 부정적 정서로 인해 술이나 약물을 다시 사용할 확률이 증가하는 경향이 있음을 특별히 강조한다.

내담자에게 주장기술은 '자신을 억누르거나 다른 사람이 자신을 이용하도록 내버려 두지 않는 방법을 배워서 보다 많은 선택권을 가지고 자신의 삶을 스스로 통제할 수 있도록 하는 것' 이라고 설명한다. 그렇게 되면 자연히 내담자의 자아존중감이 높아지게 된다. 주장기술로 다룰 수 있는 영역에는 비판하기, 비판 다루기, 요구하기, 다른 사람의 요구 다루기, 칭찬하기, 칭찬받기 등이 포함된다.

시작하기에 앞서

주장기술을 훈련하는 것과 관련된 자가 훈련 매뉴얼과 책들이 시중에 많이 나와 있기 때문에 상담자나 내담자는 이것들을 구입하여 읽어 보고 실제로 연습해 볼 수 있다.

주장기술 훈련 과정

적절한 주장기술을 가르치는 데는 다음의 여러 단계가 필요하다.

① 문제를 정확하게 정의하기
② 비주장행동에 대해 토의하기
③ 비합리적 신념 밝혀내기
④ 비주장행동을 바꾸겠다는 결심하기
⑤ '권리증' 소개하기
⑥ 주장기술 실습하기
⑦ 여러 교묘한 상황 다루기

문제를 정확하게 정의하기

어떤 것이 주장적인 것이고 어떤 것이 주장적인 것이 아닌가를 정의하는 데는 내담자 자신의 경험을 예로 들어서 설명하면 가장 좋다. 대부분의 내담자는 자신의 느낌을 분명하고 효과적으로 표현할 수 없었던 상황을 상대적으로 쉽게 만들어 낼 수 있을 것이다. 내담자로 하여금 자기가 공격적이었거나 수동적 주장반응을 보였던 상황을 구별해 내도록 한 후에 이 상황을 적어 놓고 나중에 연습할 때 이용한다.

비주장행동에 대해 토의하기

내담자로 하여금 자신의 가족이 어려운 상황이나 갈등을 어떻게 다루어 왔는지에 대해 생각해 보게 한다. 우리가 다른 사람들과 관계를 맺는 방식은 종종 우리가 자라면서 함께 살아온 사람들로부터 배운 경우가 많다. 게다가 내담자는 과거에 주장적으로 행동하면 인정을 못 받거나 벌을 받게 된다고 배웠을 수도 있다. 내담자가 가장 힘들어하는 상황에 초점을 맞추어 왜 그가 비주장적이 되었는지에 대한 이유를 솔직하고 개방적으로 탐색함으로써 이 부분을 다룰 수 있다.

비합리적 신념 밝혀내기

비주장적인 사람들은 다른 사람에게 주장적으로 되는 것에 대해 보통 비합리적인 신념을 가지고 있다. 이 비합리적인 신념이 내담자의 비주장성을 지지하고 있을 수 있으므로 상담자는 이와 관련된 내담자의 믿음에 대해 이야기를 나누고 해결하는 것이 중요하다.

사람들은 종종 어떠한 대가를 치루더라도 겸손해야 하고 칭찬을 받으면 사양하는 것이 미덕이라고 믿는다. 또는 좋은 친구나 가족이 되기 위해서 다른 친구나 가족의 욕구를 끊임없이 만족시켜야 하고 절대 비판을 해서는 안 된다는 믿음을 가지고 있을 수 있다. 이와 같은 비합리적인 신념을 가지고 있는 내담자의 경우에는 친구에게 어떤 점이 마음에 안 든다는 표현을 하는 것이 친구의 우정에 도전하는 것이지 자신의 느낌을 적절히 표현하는 것이라고 생각하지 않는다.

비주장적인 내담자들이 보편적으로 가지고 있는 비합리적인 신념은 내담자 자신이 표현하지 않아도 다른 사람들이 내담자의 마음을 알 수 있을 것이라는 신념이다. '내가 왜 그렇게 말했는지 그 사람은 알았어야지.' 와 같은 생각은 바로 이러한 신념에서 나온 말이다. 다른 사람들이 독심술을 할 것이라고 믿는 이 잘못된 가정하에 자기 느낌을 표현하지 않음으로써 내담자들은 종종 자신의 욕구를 충족시키지 못한다.

또한 어떠한 역할이나 책임을 떠맡고 있는 내담자들은 그 역할에서 벗어나는 것을 상당히 어려워하고 또 벗어나는 것이 적절하지 못하다고 믿는다. 이러한 신념을 가지고 있는 내담자는 비록 자신이 희생을 치르게 되더라도 어떤 사람이나 상황에 대해 도전하지 못한다. 직장에서 종종 이러한 일이 발생할 수 있다(직장 상사에게 자기 주장을 하면 무례하고 불손한 사람으로 여길 것이라는 두려움 때문에 주장을 잘하지 못하는 내담자). 이와 비슷하게 가족과의 관계에서도 '여성의 역할'에 대한 비합리적인 신념으로 자기주장을 적절하게 하지 못하는 일이 생기고, 이로 인해 내담자는 답답해하고 지쳐 버리기까지 한다. 특히, 주부가 직장을 다니는 경우 직장 업무는 물론 가사, 양육까지 모두 잘 해내야 한다는 압박감에 짓눌리는 경우를 예로 들 수 있다.

내담자의 행동 저변에 깔려 있는 신념을 밝혀내면 상담 목표를 정할 때 도움이 될 뿐 아니라, 이것을 밝혀내는 과정 자체가 상담의 일부분이 된다. 자신이 반드시 책임져야 할 것이 아님에도 불구하고 그 책임이나 의무에서 벗어나지 못하는 일이 있는지를 내담자에게 물어본다. 만약 있다고 대답하면, 그중에 다른 사람들이 책임져야 함에도 내담자가 대신 떠맡고 있다고 여겨지는 상황의 목록을 만들어 보게 한다.

비주장행동을 바꾸겠다는 결심하기

물론 내담자 자신이 더 주장적으로 되고 싶은지부터 결정하는 것이 중요하다. 내담자의 행동이 변화했을 때의 장점과 단점을 모두 탐색하라. 예를 들면, 수동적 주장반응을 통해 얻는 이점으로는 갈등이나 책임의 회피, 가족 관계의 항상성 유지, 다른 사람들에게 수용되는 것 등이 있다. 그러나 다른 한편으로는 수동적 주장반응을 보임으로써 내담자가 사람들과의 상호작용을 통해 얻는 만족은 줄어들 것이고, 다른 사람들의 결정에 별로 영향력을 발휘하지 못할 것이며, 독립심도 키워지지 않을 것이다. 그러다 보면 자연히 자아존중감이 저하되고 내담자의 권리와 욕구에 대한 다른 사람들의 존중도 줄어들 것이다.

'권리증' 소개하기

좀 더 주장적으로 되고 싶다고 결심한 내담자에게 인간관계 속에서 자신이 향사할 수 있는 권리의 목록을 작성하도록 한다. 이러한 종류의 목록을 종종 '주장권리증' 이라고 부르는데, 다음의 내용이 주로 포함된다.

- 실수할 권리
- 생각을 바꿀 권리
- 자신의 행동에 대해 이유를 대거나 변명하지 않아도 될 권리
- 스스로 결정할 권리
- 다른 사람들의 문제를 해결하려고 애쓰지 않아도 될 권리

- 건설적이고 조력적인 태도로 비판할 권리
- 죄책감 없이 '아니요' 라고 말할 권리
- 다른 사람들에게 그들의 입장이 이해되지 않는다고 말하거나 관심 없다고 말할 권리
- 다른 사람의 인정에 의존하지 않을 권리
- 자신의 느낌과 의견을 표현할 권리
- 자신의 이야기가 경청받을 권리
- 다른 사람의 의견에 동의하지 않을 권리
- 다른 사람과 다른 욕구, 필요, 바람을 가질 권리

이 권리 목록은 이 장의 마지막에 있는 '내담자용 유인물' 에 제시되어 있다. 이 목록은 내담자 개인의 특수한 상황에 반드시 맞추어져야 하므로 각 내담자에게 맞는 구체적인 다른 권리가 첨가될 수 있을 것이다. 어떤 내담자는 이 '권리증' 을 마음에 안 들어 할 수도 있는데, 이러한 내담자에게는 이 권리에 대한 책임도 따른다는 것을 설명해 주는 것이 도움이 될 것이다. 특히, 다른 사람들도 같은 권리를 가지고 있으므로 서로의 권리를 존중해야 할 필요가 있다는 것을 내담자에게 일러 주어야 한다.

주장기술 실습하기

앞에서 언급한 자기주장과 관련된 권리를 건강하고 공격적이지 않은 방식으로 사용하려면 많은 연습이 필요하다. 연습에 유용한 상황을 다음에 제시하였다. 이들 연습 상황이 비록 내담자의 상황에는 맞지 않더라도 이것으로 내담자와 함께 철저하게 연습해 보는 것이 중요하다. 연습 상황은 집단 장면에서도 똑같이 사용될 수 있는데, 연습 상황이 넓은 범위의 주장기술과 상황을 다루기 때문이다.

연습 상황의 각 예에는 수동적 주장반응, 공격반응, 적절한 주장반응이 포함되고, 어떤 예에는 반응 공간이 빈칸으로 남겨져 있어 내담자 스스로가 할 만한 반응을 적어 보게 되어 있다. 적절한 주장반응을 적을 때는 역할극을 해 보고 나

서 적도록 하는 것이 필수적이다. 역할극을 할 때 본보기로 제시된 수동적 주장반응, 공격반응, 적절한 주장반응을 실시한 후에 시작하면 내담자가 조금 더 편안하게 역할극을 할 수 있을 것이다. 그런 다음 보기의 예에 대해 이야기를 나누고, 이 예들을 이용하여 내담자가 시도할 반응을 지도할 수 있다. 내담자의 역할극에 대해 피드백하는 방법을 더 자세히 알고 싶다면 1장의 역할극 부분(p. 39)을 참조하라.

주장기술을 훈련하기 위해서는 기본적으로 의사소통 기술이 훈련되어 있어야 하는데, 예를 들면 내담자가 자신의 느낌이나 의견을 표현할 때 '나-진술'을 사용하도록 가르칠 필요가 있을 것이다. '나-진술'에 대해서는 9장(의사소통 기술)에 자세하게 설명되어 있다. 내담자의 음색, 시선 접촉, 몸짓이 솔직하고 직접적이며(7장 참조), 분노나 불필요한 '비난' 없이 간결하게 반응하고, 다른 이의 권리를 존중해 주면서 주장한다면 보다 효과가 있을 것이다.

'보기 1'의 예에서 주장반응 역할을 하는 사람은 어머니의 비난을 누그러뜨리기 위하여 '애매하게'(p. 196 참조) 말을 시작하고, 이어서 자녀에 관한 자신의 의견을 덧붙인다. 그러고는 어머니의 어떤 말이 자신의 마음을 상하게 하는지를 구체적으로 이야기하고, 어머니의 그런 행동이 변화되기를 바란다는 말을 '나-진술'로 전달하며 마무리한다.

'보기 2'의 예에서는 몸짓, 시선 접촉, '나-진술' 사용에 대해 특히 주의 깊게 살핀다.

'보기 3'의 예에서는 누군가의 요구를 거절할 때 사용하는 주장반응에는 거절에 대한 사과나 변명을 할 의무가 없음을 강조한다. 그러나 이 보기와 같이 주장반응을 할 때 다른 건설적인 대안을 함께 제시할 수는 있다. 이렇게 하면 거절이 요구에 대한 거절이지 사람에 대한 거절은 아니라는 메시지가 강조된다.

'보기 4'의 예에서는 직접적이면서도 전혀 비난이 섞이지 않은 태도로 도움을 청하는 방법이 제시되었다. 만약 파트너가 원조 요청을 계속 무시한다면 '깨진 레코드 기법'(p. 194 참조)으로 상대방이 이 욕구를 이해할 필요가 있음을 확인시키는 주장을 할 수 있을 것이다.

비주장적인 내담자는 대개 비난은 매우 민감하게 받아들이고, 칭찬은 수용하기 힘들어하는 경우가 많다. 다른 사람들이 칭찬하는 말에 적절하게 답례 반응을 보이는 것은 칭찬을 한 사람에게 자기가 한 말이 상대에게 중요하게 받아들여졌음을 알려 주는 것임을 내담자에게 설명하라. 칭찬을 거부하거나 무시하면 사람들은 앞으로 칭찬을 잘 하지 않을 것이고, 그로 인해 내담자의 자존감과 자신감이 저하될 것이다. 그러므로 칭찬을 서로 주고받을 수 있는 능력이 있다는 것은 효과적이고 주장적인 의사소통에 중요한 부분이다.

'보기' 를 이용한 연습을 다하고 나서 어떤 영역에서 내담자가 건강하게 자기주장을 하지 못하는가를 살펴보라. 내담자의 개인 경험을 가지고 '보기' 역할극에서 실시했던 것과 같은 방법으로 내담자와 작업을 하라. 다시 말하지만, 회기 중 주장반응을 연습할 때 역할극을 이용하는 것을 기억하라.

▶▶ 보기 1 비난 다루기

자녀들이 학교를 마치고 집에 왔을 때 저녁 식사 전 간식을 먹는 걸 며느리(자녀의 어머니)가 허락하는 걸 보고 아이들을 다루는 방법에 대해 시어머니가 호되게 나무란다. 이 말을 들은 며느리는 불쾌하고 마음이 상하였고 아이들에게 간식을 준 자신의 생각이 옳다고 여긴다. 시어머니에게 며느리는 어떻게 말을 할 것인가?

수동적 주장반응: 예, 어머니 말씀이 옳은 것 같네요. 제 생각에도 저녁 식사 전에 아이들이 간식을 먹으면 안 좋을 것 같아요.

공격반응: 어머니가 신경 쓰실 일이 아니니 상관하지 마세요. 그 애들은 어머니 자식이 아니에요.

주장반응: 어쩌면 어머니 말씀이 맞을 수도 있지만 간식을 안 주면 애들이 너무 배고파하고 지쳐 해요. 그리고 애들은 간식을 먹어도 저녁도 잘 먹고요. 제가 애들을 키우는 방식이 마음에 안 들 때는 좀 더 부드럽게 말씀해 주시면 좋겠어요. 어머니께서 그렇게 말씀하시면 비난받는 것 같아서 속상해요.

▶▶ 보기 2 **비난 다루기**

직장 상사가 당신이 한 어떤 말을 오해해서 회의 중에 당신을 부적절하게 비난한다. 상사가 그런 반응을 보이는 것은 당신이 무언가를 빗대어서 그 말을 했다고 여기기 때문인 것 같은데 당신의 의도는 그게 아니었다. 그런데 당신은 아직 이 말이 나온 상황적인 맥락을 상사에게 설명할 기회를 찾지 못했다. 어떻게 할 것인가?

수동적 주장반응: 아무 말을 안 하든가 '사과' 를 먼저 하고 자신이 의도했던 것을 설명한다.

공격반응: 자기가 한 말의 의미를 이해하지 못한 상사가 잘못이라며 비난하지만 그 회의에서 자기가 어떤 의도로 그 말을 했는지에 대해서는 설명하지 않는다.

주장반응: 자신이 회의에서 그렇게 말한 것은 그 상황에 대한 자신의 관점을 바로 그 자리에서 알리고자 함이었으며 그 말의 의미를 상사가 오해한 것 같아 염려된다고 상사에게 설명한다. 회의 중에 자신의 말을 갑자기 자르면 당황스러우므로 그렇게 안 했으면 좋겠다고 요청한다.

▶▶ 보기 3 **다른 사람의 요구 다루기**

운전이 매우 서툴다고 생각되는 친구 한 명이 중요한 모임에 가야 하는데 당신의 새 차를 빌려 달라고 요청한다. 친구의 운전 능력을 믿지 못하기 때문에 당신은 친구에게 차를 빌려 주고 싶지 않다. 어떻게 말할 것인가?

수동적 주장반응: 알았네! 차를 빌려 줄 테니까 조심해서 운전하게.

공격반응: 내 차를 빌려 달라고 말할 자격이 자네에게는 없네. 자네에게 내 차를 빌려 줄 만큼 나는 그렇게 어리석지 않아. 자네의 운전 실력은 형편없지 않은가.

주장반응: 미안하지만 차를 빌려 줄 수가 없네. 하지만 괜찮다면 자네를 그 도임 장소까지 데려다 줄 수는 있네.

▶▶ 보기 4 **다른 사람에게 도움 요청하기**

당신은 근래에 직장 일 때문에 매우 바빴다. 저녁에 손님들을 초대했는데 집안은 완전히 엉망인 상태다. 남편은 퇴근해 집에 와 있지만 하염없이 텔레비전만 보고 있다. 집안 청소를 위해 당신은 도움이 필요하다. 어떻게 할 것인가?

수동적 주장반응: 아무 말 안 하고 혼자서 다하고 결국 너무 지쳐서 나중에 손님들과 어울리는 즐거움을 만끽하지 못한다.

공격반응: 아무 말은 안 하지만 저녁 내내 분노와 적개심으로 가득 차 있고 결국에는 화낼 일이 아닌 일을 가지고 화를 낸다.

주장반응: 남편에게 도움을 청한다.

▶▶ 보기 5 **불평하기**

당신은 백화점에서 전자제품을 구입했다. 그 전자제품을 사용하려고 보니 결함이 발견되어서 반품하고자 한다. 다른 것으로 교체해 줄 것이라고 기대했지만 백화점에서는 전자제품의 포장상자가 뜯어졌으므로 공장으로 그 제품을 보내어 수리할 것이고 수리 기간은 4주가 걸린다는 말을 듣는다. 뭐라고 말할 것인가?

수동적 주장반응:

공격반응:

주장반응:

▶▶ 보기 6 **비판하기**

당신 집에서 일하던 인부가 벽의 갈라진 틈을 수리하지 않은 채 그 위에 페인트 칠을 해 버렸다. 어떻게 말할 것인가?

수동적 주장반응:

공격반응:

주장반응:

▶▶ 보기 7 **칭찬받기**

당신은 요리를 매우 잘해 함께 사는 사람들을 감동시킨다. 사람들은 당신의 음식 솜씨를 칭찬한다. 어떻게 반응할 것인가?

비주장반응:

주장반응:

▶▶ 보기 8 **칭찬하기**

당신이 위기 상황이었을 때 당신을 도와준 친구에게 고마움을 표현하고 칭찬해 주고 싶다.

비주장반응:

주장반응:

또한 내담자가 일상생활에서 해야 할 과제에 대해서도 협상하여 가정이나 직장에서 일어나는 상황에 배운 기술을 적용해 보도록 격려해야 한다. 과제는 약간 어려우면서도 해낼 수 있는 것이어야 쉽게 주장적으로 반응하는 성공 경험을 하게 된다. 각 회기의 시작에 과제를 검토하여 내담자의 진행 정도를 점검하라.

특히 위험행동의 감소나 사회적 압력을 다루기 위한 특정 영역에 초점을 맞추어 주장기술을 연습해도 된다. 예를 들면, 어떤 내담자가 자신의 배우자에게 콘돔을 사용하도록 요구하는 방법이나 주삿바늘을 돌려 가며 함께 사용하는 것을 거절하는 방법을 시연해 볼 수 있다.

여러 교묘한 상황 다루기

사람들과 정직하고 올바르게 상호작용을 하는데도 만족스러운 결과를 가져오지 못하는 상황은 많다. 내담자가 아무리 이성적이고 솔직한 태도로 상대방에게 설명하려고 해도 어떤 사람들은 여전히 안하무인으로 행동하는 경우가 있다. 내담자가 이러한 문제 상황을 잘 다룰 수 있도록 하기 위해 다음의 전략을 가르쳐 주고 역할극을 통해서 연습하라.

전략 1 : 깨진 레코드 기법 이 기법은 어떤 사람이 끊임없이 똑같은 요구를 하거나 내담자가 하는 말을 들으려고 하지 않을 때 도움이 된다. '깨진 레코드 기법'이라는 이름은 깨진 레코드로 음악을 틀면 전축바늘이 깨진 곳에 머물면서 그 지점의 음과 가사만 계속 반복되어 나온다는 의미에서 생긴 것이다. 이와 같이 내담자는 이 기법으로 자기가 하고자 하는 말을 계속 반복하면서 상대와의 논쟁을 피할 수 있다. 이렇게 하는 것이 처음에는 부자연스럽게 느껴질지 모르나 공손하고 단조롭지 않은 방식으로 이 기법을 사용할 수 있다. 다음의 보기에서 보여 주는 것과 같은 방법으로 내담자는 상대방의 관점을 인정하면서 자신의 메시지를 반복하여 이야기할 수 있다.

"축하해 주고 싶은 당신의 마음은 알겠습니다만, 저는 술은 마시고 싶지 않습니다."

"저를 도와주고 싶어서 그러신다는 건 압니다만, 그래도 당신에게서 계속 비판을 받으면 제 마음이 상합니다."

전략 2: 분노 가라앉히기 이 기법은 상대방이 공격적이고 부적절하게 화를 내는 경우나 이성적인 대화가 불가능한 경우에 사용하면 좋다. 이러한 경우와 같이 상대방이 분노 폭발에 휩싸여 있다면 상대방의 주의를 끌 필요가 있는데, 이름을 부른다든지, 눈을 똑바로 쳐다본다든지 하는 것이 좋다. 그러고 나서 내담자는 상대방이 화났다는 것을 알고 있고, 그렇기 때문에 상황이 진정되고 난 뒤에 다시 이야기를 나누는 것이 더 건설적일 것 같다고 말할 수 있다. 물론 상황이 정말 진정될지, 진정된다면 언제쯤 진정될지에 대해 마음의 준비를 하면서 상대방의 이야기에 귀를 기울여야 한다.

전략 3: 요구 다루기 사람들은 생각하지 못한 어떤 요청을 받게 되는 입장에 갑자기 놓이게 되면 깊이 생각하지 않고 급하게 비주장적인 결정을 내리게 되고 나중에 후회하는 일이 종종 있게 된다. 내담자가 이러한 상황에 자주 처해진다면 이에 대한 첫 반응으로 "어떻게 해야 할지 잘 모르겠다."라는 말을 하도록 가르쳐라. 이렇게 대답함으로써 '아니요' 나 '예' 라고 말할 권리를 비축하게 된다. 또한 결정을 위한 시간을 벌 수 있을 뿐만 아니라 더 많은 정보를 입수할 기회도 얻게 된다. 더 많은 정보를 얻기 위한 주장적 요청을 역할극을 통해 연습하는 것이 필요하다. 본의 아니게 이러한 입장에 놓이게 되는 경우 내담자가 할 수 있는 또 다른 반응은 "한번 생각해 보고 나중에 연락할게."라고 말하는 것이다. 그러고 나서 요청받은 것에 대해 진지하게 생각해 볼 기회를 가지거나 다른 사람들에게 의견을 물어보는 기회를 가질 수 있다. 충분히 생각해 브고 그 요청에 동의하겠다는 결정이 내려지면 솔직하게 말하고, 만약 어떤 조건이 필요하면 그것에 대해서도 솔직하게 말하면 된다. 주장반응이라고 해서 반드시 언제나 '아니요' 라고만 말하는 것은 아니다.

전략 4: 요구나 칭찬을 선택적으로 무시하기 더 이상 이야기하고 싶지 않은 주제라는 메시지를 내담자가 분명히 전달했음에도 불구하고 상대방이 내담자에게 그 주제를 가지고 자꾸 똑같은 이야기를 반복하면 '선택적으로 무시하기' 기법을 이용할 수 있다. 이 기법은 대화 중에 내담자가 듣고 싶지 않은 주제에 대해 상대방이 언급하면 이 말에 대해서는 완전히 못 들은 척하는 반면, 다른 대화 주제에 대해서는 반응을 해 주는 것이다. 어떤 특정한 주제에 대해 내담자가 항상 못 들은 척하면 그 말을 끄집어내는 상대방도 결국 포기할 것이다. 상대방이 이 무시를 불공평하거나 비난하는 것으로 느끼면 계속 못 들은 척하기가 상당히 어려울 수 있다. 그럴 경우 상대방에게 다음과 같이 말하라고 내담자에게 가르칠 수 있다.

> "당신이 하는 말을 계속 들었습니다. 그렇지만 나는 그 말에 동의할 수 없습니다. 더 이상 그 이야기를 하고 싶지 않군요. 앞으로 그 이야기가 나오면 무시할 것입니다. 그러나 다른 것에 관해서는 같이 이야기할 것입니다."

전략 5: 애매하게 반응하기 불공평하게 비난받게 되는 경우에 최소한의 노력을 들여 그 비난의 소리를 잠재울 필요가 있다. 이러한 경우에 처하게 되면 그냥 단순하게 그 비난을 애매하게 동의하면 되는데, 다음과 같이 표현할 수 있다. "당신 말이 맞을 수도 있겠네요." "당신 생각이 그렇단 말이군요." "그래요?" 이 방법을 익숙하게 사용할 수 있도록 역할극을 통해서 연습할 필요가 있다.

전략 6: 이슈 골라내기 인간관계의 갈등의 원인은 종종 분명하지 않아서 더 복잡한 이슈를 가져오는 원인이 되기도 한다. 이러한 경우에 자기 편에서 어떤 반응을 보이는 것이 합리적인가를 분명하게 생각해 내기가 어려워진다. 예를 들면, 내담자가 무엇인가 거절했을 때 상대방은 이 거절을 다음과 같이 해석하기도 한다(종종 이 해석에는 계획적인 의도가 들어 있다). '나를 위해 더 이상 다리미질을 안 하는 것을 보니 이제는 나를 좋아하지 않는 게 분명하군…….' 이러한 경우 내담자는 해석과 사실을 분리해서 골라낼 수 있어야 한다. 예를 들면, 앞에서와 같은 말을 하는 상대에게 다음과 같은 말로 반응할 수 있도록 연습해야 한다. "당신을 정말 좋아해요. 단지 당신 옷을 다리미질하지 않겠다는 것뿐이에요."

이러한 잘못된 해석으로 인한 문제는 내담자가 주장적이 되기 시작할 때 흔히 발생한다. 이때 내담자의 주변 사람들은 내담자의 주장행동에 놀라거나 겁을 낼 것이며 내담자의 주장행동을 거절행동으로 받아들일 수도 있다. 따라서 필요하다면 역할극을 활용하여 이러한 상황에 대비하는 것이 내담자에게 도움이 될 것이다.

[내담자용 유인물]

주장 권리증

- 실수할 권리
- 생각을 바꿀 권리
- 자신의 행동에 대해 이유를 대거나 변명하지 않아도 될 권리
- 스스로 결정할 권리
- 다른 사람들의 문제를 해결하려고 애쓰지 않아도 될 권리
- 건설적이고 조력적인 태도로 비판할 권리
- 죄책감 없이 '아니요' 라고 말할 권리
- 다른 사람들에게 그들의 입장이 이해되지 않는다고 말하거나 관심 없다고 말할 권리
- 다른 사람의 인정에 의존하지 않을 권리
- 자신의 느낌과 의견을 표현할 권리
- 자신의 이야기가 경청받을 권리
- 다른 사람의 의견에 동의하지 않을 권리
- 다른 사람과 다른 욕구, 필요, 바람을 가질 권리

당신이 생각하는 자신의 권리를 적어 보시오.

-
-
-

참고자료

Kadden, R., Carroll, K., Donovan, D., Cooney, N., Monti, P., Abrams, D., Litt, M., & Hester, R. (1995). *Cognitive Behavioral Coping Skills Therapy Manual: A Clinical Research Guide for Therapists Treating Individuals with Alcohol Abuse and Dependence* (Project MATCH Monograph Series, Volume 3). NIH Pub. No. 94-3724. Rockville, MD: National Institute on Alcohol Abuse and Alcoholism.
- 다음 사이트에서 이용 가능: www.niaaa.nih.gov/publications/match.htm
- 이 회기별 매뉴얼은 Monti와 그의 동료들(2002)의 책에 근거해서 자기주장 훈련과 비판 수용하기에 대한 회기를 설명하고 있다.

Monti, P. M., Kadden, R. M., Rohsenow, D. J., Cooney, N. L., & Abrams, D. B. (2002). *Treating Alcohol Dependence: A Coping Skills Training Guide* (2nd edn). New York: Guilford Press.
- 자기주장성, 긍정적 피드백 주고받기, 건설적인 비판하기, 음주에 대한 비판 수용하기에 대한 회기를 제공한다.

자조 도서

다음에 언급하고 있는 도서들은 주장기술과 관련된 자조 도서다(결코 소모적이지 않다). 내담자는 이 실제적인 도서에 수록되어 있는 활동을 연습함으로써 도움을 받을 수 있을 것이다.

Alberti, R. E., & Emmons, M. D. (2001). *Your Perfect Right: Assertiveness and Equality in Your Life and Relationships* (8th edn). San Luis Obispo, CA: Impact Publishers.

Bower, S. A., & Bower, G. H. (1991). *Asserting Yourself: A Practical Guide for Positive Change* (2nd edn). Cambridge, MA: Da Capo Press.

Lindenfield, G. (2001). *Assert Yourself: A Self-help Assertiveness Program for Men and Women*. London: Thorsons.

McClure, J. S. (2003). *Civilized Assertiveness for Women: Communication with Backbone … not Bite*. Denver, CO: Albion Street Press.

Paterson, R. J. (2000). *The Assertiveness Workbook: How to Express Your Ideas and Stand Up for Yourself at Work and in Relationships*. Oakland, CA: New Harbinger.

제9장

의사소통 기술

추천 용도

의사소통 기술훈련은 자기주장 훈련과 부분적으로 중복되기 때문에 함께 배울 수도 있다. 의사소통 기술훈련의 목적은 대화의 지속, 침묵에 대한 대처, 사회적 단서의 해석, 다른 사람의 말 경청하기, 개인적 감정, 사고 및 의견을 편안하게 전달하는 방법을 내담자에게 가르치는 것이다. 적절한 의사소통 기술은 과음이나 약물 사용으로 이어질 수 있는 내담자의 당혹감과 사회적 긴장감을 감소시키는 데 도움이 되기 때문에 중요하다.

음주나 약물 사용을 줄이거나 완전히 끊고 싶어 하는 내담자에게 의사소통 기술훈련을 추천할 수 있다. 집단훈련에 참여한 각 개인은 서로에게 긍정적인 의사소통 패턴과 부정적인 의사소통 패턴의 본보기가 되기 때문에 의사소통 기술훈련은 개인훈련보다는 집단훈련 형태에 특히 적합하다. 집단으로 진행하게 될 때 유리한 점은 문제 상황을 설정하여 역할극을 할 수 있다는 것이다. 또한 의사소통 기술훈련은 내담자의 주위 사람들을 치료에 참여시키는 것과 관련되어 있기 때문에 중요하다. 이에 대해서는 13장에서 자세하게 다룰 것이다.

목 표

의사소통 기술훈련의 주요 목표는 내담자가 다음과 같은 행동을 할 수 있도록 하는 것이다.

- 대화를 편안하게 시작하고 지속할 수 있다.
- 자신이 현재 말하고 있는 내용을 다른 사람들이 어떻게 지각하고 있는지에 관한 사회적 단서에 민감하게 된다.
- 다른 사람들에게 중요한 감정을 표현할 수 있다.
- 다른 사람의 감정을 이해한다.

주요 개념

나-진술

'나-진술(I-statement)' 은 1인칭으로 시작하는 진술이다. 예를 들어, '나는 ……라고 느낀다.' '나는 ……라고 생각한다.' '나는 ……이 필요하다.' 와 같은 말로 시작하는 진술은 모두 나-진술이다. 내담자는 나-진술로 말을 시작함으로써 자신의 직접적인 의도를 전달한다. 또한 내담자는 자신의 감정과 의견에 대한 책임을 다른 사람에게 전가하지 않고 자신이 책임지기 때문에 듣는 사람은 방어적으로 반응하지 않는다.

긍정적이고 구체적으로 요청하기

O'Farrell(1995)은 '긍정적이고 구체적으로 요청하기'란 내담자가 자신이 원하지 않는 것보다는 원하는 것을 구체적인 용어로 표현하고, 요구하기보다는 요청(혹은 부탁)하는 방식으로 표현하는 의사소통 방식이라고 설명하고 있다. 이러한 의사소통 방식은 명료하고 비위협적이며, 협상의 여지를 남겨 둔다.

방 법

내담자를 위한 설명

사람들이 대화할 때 또는 사회적 상황에서 당혹감을 줄이거나 편안해지기 위해 알코올이나 기타 약물을 사용하는 것에 대해 내담자와 이야기하라. 내담자가 알코올이나 약물을 이와 유사한 이유로 사용했던 경험에 대해 생각해 보도록 하라. 의사소통 기술훈련에서는 알코올이나 약물의 효과에 의존하지 않고 서로의 의사를 이해하고 전달하는 훈련이 진행될 것이며, 이는 재발예방에 도움이 될 것이라는 점을 설명해 주어라. 그 기술은 처음에는 사용하기가 쉽지 않겠지만, 연습하면(1회에 10~15분, 일주일에 3회 연습) 보다 자연스럽게 사용할 수 있을 것이다.

내담자의 현재 의사소통 기술을 평가하는 것이 중요하다. 일반적인 대화를 시작하고 지속시키는 방법을 가르치는 것으로 훈련을 시작하는 것이 좋다. 내담자는 개인적 의견, 감정 및 요청을 표현하는 데 있어서도 도움을 필요로 할 것이다. 불평이나 비판을 전달하고 듣는 것에 관한 몇 가지 기술에 대해서는 8장의 주장기술에서 이미 설명하였다. 다른 사람들의 시각을 인정해 주는 내담자의 능력과 경청기술을 발전시키는 데 초점을 맞추어야 할 수도 있고, 상담자는 내담자의 인지나 자기대화(self-talk)가 어떻게 의사소통 과정을 방해하는지에 대해서도 탐색해야 한다.

대화 시작하기

대화를 시작하기 위해 내담자는 대화거리를 가지고 있어야만 한다. 내담자에게 자신이 흥미 있어 하는 영역을 기록해 보도록 권하라. 그 후 다른 사람들에게 흥미로울 수 있는 주제와 대화의 내용이 제한적일 수 있는 주제를 내담자와 함께 살펴보면서 구별하라.

어쩌면 흥미롭게 생각하는 생활의 영역이 내담자에게 거의 없을 수도 있다. 예를 들어, 내담자의 여가 시간이 술집에서 술을 마시는 데 집중되었다면, 그는 아마 취미는 물론 일반적인 지식도 거의 없어서 대화거리를 찾기가 어려울 것이다. 내담자에게 신문이나 책을 읽어서 대화거리를 갖고, 새로운 취미와 흥밋거리를 발전시킬 수 있는 활동을 해 볼 것을 권유하라. 이러한 활동은 음주나 약물 사용으로부터 내담자의 관심을 분산시키는 효과가 있을 것이다.

대화에 참여하기 전에 다른 사람들이 흥미롭게 이야기하는 내용이 무엇인지 먼저 주의 깊게 듣고 서로 관심 있는 주제에 대해서 이야기하는 것의 중요성을 강조하라. 그리고 대화를 일방적으로 이끌어 나가는 것과 대조시켜라. 특히, 대화하는 사람들이 현재의 대화 주제에 모두 흥미로워하고 있는 상황이라면 강요된 대화는 중단될 가능성이 높을 것임을 설명해 주어라.

내담자가 상황에 맞지 않는 대화를 하지 않도록 다른 사람에게 열린 질문을 하는 기술을 내담자에게 소개하고(1장 참조), 열린 질문이 대화를 어떻게 촉진시킬 수 있는지에 대해 역할극(p. 39 참조)을 통해서 보여 주어라. 대화를 시작하는 또 다른 유용한 방법으로서 내담자에게 사소하고 '가벼운' 정보를 말하는 연습을 하게 하라. 갑자기 끼어들어 대화의 흐름을 방해하는 발언과 조금 전의 전략을 비교해 보라.

대화를 잘 이끌어 나가는 사람들은 중요한 문제에 관해서는 이야기하지 않는다는 점을 내담자에게 알려 주어라. 즐겁고 가벼운 대화는 날씨, 경기 결과나 주말에 생긴 일과 같은 일상적인 것에 초점을 맞추는 경우가 많다. Monti, Kadden, Rohsenow, Cooney와 Abrams(2002, p. 51)가 언급했던 것처럼 가벼운 대화면 충분하다. 만약 내담자가 중요한 일에 관해서만 이야기해야 한다는 압박을 느낀다면, 대화가 다양한 수준에서 이루어질 수 있다는 생각은 생소하게 느껴질 것이다. 다양한 수준에서 대화하는 것을 연습할 필요가 있음을 강조하라.

대화 지속하기

침묵 다루기

내담자는 대화가 끊어지지 않고 지속하는 것이 자신의 책임이라고 느낄지도 모른다. 이러한 의무감 때문에 내담자는 침묵에 대해서 불편하게 느끼게 되고, 혼자 이야기함으로써 침묵을 없애려고 할 것이다. 그러나 내담자의 긴 독백은 대화를 지배하게 되어 다른 사람의 관심을 잃게 만드는 경향이 있기 때문에 의험하다. 사람들과 대화하는 중에 자신이 들은 내용이나 다음에 말할 내용에 관해서 생각할 때의 짧은 침묵은 자연스러운 것임을 설명해 주어라. 역할극을 이용해서 대화의 주제와 방향을 변경하고, 중단되었던 주제의 대화를 다시 시작하는 내담자의 기술과 유연성을 발전시켜라.

비언어적 의사소통

대화를 지속하는 데 있어서 비언어적 의사소통의 중요성에 대해 내담자와 의논하라. 적절한 시선 접촉, 표정 및 매력적인 목소리는 훌륭한 의사소통의 매우 중요한 특징이다. 애초에 전달하고자 했던 언어적 메시지를 비언어적 의사소통이 어떻게 훼손할 수 있는지에 대해 숙고하게 하라. 예를 들어, 어떤 사람은 친구가 말하고 있는 내용에 대해 관심이 있다고 말한다. 그러나 실제로 다른 곳을 향하고 있는 시선과 중얼거리는 목소리(즉, 비언어적 의사소통)는 말하는 내용과는 반대되는 의미를 전달하게 된다. 역할극을 이용해서 비언어적 의사소통의 세세한 부분에 대한 내담자의 자각을 향상시켜라. 비언어적 의사소통을 향상시키는 것에 관한 자세한 내용은 7장(술과 약물을 거절하는 기술)을 참조하라.

개인적인 정보에 대해서 의사소통하기

나-진술 사용하기

대화에서 나-진술이 어떻게 개인적인 메시지를 직접적이고도 명료하게 표현해 주는지에 대해 이야기해 보라. 다음의 두 진술문을 내담자가 비교할 수 있도록 제시하라.

"당신은 왜 계속해서 나를 비난하는 거야?"
"다른 사람들 앞에서 당신이 나를 비난할 때 난 화가 나."

내담자에게 자신이 이러한 두 가지 다른 형태의 비난을 들었을 때 어떤 느낌이 드는지에 대해서 질문하라. 첫 번째 진술은 방어적인 대답을 하게 되어서 갈등으로 이어질 가능성이 높다는 것과 두 번째 진술은 보다 직접적이고 구체적인 메시지를 전달하여 협상의 여지를 남기고 있다는 것을 설명하라.

Montgomery와 Evans(1996)는 두 번째 진술 형태가 다음과 같은 형태를 취하기 때문에 X-Y-Z 진술이라고 불렀다. '당신이 X 상황에서 Y를 할 때 나는 Z를 느낀다.' 이러한 유형의 구체적인 진술은 진술자의 의견을 그 사람 전체에 맞추기보다는 그 사람의 특정 행동에 집중시킨다. 이러한 진술은 주제에서 벗어나거나 문제를 일반화하는 것 그리고 갈등을 증폭시킬 수 있는 인격 모독을 피하게 한다. X-Y-Z 진술(또한 이것은 '나-진술' 이다)의 또 다른 예는 다음과 같다.

"당신이 내 물건을 빌려 가서 되돌려 주지 않았을 때 나는 기분이 좋지 않았습니다."
"나는 당신의 친구들과 함께 극장에 가는 것을 즐거워합니다."
"당신이 아이들을 학교에 데려다 주는 것이 내게 큰 도움이 된다는 것을 알았습니다."

마지막 두 예는 긍정적인 느낌을 표현하고 있다는 점에 주의하라. 나-진술은 다른 사람들에 대한 비판과 칭찬을 더 효과적으로 표현하도록 도와준다는 것을 설명하는 데 이 예들을 사용하라. 좋거나 싫은 느낌을 받은 것이 무엇인지에 대해 구체적이고 솔직하게 표현하는 것이 중요하다는 점을 강조하라.

긍정적이고 구체적으로 요청하기

자신의 필요를 요청하는 데 도움이 될 수 있는 방법으로 긍정적이고 구체적으로 요청하는 방법을 소개하라. '긍정적이고 구체적으로 요청하기' 에서 '긍정적' 이라고 하는 이유는 이 요청이 내담자가 원하지 않는 것보다는 원하는 것이 무엇인지를 언급하는 것이기 때문이고, 동시에 '구체적' 이라고 하는 이유는 이러한 요청이 '언제' '어디서' '무엇' 에 대해서 언급하기 때문이다. 그리고 '요구(demand)' 가 아닌 '요청(request)' 이라고 하는 이유는 이 요청이 협상을 허용하기 때문이다. 예를 들어, 상담자는 내담자에게 다음의 진술을 비교하게 할 수 있다.

> "만약 계속 나를 무시한다면 나는 더 이상 가만히 있지 않을 거야."
> "우리가 식사할 때 네가 내 말에 귀 기울여 주었으면 좋겠어."

내담자에게 적어도 긍정적이고 구체적으로 요청하는 문장을 5개 이상 써 보도록 하라. 필요하다면 내담자가 더욱 구체적이고 긍정적인 진술문을 만들 수 있도록 도와주는 것도 좋다.

반영적 경청하기

상담자나 다른 내담자가 말한 내용에 대하여 주의 깊게 듣고 그 내용을 가능한 한 정확하게 되풀이해서 말하도록 내담자에게 요청하라. 표현되었던 말과 감정 모두를 되풀이해서 말할 것을 내담자에게 지시하라. 이때 내담자는 다른 사람이 말했던 내용을 똑같이 되풀이하지 말고 말을 바꿔서 하는(paraphrasing, 즉 부연하여 설명하는) 방식으로 말하려고 노력해야 한다. 이러한 반영적 경청에 대해 '당신 말은 ……였던 것으로 들었습니다, 맞나요?' 와 같은 구체적인 예로 시범을 보여라. 상담자가 이러한 반영적 경청을 전체적인 상담에서 실제로 적용한다면 그것의 효과는 높아질 것이다(pp. 30-31 참조). 이러한 방식으로 반영하는 것을 통해서 말하는 사람에게 경청하고 있다는 것을 보여 줄 수 있고, 또한 내용을 정확하게 듣고 있는지 확인할 수 있다는 것을 설명하라. 이러한 접근법은 다른 사람의 생각을 파악하려고 할 때 발생될 수 있는 오해를 피하는 데도 도움이 된다.

또한 반영적 경청기술은 다른 사람의 비언어적 의사소통 단서를 관찰하는 것과 관련된다. 앞서 언급했던 것처럼 표정, 어조, 음색, 몸짓과 같은 단서는 말하는 사람이 어떻게 느끼는지에 대한 유용한 정보를 제공한다.

집단을 대상으로 훈련한다면, 상담자는 역할극을 활용해서 반영적 경청기술을 가르칠 수 있을 것이다. 예를 들어, 두 명씩 짝을 지어 돌아가면서 서로의 이야기를 듣도록 하는데, 이때 내담자는 자신이 들은 내용을 말한 사람(또는 집단원 전체)에게 반영해 주도록 한다. 그러고 나서 말을 했던 사람은 이 반영이 자신의 의도와 얼마나 정확하게 일치하는지에 대해서 피드백하는 방식으로 진행할 수 있다.

타인 인정하기

'인정하기(validating)' 는 아마 가장 어려운 의사소통 기술일 것이다. 내담자는 '인정하기' 를 통해서 단지 그가 알게 된 정보뿐만 아니라, 표현했던 감정 또한 인정하고 수용했다는 것을 알릴 수 있다. 인정하기는 어떤 이야기를 들을 때 말하는 사람의 의견에 동의해야 한다는 의미가 아니다. '인정하기' 는 다르게 느껴야만 한다고 강요하기보다는 다른 사람이 느낀 것에 대해서 존중한다는 것을 의미한다.

"맞습니다. 내가 늦게 온 것에 대해 당신이 얼마나 화가 났을지 이해할 수 있습니다."

상대방의 감정에 대해서 인정하는 것은 자신의 견해를 무시하는 것이 아니다. 인정하기란 각자 다르게 생각할 권리가 있고, 서로에게 그러한 권리가 있음을 인정할 준비가 되었을 때 가능하다.

상담자는 소집단 역할극을 통해 내담자가 다른 관점에 대해서 공감하는 능력과 존중하는 태도를 개발하도록 도울 수 있다. 내담자는 특정 주제에 대해서 서너 개의 다른 관점을 역할극으로 해 볼 수 있는데, 예를 들면 먼저 한 명의 내담자는 아버지 역할을 하고, 다른 한 명은 어머니 역할 그리고 나머지 한 명은 자녀 역할을 하는 식으로 진행하게 된다. 몇 분 후 내담자들은 서로 역할을 바꾼다. 모든 참여자들이 서로 다른 역할을 모두 경험해 보기까지 이 과정을 계속한다. 이 역할극에 대해 설명하는 시간에 상담자는 서로 다른 관점을 동등하게 인정할 수 있다는 개념을 강조할 필요가 있다.

자기대화

내담자가 의사소통에 어려움을 보인다면 내담자가 스스로에게 무슨 말을 하고 있는지에 대해 점검하게 하라. 그는 다른 사람이 자신을 어떻게 보는지 혹은 그 사람의 의도가 무엇인지에 대해 부정적으로 생각하고 있을 수도 있다. 이러한 부정적인 생각이 그가 겪는 어려움의 원인이 되는 경우가 많으며, 이 문제를 해결하는 방법은 '부정적 자기대화(negative self-talk)' 를 변화시키는 것이다. 예를 들어, 내담자가 누군가를 칭찬하려는 시도는 거절에 대한 부정적 자기대화 때문에 방해받을 것이다.

'그렇게 해도 아무런 의미가 없어. 그녀는 어쨌든 나에게 관심이 없어.'

내담자가 자신의 의사를 전달할 때 자신을 방해하기보다는 자신에게 도움이 되는 다음과 같은 자기대화의 예에 대해 생각해 보도록 내담자를 격려하라.

> '나는 이것이 조금 신경 쓰이지만, 내가 그녀에게 아무 말도 하지 않는다면 그녀는 내가 그녀를 좋아한다는 사실을 모를 거야.'

자기대화는 13장(주위 사람들의 참여)에 제시된 부부치료와 10장(인지치료)에서 다시 논의할 것이다. 특히, 10장에서는 음주나 약물 사용으로 이어지는 자기대화에 대해 효과적으로 대응하는 방법을 설명할 것이다.

참고자료

Kadden, R., Carroll, K., Donovan, D., Cooney, N., Monti, P., Abrams, D., Litt, M., & Hester, R. (1995). *Cognitive Behavioral Coping Skills Therapy Manual: A Clinical Research Guide for Therapists Treating Individuals with Alcohol Abuse and Dependence* (Project MATCH Monograph Series, Volume 3). NIH Pub. No. 94-3724. Rockville, MD: National Institute on Alcohol Abuse and Alcoholism.
- 다음 사이트에서 이용 가능: www.niaaa.nih.gov/publications/match.htm
- 이 회기별 매뉴얼은 Monti와 그의 동료들(2002)의 저서에 근거해서 대화 시작하기와 비언어적 의사소통에 대한 회기를 설명하고 있다.

Kotzman, A. (1995). *Listen to Me, Listen to You: Interpersonal Skills Training.* Camberwell, VIC: Australian Council for Educational Resources (ACER).
- 의사소통 기술을 훈련하기 위한 훈련용 매뉴얼 도구를 제공하고 있다.

Montgomery, B., & Evans, L. (1996). *Living and Loving Together: How to Make Your Relationships More Fulfilling.* Ringwood, Australia: Penguin.
- 이 자조 도서는 의사소통 기술의 실제적인 지침인 나-진술, X-Y-Z 진술, 인정 그리고 자기대화를 포함하는 관계에 대해서 다루고 있다.

Monti, P. M., Kadden, R. M., Rohsenow, D. J., Cooney, N. L., & Abrams, D. B. (2002). *Treating Alcohol Dependence: A Coping Skills Training Guide* (2nd edn). New York: Guilford Press.
- 비언어적 의사소통(pp. 45-48)과 듣는 기술(pp. 55-57)과 관련된 의사소통 기술에 대한 탁월한 자료를 제공한다.

O'Farrell, T. J. (1995). Marital and family therapy. In R. K. Hester & W. R. Miller (eds), *Handbook of Alcoholism Treatment Approaches: Effective Alternatives* (2nd edn) (pp. 195-220). Boston: Allyn and Bacon.
- 이 책은 유용한 의사소통 기술훈련을 포함하고 있는데, 특히 관계의 맥락에 대해서 다루고 있다.

Tannen, D. (1992). *That's Not What I Meant!: How Conversational Style Makes or Breaks Your Relations with Others*. London: Virago.
-이 책은 대화 방식에 영향을 미치는 문화적 요소와 의사소통 시 어떻게 오해가 발생할 수 있는지에 대해서 논의하고 있다.

제10장

인지치료

추천 용도

인지치료는 내담자가 술을 마시거나 약물을 사용하도록 유도하는 감정이나 사고를 정의하고, 이에 도전할 수 있도록 가르치는 내용을 포함한다. 인지치료는 술이나 약물을 거절하는 기술 또는 자기주장 훈련 등의 대처행동 전략과 함께 가르칠 때 더욱 효과적이라는 것이 입증되어 왔다. 인지치료는 개인치료 장면이나 집단치료 장면에서 모두 실시할 수 있다.

인지치료는 내담자가 음주나 약물 문제에 효과적으로 대처하는 데 도움이 될 뿐만 아니라, 낮은 자존감, 불안, 우울 등 일상생활에서 발생하는 문제를 다루는 데도 도움이 된다. 인지치료의 구체적인 적용을 위한 더 많은 정보를 원한다면 참고자료에 기술된 자료를 참고하기 바란다.

몇몇 연구자들은 인지치료가 '인지'라는 추상적인 부분을 다루기 때문에 알코올로 인한 뇌 손상이 있는 환자에게는 적합하지 않다고 제안한다. 그리고 이러한 인지치료의 한계점은 심리적인 인식력이 부족하거나 사고방식이 심하게 경직되어 있는 경우, 또한 과도하게 주지화 방어를 사용하는 내담자의 경우에도 동일하게 나타날 수 있다.

인지치료의 기본 원리를 익히는 데는 최소한 2~3회기 정도면 가능할 수 있다. 그러나 다른 기술과 마찬가지로 치료 종결 후에도 효과적으로 이 기술을 사용할 수 있도록 치료 전 과정에 걸쳐서 지속적으로 연습하는 것이 중요하다.

목 표

인지치료의 주요 목표는 다음과 같다.

- 부정적으로 생각하거나 음주 또는 약물을 사용하고자 하는 충동을 일으키는 순간을 인지하기
- 꼬리를 물고 떠오르는 생각 끊기
- 부정적이고 비생산적인 사고에 도전하여 좀 더 긍정적이고 합리적인 사고로 전환하기

주요 개념

자동적 사고

부정적인 감정이나 음주 또는 약물 사용에 대한 충동을 일으키는 생각은 보통 빠르게 스쳐 지나가기 때문에 내담자가 미처 알아차리지 못하기도 한다. 이러한 생각을 일반적으로 부정적인 '자동적 사고(automatic thoughts)' 라고 한다.

자기대화 혹은 자기진술

자동적 사고를 설명하기에 적절한 그 밖의 다른 명칭으로 자기대화(self-talk) 또는 자기진술(self-statements)이 있다. 부정적 자기대화란 부정적인 감정을 일으키거나 음주 및 약물을 사용하고자 하는 충동을 일으키는 일련의 생각을 말하고, 긍정적인 자기대화 또는 자기진술은 이러한 욕구의 감소, 자신감의 증진과 부정적인 감정의 변화에 도움이 되는 생각을 말한다.

방 법

내담자를 위한 설명

내담자에게 사고가 감정이나 행동 모두에 영향을 미친다는 개념의 인지모델을 설명하라. 즉, 외부에서 일어난 사건의 직접적인 결과로서 감정을 느끼는 것이 아니라, 오히려 그 사건에 대한 내담자의 해석이나 내담자 스스로 어떻게 받아들이는가에 의해 내담자가 느끼는 방식이 결정된다.

접시를 떨어뜨린 상황과 같은 간단한 예를 들어 이것을 설명할 수 있다. 어떤 사람들은 접시를 떨어뜨렸을 때 '나는 쓸모없는 바보야.' 라는 생각으로 반응하기도 한다. 만약 이러한 사고를 그대로 둔다면 분노, 좌절, 우울 등의 감정으로 이어지게 되고, 음주나 약물을 사용하려는 충동으로 발전되기도 한다.

또한 이 예에서 '나는 정말 멍청이야.' 처럼 부정적으로 생각하는 것은 이 상황에서 불필요하고 지나친 반응이라는 것을 이야기할 수 있다. 이러한 바람직하지 못한 결과 때문에 알코올중독자를 위한 자조모임(AA)에서 Mcnti, kadden, Rohsenow, Cooney와 Abrams(2002)는 이러한 생각을 '악취가 나는 생각(stinking thinking)' 이라고 부르기도 하였다.

이후 회기의 목적이 내담자 스스로 부정적이고 쓸모없는 생각을 알아차리도록 하는 것임을 설명하라. 이러한 부정적인 생각을 스스로 알아차리는 방법을 배운 후에 내담자는 이러한 생각에 대해서 대항하는 방법과 보다 건설적인 자기대화로 대치하는 방법을 배우게 된다.

부정적인 사고 인식하기

첫 번째 단계는 내담자가 부정적으로 생각하는 습관에 대해 인식하는 방법을 배울 수 있도록 돕는 것이다. 이 책에서는 사고, 감정 그리고 행동 사이의 관계를 명료화하고 강조하기 위한 방법으로 A-B-C 모델을 채택했다(Ellis & Harper, 1975).

〈예 시〉

열쇠를 잃어버림	⇒	'나는 정말 바보야.'	⇒	분노, 예민해짐
자녀의 발표회에 늦음	⇒	'나는 형편없는 엄마야.'	⇒	우울, 불안
Activating event 촉발사건	⇒	**B**eliefs 신념	⇒	**C**onsequent feelings 결과 감정

내담자가 익숙해질 수 있도록 이 모델을 연습할 필요가 있다. 내담자가 최근에 경험했던 일을 중심으로 강한 부정적인 감정을 느꼈거나 음주 및 약물 사용으로 귀결된 몇몇 상황을 구체적으로 확인한 후에, 내담자의 감정을 일으킨 촉발사건을 설명하는 것으로 시작한다. 그리고 내담자가 스스로에게 자동적으로 무엇이라고 말했는지 생각할 수 있는 시간을 갖는다(그 상황에 대한 내담자의 신념이 무엇이었는가). 마지막으로 자기대화가 어떻게 내담자의 감정을 부정적으로 이끌었고 음주나 약물을 사용하는 결과로 이어졌는지에 대해서 탐색한다.

부정적 또는 비생산적 자기대화의 다양한 예를 생각해 보는 것은 Ellis와 Harper(1975)의 연구에서 제시된 다양한 인지 오류의 형태에 대해 내담자에게 설명하는 데 도움이 된다. 이 장의 마지막 부분에 소개된 '일반적인 인지 오류'에서 몇 가지 인지 오류에 대해 설명하고 있다. 앞서 언급한 활동을 통해서 확인된 내담자의 부정적인 생각을 분류하는 데 이 목록을 사용하라. 이 목록을 이용하여 사고를 범주화하는 것은 비생산적이거나 도움이 되지 않는 사고를 가려내는 데 도움이 된다.

상담자는 이러한 부정적인 생각이 빠르게 스쳐 지나가기 때문에 마치 부정적인 생각을 전혀 하지 않는 것처럼 보일 수도 있다는 것을 설명해야 한다. 이러한 이유 때문에 이를 '자동적 사고' 라고 묘사하는 것은 적절하다. 불쾌한 감정이 느껴지거나 충동 또는 갈망을 경험한다는 것은 내담자에게 문제가 발생할 수 있다는 신호다. 이러한 감정은 내담자에게 이와 같은 방식으로 감정을 느끼게 하는 '자동적 사고' 를 멈추고, 그 생각을 확인하라는 결정적인 신호다. 불안해하는 내담자들은 자동적 사고가 떠올랐을 때 그것을 인지하는 것이 특히 어렵다고 말하기도 한다. 이러한 경우, 자동적 사고가 강한 감정적 반응 또는 갈망에 선행하여 나타난다는 것을 말해 주는 것이 도움이 된다.

내담자가 부정적인 '자동적 사고' 를 스스로 식별할 수 있도록 연습하는 것이 매우 중요하다. 집에서 할 수 있는 활동을 통해서 연습하는 것이 효과적인데, 이때 사용할 수 있는 '사고 평가 기록지' 가 이 장의 마지막 부분에 제시되어 있다. 치료 과정 중 초기 단계에서는 내담자가 처음 세 칸을 채우는 것에만 관심을 가지도록 해야 한다. 일주일 동안 내담자는 기분이 나빠지거나 충동이 느껴지기 시작할 때마다 즉시 스스로에게 '그만, 진정해.' 라고 말하고 '사고 평가 기록지' 에 기록한다. 내담자에게 불쾌한 감정을 일으키는 상황에 대해서 설명하도록 하고, 그 감정에 대해서 자세하게 기술할 것을 지시하라. 내담자는 가벼운 감정을 의미하는 1부터 가장 격렬한 감정을 의미하는 100까지의 척도로 자신의 감정을 표현할 수 있다. 내담자에게 그런 감정을 유발한 자동적 사고 또는 자기 진술문을 적으라고 요청한다. 또한 내담자는 그 신념의 정도를 0(전혀 믿지 않는다)~100%(완전히 믿는다)로 표현할 수도 있다.

부정적인 사고에 도전하기

상담자와 내담자는 인지 오류의 기저가 되는 일반화된 신념에 주목할 필요가 있다. Dryden과 Neenan(2003; Ellis & Harper, 1975, 재인용)은 4가지 신념을 집중적으로 설명했는데, 이들 신념은 '세상은 …… 해야만 한다.' (수용할 수 있는 어떤 특정한 원칙이 통하는)는 자기패배적인 가정에 근거하고 있다. 이러한 신념을 통해서 해석된 사건은 있음직한 결과에 비해서 축소된 혹은 과도한 감정적인 동요를 경험하게 하고, 비효율적인 행동을 야기할 수 있다. 예를 들면, 내담자의 자동적 사고는 다음과 같은 신념에 근거하여 일어날 수 있다.

- 경직되고 절대적인 요구(예: '나는 ……해야만 한다.' '그들은 ……해야만 한다.' '삶은 당연히 ……하다.')
- 재앙화 신념(예: '이런 일이 내게 생기다니, 이젠 모든 것이 끝났다.')
- 좌절을 견디지 못할 것이라는 신념(예: '나는 극복할 수 없을 거야.' '너무 힘들어서 도저히 견딜 수가 없어.')
- 자기비하적인 신념(예: '나는 형편없다. 당신도 형편없다.' '인생은 비극적이다.')

이러한 신념이 언제, 어떻게 내담자에게 영향을 미치는지 스스로 확인하도록 독려하라. 상담자는 내담자에게 일상생활에서 확인했거나 상담 과정에서 다루었던 부정적 '자동적 사고' 중 하나를 선택하도록 할 수 있다. 내담자에게 핵심적인 질문을 사용하여 자동적 사고를 재점검하도록 하라(Fennell, 1989).

- 자동적 사고에 합당한 근거는 무엇인가? 반대되는 근거는 없는가? 내담자가 실제 사건과 그 사건에 대한 자신의 해석을 구별할 수 있도록 도와주어라. 모든 증거를 살펴보면서 내담자는 실제로 자동적 사고와 반대되는 증거가 있다는 사실을 알게 될 것이다.

- 이와 같은 방식으로 생각하는 것의 이익과 불이익은 무엇인가? 대부분의 자동적 사고는 내담자에게 어떤 이익을 준다(이것이 바로 자동적 사고가 되풀이되는 이유다). 예를 들면, 내담자가 어려운 상황을 피하는 데 도움이 되는 자동적 사고를 가지고 있을 수 있다. 그러나 내담자는 이러한 이익이 불이익(예: 지속되는 불안, 약물 사용)보다 더 가치가 있는지 충분히 생각해 봐야 한다. 만약에 불이익이 이익에 비해서 치러야 할 대가가 크다면 내담자는 생각하는 방식을 새롭게 하기 위해 노력하는 것이 가치가 있다고 여기게 될 것이다.
- 인지 오류가 있는가? 자동적 사고가 인지 오류 목록에 포함되어 있는가? 만약 그렇다면 그것에 비추어 생각해 볼 수 있는 기저에 있는 신념은 무엇인가?
- 이와 같은 상황에 대해서 다른 방식으로 생각할 수도 있는가? 내담자에게 가능한 한 많이 대안적이고 긍정적인 생각을 브레인스토밍하도록 하라. 다른 사람들은 그것을 어떻게 바라볼 것 같은지 또는 비슷한 일이 친구에게 일어났다면 어떻게 말해 줄 것 같은지에 대해서 내담자 스스로 생각해 보도록 하는 것도 유용한 방법이다.

부정적 사고에 도전하는 다른 방법의 예는 이 장의 마지막 부분인 '부정적 사고에 도전하기 위한 전략' 에 포함되어 있다. 이러한 예는 덜 극단적이고, 현실과 보다 일치하며, 더 긍정적인 결과를 이끌 수 있는 신념에 기초하고 있다. Dryden과 Neenan(2003)은 앞서 언급한 자기패배적인 신념과 비견될 수 있는 '합리적인 신념' 을 다음과 같이 요약하였다.

- 비독단적인(non-dogmatic) 선호(예: '나는 내 방식대로 하는 것을 선호하지만 항상 내가 원하는 방식대로 이루어지지 않더라도 수용할 것이다.')
- 반재앙화 신념(예: '안 좋은 일이 생겼다고 해서 세상이 끝난 건 아니냐.')
- 좌절을 견딜 수 있다는 신념(예: '힘들지만 그래도 난 견뎌 낼 수 있어.')
- 자기수용적 신념(예: '나도, 당신도 모두 사람이야. 삶은 늘 변하기 마련이고 실수는 생기기 마련이야. 사람에게는 선택할 자유가 있어.')

이러한 합리적인 신념을 받아들인다 하더라도 내담자는 여전히 부정적인 사건에 대해서 감정적인 고통을 느낄 수 있다. 내담자가 고통스러운 감정에 무뎌지거나 단순히 행복감만을 경험하도록 하는 것이 치료의 목적은 아니다. 실망감, 슬픔, 고민, 후회, 분노의 감정이 어려운 상황에 대처하는 과정에서 내담자가 경험하는 건강한 감정일 수 있다. 인지치료는 내담자가 대처하는 데 있어서 장애가 되거나 음주 및 약물 사용이 재발될 위험을 증가시키는 건강하지 못한 감정적 반응에 보다 집중한다. 내담자가 절망감, 우울, 불안, 자기혐오 또는 분노 등의 감정반응을 보인다면 어떤 사건에 반응하고 있을 뿐 아니라 자기패배적 신념으로 사건을 해석하고 있을 가능성이 높다.

합리적인 신념을 갖도록 하기 위해서 조금이라도 기분이 나아지는 데 도움이 되는 긍정적인 생각을 적어 보도록 내담자를 격려하라. 내담자에게 처음부터 큰 변화를 기대하지 않도록 하고, 부정적 자기대화(negative self-talk)에 도전하는 것이 숙달되기 위해서는 연습과 시간이 필요하다는 것을 강조하라.

다음 한 주 동안에 부정적 사고에 도전하기를 연습하도록 내담자를 격려하라. 내담자에게 '사고 평가 기록지' 를 사용하도록 다시금 권하고 이번에는 남은 세 칸을 채우게 하라. 자신의 자동적 사고에 대한 긍정적인 도전과 이 도전에 있어서 내담자의 신념 정도(0~100%)를 기록하게끔 하라. 이러한 긍정적인 도전을 확인한 후에 내담자는 원래 자동적 사고나 느낌에 대한 자신의 신념 정도를 다시금 점수화할 수 있다. 이 장의 마지막 부분에 내담자를 위한 '사고 평가 기록지' 가 제시되어 있다. 이 '연습용 유인물' 은 내담자가 생각하기에 가장 도움이 되는 긍정적인 대응 방법을 확인하는 데 유용하다.

이 책에 수록된 다른 기술처럼, 부정적인 사고에 도전하는 것은 실생활과 관련된 기술이므로 상담자가 상담의 전체 과정을 통해 지속적으로 다룰 수 있다. 그러므로 상담 중에 다른 문제에 대해서 이야기하는 중이었다고 하더라도 내담자가 표현하는 부정적인 생각에 주목하고 집중적으로 다루는 것은 매우 중요하다.

강한 감정 다루기

약물이나 알코올은 사람들이 감정을 경험하는 방식을 마비시키거나 왜곡시키기 때문에 물질 사용을 줄이거나 멈춘 후에 내담자는 강한 감정적 반응을 경험할 수 있다. 이러한 감정은 이질감이나 두려움, 극단적 불쾌감으로 느껴질 수 있는데, 감정이 강도 높게 나타나기 때문에 내담자는 부정적 사고의 바탕에 있는 신념을 확인하고 도전하는 것에 어려움을 느낀다.

이러한 불쾌한 감정을 약물이나 알코올을 사용해서 피하는 것보다 그것들을 다루는 방법을 배우는 것이 재발예방에 있어서 중요한 단계라는 것을 내담자에게 설명하라. 이러한 감정을 피하는 과정에서 생기는 문제는 내담자의 두려움을 강화하는 경향이 있다. 일반적으로 감정은 자연적으로 증가하는 경향을 보이다가 최고조에 달하게 되고, 그 후에 그 강도가 떨어지기 마련이라는 것을 내담자에게 설명하라. 상담자는 이것을 파도타기(surfing a wave)에 비유하여 설명할 수 있다(16장에서 갈망과 충동을 설명하기 위해서 적용한 것과 같다). 상담 중에 내담자가 강한 감정을 경험하게 된다면 그 감정으로부터 물러나지 말고 그 감정에 대해서 이야기할 수 있도록 내담자를 격려하라.

내담자는 그 감정에 압도되거나 통제를 잃게 될까 하는 두려움 때문에 그것에 대해서 이야기하는 것을 주저할지도 모른다. 우선 내담자에게 이 감정에 대해서 이야기한 후에 안정감과 통제감을 주는 데 도움이 되는 몇몇 전략을 연습하고자 하는지에 대해서 미리 동의를 구하라. 예를 들어, 내담자가 많이 불편하다는 신호를 보인다면, 상담자는 간단한 이완훈련이나 일정 시간 동안 침묵하기 또는 대화의 주제를 바꾸면서 잠시 휴식을 가질 수도 있다. 무비판적 접근과 반영적 경청은 이러한 감정의 강도를 약화시키는 데 도움이 될 것이다.

그럼에도 불구하고 가능한 한 그 감정에 머물러 보거나 그 경험을 견뎌 내는 것을 배움으로써 내담자는 자신감을 얻고 덜 압도된다고 느끼게 될 것이다. Linehan(1993)이 제안한 강한 감정을 다루는 방법은 다음의 질문을 통해서 내담자가 자신의 감정적 경험을 탐색하도록 돕는다.

- 무엇 때문에 그렇게 느낍니까?
- 이러한 감정과 관련된 신체 감각은 무엇입니까?
- 이러한 감정을 유발한 사건은 무엇입니까?
- 그러한 사건들에 대해서 어떻게 생각하고 해석했으며, 이러한 생각이 당신(내담자)의 감정에 어떤 영향을 주었습니까?
- 이러한 감정으로 인해 어떤 욕구나 기대가 생겼습니까?
- 어떤 충동이나 행동이 이러한 감정을 자극합니까?
- 이러한 감정이 얼굴이나 자세를 통해서 어떻게 표현되고 있습니까?

Linehan(1993)은 상담을 통해 내담자가 느끼는 감정이 타당하다는 것을 알려 주는 것이 중요함을 강조하였다. 이 과정은 내담자가 도전이나 어려운 상황에 직면하여 갖게 되는 감정적 반응이 당연한 것임을 진솔하게 말해 줌으로써 이루어질 수 있다. 때때로 특정한 감정에 대해 감정의 강도를 정의하는 것은 유용하다. 예를 들어, 상담자는 속이 타 들어가는 감정과 격노한 감정 간의 차이와 같이 감정의 강도 수준을 강조하기 위해서 등급척도(예: 1~100)를 사용할 수 있다. 감정은 '시원한(cool)' '따뜻한(warm)' 또는 '뜨거운(hot)'으로 설명될 수도 있다. 얼굴을 그리거나 색깔을 이용하는 것 또한 말로 설명하기 어려운 상황에서 감정을 설명하는 유용한 방법이다. 이렇게 감정의 강도를 구별하는 것을 통해서 내담자는 특정한 감정에 대한 자신의 초기 반응을 확인할 수 있고, 그에 따라서 그 감정이 너무 격렬해지기 전에 적응적으로 대처하는 전략을 배울 수 있다.

한 회기가 끝나고 다음 회기 사이에 발생할 수 있는 강한 감정에 대처하는 방법에 대해서 내담자와 이야기하라. 예를 들어, 내담자는 글이나 그림을 통해서 자신의 감정을 표현하는 일기를 쓸 수 있다. 이 장의 마지막에 있는 '사고 평가 기록지' 또한 내담자가 자신의 사고와 감정 간의 관계를 탐색하는 데 도움이 될 것이다. 내담자가 자신의 강한 감정에 대처하는 것에 자신감을 가지게 됨에 따라 부정적인 사고에 도전하기(pp. 218-220 참조), 문제해결(6장), 주장기술(8장), 이완훈련(11장)과 같은 다른 전략들도 더 많이 적용할 수 있을 것이다. 뿐만 아니라, 이러한 기술들은 또한 다른 사람들이 내담자에게 강한 감정을 표현하는 상황에서 내담자의 대처 능력을 향상시켜 줄 것이다.

예상되는 문제 상황 다루기

강한 감정이 때로는 해결되지 않은 (정신적) 외상적(traumatic) 경험과 관련되어 있을 수 있음을 주의하라. 이러한 경우에 해당하는 내담자는 (정신적) 외상 관련 치료 전문가에게 의뢰하라. 외상과 관련된 평가 및 치료 의뢰에 대한 보다 자세한 정보는 2장(평가)과 20장(이중진단)에 제시하였다.

[내담자용 유인물]

일반적인 인지 오류

1. 흑백논리
   모든 상황을 양극단으로 받아들이는 것

   '최고가 될 수 없다면 모든 노력은 의미가 없어.'
   '이 일에서 성공하지 못한다면 나는 완전히 실패한 거야.'

2. 과잉일반화
   어떤 하나가 잘못되었기 때문에 앞으로도 항상 잘못될 것이라고 예상하는 것

   '5년 전에 단주(단약)를 했다가 재발했기 때문에, 나는 음주와 약물 사용을 멈추지 못할 거야.'

3. 선택적 추상
   부정적인 사건만 주시하고 그것에 대해서만 생각하기 때문에 타인이나 상황에 대한 시각을 왜곡시키는 것

   '나는 그때 그들이 나를 무시했던 것을 절대로 잊을 수 없어.'

4. 긍정적인 것을 부정적인 것으로 전환하기
   자신의 성취나 긍정적인 경험에 대해 어떤 이유를 둘러댐으로써 자신의 성취나 긍정적인 경험을 인정하지 않는 것. 이와 같이 생각함으로써 내담자는 일상의 경험에 의해서 모순되는 부정적인 신념을 지속적으로 유지할 수 있다.

   '단지 내가 얼마나 기분이 상했는지 그가 알기 때문에 나를 칭찬한 거야.'
   '나는 술을 강하게 강요받지 않았기 때문에 아직 술을 잘 절제하고 있는 거야.'

5. 부정적으로 결론 내리기
   그렇게 생각할 만한 근거가 거의 없거나 전혀 없음에도 불구하고 부정적인 결론에 도달하는 것

   ① 독심술: 타인이 자신에게 부정적으로 반응한다고 결론 내리고, 그것에 대해서 검증하려고 하지 않는다.

   '내 친구는 두 번이나 내 말을 막았어. 내 말은 정말 지루한가 봐.'

   ② 예언가 오류: 어떤 일이 나빠질 것이라고 예상하고, 그 예상이 이미 실현되었다고 확신한다. 이러한 부정적인 기대는 '자기충족적' 일 수 있다.

   '그들은 나를 좋아하지 않을 거야. 왜 내가 친해지려고 해야 하는데?'
   '이 관계는 확실히 실패할 거야.'
   '나의 음주 문제는 결코 변화되지 않을 거야.'

[내담자용 유인물]

일반적인 인지 오류(계속)

6. 재앙화
사건의 영향을 과장하고 어떤 것이 잘못되고 있다면 그것을 견딜 수 없고 참을 수 없을 것이라고 스스로를 납득시키는 것

'만약 충동이 생긴다면 그것을 참을 수 없을 거야.'

7. 사건에 대한 감정적 오해
사건에 대한 감정 혹은 신념의 혼동, 강한 감정을 느끼지만 그것이 실제적이지는 않다.

'나는 실패자처럼 느껴져. 나는 실패자야.'

8. 개인화
모든 안 좋은 일에 대해 자신을 비난하는 것. 다른 사람들의 감정이나 행동에 대해서 너무 큰 책임을 지려고 한다.

'남편이 기분이 안 좋은 채로 집에 돌아왔어. 내가 뭔가 잘못했기 때문이야.'

9. 자기비하
자신을 과소평가하거나 비하하는 것. 실수를 하는 것과 같은 상황에서 과도하게 극단적인 반응을 나타내기도 한다.

'나는 아무것도 잘하는 게 없어.'
'나는 약해, 바보야, 못생겼어.'
'나는 멍청이야.'

10. 당위 진술
'……해야만 해.' '……이 당연해.' '당연히 그래야만 해.' 와 같은 말을 사용하여 죄책감을 유발하고 자신에게 실망하는 것. 다른 사람들을 향한 당위 진술문 또한 자신을 좌절하게 하며 화나게 하고 후회하게 만든다.

'화내지 말아야만 했어.'
'그는 항상 제시간에 와야만 해.'

*출처: Burns(1999), Monti et al.(2002), Tanner & Ball(2000).

[내담자용 유인물]

부정적 사고에 도전하기 위한 전략

1. 반재앙화를 사용하라
   과도하게 반응하고 있는가? 대개의 사건은 당신이 자동적으로 사고하고 있는 것보다는 훨씬 덜 재앙적이다. 실제로 일어날 수 있는 최악의 사건은 무엇인가? 그 최악의 사건이 발생할 가능성은 얼마나 되는가? 만약 최악의 사건이 발생한다면 당신은 그것을 다루기 위해서 무엇을 할 수 있는가?
2. 희망적인 진술문을 사용하라
   자신을 사랑하고 스스로를 격려하라! 비관주의는 자기충족적 예언이 될 수 있다. '상황이 힘들지만, 나는 이 상황을 다룰 수 있어.' '나는 변화할 수 있어. 변하지 않는 것은 없어.' 라고 스스로에게 말하라.
3. 자신이 아니라 상황을 비난하라
   사람들은 누구나 실수를 한다. 어떤 특정한 상황에서 당신이 한 실수가 당신을 영원히 대변하는 것은 아니다.
4. '과제 중심' 에 있도록 자신을 상기시켜라
   당신이 해야 할 필요가 있는 것에 초점을 맞추어라. 행동하는 것은 기분을 보다 나아지게 할 것이다.
5. '해야만 한다' 또는 '당연하다' 는 단어를 피하라
   만약 당신의 자동적 사고가 이러한 단어들로 가득 채워져 있다면, 그것은 자신이나 타인에게 비합리적인 요구를 하고 있음을 의미한다. 당신의 생각으로부터 이러한 단어들을 제거하는 것으로 당신이 (또는 타인이) 자기 자신이 되는 것에 있어서 보다 자유롭게 될 수 있다.
6. 긍정적인 일을 회상하라
   긍정적인 것에 초점을 두어라! 예를 들면, 최근에 잘 진행되었던 일은 무엇인가? 스스로에 대해서 좋아하는 점은 무엇인가? 과거 상황에 대한 도전에 있어서 도움이 되었던 개인적인 대처기술은 어떤 것이 있는가?
7. 고통을 재명명하라
   부정적인 사고나 감정이 당신에게 반드시 술을 마시게 하는 것은 아니라는 사실을 명심하라. 이러한 사고나 감정이 느껴지는 때를 감정이 나아지는 데 도움이 되는 기술을 사용해야 하는 시기임을 알리는 신호로 지각하라.
8. 자신을 격려하라
   자신의 긍정적인 변화에 대해서 스스로를 칭찬하라.

*출처: Monti et al.(2002).

[내담자용 유인물]

사고 평가 기록지(예)

상 황	감 정	자동적 사고		적응반응	결과적 사고	결과 감정
불쾌한 감정을 유발한 상황을 기술하시오. 1. 사건 2. 상상, 사고 또는 기억	1. 분노, 슬픔, 갈망 등 구체적으로 기술하시오. 2. 감정의 강도를 0~100%로 평가하시오.	1. 감정에 선행한 자동적 사고를 적으시오. 2. 자동적 사고에 대한 믿음의 정도를 0~100%로 평가하시오. 3. 어떤 종류의 사고 오류인지 적으시오(예: 재앙화).	잠 시 멈 춤 !	1. 자동적 사고에 대한 적응적 반응을 적으시오. 2. 적응적 반응에 대한 믿음의 정도를 0~100%로 평가하시오.	자동적 사고에 대한 믿음의 정도를 다시 0~100%로 재평가하시오.	1. 감정을 구체적으로 기술하시오. 2. 감정의 강도를 다시 0~100%로 재평가하시오.
• 늦게 퇴근해서 아내와 싸웠다.	• 화남(85%) • 절망감(95%) • 술에 대한 갈망(90%)	• 아내는 나를 미워하고 나를 신뢰하지 않아. 그리고 이것은 결코 바뀌지 않을 거야(100%). • 술을 먹는 것 외에는 다른 어떤 것도 하고 싶지 않아(95%). • 재앙화 • 과잉일반화	잠 시 멈 춤 !	• 우리는 오늘 형편없는 하루를 보냈어. 나는 아내에게 전화하는 것을 깜빡 잊었고, 그래서 아내는 내 걱정을 많이 했어(40%). • 이번에 싸운 것은 내가 치료를 시작한 후 처음 싸운 것이고 이때까지 아내는 내가 하는 것에 대해 호의적이고 좋아했어(70%). • 우연히 이렇게 싸운 것 때문에 우리 사이가 완전히 망가진 것은 아니야. 사람들은 종종 화가 나서 싸웠다가 풀어지곤 해(60%).	• 아내가 나를 미워한다(10%). • 노력할 이유가 없다(30%).	• 화남(40%) • 절망감(20%) • 술에 대한 갈망(15%) • 이렇게 기분이 바뀐 것에 대한 유쾌함(80%)

*출처: Fennell(1989).

[연습용 유인물]

사고 평가 기록지

상 황	감 정	자동적 사고		적응반응	결과적 사고	결과 감정
불쾌한 감정을 유발한 상황을 기술하시오. 1. 사건 2. 상상, 사고 또는 기억	1. 분노, 슬픔, 갈망 등 구체적으로 기술하시오. 2. 감정의 강도를 0～100%로 평가하시오.	1. 감정에 선행한 자동적 사고를 적으시오. 2. 자동적 사고에 대한 믿음의 정도를 0～100%로 평가하시오. 3. 어떤 종류의 사고 오류인지 적으시오(예: 재앙화).	잠시 멈춤!	1. 자동적 사고에 대한 적응적 반응을 적으시오. 2. 적응적 반응에 대한 믿음의 정도를 0～100%로 평가하시오.	자동적 사고에 대한 믿음의 정도를 다시 0～100%로 재평가하시오.	1. 감정을 구체적으로 기술하시오. 2. 감정의 강도를 다시 0～100%로 재평가하시오.

＊다음의 질문을 기억하라.

① 이 사고의 증거는 무엇인가?

② 그와 같은 방식으로 사고하는 것의 장단점은 무엇인가?

③ 사고에 오류가 있는가?

④ 대안적인 방법이 있는가?

참고자료

Beck, A. T., Wright, F. D., Newman, C. F., & Liese, B. S. (2001). *Cognitive Therapy of Substance Abuse*. New York: Guilford Press
- 사례를 중심으로 인지치료에 대한 포괄적인 지침을 제공하고 있다.

Burns, D. D. (1999). *Feeling Good: The New Mood Therapy*. New York: Avon Books.
- 이 영역에 대한 매우 유용한 자료를 제공하고 있다.

Ellis, A., & Harper, R. (1975). *A New Guide to Rational Living*. Englewood Cliffs, NJ: Prentice Hall, Inc.
- 합리적 정서치료를 사용하는 것에 대한 기본적인 설명을 제공하고 있는데, 위 접근의 요소들을 기본으로 하고 있다. 이 접근에 대한 다른 자료는 www.rebt.org를 참조하라. 이 사이트에서 구입할 수 있는 자료는 다음과 같다.
  - Dryden, W., & Neenan, M. (2003). *The REBT Therapist's Pocket Companion*. New York: Albert Ellis Institute.
  - Dryden, W. (2003). *The REBT Pocket Companion for Clients*. New York: Albert Ellis Institute.

Fennell, M. J. V. (1989). Depression. In K. Hawton, P. M. Salkovskis, J. Kirk & D. M. Clark (eds.), *Cognitive Behaviour Therapy for Psychiatric Problems: A Practical Guide* (pp. 169-234). Oxford: Oxford University Press.
- 치료자가 인지치료를 적용하는 방법에 대해서 언급하고 있는 탁월한 자료다.

Kadden, R., Carroll, K., Donovan, D., Cooney, N., Monti, P., Abrams, D., Lett, M., & Hester, R. (1995). *Cognitive Behavioral Coping Skills Therapy Manual: A Clinical Research Guide for Therapists Treating Individuals with Alcohol Abuse and Dependence* (Project MATCH Monograph Series, Volume 3). NIH Pub. No. 94-3724. Rockville, MD: National Institute on Alcohol Abuse and Alcoholism.
- 다음 사이트에서 이용 가능: www.niaaa.nih.gov/publications/match.htm

–이 회기별 매뉴얼은 부정적 기분과 우울을 다루는 세부적인 회기를 포함하고 있다.

Linehan, M. M. (1993) *Cognitive–Behavioral Treatment of Borderline Personality Disorder*. New York: Guilford Press
–Linehan의 '변증치료(dialectic therapy)'의 개요를 제공하는 책으로서 감정적 정당성과 문제해결이라는 2가지 핵심 전략에 대해서 설명하고 있다.

Monti, P. M., Kadden, R. M., Rohsenow, D. J., Cooney, N. L., & Abrams, D. B. (2002). *Treating Alcohol Dependence: A Coping Skills Training Guide* (2nd edn). New York: Guilford Press.
–이 장의 주요 참고자료로서 이 매뉴얼은 부정적 사고를 다루는 회기에 대한 탁월한 지침(pp. 108–113)과 분노 대처 방법(pp. 104–108)을 제공한다.

Tanner, S., & Ball, J. (2000). *Beating the Blues: A Self–help Approach to Overcoming Depression*. Sydney: Doubleday.
–우울을 다루는 데 있어서 치료자와 내담자 모두에게 탁월한 도서

Young, J. E., & Klosko, J. S. (1994). *Reinventing Your Life: How to Break Free from Negative Life Patterns*. New York: Penguin Putnam.
–자기패배적 사고 패턴에 대항하는 방법을 설명하고 있는 자조 도서

제11장

이완훈련

추천 용도

이완훈련에는 내담자에게 어떻게 자발적으로 긴장을 이완할 수 있는지를 가르치도록 고안된 일련의 과정이 포함된다. 긴장을 느낀다는 것은 근육의 긴장일 수도 있고 심리적 또는 정신적인 긴장감을 느끼는 것일 수도 있다. 내담자는 이완훈련을 연습하면서 자신이 긴장하고 있다는 것을 인지하게 되고, 충분한 이완을 경험할 수 있을 것이다. 또한 스트레스가 생겼을 때 어떻게 이완하는지를 내담자에게 가르치는 것도 이완훈련에 포함된다.

이완훈련은 내담자가 어느 정도의 긴장감을 보고하거나 나타낼 때 하는 것이 적절하고, 이 훈련 자체를 치료로서 사용하기보다는 더 폭넓은 치료 프로그램의 구성 요소로서 사용하는 것이 바람직하다. 단주와 절주를 목표로 하는 내담자 모두에게 적절하고 약물 문제의 종류와 관계없이 치료의 한 부분으로서 적합하다. 개인상담 및 집단상담의 모든 장면에서 이완훈련을 가르칠 수 있다. 집단으로 진행하는 경우에 개인적으로 배우는 과정에서 내담자가 자신의 어려움으로 인식했던 부분을 알아차리고 문제를 규명하는 데 효과적일 수 있다.

목 표

이완훈련의 주요 목표는 다음과 같다.

- 심리적 혹은 신체적으로 긴장할 때 그것을 인식하기
- 총체적인 감각에 있어서 신체 이완 방법 배우기
- 일상에서 특정 근육군의 긴장을 적극적으로 이완하는 방법 배우기
- 심리적 긴장감을 감소시키기 위해서 명상이나 상상 기법 사용하기
- 이러한 과정을 통해서 높은 긴장 수준이 발생했을 때 다시 약물이나 알코올을 과도하게 사용하는 위험 수준이 증가하는 것이 아니라, 그것에 적절하게 대처하는 방법 배우기

주요 개념

긴장감

긴장감은 초조감, 근심, 압박감과 관련된 불쾌한 감정이다. 만약 내담자가 신체적으로 긴장하고 있다면, 떨림, 근육경련, 근육경직, 근육통, 불면, 피로감 등의 증상을 보고할 것이다. 또한 내담자가 걱정이나 불안을 경험하고 있다면 그것은 심리적인 긴장일 수도 있다.

이완반응

Benson(2000)에 의하면, 인간은 누구나 '과도한 스트레스'로부터 자신을 보호하기 위한 자연스러운 반사행동을 가지고 있다. Benson이 '이완반응(relaxation response)'이라고 명명한 이 반응은 심장박동을 떨어뜨리고, 신진대사를 낮추며, 호흡을 느리게 한다. 이러한 이완반응을 얻기 위한 기본 요소에는 조용한 환경, 편안한 자세, 차분한 태도 그리고 긴장감을 줄이는 정신적 방법과 신체적 방법이 있다.

방 법

내담자를 위한 설명

사람들은 도망가거나 싸우려는 반응과 같이 위협이나 스트레스에 반응하도록 유전적으로 타고났다는 것을 설명하라. 도망가거나 싸우려는 반응의 한 양상으로서 근육은 긴장하고, 호흡은 급하고 얕아진다. 그리고 위험에 대해서 방심하지 않고 경계하게 된다. 이러한 반응은 사람들로 하여금 위험이 임박한 상황에 적응적으로 반응할 수 있도록 한다. 근육이 평상시에 항상 긴장 상태를 유지하는 것은 아니며, 상황적 필요에 따라 활성화되거나 이완된다. 그러므로 대부분의 사람들은 시간이 경과함에 따라 긴장과 이완이 반복되는 패턴을 보인다. 그러나 장시간 동안 스트레스에 노출되는 경우에 근육의 높은 긴장 상태가 이완되지 않은 채로 남아 있을 수 있다. 만약에 이것이 지속되면, 심지어 자신이 긴장하고 있다는 것을 인식하지 못할 수도 있고, 혼자 힘으로는 긴장 상태에서 벗어나는 것이 어려울 수 있다.

지속적으로 남아 있는 긴장감은 사소한 일상의 상황에서 불안을 느끼게 하는 원인이 될 수 있다. 이러한 긴장은 과도해지면 다루기 어려워질 수 있고, 그것은 약물 사용이나 음주의 재발 요인이 될 수 있다. 내담자가 자신의 경험에서 심리적이거나 신체적인 긴장을 해소하기 위해서 약물이나 알코올을 사용했던 예를 찾아내는 것은 어렵지 않을 것이다. 상담자의 이론적인 설명을 내담자의 예와 함께 구체화하도록 하라. 내담자에게 긴장이 야기되는 상황에서 긴장을 감소시키기 위해서 약물이나 알코올을 사용하는 것보다 더 건강하고 효과적인 방법으로 이완 기술을 사용할 수 있음을 설명하라.

효과적인 이완훈련은 스트레스가 없는 상황에서 단순히 기분이 좋아지는 장면을 생각하거나 편안하게 쉬는 것 이상이라는 사실을 강조하는 것이 중요하다. 비록 처음에는 그다지 도전적이지 않은 상황에서 이완훈련을 배우기 시작하겠지만, 궁극적으로는 높은 강도의 긴장감이 야기되는 실제 스트레스 상황에 맞닥뜨렸을 때 효과적인 방법으로 이완하는 것을 배우게 될 것이다. 많은 사람들이 이 기술을 배운 후 수년 동안 이완 과정을 지속한다. 이 과정을 통해 많은 효과를 본 사람들은 이 기술을 규칙적으로 연습하거나 긴장이나 불안이 증가되는 것을 알아차리는 즉시 이 기술을 사용했던 사람들이었다.

시작에 앞서

상담자가 이완훈련의 특성에 대해 충분히 이해하는 것이 대단히 중요하기 때문에 상담자 스스로 이완훈련 과정을 배우는 것이 중요하다(그것으로 인해 부수적인 이익을 얻을 수도 있다).

훈련의 조건

상담자는 1~3회기 동안 기초적인 이완훈련 과정을 가르칠 수 있다. 그러나 스스로 긴장하고 있다는 것을 인지하는 능력과 긴장을 이완하는 기술을 향상시키기 위해서는 8주 이상의 정기적인 연습이 필요하며, 이때 상담자의 격려와 지도가 필요하다. 이러한 활동을 시작하기에 앞서서 정기적으로 연습할 것에 대해서 내담자와 협의할 필요가 있다. 내담자에게 반복 연습이 매우 오랫동안 지속되는 효과를 얻는 데 도움이 된다는 것과 이 연습을 통해 긴장 상태에서 쉽고 확실하게 이완반응을 나타낼 수 있게 된다는 점을 설명하라. 연습을 많이 하면 할수록 내담자는 더 큰 유익을 얻을 수 있을 것이다. 내담자가 가정에서 연습할 때 도움이 될 수 있는 이완훈련 동영상을 준비하는 것이 좋다. 상담자는 내담자와 이완훈련 동영상을 함께 시청한 후에 내담자에게 최소 하루에 한 번은 이 동영상에 따라 이완 연습을 하도록 권하라. 특히 이완훈련의 초기에는 반드시 권할 필요가 있다.

내담자에게 이완을 연습하기에 좋은 장소로 주변의 방해로부터 자유롭고 조용한 곳이 필요함을 이야기하라. 내담자는 조용하고 개인적인 공간을 찾아야 한다. 그리고 전화기를 꺼 두거나 다른 가족들에게도 한 시간 반 정도는 자신을 혼자 두도록 요청하는 것이 필요할 수 있다. 또한 내담자는 다른 일에는 신경 쓰지 않고 집중할 수 있는 시간을 선택해야 한다.

연습 중 잠이 들 가능성이 높기 때문에 침대에서 연습하지 않도록 주의를 주는 것이 좋다. 사람들은 수면을 취하는 동안에도 여전히 긴장하고 있을 수 있기 때문에 잠자는 것과 이완하는 것이 같지 않다는 것에 대해서 내담자에게 설명할 필요가 있다. 이것을 연습하는 목적에는 깨어 있는 동안에 이완하는 방법을 배우는 것이 포함된다. 연습을 할 때는 어깨와 머리를 포함해서 내담자의 신체 전부를 잘 지탱해 줄 수 있는 편안한 안락의자를 사용하는 것이 가장 이상적이다. 만약에 내담자가 수면에 어려움을 겪고 있다면 침대에서 연습하는 것이 적절한데, 이완훈련이 내담자가 잠들도록 도움을 줄 수 있기 때문이다. 그러나 이러한 문제가 있는 내담자라 할지라도 초기에는 역시 의자에 앉아서 연습하는 것이 효과적이다.

긴장 인식하기

이완을 하려면 내담자는 자신의 긴장감을 증가시키는 요인이 두엇이고, 긴장이 발생하는 신체 부위는 어디인지 확인하는 것을 배워야 한다. 내담자가 긴장을 야기하는 일상의 사건에 대해서 주의 깊게 생각해 보도록 하라. 긴장감을 일으키는 요인으로는 관계에서의 어려움, 직장 또는 학교에서의 스트레스, 시끄러운 소음, 권태감, 슬픔, 분노, 초조감과 같은 부정적인 감정이 있다.

긴장을 증가시키는 요인들을 확인한 후에는 내담자에게 자신의 신체 중에 어느 부위에서 긴장이 발생하는지 확인할 것을 요청하라. 특히, 상담자는 질문을 통해서 내담자가 자신의 목, 얼굴, 턱, 이마, 팔 또는 다리 중 어느 부위에서 긴장을 알아챘는지 확인하라. 이 장의 마지막에 실려 있는 '근육 긴장감 자기관찰 보고서' 는 긴장 수준을 기록하는 데 도움이 될 것이다.

단지 신체적인 부분뿐만 아니라 심리적인 긴장도 있을 수 있다. 내담자에게 걱정하거나 염려하는 일이 있는지 물어보라. 내담자가 경험하는 긴장이 신체적인 것인지, 심리적인 것인지에 따라서 상담자는 내담자에게 점진적으로 근육을 이완하는 방법을 가르칠 것인지 아니면 정신적 심상과 관련된 명상적 접근을 가르칠 것인지 선택하게 된다.

이완의 종류

다음에 기술된 이완훈련은 개별적으로 혹은 통합하여 사용될 수 있다. 내담자에게 어떤 기법이 가장 효과적인지 확인한 후에 그 방법을 내담자의 개인적 상황에 맞게 조정하여 사용하는 것도 좋은 방법이다.

점진적 근육 이완 과정

점진적 근육 이완훈련은 순서에 따라 점진적으로 이완을 진행하는 과정으로 신체의 근육군을 긴장시킨 후에 다시 이완시키는 과정을 포함한다. 전형적인 순서는 우선 발근육을 긴장시킨 후에 다시 이완시키는 것부터 시작한다. 그 후에 다리근육에 동일하게 적용한다. 이런 식으로 점차 신체 윗부분으로 올라가면서 각 주요 근육군을 중심으로 진행한다. 이 활동의 목적은 내담자가 고의적으로 긴장을 증가시킴으로써 과도한 긴장을 인식하고 긴장 완화 및 긴장이 해소되는 느낌을 인식하도록 가르치는 것이다.

명상 이완 과정

명상 이완훈련 과정은 정신적 또는 심리적 이완 기술을 포함하고 있다. 명상과 함께 이완하는 방법은 명상을 통해 얻을 수 있는 효과와 연결되어 있다. 예를 들어, 내담자는 즐거운 장면을 상상하는 것에 초점을 맞추거나 또는 조용하게 특정 단어를 반복해서 이야기하면서 집중할 수 있다. '이완(relax)' 이라는 단어는 이 경우에 사용하기 좋은 단어다.

등척 이완 과정

등척 이완훈련 과정은 하나의 근육을 다른 근육과는 반대되게 움직이거나 또는 움직이지 않는 물체에 대하여 힘껏 미는 동작으로 구성되어 있다. 의자에 앉아서 편안하게 몸을 이완시킬 수도 있지만, 이 기술은 일상의 다양한 상황에서 적절하게 활용하지 못할 수도 있다. 이 때문에 내담자는 그가 무엇을 하는지 다른 사람들이 모르게 실생활에서 긴장을 이완하는 데 도움이 되는 기술을 배우기를 원한다. 그런 의미에서 등척 이완 활동은 대부분의 경우 겉으로 드러나는 움직임이나 자세의 변화가 없기 때문에 내담자들은 부끄러움 없이 이 기술을 연습할 수 있다. 몇몇 등척 이완훈련은 어느 정도의 움직임이 필요할 수 있는데, 이러한 기술은 스트레칭을 하는 것과 같이 다른 사람들의 주위를 끌지 않거나 그다지 부적절하게 여겨지지 않는 활동과 함께 연습할 수 있다.

만약 등척 이완 과정을 사용한다면, 매일 여러 번 연습해서 이 기술을 숙련되게 사용할 수 있도록 내담자를 격려하라. 특히, 내담자가 스트레스를 받는 상황에서 이 기술을 활용할 수 있도록 고무시키는 것이 중요하다. 이 훈련의 목적은 내담자가 거의 반자동적 또는 무의식적으로 이완할 수 있도록 하는 것이다.

기억해야 할 사항

이완훈련을 연습할 때 내담자는 다음에 주의해야 한다.

- 긴장감이 느껴질 때마다 이완훈련을 하라.
- 이완훈련은 오직 연습을 통해서 향상될 수 있는 숙련 활동이라는 것을 꼭 기억하라.
- 불편할 정도로 근육을 긴장시키거나 오랜 시간 동안 긴장을 유지하는 것은 피하라.

훈련 과정

다음 지시문에서는 우선 2가지 유형의 이완 과정을 제시하고 있다. 이 글은 단지 지침일 뿐이고, 구체적인 사항은 내담자의 개인적인 필요에 따라서 변경하고 확장할 수 있다. 전체 과정을 마치는 데는 대략 20~30분 정도 소요된다. 상담자는 내담자를 위한 지시문을 제작하고, 그것을 회기 중에 내담자에게 읽어 주거나 테이프에 녹음할 수 있다. 상담 회기 동안 연습용 녹음테이프를 사용하는 것이 중요한데, 그것은 상담 장면과 가정에서의 연습을 연결시켜 주는 역할을 하게 된다.

이 기법을 진행하는 데 있어서 이상적인 조건을 간략하게 설명하면서 시작하도록 하라. 예를 들면, 상담자는 다음과 같이 말할 수 있다.

"제 음성에 귀를 기울이십시오. 그리고 제가 말하는 것과 지시하는 내용에 집중하십시오. 다리와 팔과 머리를 편안하게 기대고 앉습니다. 약 30분 동안 진행되는 가운데 불편해진다거나 어느 부위가 압박을 받지 않도록 최대한 편안한 자세로 앉으십시오. 필요하다면 전화기와 스토브(stove)의 전원은 끄시고, 가족들에게도 약 30분간 당신을 방해하지 않도록 요청하십시오. 지금은 이 과정을 익히는 데 어려움을 느낄지도 모릅니다. 하지만 연습을 통해서 보다 쉬워질 것이고, 결과적으로 매일의 연습을 통해서 긴장 상태에서 자연스럽게 이완반응을 하게 될 것입니다. 불편할 경우 언제라도 이 활동을 멈출 수 있으니 불편함을 느끼면 언제라도 말씀해 주시기 바랍니다."

점진적 근육 이완

우선, 전체적인 과정에 대해서 내담자를 준비시키면서 시작하라. 예를 들면, 상담자는 다음과 같이 말할 수 있다.

"지금부터 저는 순차적인 절차에 따라서 신체의 근육군을 긴장시키고 이완시키는 일련의 간단한 활동으로 당신을 인도할 것입니다. 기억하십시오. 근육을 긴장시킬 때 무리하게 진행하거나 고통을 느낄 정도로 할 필요는 없습니다. 오히려 알맞은 정도로만 긴장시키도록 하십시오. 이 활동의 목적은 긴장과 이완의 느낌을 확인하고 비교하는 것을 배움으로써 후에 긴장을 완화시킬 수 있게 되는 것입니다. 이 활동의 마무리에 이르게 되면 당신은 보다 더 이완되었음을 느끼게 될 것이고 이 편안함은 그 후 일정 시간 동안 유지될 것입니다."

다음으로, 상담자는 이완훈련을 할 각각의 근육군을 선택하고, 각각의 근육군이 긴장과 이완을 경험하도록 진행하라. 예를 들면, 상담자는 발부터 시작하여 다리, 배, 팔, 손, 목 그리고 머리 순으로 진행할 수 있다. 각 근육군을 두 번씩 긴장시키고 이완하도록 내담자에게 지시하라. 긴장 단계는 짧고 강렬하게 진행하는 반면에, 이완 단계는 점진적으로 진행하여 긴장이 풀어지는 감각을 충분히 경험할 수 있도록 하라. 긴장 단계에서는 조금 빠른 속도로 말하고 이완 단계에서는 느리고 낮은 목소리로 지시하라. 다음에 발과 다리에 각 단계를 적용한 예를 제시하였다. 이것을 수정하여 다른 근육군에도 적용할 수 있다.

➲ 긴장 단계: 발

"이제 우리는 발에서부터 이완훈련을 시작할 것입니다. 발가락을 아래로 오므렸다가 위쪽으로 펴면서 근육을 긴장시킬 것입니다. 그러면서 동시에 어디서 긴장이 발생하는지, 그때 기분은 어떤지 주목하시기 바랍니다. 그리고 그 긴장 상태를 5초 정도 지속할 것입니다. 자, 지금부터 발을 긴장시키도록 하세요. 그 상태를 5초간 유지합니다. 하나, 둘, 셋, 넷, 다섯."

➲ 이완 단계: 발

"자, 이제 신체적인 긴장을 풀도록 합니다. 그리고 당신이 긴장시켰던 근육과 다른 부위의 근육이 이완되는 것을 느끼십시오. 긴장이 사라지는 것과 당신이 경험하는 감각의 변화에 집중하십시오. 모든 긴장이 이완되기까지 지속하십시오. 근육의 긴장을 적극적으로 이완시키고, 근육이 얼마나 이완되었고 느슨하게 풀렸는지에 주목하십시오. 발이 이완되는 감각에 주목하십시오. 당신이 했던 것처럼 의자에 자신을 완전히 맡기고 그 느낌을 느껴 보십시오. 당신의 모든 신체는 이완되어 편안함을 느끼고 있습니다. 얼마 동안 이 느낌을 즐기십시오. ……자, 이제 당신의 발에는 어떤 긴장도 남아 있지 않습니다. 발이 따뜻하게 느껴지는 감각에 주목하고, 이 기분 좋은 느낌에 집중하도록 합니다. 다른 생각은 모두 날려 버리고 다만 이 느낌에 스스로를 맡기십시오. 혼란스러운 생각이 떠오를 때는 발에 느껴지는 느낌에 집중하면서 그것들을 떨쳐 버리세요."

➲ 긴장과 이완 단계의 반복

➲ 긴장 단계: 다리

"자, 다리근육을 긴장시키도록 합니다. 그리고 긴장이 느껴지는 부위와 그 느낌에 집중하세요. 5초 동안 긴장감을 유지하도록 합니다. 하나, 둘, 셋, 넷, 다섯."

➲ 이완 단계: 다리

"자, 이제 다리에서 느껴지는 모든 긴장을 푸십시오. 이 근육의 긴장이 풀리면서 점차적으로 더욱 이완되는 것을 느껴 보세요. 모든 긴장이 사라지도록 두세요. 발이 이완되었을 때처럼, 그 느낌에 집중하세요. 발과 다리가 따뜻해지고 무겁게 느껴지는 것을 느껴 보세요. 얼마 동안 이 느낌을 즐기세요. ……다리에 남아 있는 긴장을 모두 떨쳐 버리세요. 이러한 느낌에 스스로를 집중시키고, 다른 생각은 모두 떨쳐 버리세요."

◐ 긴장과 이완 단계의 반복, 다른 근육군으로 옮겨 긴장하기와 이완하기를 진행

명상 이완

다음의 예를 보면, 명상 이완훈련은 '이완' 이란 단어에 집중하는 것과 함께 깊이 호흡하는 것과 연결되어 있다. 이러한 명상적 접근은 단독으로 사용되거나 이 장에서 설명하고 있는 다른 이완 방법과 함께 결합하여 사용할 수 있다.

느리고 차분하게 말하라.

"지금부터 저는 한 단어를 반복해서 생각하게 하고 그 외 다른 생각은 흘려보내는 간단한 활동으로 당신을 인도할 것입니다. 이 활동의 목적은 정신적인 안정감을 발달시키고, 그 안정감을 통해서 걱정과 신체적 긴장을 감소시키는 것입니다. 눈을 감고 호흡에 집중하세요. 깊이 숨을 들이마시고 2초 정도 숨을 참으세요. 그리고 내뱉으세요. '이완' 이란 단어를 마음에 떠올려서 시각화한 후 그것을 바라보세요. 이처럼 숨을 들이마시면서 '하나' '이완' 이라는 단어를 마음에 떠올리면서 숨을 내쉬세요. 다시 아까처럼 숨을 들이마시면서 '둘', 그 후에 '이완' 이라는 단어를 말하면서 천천히 숨을 내쉬세요. 그리고 긴장과 걱정이 사라지는 것을 느끼세요. 다시 숨을 들이마시고 '셋' '이완' 이라고 말하면서 숨을 내쉬세요. 그리고 '이완' 이라는 단어와 함께 몸의 모든 긴장을 떨쳐 버리세요. 보다 안정적이고 편안해진 것을 느껴 보세요. 호흡에 계속해서 집중하고 숨을 내쉴 때마다 '이완' 이라는 단어를 말하세요. 그리고 혼란스러운 생각은 모두 그냥 흘려보내십시오. 지금부터 계속해서 반복해 보세요."

명상을 통해서 이완하는 또 다른 방법은 깊은 호흡과 함께 간단한 상상을 결합하는 것이다. 다음에서 설명하고 있는 장면은 이 장에서 설명한 다른 기법들과 결합한 것인데, 앞서 설명한 명상 기법을 포함하고 있다. 상담자는 이 장면을 내담자가 즐거워하는 상황이나 긴장을 이완하는 데 필요한 세부 사항을 사용하여 약 30분간 진행되는 지시문으로 확장하여 만들 수 있다. 이 상상의 장면을 만들

어 낼 때는 내담자가 좋아하는 것과 관련된 상상을 하는 것이 중요한데, 어떤 사람에게는 편안함을 주는 지시문이 어떤 사람에게는 불안을 일으킬 수도 있기 때문이다. 다음은 긴장을 이완시킬 수 있는 상상 장면 지시문의 예시다.

"눈을 감고 호흡에 집중하세요. 숨을 깊게 들이마시세요. 2초간 그 상태를 유지하세요. 그리고 숨을 내쉬세요. 얼마간 자신의 호흡에 주의를 기울이세요. 지금 당신이 매우 좋아하는 어떤 장소에 와 있다고 상상하세요. 그 장소는 당신에게 안정감을 주는 조용한 곳입니다. 주위를 둘러보세요. 따뜻하고 화창한 날씨입니다. 하늘은 맑고 파랗습니다. 이곳에서 쉬고 있는 모습을 상상해 보세요. 호흡을 가만히 느끼면서 천천히 깊게 호흡하세요. 잠시 그 상태를 유지하면서 자신을 더 편안하게 놓아두세요. 자신을 편안히 하면서 점점 더 이완되는 것을 느끼세요. 당신은 지금 누워서 하늘을 바라보고 있습니다. 지금 하늘에서는 깃털이 바람에 하늘거리면서 내려오고 있습니다. 가벼운 산들바람이 불어오자 깃털은 바람에 나부낍니다. 깃털을 바라보는 동안 산들바람이 온몸으로 느껴집니다. 천천히 깃털이 아래로 내려옵니다. 아래로 내려오는 깃털을 바라보면서 점점 더 깊숙이 이완되는 자신을 느낍니다. 점점 더 느려지고 깊어지는 호흡을 느끼세요. 깃털이 바닥 가까이에 부드럽게 떠 있듯이 계속해서 이완을 유지하세요."

등척 이완

점진적 근육 이완훈련은 등척 이완훈련을 연습할 수 있는 내담자의 능력을 크게 향상시킨다. 등척 이완훈련을 시작하기 전에 일정 시간 동안 호흡을 멈추는 것이 불편하지는 않은지 내담자에게 확인해야 한다. 때로는 숨을 오랫동안 참는 것을 고통스럽게 느끼는 사람이 있을 수 있다. 내담자에게 자신의 필요에 따라 스스로 이 훈련을 적절하게 조정할 수 있음을 강조하라. 이 과정을 진행하기 전에 각 근육군을 움직이는 시범을 보인 후에 내담자가 따라 할 수 있도록 한다. 다음은 명상 이완의 한 부분과 혼합해서 한 근육군에 적용한 등척 이완 과정의 예다.

"가볍게 호흡을 한 후에 숨을 잠시 멈추고 일곱까지 세어 보세요. 동시에 손을 의자 쪽으로 끌어당겨서 긴장을 유지하세요. 일곱까지 센 후에는 천천히 숨을 내쉬고 조용히 '이완' 이라고 말하세요. 팔의 모든 긴장을 이완시키서 요. 의자의 옆쪽에 손을 자연스럽게 놓아두세요. 잠시 후에 호흡에 집중하면서 숨을 내쉴 때마다 스스로에게 '이완' 이라고 말하세요. 그리고 모든 긴장을 풀어 자신을 편안하게 하세요."

이 과정은 대략 일 분 가까이 지속되고 내담자가 이완될 때까지 필요에 따라서 반복될 수 있다. 상담자와 내담자는 다음의 등척 운동 중에 하나 혹은 그 이상을 선택하는 것이 바람직하다.

- 허벅지와 종아리의 모든 근육을 긴장시켜라.
- 하나의 근육군을 다른 근육군에 대항하여 밀며 압박하라. 여기에는 다리를 꼰 상태에서 아래에 있는 다리는 들어 올리려고 하는 동시에 위에 있는 다리는 아래로 누르는 것 등이 해당될 수 있다.
- 손을 의자 양옆의 아래쪽에 두고, 의자를 들어 올리듯이 의자 쪽으로 당겨라
- 손을 깍지 껴서 머리 뒤에 놓고, 머리를 뒤쪽을 향해서 미는 동시에 깍지를 낀 손은 앞을 향해서 밀면서 압박하라.
- 서 있을 때, 다리를 곧게 펴면서 모든 근육을 긴장시키고, 가능한 한 무릎을 구부려서 긴장을 해소하라.
- 공공장소에서나 대중교통을 이용할 때 팔과 다리를 긴장시키면서 단단한 난간이나 벽면 등을 밀어라.

상담자는 내담자 스스로 긴장이 발생하는 특정 근육군을 확인할 수 있도록 한다. 그리고 이 근육군에 등척 이완 운동을 하도록 지시하라. 예를 들어, 내담자의 목근육이 긴장하는 경향이 있다면 깍지 낀 손은 앞으로, 머리는 뒤로 밀어내는 위의 네 번째 운동이 목의 긴장을 해소시키는 데 도움이 될 수 있다.

예상되는 문제 상황 다루기

내담자가 이완훈련을 하는 동안 여러 난관을 만나게 될 수 있다. 예를 들어, 초기에 내담자는 자신은 이완할 수 없고 이완 과정은 효과가 없다고 불만을 이야기할 수도 있다. 이 기법을 배우는 데는 시간이 걸린다는 것과 규칙적인 연습을 통해서 점진적으로 효과가 나타난다는 것에 대해 이 훈련을 시작할 때부터 강조하라.

오랜 기간 만성적인 긴장 상태에서 살아온 사람들은 이완되는 느낌에 대해 통제를 상실하는 것으로 경험할 수도 있고, 이것을 두렵게 느낄 수도 있다. 내담자에게 처음에는 평소에 느낄 수 없는 이상한 느낌을 경험하게 될 수 있다는 것을 설명하고, 또한 이완으로 인한 새로운 느낌에 점차적으로 익숙해질 것이며 편안하게 느껴질 것이라고 설명하라. 이완 운동 후에 즉시 내담자의 반응을 탐색하라. 만약에 내담자가 이러한 느낌을 불편해하는 것이 감지된다면 시간을 내어 내담자와 그 경험에 대해 이야기를 나누어라. 또한 이완훈련 과정 중 모든 과정을 내담자가 조절할 수 있다는 것을 설명하고 강조하는 것이 중요하다.

내담자는 시간이 부족하다거나 개인 공간이 없는 것과 같이 이완을 연습하는 데 있어서 방해가 되는 장애물을 만나게 될 수 있다. 이러한 문제를 해결하기 위한 계획을 세워서 내담자를 도와주는 동시에 또한 그에게 이완훈련이 시간을 투자할 만한 가치가 있는 것이고, 후에 크게 유용하게 될 것이라는 사실을 깨닫게 하라. 만약에 내담자가 연습하는 것을 피하기 위한 핑계를 대는 것처럼 보인다면 3장의 동기강화상담을 유용하게 적용할 수 있을 것이다. 상담자는 또한 일상생활 속에서 이완 연습을 구체화할 수 있도록 내담자를 돕기 위한 방법으로 6장의 문제해결 기술을 사용할 수도 있다. 내담자가 오랜 기간 음주를 하거나 약물을 사용해 왔던 시간이나 장소에서 이완 연습을 하도록 계획을 세우는 것은 내담자가 보다 건설적인 시간 사용을 배우게 하는 좋은 전략이 될 수 있다. 만약에 내담자가 집에서 연습하는 것과 관련하여 지속적인 문제를 가지고 있다면 연습할 시간에 그것들에 대해서 적어 보게 하고 함께 이야기하는 것이 필요하다.

[연습용 유인물]

근육 긴장감 자기관찰 보고서

이름: ________________ 날짜: ___/___/___

다음 일주일 동안 이완 과정을 연습하면서 이 연습지를 사용해서 자신의 신체 긴장을 스스로 관찰하십시오. 매일 작성해야 하며, 연습지가 충분히 있는지 확인하십시오. 이완 연습을 시작하기 전에 적절한 칸에 ✓ 표시를 하여 어느 근육의 어느 부위가 얼마만큼의 강도로 긴장했는지 기입하십시오. 이완 연습을 마친 후에는 알맞은 칸에 ✗ 표시를 하여 근육의 긴장을 재평가하십시오. ✓ 표시와 ✗ 표시를 비교함으로써 이완 과정을 통해 당신이 경험한 변화를 스스로 관찰할 수 있을 것입니다. 예를 들어, 이완 연습을 하기 전에 당신이 목에 중간 정도의 긴장을 느꼈다면 '중간' 이라고 적혀 있는 칸에 ✓ 표시를 하면 됩니다. 이완 연습을 마친 후에 당신은 목의 긴장이 감소되었음을 느낄 것입니다. 그러면 이번에는 이 변화를 나타내기 위해서 '낮음' 이라고 적힌 칸에 ✗ 표시를 하면 됩니다.

긴장 부위	근육의 긴장 정도			
	높음	중간	낮음	없음
손				
전박(아래팔)				
상박(위팔)				
어깨				
목				
이마				
턱				
등				
다리 (허벅지와 종아리)				
발				

참고자료

Benson, H. (2000). *The Relaxation Response.* New York: Avon.
 – 신체적 · 정신적 변수에 있어서 이완 과정의 영향에 대한 탁월한 견해를 제공한다.

Clarke, J. C., & Saunders, J. B. (1988). *Alcoholism and Problem Drinking: Theories and Treatments*. Sydney: Pergamon Press.
 – 다양한 이완 과정에 대한 방법과 이론을 요약하여 제공하였는데, 특히 예상치 못한 문제 상황에 대한 유용한 정보를 포함하고 있다.

제12장

자기행동 관리

추천 용도

자기행동 관리에는 자기관찰하기(self-monitoring), 음주 한계 정하기, 음주량 조절하기, 음주 거절하기, 문제 음주 상황 인식하기, 자기보상(self-reward) 및 대안적 대처기술 학습 등 일련의 전략이 포함된다.

자기행동 관리는 단주를 원하는 사람들보다는 절주하고자 하는 내담자들과 알코올 의존이나 알코올로 인한 심각한 문제를 가지고 있지 않은 사람들을 대상으로 한다. 절주 목표가 적절한지를 평가하는 세부 사항은 4장(목표 설정)에서 논의했지만, 간단히 요약하자면 내담자가 절주를 선택할 때는 음주와 관련된 문제나 뇌 손상과 같이 단주가 요구되는 건강상의 어떠한 징후도 나타나지 않아야 한다고 강조하고 있다. 또한 내담자가 음주 한계를 지켰던 과거 경험을 가지고 있거나 정신과적 문제(예: 우울증, 성격장애)를 진단받은 적이 없고 음주를 중단했을 때 신체적 금단증상(예: 전진섬망)이 자주 혹은 심각하게 나타나지 않은 경우에 절주가 성공할 가능성이 높다.

만약에 내담자의 목표가 절주라고 할지라도 생활방식이 알코올과 깊이 관련되어 있어서 다시 음주를 하게 될 가능성이 높은 경우에 상담자는 폐해 감소 전략으로서 자기행동 관리의 원리를 소개할 수 있다. 예를 들어, 이 장의 마지막에 제시되어 있는 '분별 있는 음주를 위한 지침' 은 음주가 재발할 경우 내담자의 건강상 위험을 한계 짓는 데 도움이 될 수 있다. 만약에 내담자가 단주를 선택해야 하는 충분한 이유가 있다면 음주가 '안전하다' 는 인식이 조장되지 않도록 하는 것이 매우 중요하다. 음주의 한계를 정해 놓는 것은 단지 재발한 경우에 폐해를 감소시키기 위한 방법이라는 것을 강조할 필요가 있다. 만약에 이 전략을 사용하는 것이 내담자가 단주 상태를 지속할 수 있는 능력에 조금이라도 부정적인 영향을 줄 것이라는 의심이 든다면 이 전략을 사용하지 마라(Shand, Gates, Fawcett, & Mattick, 2003).

자기행동 관리 훈련 접근의 기본 요소는 이 책에서 다루고 있는 많은 치료적 기법과 일정 부분 겹쳐진다. 이 장에서는 절주에 유용한 세부적인 기법을 주로 다루게 될 것이고, 필요에 따라서 다른 장에서도 교차해서 참조할 것이다. 때때로 자기행동 관리는 갈망을 처리하는 데 도움을 주기 위한 약물치료(14장)나 16장(재발예방 훈련)에서 간단하게 설명된 '단서 노출(cue exposure)' 과 함께 사용되기도 한다.

상담자는 자기행동 관리법을 개인상담과 집단상담에서 모두 사용할 수 있다. 이 접근을 연구한 연구자들은 6주간 90분씩 진행되는 개인상담부터 8～10주간 약 90분씩 진행되는 집단상담까지 다양한 치료법을 제시하였다.

목 표

내담자들은 일반적으로 그들의 음주로 인하여 허약한 건강 상태와 같은 신체적인 위험과 다른 사람과의 문제와 같은 사회적인 문제를 가지고 있는데, 자기행동 관리는 이 두 가지 위험성을 최소화하는 안정된 수준으로 내담자가 음주량을 줄일 수 있는 구체적인 기술을 가르치는 것을 목적으로 한다.

주요 개념

분별 있는 음주를 위한 지침

이 장의 마지막에 제시되어 있는 '분별 있는 음주를 위한 지침'은 호주, 영국, 미국 등의 술집에서 제공되는 대표적인 알코올 음료를 기준으로 측정된 표준 음주량에 근거하고 있다. 그리고 이것은 건강상 문제를 일으킬 수 있는 음주 수준에 대한 연구로부터 도출된 것이다. 표준 음주량은 5장(단기 및 초기 개입)에서 보다 자세하게 설명하였고, 153쪽 '위험 음주 수준'에서 음주 수준에 따른 위험성에 대해 확인할 수 있다.

자기관찰하기

자기관찰하기는 자기행동 관리 훈련에서 가장 유용하고 중요한 내용 중 하나다. 이 과정에는 음주량과 음주에 관련된 상황을 매일매일 기록하는 것이 포함된다. 자기관찰하기의 목적은 내담자가 언제, 어디서, 얼마나, 왜 술을 마시는지를 깨달을 수 있도록 도움을 주고, 또한 술을 마시는 과정을 기록하는 구체적인 방법을 제공하는 것이다. 치료의 초기 단계에서 이러한 정보는 내담자에게 문제가 되지 않는 상황과 더불어 문제가 될 수 있는 음주 상황을 상담자가 확인하는 데 매우 유용하다. 이 정보는 후에 음주 규칙을 정할 때 내담자가 정한 한계보다 더 많이 음주하게 될 가능성이 있는 상황에 대처하는 전략을 개발하는 데 유용하게 사용될 수 있다. 이 장의 마지막 부분에 '일일 음주 일지'의 예가 수록되어 있다.

방 법

내담자를 위한 설명

자기행동 관리 접근을 소개하는 데 있어서 음주량을 해롭지 않은 수준까지 줄이는 데 도움이 되는 기술을 내담자에게 가르치는 것이 자기행동 관리 접근의 목적이라는 것을 강조하라. 음주량은 상담자의 도움을 받아 내담자가 결정하게 된다. 새로운 음주 습관을 배우는 것은 쉽지 않고, 적지 않은 인내와 노력을 요구한다는 것을 강조하라. 그러므로 이 기술은 연습하는 것과 합의된 과제를 이행하는 것뿐만 아니라 숙달하여 익숙하게 사용할 수 있게 되는 것이 매우 중요하다. 상담자의 치료적 접근에 대해 내담자가 확신을 갖는 것 또한 중요하므로 내담자에게 이 프로그램을 수행하게 되면 목표에 도달할 수 있는 가능성이 높아진다고 설명하는 것이 좋다. 그러나 상담자는 절주가 그것을 시도하는 모든 사람에게 최선의 해결책은 아니라는 점과 만약 내담자가 원한다면 단주하는 것을 목표로 설정하도록 도울 수 있다고 이야기하라.

시작하기에 앞서

구체적인 자기관찰 접근을 시작하기 전에 상담자는 내담자와 함께 내담자의 결심에 집중하고 그것을 강화하기 위한 시간을 가져야만 한다. 개인상담에서는 동기강화상담(3장) 전략이 적절할 것이다. 집단상담에서는 내담자에게 음주를 줄여야 하는 개인적인 이유를 적어 오게 하고, 음주의 좋은 점과 나쁜 점에 대해서 함께 이야기할 수 있다. 또한 음주가 개인 건강에 미치는 영향을 포함한 기초적인 교육 내용(pp. 105-108 참조)을 초기 회기에서 집중적으로 다룰 수도 있다. 내담자에게 자조 모임과 관련된 소책자를 추천하는 것도 좋다(5장 참조).

자기행동 관리의 기본 요소

자기행동 관리 훈련은 다음의 단계를 포함한다.

① 일일 자기관찰
② 음주 한계 정하기
③ 설정한 음주 한계 지키기
④ 문제가 될 수 있는(고위험 상황) 음주 상황과 문제가 되지 않는 음주 상황을 확인하고, 고위험 상황을 다루기 위한 전략 고안하기
⑤ 새로운 음주 습관 유지하기

일일 자기관찰

상담자는 우선 내담자가 표준 음주량이 무엇인지 이해하고 있는지 확인해야 한다. 각각의 술은 각기 다른 알코올 함유량을 가지고 있기 때문에 '표준 음주량' 은 얼마만큼 술을 마셨는지를 측정하는 데 도움이 된다. '표준 음주량' (pp. 262-263 참조)이란 자신이 마신 술의 양이 얼마만큼의 알코올을 포함하는 것인지 설명해 주는 것임을 표를 참고하여 설명한다. 그리고 내담자에게 이 장의 마지막에 제시된 '분별 있는 음주를 위한 지침' 을 보여 준다. 또 가정에서 술을 마실 때 사용되는 잔은 종종 크기가 더 클 수 있기 때문에 자연히 섭취하게 되는 알코올의 양이 많아질 수 있다는 점에 대해서 설명한다. 내담자에게 집에서도 양을 측정할 수 있는 컵을 사용하여 '표준 음주량'만큼만 술을 따르는 연습을 하도록 제안할 수도 있다.

다음으로 상담자는 '자기관찰' 이라는 개념을 설명해 준다. '일일 음주 일지' 를 작성하는 것은 음주 간격을 지키는 데 도움이 되고, 내담자가 음주량을 제한하도록 돕는다는 것을 설명하라. 이것은 또한 내담자가 언제, 어디서 술을 마시는지에 대해서 보다 정확히 알 수 있고, 내담자가 한 주 한 주 어떻게 변화하고 있는지에 대해서 상담자와 내담자가 모두 알 수 있는 구체적인 방법이다. 내담자에

게 이 장의 마지막 부분에 제시한 '일일 음주 일지' 를 어떻게 작성해야 하는지 시범을 보여라. 내담자에게 술을 마신 날짜와 시간 그리고 술을 어디서 누구와 먹었는지, 무엇을 했는지, 술을 마시기 전에 감정 상태는 어땠고, 술을 마신 후에 무슨 일이 일어났는지 대해서 기록하도록 제안하라. '무슨 일이 일어났는지' 에는 '좋은 사람들을 만난 것' 과 같은 좋은 결과도 포함되고 '술에 취했고 화를 냈다.' 처럼 원하지 않았던 결과도 포함될 수 있다. 마지막 칸에는 마신 술의 종류와 음주량을 적은 후에 '표준 음주량' 으로 환산한 값을 적는다.

내담자가 자세하게 해당 항목을 기록할 것이라고 기대하는 것은 현실적이지 않지만, 내담자가 공공장소에서 술을 마실 때도 가능하면 음주 후에 바로 일지를 작성하도록 격려하라. 또한 기호로 표시하는 등의 방법으로 술을 마실 때마다 작은 종이에 메모하도록 제안하는 것도 유용한 방법 중 하나다. 상담자는 또한 내담자가 일지를 작성하는 것에 방해가 될 가능성이 있는 잠재적인 문제나 장애물에 대해서 논의해야 한다. '일일 음주 일지' 는 각 회기를 시작할 때 점검해야 하는데, 성공했던 부분을 강조하고, 문제가 되는 부분에 대해 간단하게 이야기를 나누어라.

음주 한계 정하기

내담자가 자신의 음주에 대해서 실현 가능하고 구체적인 한계를 정하는 것은 자기행동 관리에 필수적이다. 이러한 한계는 신체 건강에 해가 될 위험성과 내담자의 음주로 인해 일어나는 사회적 문제를 최소화할 수 있는 수준에서 설정되어야 한다. 물론 내담자가 성취할 수 있다는 자신감을 가질 수 있는 정도여야 한다.

상담자는 이러한 한계를 정하는 기준으로 다양한 나라의 건강 기준을 적용하여 만들어진 '분별 있는 음주를 위한 지침' 을 사용할 수 있다. 이것은 이 장의 마지막 부분에 표로 설명하였으며, 주간 또는 일일 한계를 설정하는 데도 사용될 수 있다. 일일 음주 한계가 다소 유연한 주간 음주 한계에 집중하기로 결정했다 하더라도 내담자가 만취하는 것을 피하기 위해서는 일일 최대 음주 한계를 정해야만 한다. Jarvis, Tebbutt과 Mattick(1995)은 이 책의 전 판에서 남성의 경우는

8잔, 여성의 경우는 6잔으로 일일 최대 음주 한계를 권고하였다. 그 이래로 호주 보건당국(National Health and Medical Research Council, 2001)에서는 남성의 경우 6잔, 여성의 경우 4잔으로 일일 최대 음주 한계를 권고하였다. 비록 특정 개인이 만취 상태임을 정의할 수 있는 정확한 방법이 있는 것은 아니지만, 내담자가 만취 상태가 될 정도로 과도하게 음주하는 것을 피해야 함을 강조하는 것은 매우 중요하다. 상담자는 매주 최소한 이틀은 음주를 하지 않을 것과 만약에 만취하는 일이 있었다면 그 후 이틀 동안은 내담자의 몸이 회복되게끔 음주하지 않도록 권해야 한다.

내담자가 스스로 책임질 수 있을 정도로 전체적인 음주량을 감소시키도록 돕는 방법은 2가지가 있는데, 그 첫 번째는 '점차적으로 줄여 가는' 접근이다. 이 방법은 상담자가 매주 내담자와 음주 한계를 협의해 나가면서 내담자의 최종 목표인 위험성이 낮은 음주량에 도달할 때까지 음주량을 점차적으로 줄여 나가는 방법이다.

두 번째는 완전히 다른 접근 방법으로(Sanchez-Graig, 1996) 내담자가 정해진 한계 내에서 음주를 다시 시작한 후 초기 얼마 동안 단주할 것(치료 초기의 2주 이상)에 대해서 내담자와 협의하는 것이다. 이 접근은 모든 음주 습관으로부터 타임아웃(time-out) 기간을 제공한다는 이점이 있다. 이 기간 동안 상담자와 내담자는 함께 음주의 유혹을 받는 상황을 관찰하는 것에 집중할 수 있고, 충동이나 유혹을 다루는 전략 중 내담자가 이미 숙달한 것이 무엇인지 확인할 수 있다. 그리고 성공적으로 단주를 할 수 없도록 만드는 상황을 다루는 기술을 보다 숙달시킬 수 있다. 또한 단주 기간을 통해서 내담자는 잦은 음주로 인해 발생되었을지 모르는 경미한 정신 기능의 저하로부터 회복될 수 있는 시간을 확보하게 된다. 단주 기간을 마친 후에 상담자는 문제가 될 수 있는 음주 상황을 확인하고 해결하면서 동시에 음주량을 줄이고 음주 한계를 정하는 전략을 소개한다.

예상되는 문제 상황 다루기

만약에 내담자가 6주 내에 음주량을 줄일 수 있다는 의지를 브이지 않는다면,

단주를 목표로 하는 것에 대해서 내담자와 논의하고 도움이 될 수 있는 다른 치료 전략을 사용할 것인지에 대해서 다시 의논하라.

설정한 음주 한계 지키기

이 장의 마지막 부분에는 내담자가 자신이 정한 음주 한계를 지키는 데 도움이 될 수 있는 전략 또는 정보가 제시되었다. 이 전략에 대해서 내담자와 논의하라. 그리고 다음 회기까지 이 전략을 실행해 보도록 내담자를 격려하라. 내담자에게 가장 효과적이었던 기술과 유용했던 전략을 '일일 음주 일지' 에 적도록 내담자에게 요청하라. 이어서 다음의 2가지 전략에 대해서 보다 자세하게 살펴보기로 한다.

혈중알코올농도 탐지하기 음주의 속도를 조절하는 간단한 규칙은 한 시간 동안 절대로 한 잔 이상 마시지 않는 것이다. 이것이 내담자에게 권할 수 있는 가장 쉽고 가장 효과적인 규칙이지만, 상담자는 이 장의 마지막에 제시한 표를 사용하여 BAC의 개념을 소개할 수 있다. 이 표는 대략 얼마만큼의 술을 마셔야 혈중알코올농도(blood alcohol concentrations: BAC)가 0.05% 또는 0.08%가 되는지에 대해서 각각의 시간대별로 보여 준다. 예를 들어, 60kg 이하의 몸무게를 가진 여성이 자신의 혈중알코올농도를 0.05%로 유지하고자 한다면, 4시간 동안 3잔 이상을 마셔서는 안 된다.

당연히 내담자가 운전을 하려고 한다거나 다른 복잡한 기계류를 작동시키려고 한다면 음주행동을 멈추어야 한다. 수영, 수중 스포츠 전 음주 또는 어떤 다른 잠재적인 위험이 있는 환경에서의 음주 또한 강하게 저지되어야 한다.

예상되는 음주에 대해서 얼마 동안 술을 마실 것인지 그리고 감당할 수 있는 최대 혈중알코올농도는 얼마인지에 대한 계획을 세우도록 내담자를 격려하라. 이 표는 얼마 동안 술을 마셔야 할지에 대한 대략적인 규준으로 사용될 수 있다.

그러나 알코올을 분해하는 능력이 사람마다 다르기 때문에 이 표는 단지 대략적인 규준을 제시할 뿐이라는 것을 강조하라. 예를 들어, 같은 양의 알코올이라고 하더라도 ① 술을 많이 마시는 사람에 비해서 적게 마시는 사람의 경우, ② 남성보다는 여성의 경우(알코올 분해에 사용되는 수분의 양이 남성보다 여성의 경우에 적기 때문에), ③ 술을 급하게 마시는 경우(음주량이 간의 알코올 분해력을 초과하기 때문에), ④ 빈속에 음주를 하거나 술을 혼합하여 마시는 경우(알코올이 혈액에 더 빠르게 흡수되기 때문에)에 더 큰 영향을 주게 된다.

음주 거절하기 음주를 거절하는 기술은 내담자가 정한 자신의 음주 한계 수준에 도달했거나 음주 중에 간격을 두고 음주량을 조절하려고 하는 상황에서 중요하게 사용된다. 내담자가 술을 강요하는 사회적 혹은 동료들의 압력에 저항하는 데 어려움을 느낀다면 거절하는 기술이 유용할 수 있다. 음주 제의에 대한 적절한 자기주장 및 부적절한 거절 기술의 예를 모두 보여 주는 것으로 음주 거절 기술을 가르쳐라. 또한 내담자가 다양한 상황 속에서 음주를 거절하는 역할을 시연해 볼 수 있는 기회를 제공해야 한다. 거절기술 훈련에 대한 보다 자세한 사항은 7장에서 다루고 있다.

문제가 될 수 있는 음주 상황과 문제가 되지 않는 음주 상황

이 전략은 재발예방 훈련의 내용과 중복되기 때문에 여기서는 간단히 논의하도록 하겠다. 보다 자세한 사항은 16장을 참조하라.

몇 주간의 자기관찰을 마친 후에 내담자와 함께 '일일 음주 일지'를 점검하면서 다루기 힘들거나 위험도가 높은 음주 상황을 확인하라. 여기에는 내담자가 자신이 정한 음주 한계 수준을 지키기 어려웠거나 음주의 결과로 문제가 발생했던 상황이 포함된다. 내담자는 이러한 상황에 대한 보다 많은 예를 자신의 과거 경험으로부터 생각해 낼 수 있을 것이다. 특정한 술친구나 장소, 하루 중 음주를 하게 되는 시간대나 요일, 내담자가 배고픈 상태였는지 혹은 목이 마른 상태였는지, 술자리는 얼마나 오랫동안 지속되었는지, 음주 전에 내담자가 감정을 느끼는 방식과 같이 다루기 힘든 음주 상황에서 공통되게 나타나는 주제가 무엇인지 살펴보라. 예를 들면, 내담자가 특정 친구들과 함께 술자리를 가졌을 때 수중에 현금을 많이 가지고 있는 경우 또는 화가 나는 등 감정의 동요가 있는 경우 내담자는 항상 과도하게 음주를 하게 되는 등의 특징을 발견할 수도 있다.

내담자가 이처럼 문제가 될 수 있는 음주 상황에 처했을 때 음주를 하지 않으려고 노력하는 것은 매우 중요하다. 그러므로 상담자는 문제가 될 수 있는 상황을 고려해서 음주 규칙을 만드는 것이 바람직하다. 앞선 예에서 살펴보면 내담자는 ① 음주 문제를 일으킬 수 있는 친구들과 술 마시는 것을 피하기로 정할 수도 있고, ② 술자리에 가게 될 때 일정 금액 이상의 돈을 가지고 가지 않기로 정할 수도 있으며, ③ 화가 나거나 감정의 동요가 있는 상태에서는 음주를 하지 않기로 정할 수도 있다. 또한 문제가 되지 않는 음주 상황의 특징을 이용해서 음주 관련 규칙을 만들 수도 있는데, 예를 들면 내담자가 술자리 이후에 어떤 계획이 있는 경우 음주 한계를 지키는 데 어려움이 없었다면 '술자리 이후 다른 계획이 있을 때만 음주를 한다.'를 내담자의 음주 규칙 중 하나로 정할 수도 있다. 내담자가 자신의 음주 규칙을 적고, 그것을 항상 확인할 수 있는 장소에 간직하게 하라.

이러한 규칙을 만들 때 추가적으로 문제가 될 수 있는 상황에서 술을 마시는 것의 대안이 될 수 있는 생각과 행동을 내담자와 함께 논의하는 것이 중요하다. 예를 들어, 내담자가 화가 나거나 감정의 동요가 일어날 때 음주를 한다면, 이러한 감정을 다룰 수 있는 방법의 목록을 만들어라. 여기에는 산책하기, 친구 방문하기, 자기주장기술 적용하기(8장 참조), 부정적 사고에 도전하기(10장 참조) 등이 포함될 수 있다.

또한 내담자에게 미리 계획을 세우는 것이 중요하다는 것을 강조해야 한다. 즉, 술을 마시게 되거나 과도한 음주를 야기하는 유혹이나 압력이 강해지는 상황에 처하기 전에 이에 대처할 수 있는 전략을 고려해야 한다는 것을 의미한다.

예상되는 문제 상황 다루기

경우에 따라서 상담자는 고위험 상황을 다루는 데 도움이 될 수 있는 대안행동이나 사고를 갖는 것을 어려워하는 내담자를 만나게 될 수 있다. 이러한 경우에는 내담자에게 문제해결 기술을 가르치는 것이 도움이 될 수 있다. 이것에 대한 자세한 내용은 6장에서 찾아볼 수 있다. 또한 상담자는 상담 과정 중 새롭게 음주행동과 관련된 주제를 발견하게 될 수도 있는데, 예를 들면 내담자는 어떤 압력이나 불안에 대한 대처 방법으로, 혹은 배우자와의 갈등으로 인해 음주를 할 수도 있다. 이러한 주제들은 이완훈련, 자기주장 훈련, 의사소통 기술, 부부치료와 같은 다른 특정한 기술을 훈련하는 것이 내담자에게 필요하다는 것을 의미한다. 이러한 기술을 훈련하기 위한 보다 자세한 절차는 관련 내용을 담고 있는 이 책의 다른 장에 제시되었다.

새로운 음주 습관 유지하기

변화를 유지하기 위해서는 목표 달성에 대한 자기보상 체계를 확립하는 것과 음주에 대한 대안을 탐색하는 것이 중요하다. 음주를 멈추거나 자신의 음주 규칙을 끈질기게 지키는 것에 대해서 내담자가 스스로에게 보상하도록 권하라. 이때 강조해야 할 점은 보상은 그 실행에 있어서 의미가 있어야 하고, 미리 계획되어야 하며, 정의된 목표대로 이루어졌을 때만 보상이 이루어져야 하고, 거의 성공한 경우에는 보상을 하지 말아야 한다는 것이다. 또한 목표를 달성한 후에는 가능한 한 바로 보상해야 한다는 것을 강조하라.

새로운 음주 습관을 지키는 데 도움이 될 수 있는 보상의 목록을 내담자와 함께 상의하여 만들어라. 내담자의 목록에는 재미있는 활동이나 배우자가 주는 특별한 보상 등이 포함될 수 있다. 그러나 내담자가 배우자를 자신의 행동을 감시하는 사람으로 만드는 것은 좋지 않다. 특히, 내담자가 목표를 달성하지 못할 때는 더욱 그러하다. 그 밖에 간단한 자기보상에는 주간의 경과를 도표화하는 것이 포함될 수 있다. 즉, 각 주별 총 음주량을 계산해서 간단한 그래프로 그려 보는 것이다.

또한 과거에 음주를 하던 시간을 대신할 수 있는 즐거운 활동을 선택하도록 내담자에게 권하는 것이 매우 효과적이다. 이러한 활동의 예로는 새로운 취미 활동, 가족들과 소풍 가기, 자원봉사, 동호회나 헬스클럽에 가입하기 등이 포함될 수 있다. 내담자가 이처럼 새로운 활동을 시작할 수 있도록 구체적이고 세부적인 활동 계획을 세우는 데 도움을 주어라.

내담자가 자신의 목표를 달성하고 앞으로 발생할 수 있는 고위험 상황을 다룰 수 있다는 자신감을 갖게 되었을 때, 치료를 종결하고 내담자에게 자기관찰을 계속해서 유지할 것을 권한다. 혹시 내담자가 다시 과도한 음주를 하게 되는 실수를 하거나 재발하게 될 경우, 어떻게 대처해야 하는지에 대해서 내담자와 논의하는 것을 잊어서는 안 된다. 16장(pp. 354-357 참조)에 이 부분의 중요성이 논의되어 있으므로 참조할 수 있다. 최종적으로 적절한 연장 케어(17장)에 대해서 내담자와 협의하는 것은 매우 중요하다. 절주를 유지할 수 없는 내담자에게는 단주를 할 수 있도록 도움을 주는 것이 바람직하다.

[내담자용 유인물]

분별 있는 음주를 위한 지침

호주의 지침[a]

남 성

- 하루에 6잔(60g) 이하, 단기적 폐해의 위험이 있음.
- 표준 음주량 기준으로 하루에 4잔(40g) 이하 또는 주당 28잔(280g) 이하, 장기적 폐해의 위험이 있음

여 성

- 하루에 4잔(40g) 이하, 단기적 폐해의 위험이 있음
- 표준 음주량 기준으로 하루에 2잔(20g) 또는 주당 14잔(140g) 이하, 장기적 폐해의 위험이 있음

*습관이 될 위험을 감소시키기 위해서 일주일에 하루나 이틀간 술을 마시지 않는 날을 더하라.

한 잔의 정의는?

일반 맥주용 큰 잔 = 1.5잔

일반 중간 크기의 맥주용 잔 = 1잔

낮은 알코올 도수의 맥주의 경우 1/2로 계산

120*ml*의 포도주 1잔, 60*ml*의 백포도주 1잔, 30*ml*의 위스키 1잔 = 1잔

영국의 지침[b]

남 성

- 하루에 3~4단위 이하

여 성

- 하루에 2~3단위 이하

*만취한 경우에는 몸이 회복될 수 있도록 48시간 동안 음주를 금하라.

1단위의 정의는?

보통 도수의 라거(larger) 맥주 1파인트 또는 비터(bitter) 맥주 1파인트 = 2단위

강한 도수의 라거 맥주 1파인트 = 3단위

보통 도수의 사과주 1파인트 = 2단위

포도주 175*ml* 1잔 = 대략 2단위

술집에서 취급하는 독한 술 1잔 = 1단위

알코팝(알코올이 함유된 소프트 드링크, 예: Smirnoff Ice, Bacardi Breezer, WKD, Reef) = 1.5단위

미국의 지침[c]

남 성

- 하루에 2잔 이하

여 성

- 하루에 1잔 이하

한 잔의 정의는?

보통 맥주 12온스(oz) = 1잔

와인 5온스 = 1잔

증류해서 만든 위스키류(80도) 1.5 온스 = 1잔

*출처: a: National Health and Medical Research Council, Australia(2001).

b: Alcohol Harm Reduction Strategy for England, Department of Health, UK(2004). Crown copyright is reproduced with the permission of the Controller of Her Majesty's Stationery Office.

c: US Department of Health and Human Services and US Department of Agriculture(2000).

[내담자용 유인물]

절주를 위한 정보

- 사전에 미리 계획하라　얼마 동안 얼마만큼의 술을 마실지 한계를 정하라. 그리고 계획에 따라 술 마시는 속도를 조절하라. 사용 가능한 현금을 많이 지니지 않도록 제한하라.
- 단숨에 들이켜는 것은 피하라　천천히 한 모금씩 마셔라. 한 잔을 다 비울 때까지 몇 모금에 마시는지 숫자를 센 후에 그다음 잔은 더 많이 나눠서 마시도록 노력하라.
- 한 모금을 마신 후에는 술잔을 내려놓으라　술잔을 들고 있으면 더 자주 마시게 된다.
- 술잔이 다 비워지기 전에 다시 채우지 마라　그리고 다른 사람(친구들, 웨이터 등)도 채우지 못하게 하라.
- 다른 음료수와 번갈아 마셔라　술을 마시는 중간에 오렌지 주스나 무알코올성 음료를 번갈아 마셔라.
- 잔 수를 세라　몇 잔의 술을 마시는지 세라.
- 알코올 도수가 낮은 술부터 시작하라　좋아하는 맥주 중에서 알코올 도수가 낮거나 가벼운 것으로 시작하라.
- 희석해서 마셔라　독한 술은 묽게 희석하고 와인에는 탄산수를 섞는 등 희석해서 마셔라.
- 절대로 갈증을 해소하기 위해서 술을 마시지 마라　갈증이 난다면 얼음물이나 탄산음료를 마시도록 하라.
- 소금기가 많은 안주를 피하라　갈증을 증가시키는 감자칩이나 땅콩류를 피하라.
- 음주 전에 식사를 하라　알코올이 덜 흡수되고 보다 덜 영향을 미치게 된다. 그리고 단순히 빈 속을 채우거나 공복감 해소를 위해 술을 마시고자 하는 유혹을 피할 수 있다.
- '한턱' 내는 것을 피하라　술을 줄이기 위해 노력하고 있음을 알리고 자기 술값은 자신이 내라. 적당히 피해 가거나 탄산음료를 주문하는 대안을 선택하라.
- "고맙습니다만 괜찮습니다." 라고 말하라
- 작은 잔을 주문하라　예를 들어, 큰 글라스나 파인트 대신에 1/2 파인트로 주문하라.
- 가장 좋아하는 술은 마시지 마라　덜 강한 술이라는 것이 확실치 않더라도 음주 습관을 고치기 위해서 덜 좋아하는 술로 바꿔서 마셔라. 예를 들면, 평소에 마시던 맥주와는 다른 맥주를 마셔라. 덜 좋아하는 술을 마시는 것은 또한 천천히 마시는 결과를 가져올 것이다.

[연습용 유인물]

일일 음주 일지

날짜, 요일, 시간	어디서, 무엇을, 누구와?	음주 전 감정은? 갈망 정도는? (0～100)	어떤 생각과 행동을 했는가?	무슨 일이 있었나? (행동, 감정, 결과)	어떻게 마셨나?	표준 음주량 수치
• 3/21, 월요일, 오후 8~10시	• 친구와 식당에서 저녁을 먹음	• 불안, 흥분, 갈망 (80)	• 취하지 않을 정도로 맥주를 가볍게 마심 • 술을 마시지 않아야 하는 이유를 상기함 • 식사 후 바로 집으로 돌아옴	• 정신이 맑았고 기분이 좋았음 • 나 자신이 자랑스러웠음	• 가볍게 맥주 4잔	2
• 3/26, 토요일, 오후 8~오전 1시	• 파티에 참석하여 춤추고 이야기함	• 따돌림받는다는 느낌 • 호감이 가는 사람이 있었으나 자신이 없어서 다가가지 못함 • 술에 대한 갈망 (90)	• 무리에 합류하는 데 용기를 가지려고 술을 마심	• 만취해서 다음 날 어떻게 집으로 돌아왔는지 기억나지 않음 • 숙취로 고생함	• 럼주 375ml, 그 외에 섞어서 마심	12½

＊출처: Heather et al.(1989).

[내담자용 유인물]

표준 음주량과 혈중알코올농도(BAC)-남성

BAC를 선택하고 자신의 체중을 찾아보라. 술을 마시는 동안 걸린 시간을 살펴보라. 그러면 당신이 선택한 BAC에 따라 음주 시간과 표준 음주량을 알 수 있다. 표에는 8잔 이상이 생략되어 있는데, 그 이유는 그 이상은 폭음*을 의미하기 때문이다.

		음주 시간				
BAC	체 중	1시간	2시간	3시간	4시간	5시간
0.05% • 유쾌함, 이완됨 • 사고가 필요한 상황에서 판단력이 저하될 위험이 있음	70kg 이하 (<11st)	2	3	4	$4\frac{1}{2}$	5
	70~80kg (11~12st 8lbs)	$2\frac{1}{2}$	4	5	$5\frac{1}{2}$	6
	80kg 이상 (>12st 8lbs)	3	$4\frac{1}{2}$	$5\frac{1}{2}$	$5\frac{1}{2}$	6
0.08% • 따뜻함, 기분 좋음 • 자기통제력이 저하됨 • 운전 중 반응이 느려짐	70kg 이하 (<11st)	$3\frac{1}{2}$	4	5	$5\frac{1}{2}$	$6\frac{1}{2}$
	70~80kg (11~12st 8lbs)	4	5	6	$6\frac{1}{2}$	$7\frac{1}{2}$
	80kg 이상 (>12st 8lbs)	5	6	7	$7\frac{1}{2}$	8
0.12% • 수다스러움, 흥분됨, 감정적임 • 참을성 부족 • 충동성 증가	70kg 이하 (<11st)	$5\frac{1}{2}$	6	$6\frac{1}{2}$	7	$7\frac{1}{2}$
	70~80kg (11~12st 8lbs)	6	7	8	-	-
	80kg 이상 (>12st 8lbs)	$7\frac{1}{2}$	-	-	-	-

＊출처: Heather et al.(1989).

* 이 표는 폭음에 대해 다른 자료에 비해 높게 추정한 것에 근거하였다.

[내담자용 유인물]

표준 음주량과 혈중알코올농도(BAC) - 여성

BAC를 선택하고 자신의 체중을 찾아보라. 술을 마시는 동안 걸린 시간을 살펴보라. 그러면 당신이 선택한 BAC에 따라 음주 시간과 표준 음주량을 알 수 있다. 표에는 8잔 이상이 생략되어 있는데, 그 이유는 그 이상은 폭음*을 의미하기 때문이다.

BAC	체 중	음주 시간				
		1시간	2시간	3시간	4시간	5시간
0.05% • 유쾌함, 이완됨 • 사고가 필요한 상황에서 판단력이 저하될 위험이 있음	60kg 이하 (<9st 6lbs)	$1\frac{1}{2}$	2	$2\frac{1}{2}$	3	$3\frac{1}{2}$
	60~70kg (9st 6lbs~11st)	2	$2\frac{1}{2}$	$3\frac{1}{2}$	4	$4\frac{1}{2}$
	70kg 이상 (>11st)	$2\frac{1}{2}$	3	4	5	$5\frac{1}{2}$
0.08% • 따뜻함, 기분 좋음 • 자기통제력이 저하됨 • 운전 중 반응이 느려짐	60kg 이하 (<9st 6lbs)	$2\frac{1}{2}$	3	$3\frac{1}{2}$	$3\frac{1}{2}$	4
	60~70kg (9st 6lbs~11st)	3	$3\frac{1}{2}$	$4\frac{1}{2}$	$4\frac{1}{2}$	$5\frac{1}{2}$
	70kg 이상 (>11st)	$3\frac{1}{2}$	$4\frac{1}{2}$	$5\frac{1}{2}$	$5\frac{1}{2}$	6
0.12% • 수다스러움, 흥분됨, 감정적임 • 참을성 부족 • 충동성 증가	60kg 이하 (<9st 6lbs)	$3\frac{1}{2}$	4	$4\frac{1}{2}$	$4\frac{1}{2}$	5
	60~70kg (9st 6lbs~11lbs)	$4\frac{1}{2}$	5	$5\frac{1}{2}$	$5\frac{1}{2}$	-
	70kg 이상 (>11st)	5	6	-	-	-

*출처: Heather et al.(1989).

* 이 표는 폭음에 대해 다른 자료에 비해 높게 추정한 것에 근거하였다.

참고자료

Heather, N., Richmond, R., Webster, I., Wodak, A., Hardie, M., & Polkinghorne, H. (1989). *A Guide to Healthier Drinking*. Kensington, Australia: University of New South Wales, School of Community Medicine and National Drug and Alcohol Research Centre.

- 이 매뉴얼에는 내담자가 자기행동 관리법을 연습할 경우 자조행동에 대한 예를 제시하였다. 더 많은 예는 5장 '단기 및 초기 개입'의 참고자료를 참조하라.

Heather, N., & Robertson, I. (1997). *Problem Drinking* (3rd edn). Oxford, UK: Oxford University Press.

- 음주 문제에 대해 사회학습이론에 근거한 실용적인 응용 기법이 기재된 고전적인 책이다. 적정한 수위 또는 절주하기 등의 목표를 설정하는 것과 알코올 문제에 대한 기술적인 접근법의 다양한 근거를 제공하였다.

Hester, R. K. (1995). Behavioral self-control training. In R. K. Hester & W. R. Miller (eds.), *Handbook of Alcoholism Treatment Approaches* (2nd edn) (pp. 148-159). Boston: Allyn and Bacon.

- 연구 결과의 효과성에 근거하여 자기행동 관리법에 대한 실제적인 개요가 제공되었다.

Javis, T. J., Tebbut, J., & Mattick, R. P. (1995). *Treatment Approaches for Alcohol and Drug Dependence: An Introductory Guide* (1st edn) (pp. 148-156) Chichester, UK: Wiley.

- 음주에서 한계 설정하기에 대한 지침이 제공되었다.

Shand, F., Gates, J., Fawcett., J., & Mattick, R. P. (2003). *Guidelines for the Treatment of Alcohol Problems* (pp. 112-114). Canberra, Australia: Australian Government Department of Health and Ageing.

- 자기행동 관리법을 사용한 연구에 대한 평가가 기술되었다.

National Health and Medical Research Council (2001). *Australian Alcohol Guidelines*.

Canberra, Australia: NH & MRC.
- 다음 사이트에서 이용 가능: www.alcoholguidelines.gov.au
- 위험 또는 고위험 음주에 대한 정의와 '분별 있는 음주에 대한 지침' 이 호주국립건강연구소에 의해 제공되었다.

NHS Scotland (2003). *Alcofacts: A Guide to Sensible Drinking*. Scotland: Health Education Board for Scotland (HEBS).
- 다음 사이트에서 이용 가능: http://www.hebs.scot.nhs.uk/services/pubs/pdf/ Alcofacts.pdf
- '분별 있는 음주에 대한 지침' 이 제공되었다.

Sanchez-Craig, M. (1996). *Therapist's Manual for Secondary Prevention of Alcohol Problems: Procedures for Teaching Moderate Drinking and Abstinence*. Canada: The Centre for Addiction and Mental Health (CAMH).
- Centre for Addiction and Mental Health, 33 Russell Street, Toronto, ON, Canada M5S 2S1 또는 http://www.camh.net/publications에서 정보를 얻을 수 있다.
- 사례를 중심으로 절제하거나 적정한 양을 설정하도록 하는 치료 방법에 대한 개요가 상세하게 기술되었다.

The Department of Health UK (2004). *Alcohol Harm Reduction Strategy for England*. London: HMSO.
- http://www.strategy.gov.uk에서 논문 전체를 제공받을 수 있다.
- 알코올과 건강 관련 지침은 www.dh.gov.uk에서 'drinking sensibly'로 검색할 수 있다.
- 영국인의 건강을 향상시키기 위한 목표와 함께 분별 있는 음주를 위한 가장 최신의 지침서가 제공되었다.

Sitharthan, T., & Kavanagh, D. J. (1990). Role of self-efficacy in predicting outcomes from a programme for controlled drinking. *Drug and Alcohol Dependence, 27*, 87-94.
- 절주 과정에서 내담자의 확신을 높이기 위한 평가를 위해 평가척도가 개발되었다. 다른 평가척도는 16장의 참고자료를 참조하라.

US Departments of Health and Human Services (HHS) and Agriculture (USDA) (2000). *Nutrition and Your Health: Dietary Guidelines for Americans* (5th edn). Washington: USDA.

- 다음 사이트에서 이용 가능: http://www.health.gov/dietaryguidelines
- 미국인의 건강을 향상시키기 위한 목표와 함께 분별 있는 음주를 위한 가장 최신의 지침서가 제공되었다.

제13장

주위 사람들의 참여

기본 지침

물질남용은 단순히 내담자만의 문제는 아니다. 물질남용이 심각해짐에 따라 그 영향은 내담자의 가족 구성원 및 친구들에게도 미치게 된다. 내담자의 주위 사람들은 종종 내담자가 도움을 구하도록 권유하는 데 중요한 역할을 담당한다. 또한 치료를 진행하는 중이나 치료를 마친 후에 내담자를 지지하는 데 결정적인 역할을 담당하게 된다. 그러므로 내담자의 주위 사람들이 치료에 참여하도록 하는 것은 상담자의 중요한 역할 중 하나라고 할 수 있다.

가족의 약물남용과 관련된 다양한 가족치료와 부부치료 접근이 있지만, 이 장에서 제시되는 모델은 행동 모델로서 의사소통이 원활하고 행복한 가정의 내담자일수록 재발률이 낮으며 단주나 절주에 대해서 가족 구성원들이 보상을 제공할 수 있다는 원리에 근거한다(Rotunda & O' Farrell, 1997). 여러 모델 중에서 이 모델을 선택한 이유는 여러 연구들이 행동 모델의 효과성을 지지해 주고 있고,

이 모델이 이 책에서 다루고 있는 다른 방법들과도 일치되기 때문이다.

이 장에서는 물질남용을 진단하고 내담자의 주위 사람들이 치료 목표를 지지하도록 돕기 위한 방법을 소개하고 있다. 비록 이 방법들이 가족 간의 의사소통을 개선하기 위해서 고안되었지만, 숨겨진 의사소통 문제를 해결하거나 폭력에 대처하는 것을 그 목적으로 하는 것은 아니다. 만약 내담자와 그 가족들을 평가한 결과, 내담자의 가족이 전문적인 도움을 필요로 한다거나 자녀들이 상담을 필요로 한다면 적절한 전문가에게 의뢰하라. 폭력이나 학대에 의해서 가족 구성원의 안전이 위협을 받게 될 경우에 제공할 수 있는 서비스 기관에 대한 정보를 미리 알고 있어야 한다.

비서구적인 문화를 지닌 가족들에게 이러한 방법을 사용하는 것은 적절하지 않을 수 있다. 예를 들어, 상담자의 개입 방법이 해당 가족의 교육 방침이나 문화적 가치와 불일치한다면 상담자의 개입은 비효과적일 것이다. 상담에 있어서 문화와 관련된 문제를 다루는 방법에 관해서 더 알고 싶다면 참고자료를 참조하라.

상담자와 내담자는 내담자의 가족 이외의 사람들을 치료에 참여시키기 위해서 이 방법을 수정하여 사용할 수도 있다. Copello와 동료들(2002)은 내담자의 치료 참여자로서 이상적인 사람은 '내담자의 치료 목표에 동의하는 사람으로, 내담자가 쉽게 만날 수 있고(특히, 내담자의 재발 위험이 높을 때), 긍정적 지지를 제공할 의사가 있으며, 내담자가 자신의 치료 목표를 향해 지속적으로 노력하도록 고무시킬 만반의 준비가 되어 있는 사람' 이라고 제안했다.

이 장에서는 주위 사람들이 치료에 참여한 3가지 예를 제시하고 있다. 첫 번째는 음주행동의 변화를 지지하기 위해서 부부와 함께 치료를 진행하는 방법, 두 번째는 배우자의 음주로 인하여 도움을 구하는 사람에게 도움을 주는 방법, 세 번째는 비교적 나이가 어린 사람의 물질남용 변화에 대한 가족들의 지지를 높이기 위해서 내담자의 가족을 만나는 방법에 대해서 설명한다. 이러한 지침이 상담자에게 부부나 가족과 함께 작업하기 위해 필요한 기본 원리를 제공하겠지만 계속해서 보다 심도 깊은 훈련과 자기교육(self-education)을 통해 자신의 기술과 이해의 폭을 넓혀 갈 것을 강하게 권고한다. 참고자료에서는 이 영역에 대한 보다 다양한 자료를 제공하고 있다.

주요 개념

긍정적 상호작용

부부나 가족들 사이의 긍정적 상호작용의 증가는 다른 사람과의 관계에서 유익을 경험하도록 함으로써 관계를 강화한다. 이 장에서는 긍정적 상호작용을 증가시키기 위한 2가지 기법을 설명하고 있다. 첫 번째는 보상적인 활동을 공유하는 것으로, 약물 사용이나 음주 대신에 부부나 가족이 함께 즐길 수 있는 여가 활동을 논의하고 계획하는 방법이다. 그리고 두 번째는 배우자가 '잘하고 있는 행동' 을 찾아내어 서로 칭찬해 줌으로써 부부 관계의 긍정적인 부분에 대한 인식이 증가하도록 돕는 방법이다.

타임아웃

'타임아웃(time-out)' 을 사용함으로써 갈등이 깊어지는 것을 중단시킬 수 있다. 갈등 상황에서 타임아웃을 부르게 되면 비공격적인 해결책을 찾기 위해 모두가 좀 더 침착해지거나 상황이 나아질 때까지 부부나 가족 간의 대화를 연기할 수 있다.

재구성

재구성(reframing)은 부부치료와 가족 모임에서 사용될 수 있는 인지치료 기법이다. 이 기법은 부정적 반응, 방어적 반응, 비난하기, 비판하기, 화내기 또는 서로를 인정하지 않는 것과 같은 상호작용에 대해서 대응하는 기법이다. 이러한 상호작용은 효과적인 의사소통을 중단시키기 쉽고, 심지어는 내담자가 치료를 포기하게 만드는 원인이 될 수도 있다.

재구성은 가족 구성원들이 서로에 대해 가지고 있는 긍정적 관심을 두드러져 보이도록 하는 것이다. 예를 들어, 자녀에 대한 부모의 비판적인 말은 어린 자녀의 안전을 걱정하는 것으로 재구성할 수 있다. 이와 비슷하게 어린 자녀가 화를 내며 대드는 것은 부모와 관계를 맺으려는 노력의 하나로서 재구성할 수 있다. 상담자는 재구성하는 것을 통해서 분노나 고통과 같이 부정적인 감정에 대해 관심을 갖고, 염려하는 긍정적인 감정으로 바라볼 수 있도록 관점을 전환시킬 수 있다. 또한 재구성 기법은 감정이 격한 상호작용을 완화시키는 데 유용하고 보다 건설적인 의사소통을 가능하게 한다.

사람들은 이따금 의도적으로 다른 사람에게 적대적이거나 호전적이며 위협적으로 행동하거나 얕잡아 보며 공격적인 말을 하기도 한다. 다른 사람에 대한 긍정적인 관심이 부족한 이유로 어떤 진술을 재구성하는 것이 어렵다면, 그러한 표현이 다른 사람들을 방어적으로 만들고 함께 작업하고 싶지 않게 할 수도 있다는 점을 지적하라. 언어적 공격으로부터 안전하다고 느끼게 할 수 있는 유일한 방법은 명확하고 정직하게 의사소통하는 것임을 설명하라. 비공격적인 의사소통 형태로서 '나-진술(I-statements)'에 대해서 설명하는 것 또한 유용할 것이다(9장 참조).

예시 1: 부부치료

이 절에서는 내담자가 음주 문제를 가지고 있을 때 부부치료를 적용하는 방법에 대해서 설명하고 있다. 이 접근은 내담자의 음주행동 변화를 지지하는 방식으로 부부의 의사소통을 향상시키는 것을 목적으로 한다. 여기에 제시된 방법은 O' Farrell(1995), Montgomery와 Evans(1996)의 연구를 기반으로 하였다.

부부치료는 배우자가 치료에 참여하는 것이 유익할 것이라는 상담자와 내담자 그리고 내담자의 배우자 간에 의견 일치가 있을 때 적절하다. 부부치료는 문제가 있는 음주를 변화시키기 위해서 배우자가 함께 치료에 참여해야 하기 때문에 부부가 함께 지내거나 치료 기간 동안 함께 지내기로 자발적으로 마음을 정한 경우에 적절하다. 또한 정신장애나 그 밖에 다른 심각한 약물 문제를 가지고 있지 않아야 하고, 심각한 부상이나 잠재적으로 생명에 위협이 될 수 있는 가정폭력도 존재하지 않아야 한다(O' Farrell, 1995). 이 방법은 부부 관계의 유지를 위협하던 위기를 넘긴 후 도움을 구하는 부부에게 특히 효과적일 수 있다.

부부를 대상으로 한 치료는 개별 부부를 대상으로 하거나 혹은 최대 네 쌍의 부부를 대상으로 진행될 수 있다. 이러한 집단치료에서는 두 명의 상담자가 필요하다. 치료집단은 개별 부부에게 자신의 경험을 나눌 기회와 다른 부부가 이야기한 문제와 해결책으로부터 배울 수 있는 기회를 제공한다.

목 표

전체적인 목표는 음주행동 변화를 성취하고 유지하는 역량과 노력을 강화시키는 것으로 부부 관계를 향상시키는 것이다. 이러한 목표는 다음과 같이 여러 단계적 목표로 세분화될 수 있다.

- 알코올과 관련된 상호작용 패턴을 변화시키고, 음주행동 변화를 지지하는 상호작용을 발전시키기
- 음주에 의지하지 않고 부부가 함께 갈등 관계에 직면하여 해결하도록 조력하기
- 알코올 남용으로 인해 악화된 부부 관계 개선하기
- 부부가 함께할 수 있는, 알코올 및 기타 약물과 관련되지 않은 흥미 있는 활동을 개발하도록 조력하기

방 법

여기서는 목적에 따라서 알코올 문제를 지닌 배우자를 '음주자' 로, 다른 한쪽을 '배우자' 로 지칭할 것이다. 상담자는 부부 양쪽 모두가 자신의 내담자임을 기억하는 것이 중요하다. 부부 갈등이 발생될 때 어느 한쪽 편을 들고 싶은 유혹을 뿌리쳐라. 이상적으로 말해서 일단 부부치료를 시작했다면, 상담자는 어느 한쪽 배우자보다는 부부로서의 그들과 관계를 맺어야 하는데, 상담자는 음주자는 물론 그의 배우자와 함께 만나야만 한다.

부부치료는 부부 사이의 상호작용을 강조한다. 부부치료 시에 서로를 비난하지 않는 것이 매우 중요하다. 특히, 내담자의 배우자가 내담자의 음주행동에 대해 죄책감이나 책임감을 느끼지 않도록 해야 하고, 또한 음주자가 아니라 음주가 문제라는 것을 강조해야 한다. 부부가 함께 다루어야 하는 문제행동에 항상 집중하라.

반드시 실천해야 하는 과제들로 각 회기를 구조화하라. 예를 들어, 지난주에 있었던 음주 장면과 지난 회기 때 제안한 실습 과제를 포함해서 지난주에 있었던 일을 검토하는 것으로 시작하라. 그 후에 앞으로 더 진행될 전략을 소개하고 탐색하며 새로운 실습 과제를 설정하라. 처음에는 이 책의 다른 장에서 다루고 있는 기법을 사용해서 음주행동의 변화에 집중해야 한다. 치료 목표를 협의할 때 음주자의 배우자에게 참여할 것을 권하라. 음주자가 치료를 시작한 회기 초기에 고위험 상황에 노출되지 않도록 부부는 함께 그들의 생활방식을 어떻게 변화시켜야 할지에 대해 결정해야 한다. 일단 음주행동에서 최초의 변화가 달성되면 부부간 의사소통의 질을 향상시키는 데 집중하라. 여기에는 갈등을 효과적으로 다루는 방법과 긍정적 상호작용을 증가시키는 방법을 훈련하는 것이 포함된다. 마지막 몇 회기 동안은 부부와 공동으로 재발을 예방할 수 있는 전략(16장 참조)을 개발하는 작업을 하라.

평 가

치료를 시작하기 전에 부부가 모두 부부치료를 원하는지, 그리고 그들의 관계가 함께 작업할 수 있을 만큼 충분히 안정적인지에 대해서 분명히 할 필요가 있다. 음주자의 알코올 문제에 대한 일반적인 평가(2장 참조)와 더불어서 배우자가 알코올 관련 문제나 의존 문제를 가지고 있는 경우에는 배우자의 음주 습관도 간략하게 평가하라. 배우자가 음주자 앞에서 표현하기 어려워하는 것이 무엇인지 확인하기 위해서 배우자와의 간략한 개인면담을 포함시켜라. 또한 법적, 직업적 혹은 경제적 위기와 같이 절박한 관계의 위기에 즉각적으로 조치할 수 있도록 준비되어 있어야 한다. 부부치료는 이러한 상황이 안정되기까지 시작해서는 안 된다. 또한 상담자는 가정폭력에 대해서도 조사해야 하는데, 그에 적절하게 안전을 보장할 수 있는 전략을 확인하고 적절하게 의뢰해야 한다(Punukollu, 2003).

배우자가 서로 자신들의 관계에 대해서 만족하는 부분과 만족하지 못하는 부분이 무엇인지 확인할 수 있도록 구조화된 자기 보고식 질문지(self-completion questionnaire)를 평가에 포함시키는 것 또한 좋은 방법이 될 수 있다. 음주자가 알코올을 멀리할 수 있도록 돕기 위해서 또한 부부 관계 만족도를 높이기 위해서 어떤 부분을 변화시켜야 할지에 대해 부부가 함께 의논하도록 장려하라.

예상되는 문제 상황 다루기

만약에 평가 결과, 배우자 또한 음주 문제를 가지고 있는 것이 드러난다면 부부치료는 보다 복잡해질 것이다. Murray와 Hobbs(1977)는 부부가 함께 음주를 과도하게 하고 서로의 음주행동을 서로가 강화하는 부부를 돕기 위한 방법을 개발하였다. 이 방법은 절주를 목표로 하는 부부에게 맞춰서 설계되었으며 단주를 목표로 하는 부부에 대해서는 검증되지 않았다.

이 방법을 사용하고자 한다면 부부가 함께 구체적인 음주 한계량에 동의하는 것으로 시작해야 한다(12장 참조). 부부가 서로 과도한 음주를 강화했던 과거의 상황에 대해서 생각해 보게 하라. 이러한 상호 간의 강화를 피하기 위한 한 가지 방법은 부부가 미리 정한 음주 한계량을 계속해서 지키는 것임을 설명하라. 만약 어느 한쪽 배우자가 음주 한계량을 어기려고 한다면 그(녀)는 다른 배우자가 없는 비교적 격리된 장소(예: 목욕탕, 침실의 구석진 곳)로 가서 혼자 술을 마셔야 할 것이다. 이러한 방법을 통해서 음주 한계량 이상 술을 마시고자 하는 배우자가 다른 배우자를 유혹하지 못하게 할 수 있고, 전에는 배우자와 함께 마시는 것이 보상이 되어 과도한 음주가 강화되었던 반면에, 더 이상 과도한 음주가 배우자에 의해서 강화받지 못하게 된다. 상담자는 이 절에서 설명된 다른 전략들과 함께 이 방법을 사용할 수 있다.

갈등 다루기

갈등 그 자체는 우리가 각기 서로 다른 필요를 가진 존재라는 것을 우리에게 알려 주는 것이지, 결코 나쁜 것이 아님을 내담자(부부)에게 설명하라. 갈등이 문제와 함께 존재하게 되면 분노에 휩싸인 채 말하고 행동하게 되고, 이것은 부부 관계에서 쉽게 회복되기 힘든 손상을 줄 가능성을 높이게 되며, 또한 추가적인 스트레스로 인해서 내담자가 재발할 가능성을 증가시키기도 한다.

Rotunda와 O' Farrell(1997)은 부부에게 부부치료의 틀을 제공하기 위해서 3가지 서약을 하도록 요청할 것을 제안하였다. 그 내용은 다음과 같다.

- 부부치료 기간 중에 이혼이나 별거를 하겠다고 위협하지 않기
- 음주와 관련된 과거의 갈등에 대해 지지적인 치료 맥락에서만 이야기하고 회기 외의 시간에는 이야기하지 않기
- 부부 관계에 있어서 긍정적인 감정을 증진시킬 수 있는 행동을 서로 연습할 수 있도록 다음 회기까지 실습 과제 수행하기

알코올 관련 논쟁 줄이기 부부가 음주와 관련하여 갈등을 경험한 적이 있는지에 대해서 질문하라. 부부는 알코올 관련 문제가 있었던 음주자의 과거 사건에 대해서 이야기할 수도 있고, 음주자가 재발할 것에 대한 배우자의 두려움과 관련된 미래 상황에 대한 갈등을 이야기할 수도 있다. 이러한 갈등의 의미에 대

한 각 배우자의 관점을 탐색하라. 예를 들어, 배우자가 과거에 대해서 이야기한다면 음주자는 그것을 잔소리로 여기고 방어적인 태도를 취하게 될 것이다. 이때 배우자의 의도가 나쁘지 않다는 것을 확인하는 것이 중요하다. 배우자는 아마도 음주자의 변화를 촉진하고자 하는 것일 수도 있고, 음주의 위험으로부터 음주를 경고함으로써 그들의 관계를 지키려는 것일 수도 있다. 이 같은 방식으로 갈등을 재구성함으로써 상담자는 배우자의 걱정을 공감할 수 있고, 이러한 논쟁이 음주자의 재발을 막기 위한 가장 효과적인 방법이 아닐 수도 있다는 것을 말해 줄 수 있는 기회를 얻게 된다.

배우자가 음주자에 대한 자신의 걱정을 표현할 수 있고, 음주자가 방어하지 않고 반응할 수 있는 방법에 대해서 부부가 함께 브레인스토밍(pp. 165-166 참조)하도록 하라. 한 가지 의견을 제시한다면 특정한 날, 특정 시간을 정해서 그 시간에 음주자는 치료 목표를 이루기 위해서 자신이 해야 할 것을 이야기하고, 배우자의 질문이나 걱정이 무엇인지에 대해서 듣기로 정하는 것이다. 배우자는 이 시간 이외에는 과거나 미래의 사건을 다시 언급하지 않기로 동의해야 한다. 또한 부부는 처음부터 서로의 말을 중단시키지 않고 들을 것과 마무리는 긍정적인 어조로 할 것에 대해서 동의해야만 한다. 치료하는 동안 역할극(p. 39 참조)을 통하서 이러한 의사소통을 연습하는 것은 실제 상황에 적용하는 데 도움이 된다.

타임아웃 타임아웃 기법은 부부간에 갈등이 발생했을 때 그 갈등을 다루는 데 도움이 될 수 있는 방법이다. 효과적인 타임아웃의 핵심 열쇠는 갈등이 점점 고조되고 있다는 것을 인식하는 데 있다. 갈등이 고조됨에 다라 부부의 신체적 각성이 어떻게 증가하는지에 대해서 생각해 보도록 하라. 논쟁으로부터 쉽게 빠져나오는 것이 가능한 시점(갈등의 초기 단계)을 찾아보고, 이 시점을 배우자가 통제력을 거의 상실하고 계속해서 논쟁하게 되는 갈등의 후기 단계와 비교하도록 부부에게 권하라. 이러한 갈등을 고조시키는 데 기여하는 부정적 자기대화(뒷부분 참조)에 어떤 것들이 있는지 부부가 찾아보도록 하는 것이 유용하다.

일단 부부가 더 통제 가능한 상태인 갈등의 초기 단계가 있다는 것을 확인하게 되면 '타임아웃' 개념을 소개하라. 예를 들어, 타임아웃이란 어느 한 배우자가 "기분이 별로 좋지 않아, 15분 동안 타임아웃을 했으면 좋겠어."라고 말하는 것이다. 부부는 각자 다른 방으로 들어가서 감정이 보다 진정될 때까지 심호흡을 할 수 있다. 부부 모두가 보다 덜 적대적인 수준으로 대화를 다시 시작할 수 있을 만큼 안전하다고 느낄 때까지 기다려야만 한다.

또한 타임아웃은 갈등을 다루기에 보다 적절한 시간을 서로에게 요청할 수 있는 기회를 제공한다. 예를 들어, 한쪽 배우자가 "난 지금 당장 이 문제를 이야기하지 않았으면 좋겠는데, 저녁 먹고 나서 이것에 대해서 이야기하는 것이 어때?"라고 말할 수도 있다. 만약 어느 한 배우자가 타임아웃을 사용하지 않은 채 단지 대화하는 것을 피하려고 하는 것은 배우자에게 싸움을 거는 행위로 해석될 수 있다는 점을 부부에게 설명하라. 대화의 통로를 항상 열어 두는 것의 중요성을 강조하라.

부부 모두 자신의 감정을 적절하게 표현할 수 있다고 느끼게 될 때 갈등이 야기되었던 상황에 대한 실제적인 해결 방법을 명확하게 알려 준다. 상담자는 부부에게 문제해결 기술(6장)을 가르치는 것으로 부부를 조력할 수 있다. 문제가 해결되기 위해서는 부부 중 한 명 혹은 두 명 모두의 행동 변화가 요구되기 때문에 상담자는 효과적인 협상 기술을 개발할 수 있도록 부부를 조력할 필요가 있다. 상담자는 '긍정적이고 구체적으로 요청하기'(p. 203 참조)와 '인정하기'(pp. 208-209 참조) 같은 의사소통 기술을 역할극에서 연습할 수 있도록 회기를 마련할 필요가 있다.

타임아웃에 동의하는 것은 폭력이 우려되는 상황으로 빠르게 고조되는 부정적 상호작용을 다루는 데 특히 유용할 수 있다. 부부에게 폭력이 문제였다면 폭력을 가하는 배우자가 상대 배우자에게 폭력을 가하거나 위협하지 않겠다는 서약을 하도록 협의하는 것이 중요하다. 이 서약에는 폭력이 일어나기 전에 자신의 각성 수준을 관찰하는 것과 진정시키기 위한 타임아웃 선언에 동의하는 것이 포함된다. 또한 이러한 동의에는 폭력의 징후가 나타나면 폭력을 당하는 배우자는 집을 떠나서 지정된 장소에 일정 기간 동안 머물 것에 대한 계획 또한 포함되어야 한다. 그리고 그것에 의해서 부과된 기간만큼 타임아웃은 강제적으로 더 늘어나게 된다.

예상되는 문제 상황 다루기

알코올 문제에 대한 부부치료는 현재 진행되고 있는 폭력이나 심각한 폭력 문제를 해결하기 위해서 고안된 프로그램이 아니라는 것을 명심하라. 만약 부부가 이러한 문제를 가지고 있다면 폭력을 당하는 배우자를 위해 실질적인 지원을 포함하는 적절한 의뢰를 요청하는 것이 좋다.

긍정적 상호작용

부부치료의 목표 중 하나는 부부 관계에 있어서 긍정적인 감정과 선한 의도(good will)를 증가시키고 보다 헌신할 수 있도록 하는 것이다. 음주 문제와 관련된 위기로 인해서 반복된 상처를 입은 부부의 경우, 부부가 함께 긍정적인 경험을 나눔으로써 관계를 회복하는 것이 필요하다. 보다 안정적인 관계의 경우에는 음주행동에 있어서 변화 그 자체가 재조정 과정에서 새로운 긴장과 필요를 야기할 수 있다. 상담자는 부부가 긍정적인 상호작용을 증가시키도록 도움으로써 이 과정에 있는 부부를 조력할 수 있다.

보상적 활동 함께하기! 부부가 함께 즐길 수 있는 활동에 대한 목록을 각각 따로 만들어 보도록 하라. 당연히 음주는 이러한 활동에서 제외해야 한다. 이전에 부부가 함께했거나 혹은 항상 해 보고 싶었던 일을 부부 각자가 선택할 수 있도록 장려하고 그 후에 부부가 장차 함께할 활동에 대해서 계획하도록 조력하는 데 이 목록을 사용하라. 이 활동과 관련된 갈등이나 문제를 절충하는 데 도움이 필요할 것이다. 마지막 순간까지 지체한다거나 사소한 세부 사항 때문에 주제를 벗어나는 등 시작이 지연될 수 있으므로 시작할 때부터 이 활동을 방해할 수 있는 잠재적인 위험을 피하도록 부부를 조력하라.

부부가 가정에서 연습할 수 있는 한두 가지 활동을 선택하도록 장려하고, 다음 회기에서 이 활동을 실행한 후에 겪게 된 어려움과 각 배우자의 경험에 대해서 논의하라. 이러한 보상적 활동이 최소한 일주일에 한 번은 서로에게 즐거움으로 경험되기 위한 방법을 부부와 함께 의논하라.

만약 부부가 성관계에 문제가 있다면 서로에 대한 불필요한 압력을 피하기 위해서 성적 활동은 이 활동 목록에서 배제하는 것이 좋다. 때때로 사람들은 정서적이거나 성적인 친밀감을 목적으로 알코올을 사용하기도 한다. 그러나 오히려 알코올은 성적인 문제를 일으킬 수도 있다. 참고자료에는 성관계를 향상시키는데 도움이 되는 도서들이 제시되어 있다. 성관계의 향상을 위해 이와 관련된 치료기관에 의뢰하는 것도 부부에게 도움이 될 수 있다.

배우자의 '잘하고 있는 행동' 찾아내기 상담자는 "배우자의 행동 중 당신을 배려하고 있다고 생각되는 행동은 어떤 것인가요?" 라고 부부에게 질문할 수 있다. '배우자의 잘하고 있는 행동 찾아내기' 내담자용 유인물을 부부에게 제공하라. 이 내담자용 유인물은 O' Farrell(1995)의 것을 수정한 것이다. 각 배우자에게 서로의 행동을 관찰한 뒤에 배려하는 행동을 하루에 하나씩 기록하도록 요청하라. 각자 작성한 연습지를 다음 회기 때까지 서로에게 보여 주지 말아야 한다.

그다음 회기에서는 부부 각자가 작성한 서로의 배려하는 행동을 소리 내어 읽게 하라. 배우자의 배려하는 행동을 보고 어떻게 느꼈는지를 질문하라. 상대방의 배려하는 행동을 인지했음을 전달하는 방법을 설명해 주고, 한 가지 예를 시범으로 보여라. 이것은 '나-진술' (p. 202 참조)로 표현하고, 배우자가 했던 행동이 무엇이고 자신이 어떻게 느꼈는지에 대해 구체적으로 이야기해야 한다. 예를 들어, "당신이 ……하는 것이 좋았어." "당신이 ……했을 때 난 ……을 느꼈어." 라고 말할 수 있다. 이때 시선 접촉, 미소, 진실하고 유쾌한 목소리 등에 주의를 기울이도록 하라. 긍정적인 느낌에 초점을 맞추는 것이 중요하다는 점을 강조하라. 이러한 긍정적인 경험을 이전의 부정적인 경험과 비교하는 것은 비생산적임을 주지시켜라. 부부 각자 자신의 '연습용 유인물' 에 기록된 서로를 배려하는 행동을 인지했음을 보여 주는 역할극을 해 보도록 하라.

가정에서 연습할 때, 부부 각자가 매일 관찰한 상대방의 배려하는 행동을 인지했음을 보여 주는 2~5분간의 의사소통 회기를 매일 가지게 하라. 그다음 회기에서는 이러한 기술을 더 연습하게 하고 가정에서 연습할 때 느꼈던 감정이나 문제에 대해 의논하라. 전체 치료 프로그램 진행 기간 및 치료 후에도 가정에서 이 연습을 계속하도록 부부를 격려하라.

기쁘게 해 주는 날 '기쁘게 해 주는 날'이란 한쪽 배우자가 다른 한쪽 배우자를 기쁘게 해 주는 일을 가능한 한 많이 시도해 보는 날이다. 각 배우자는 그런 날을 하루 선정하고 그 날짜를 서로에게 알리지 않는다. 그렇게 하는 목적은 서로에게 도움이 되고, 즐겁고, 위안이 되는 것이 무엇인지를 배우는 것에 초점을 맞추는 것이다. 이전의 연습 기간 동안 '연습용 유인물'에 기록된 활동 목록은 여기서도 응용된다. 이 연습은 어떤 부부에게는 다소 인위적인 느낌을 줄 수도 있다. 상담자는 이러한 부부에게 이 연습이 학습 과정의 일부이며, 일단 부부가 서로 조정해서 이러한 활동을 자신의 부부 관계에 맞추게 되면 이 연습이 더욱 자연스럽게 느껴질 것이라고 설명할 필요가 있다.

자기대화 자기대화는 9장(의사소통 기술)에서 논의되었다. 부정적 자기대화는 (특히 한쪽 배우자가 다른 배우자의 의도를 부정적으로 해석할 때) 부부의 긍정적 상호작용을 해칠 수 있기 때문에 부부치료와 관련이 있다. 부부로 하여금 다음의 자기대화 예들을 살펴보고 비교하도록 하라.

'그는 왜 내게 잘해 줄까? 나에게 원하는 게 뭘까?'

'그에게 그건 참 사려 깊은 행동이었다고 얘기해 줘야지.'

'그 애는 참 고마워할 줄 몰라. 내가 뭘 잘하는지 알지도 못해.'

'그건 실망스러운 일이지만 내가 무언가 잘해 줄 때마다 그녀가 그것을 깨달을 거라고 기대할 수는 없지. 내가 잘해 준다는 것을 그녀가 알아차리지 못할 때 내가

실망한다는 걸 그녀에게 말해 주는 게 좋겠어.'

건설적인 자기대화는 부부간의 대화를 확대시키는 방식으로 도움이 된다는 점을 강조하라. 각 배우자가 자기대화를 점검하도록 하고, 그것이 부부의 대화에 영향을 미치는 방식에 주목하도록 격려하라. 긍정적 자기대화와 부정적 자기대화의 예를 부부가 브레인스토밍하도록 하라.

약물치료 지지하기

음주자가 단주를 유지하기 위한 약물치료를 처방받았다면 배우자가 음주자에게 약물 복용에 대해 지속적으로 알려 주고 격려해 주는 것이 유익하다(14장 참조). 이러한 접근이 부부 관계를 악화시키지 않는다면 효과적일 것이다. 배우자의 역할은 음주자의 약물치료에 대한 책임을 지는 것이 아니라, 약물치료를 지지해 주는 것뿐이라는 점을 강조하라. 음주자가 방어적으로 되지 않도록 하면서 배우자가 약물치료를 지지해 줄 수 있는 방법에 대해 부부와 함께 의논하라.

재발예방

부부에게 재발예방 개념을 설명하라. 재발의 초기 경고 신호와 고위험 상황을 부부가 찾아내도록 도와라. '재발예방 훈련'(pp. 354-357 참조) 개념을 설명해 주고, 음주하는 실수가 발생할 때 음주의 결과와 기간을 최소화하기 위한 전략을 수립하도록 부부를 도와라. 역할극을 통해 이러한 전략을 시연해 보도록 하고, 부부 각자가 미래에 대해 가지고 있는 모든 걱정이나 의구심에 대해 숨기지 말고 이야기하게 하라.

예상되는 문제 상황 다루기

만약 치료를 받고 있는 동안 음주가 재발한다면 다음 치료 회기에서 부부가 이 문제를 다루도록 도와라. 즉, 음주를 하는 동안이나 그 이전에 발생한 사건이 무엇인지를 부부가 탐색하게 하고 음주행동의 선행 요인과 후속 결과를 밝혀내도록 하라(16장 참조). 음주행동은 부부 관계 이외의 상황에서 일어나는 스트레스(예: 직무 압박)에 대한 반응이었을 수도 있다. 만약 그렇다면 음주자가 앞으로 이러한 스트레스를 알코올에 의지하지 않고 다룰 수 있는 방법을 찾도록 부부를 격려하라.

또한 음주행동은 부부간에 되풀이해서 발생하는 심각한 갈등에 대한 하나의 반응일 수 있다. 이 경우라면 상담자는 갈등의 원인이 되는 사건과 갈등의 결과로 벌어진 사건이 무엇인지를 탐색해야 한다. 그리고 상담자는 부부가 이 문제를 다루려고 시도했던 방법은 무엇이고, 그들이 사용한 전략에 어떤 문제가 있는지를 찾아낼 필요가 있을 것이다. 치료 회기 동안 갈등의 원인에 대해 이야기하도록 부부를 격려하고, 부부가 타임아웃, 의사소통 기술 및 문제해결 기술을 연습할 수 있도록 도와라.

예시 2: 배우자 혼자 도움을 구하러 온 경우

음주자는 치료받으러 오는 것을 주저하고, 배우자 혼자 도움을 구하러 오는 경우가 있을 수 있다. 이러한 경우, 배우자를 개입시키는 부부치료는 음주자의 문제에 대해 배우자를 책망하는 것이 아님을 반복해서 설명해 주는 것이 매우 중요하다. 비록 음주자의 문제를 감소시키는 방법에 관한 배우자의 정보 요청에 대해 대답해 주고 싶더라도 상담자는 항상 배우자의 안녕(well-being)을 가장 중요하게 다루어야 한다. 배우자가 고립감을 느끼고 있다면 알코올중독 가족모임(Al-Anon)이나 알코올중독 자녀모임(Alateen)에 참석해서 가족이 지지받는 방법에 대해 소개하는 것이 유익하다(pp. 334-335 참조).

배우자를 격려하여 개인적 목표를 이야기하게 하라. 배우자는 음주자가 회복에 성공할 때까지 자신의 개인적인 욕구 충족을 보류시키고 있을 것이다. 공감적 상담은 배우자의 개인적 욕구를 찾아내는 데 도움이 될 것이며, 문제해결 기법은 변화 전략을 수립하는 데 사용될 수 있다.

배우자 자신의 욕구에 더 집중하도록 격려하는 것은 사실상 부부 관계에도 영향을 미칠 것이다. 배우자가 음주자의 음주행동에 집중하지 않게 됨으로써 음주자는 자신의 행동에 대해 더 큰 책임을 지게 된다. 배우자가 음주자를 음주로부터 보호해야 한다는 책임감을 가지지 않도록 격려하라. 배우자는 음주자의 평안을 책임지기 위해 해 오던 행위를 과감하게 중단하는 실험을 시도해 볼 수도 있다. 예를 들어, 배우자는 다음과 같은 행동—① 음주자에게 때늦게 식사를 차려주는 행동, ② 음주자가 만취하여 거실에서 잠들었을 때 편안하게 자도록 잠자리를 돕는 행동, ③ 음주자의 결근에 대해 고용주에게 용서를 구하는 행동, ④ 음주자가 구토한 음식물을 청소하는 행동, ⑤ 음주자의 반사회적 행동에 대해 그 친구들에게 사죄하는 행동—을 중단하는 시도를 해 볼 수 있다. 이 행동 목록에는 음주 결과가 잠재적으로 위험할 수 있는 상황(예: 음주 상태에서 위험한 작업을 하거나 운전하는 것)은 제외되었다.

의사소통 기술도 배우자에게 유익할 것이다. 부부가 지금까지 알코올 관련 논쟁에 휘말려 본 적이 있는지에 대해 논의하라(앞의 내용 참조). 음주자를 보호할 목적으로 행했던 것이지만, 결국에는 갈등을 야기했던 대화법은 무엇이었는지에 대해 논의하라. 자기대화 및 나-진술은 배우자가 승산 없는 음주 논쟁에 빠지지 않으면서 자신의 감정을 음주자에게 전달할 수 있도록 해 주는 유용한 개념이다. 다시 강조하지만 배우자는 자신의 욕구에 대해 책임지고, 음주행동에 대한 책임은 음주자에게 되돌려 주도록 배우자를 격려하는 것이 무엇보다 중요하다.

또한 가정폭력을 선별하고 그 위험성을 평가하는 것이 좋다(Punukollu, 2003). 만약 배우자가 음주자로부터 신체 폭력을 당했다면, 상담자는 배우자가 자신을 보호할 수 있는 전략을 세우도록 도울 필요가 있다. 예를 들어, 배우자는 다음에 다시 이러한 일이 발생하면 경찰에 신고할 것이라고 음주자에게 경고할 수 있다. 만약 배우자가 음주자로부터 위협을 받는다면 집을 떠나서 일정 기간 동안 보호시설에 머무르는 것도 하나의 전략이 될 수 있다. 배우자가 호락호락하지 않으며 자신을 보호하기 위한 조치를 취할 것이라는 사실을 음주자가 깨닫도록 모든 신체 폭력에 대해 반드시 즉각적인 조치를 해야 하고, 또한 배우자의 안전을 위해 실질적인 지원을 제공하는 다른 서비스에 배우자를 연결시켜 줘야 한다.

예시 3: 지지를 증진시키기 위한 가족 만남

청년층 내담자를 치료할 때 내담자가 신뢰할 수 있는 지지망(19장 참조)을 구축하도록 돕는 것이 매우 중요하다. 이를 위해 내담자의 가족과 만나는 것도 한 가지 방법이다. 가족들은 격려하고 실질적인 지원을 함으로써 물질남용을 극복하려는 내담자의 회복력(resilience)[1]을 향상시키는 데 도움을 줄 수 있다. 또한 가족들은 청년층 내담자가 상담을 충실히 받도록 하거나 처방약을 계속 복용하도록(약물치료를 받는 경우) 격려함으로써 치료 과정을 지지할 수 있다. 만약 청년층 내담자가 가족들과 떨어져 살고 있다면 가족 모임은 이전의 가족 관계를 회복하고, 더 나아가 다시 가족과 함께 사는 것에 대한 동의를 이끌어 낼 수 있는 기회가 된다.

지지를 증진시키기 위한 가족 모임은 가족치료와는 다르다. 여기서 제안하는 일부 전략은 가족치료의 원리를 활용하고 있다. 그렇지만 가족치료의 원리에 바탕을 둔 전략은 청년층 내담자의 물질 사용을 변화시키고, 생활방식을 안정시키기 위한 가족들의 지지를 돕는 데 제한되어 있다.

내담자의 가족과 만나는 것이 항상 가능하거나 바람직한 것은 분명 아니다. 가족 구성원들도 심각한 물질남용 문제를 지니고 있을 수 있고, 내담자가 그의 가족으로부터 학대를 받았거나 내담자가 가족의 지지를 이끌어 내는 것을 어렵게 만드는 다른 심각한 가족 관계상의 문제가 있을 수 있다. 비록 우리가 여기서 '가족' 이라는 용어를 사용하고 있지만, 내담자를 걱정하는 그의 주위 사람들에게서 지지를 구하는 것이 더 나을 수도 있다. 이러한 사람들은 확대가족, 이웃이나 지역사회 사람들일 수 있다. 또 다른 한편으로는 선생님, 코치, 청소년사법

1) '적응 유연성' 으로도 불림-역주

관, 아웃리치 워커(outreach worker)와 같은 서비스 제공자일 수 있다.

목 표

통상적인 치료 목표와는 달리, 가족의 지지를 향상시키려는 치료 접근에는 다음과 같은 특별한 목표가 있다

- 가족이 경험해 온 것에 대해서 인정하기
- 변화 과정에 대해서 가족 교육하기
- 청년층 내담자와 그 가족 간에 신뢰 재구축하기
- 효과적인 대화 전략 구축하기
- 안전한 행동을 지지하고 보상하기
- 제한점과 결과 설정하기
- 음주 충동, 실수 및 재발에 대해 대처하기
- 함께 시간 보내기

방 법

여기서 설명하는 전략은 이 책의 다른 장 및 다른 절의 내용과 중복된다. 예를 들어, 이 장의 다른 절 및 9장(의사소통 기술)과 16장(재발예방 훈련)에서 설명하는 다양한 핵심 개념과 원리는 주위 사람들이나 가족과의 모임을 가질 때 특히 유용하다. 19장은 청년층 내담자를 평가하고 치료를 시작하도록 돕기 위한 지침을 제공한다.

모임의 주제를 설정함으로써 각 모임을 구조화하라. 즉, 각 모임은 최근의 사건에 대해 검토하고, 회기 사이의 연습 내용에 대해 검토하며, 그 후 새로운 안건을 다루는 것으로 구조화된다. 각 모임의 종료 시점에는 서로 토론한 전략과 계획을 요약함으로써 서로가 공감했던 내용을 모두 분명하게 이해하도록 돕는다.

가족과 대화할 때 청년층 내담자를 '문제아'로 명명하는 것을 피하라. 그 대신 물질남용 자체를 '문제'로 규정하며, 그러한 물질남용이 청년층 내담자를 포함하는 모든 사람들에게 미치는 영향에 초점을 맞추어라. 이러한 접근은 청년층 내담자를 책망하지 않게 해 주며 치료를 모든 참여자들에게 상호 이익이 되는 방향으로 촉진시킨다.

시작하기에 앞서

상담자가 청년층 내담자와 이미 상담을 해 오고 있고 그의 가족을 개입시키고자 한다면, 내담자에게 상담에 참여시키고 싶은 사람을 찾도록 요청하라. 내담자가 가족이나 주위 사람들로부터 어떠한 지지를 원하고 그들과의 만남에서 기대하는 것이 무엇인지를 탐색할 시간을 가져라. 상담자는 내담자가 찾아낸 지지적인 사람들을 만나서 가족 모임에 초청하도록 내담자를 격려하라. 그가 이러한 만남을 시도하려면 상담자의 도움이 필요할 것이다.

청년층 내담자가 먼저 도움을 구하러 온 경우, 그 가족을 만나서 그들을 즉시 치료 작업에 참여시켜라. 예를 들어, 상담자는 가족들에게 청년층 내담자를 위해 치료(19장 참조)에 개입하기와 가족 모임에 참여하기 등 2가지 접근법을 제안할 수 있다. 상담자는 2가지 다른 역할에 대해 두 명의 상담자를 각각 개입시키는 것이 가장 최선의 접근법인지, 아니면 치료진이 부족하기 때문에 한 명의 상담자가 2가지 치료를 모두 실시하는 것이 최선인지를 고려할 필요가 있을 것이다. 만약 상담자가 2가지 역할을 모두 수행하고 있다면, 청년층 내담자는 가족들이 아닌 자신이 첫 번째 내담자가 되고 싶을 것이며 개별 회기의 비밀을 지켜 줄 것에 대해 상담자에게 기대할 것임을 인식하라. 상담자는 이러한 개별 회기에서 오고 간 정보를 청년층 내담자의 허락 없이 밝힐 수 없다는 점을 가족들에게 설명함으로써 이러한 '특수 관계'를 숨김없이 알려 주는 것이 중요하다. 또한 청년층 내담자는 가족 모임에서 상담자가 자신을 옹호해 주기를 기대할 것이다(pp. 386-388 참조). 개인상담을 진행하는 동안 청년층 내담자는 가족 회기를 준비하고, 상담자에게서 가족 회기의 결과를 듣고 싶을 것이다. 그렇지만 가족 모임 동안 각 참여자의 관점을 고르게 듣고 참고함으로써 모든 참여자들과 치료 동맹을 맺어야만 한다. 내담자를 옹호하는 것이 도움될 때도 있지만, 내담자의 의사소통 기술을 향상시켜서 내담자가 가족과 직접 대화할 수 있도록 격려하는 것 또한 중요하다.

가족을 평가하고 개입시키기

청년층 내담자가 물질남용 문제로 도움을 구하러 왔을 때 가족들은 각자 다른 단계에 있을 것이다(NSW Department of Health, 2003). 예를 들어, 내담자의 가족은 청년층 내담자의 물질남용의 심각성을 최근에야 알았을 수 있고, 아직 그 문제를 감수하고 있을지도 모른다. 혹은 가족들이 상당 기간 동안 문제를 해결하기 위해 갖은 노력을 해 왔고, 여러 가지 조언—좋은 조언과 나쁜 조언—을 받았을 수도 있다. 청년층 내담자의 물질남용에 대해 가족들이 어떻게 인식하고 있고, 어떤 해결 방법을 시도해 왔는지에 대해 탐색하는 시간을 가져라.

어떤 가족 구성원들은 자신들이나 기타 가족 관계를 희생시키면서 청년층 내담자의 물질남용 문제를 해결하려는 노력에 모든 에너지를 쏟아부었을 수 있다. 이러한 노력에도 불구하고 가족 간의 약속이 깨지고, 부정적인 상호 교류가 발생하며, 가족 간의 경계선을 설정하기가 어려워지는 등 문제가 더 심각해졌을 수도 있다. 물질남용은 우울증, 불안, 갈등 및 수면 부족과 같은 다른 가족 문제에 영향을 미친다. 가족들은 희망을 잃어 가고 있을 수도 있다. 심지어 가족들은 치료 제공자로부터 소외되거나 지지를 받지 못한다고 느낄 수도 있고, 가족 모임을 가져 보자는 상담자의 제안은 회의적이거나 방어적인 태도에 직면하게 될 수도 있다.

상담자가 이러한 이슈들에 대해 가족들과 탐색할 동안, 해결책을 찾으려는 그들의 노력과 그들이 겪었을 어려움을 인정해 주어라. 그들이 느끼는 분노, 죄책감, 두려움, 좌절감 및 불신감에 대해 충분히 대화하기 위해 반영적 경청 기법을 사용하라. 또한 가족들이 지지적인 자가 조력과 관련된 자료(참고자료 참조)를 읽어 보는 것도 도움이 된다.

내담자를 위한 설명

내담자 및 그 가족들과의 첫 모임에서 청년층 내담자가 자신의 물질 사용 행동을 변화시키고 더욱 안정적인 생활방식을 구축함에 따라 그를 지지할 수 있는 방법 중 하나가 바로 가족 모임이란 점을 설명하라. 가족 모임은 가족을 책망하는 자리가 아님을 적절한 시기에 가족들에게 다시 확신시켜 주어라. 오히려 가족 모임의 목적은 가족들에게 지속적으로 서로를 알 수 있는 기회와 각자의 걱정과 요구를 표출하는 기회를 제공하는 것이다. 상담자는 가족들의 의견이 반영되지 않은 고정불변의 해결책을 제시하기보다는 가족들이 스스로 해결책을 찾도록 도와주기 위해 가족들과 함께 작업할 것임을 설명하라.

초기 모임에서 각 참여자와 서로 간의 관계를 알 수 있는 시간을 가져라. 가족과의 첫 모임에서 대화에 관한 몇 가지 기본 규칙을 만들어라. 훌륭한 대화는 신뢰를 재구축하는 데 도움이 될 것이라는 점을 설명하고, 모든 참여자가 서로를 이해하게 될 것이라는 점을 확실히 하라. 한 참여자가 말할 때 다른 참여자들이 끼어들지 않는 것이 중요하다는 것을 강조하라. 나-진술, 긍정적이고 구체적으로 요구하기, 적극적인 경청 및 타인 인정하기와 같은 효과적인 의사소통 기술(9장 참조)에 대해 설명하고 시범을 보이며, 격려하는 것이 도움이 될 것이다.

변화에 관한 대화

상담자가 청년층 내담자와 이미 상담을 시작했다면 두 사람이 지금까지 나눈 대화 내용에 근거하여 그의 가족들에 대한 정보를 갱신하도록 그를 도와라. 그들이 내담자의 치료 경과에 관해 궁금한 점을 상담자나 내담자에게 질문할 수 있는 시간을 주어라.

내담자를 포함하여 각 가족 구성원들이 가족 모임에서 달성하고 싶은 것에 대한 각자의 희망이나 기대를 표현하도록 격려하라. 이러한 목표를 계속 탐색하기 위해 반영적 경청과 요약 기법을 사용하고, 모든 공통 관심사를 강조하라.

"당신은 아들이 복학하기를 원하고 있다는 것을 알았고, 아들은 직업훈련을 원한다고 말하고 있습니다. 당신과 당신의 아들 모두 유사한 생각을 하고 있는 것으로 들립니다. 즉, 두 사람 모두 더 많이 교육받는 것이 긍정적인 방법이라는 생각을 하는 것 같습니다."

가족 구성원들이 청년층 내담자를 효과적으로 지지하기 위해서는 그의 치료 목표를 이해하고, 어느 정도 동의할 필요가 있을 것이다. 만약 물질남용에 대한 치료 목표에 의견 차이가 있다면, 각 참여자의 근본적인 걱정이 무엇인지를 탐색하라. 예를 들어, 단주만이 고려할 수 있는 유일한 목표라는 강한 신념 때문에 부모는 내담자의 폐해 감소 목표에 동의하지 않을 수도 있다. 이러한 의견 불일치를 다루는 한 가지 방법은 내담자를 포함하는 가족들 각자가 이번 상담을 통해 무엇이 달성되기를 원하는지에 대해 탐색하는 것이다. 폐해로부터의 안전이나 더 안정적인 생활방식 또는 청년층 내담자가 자신의 물질 사용 행동을 변화시키고 그러한 장기 목표를 달성하도록 내담자를 돕는 작업의 중요성과 같은 공통적이고 근본적인 주제에 초점을 맞추어라.

행동 변화의 특징에 관해서 내담자 및 그 가족과 대화하는 시간을 가져라. 변화에 성공하기는 쉬운 것이 아니며, 사람들은 학습 과정의 정상적인 일부분으로서 실수하거나 재발하기도 한다는 점을 설명하라(pp. 343-344 참조). 내담자의 가족들에게 금연이나 다이어트와 같이 자신들의 행동 변화 경험에 대해 곰곰이 회고해 볼 것을 요청하는 것도 유용하다. 가족들의 개인적인 경험담은 실수와 같은 핵심 변화 개념을 강조하는 데 도움이 될 것이다.

어떤 가족 구성원들은 청년층 내담자의 실수나 재발 가능성을 생각해 보는 것이 앞으로의 물질 사용을 용서해 주는 것이라고 믿기 때문에 그러한 가능성을 생각해 보는 것조차도 두려워한다. 재발예방(relapse prevention)이란 재발을 예방하기 위해 미리 계획을 세운다는 의미뿐만 아니라, 재발에 효과적으로 대처한다는 의미도 포함한다는 것을 가족에게 설명하라. 다른 모든 학습 과정과 마찬가지로 실수는 발생할 수 있다. 청년층 내담자는 물질을 사용하고 싶은 강한 충동을 경험할 수도 있고, 실수하거나 재발할 수도 있다. '소방훈련(fire-drill)' 비유를 소개하면서 실수와 재발을 예방하는 것도 중요하고, 일단 실수나 재발이 발생했을 경우에는 그로 인한 폐해를 최소화하기 위한 계획을 수립해 놓는 것도 중요하다는 점을 설명하라. 이러한 접근법은 16장(재발예방 훈련)에서 자세하게 다룰 것이다.

신뢰를 재구축하고 갈등을 해소하기

신뢰는 청년층 내담자의 가족과 상담할 때 중점을 두고 다루어야 할 중요한 문제다. 청년층 내담자가 물질남용 행동을 변화시켰을지라도 그의 부모나 가족들은 그를 다시 신뢰하는 것에 대해 회의적일 수 있다. 특히, 그가 가족들을 속였거나 그들의 돈을 훔쳤다면 더욱 그러할 것이다. 이러한 의심 때문에 [그림 13-1]과 같은 순환적인 상호작용 패턴이 발생될 수 있다.

각 가족 구성원이 자신의 깊은 고민에 대해서 서로 이야기하도록 함으로써 곤경에서 벗어날 수 있도록 도와라. 고민과 개인적인 필요의 긍정적인 면을 반영해 주어라. 예를 들어, 부모는 이전에 내담자가 실망을 준 사건에 대해 이야기할 수도 있고, 다시 그를 믿는 것에 대해 조심스럽다는 이야기를 할 수도 있다. 또한 부모는 아들을 보호하고 싶다는 의사를 내비칠 수도 있다. 청년층 내담자는 자신이 이미 이루어 낸 변화에 대해 부모가 인정해 주기를 원하지만 여전히 자신을 아이처럼 취급하고 있다고 느낄지도 모른다. 각각이 지닌 걱정거리는 중요한 문제라고 인정해 주고, 가족들에게 이러한 걱정거리를 다루기 위한 방법을 탐색해 볼 것을 요청하라.

물질남용이 가족에게 미치는 영향에 관해서 대화할 때 문제 중심 질문과 해결 중심 질문을 균형 있게 사용하도록 노력하라(pp. 382-384 참조). 이러한 접근법은 그 가족 관계에 이미 존재하는 강점에 기초해서 작업하는 데 도움이 될 것이다. 예를 들어, 상담자는 다음의 두 관점에서 물질남용을 탐색할 수 있다.

- 물질남용이 가족 관계에 미치는 영향은 무엇이고, 내담자에게 지지가 되는 가족의 능력은 무엇인가?

• 내담자와 그 가족은 내담자의 물질남용에 어떤 영향을 미쳤는가?

물질남용 문제에서 예외가 되는 사항을 탐색함으로써 그 가족의 강점을 찾아내라(18장, pp. 382-384에서 설명한 것처럼).

가족에게: 그가 물질남용 문제를 다루는 데 성공했던 시절에 대해 말씀해 줄 수 있나요?
부모에게: 어머님이 아들을 자랑스럽게 느꼈던 시절에 대해 말씀해 줄 수 있나요?
내담자에게: 가족들이 당신을 도와주었던 시절에 대해 말씀해 줄 수 있나요?

회기와 회기 사이에 규칙적인 가족 모임을 갖기 위한 구체적인 계획을 세우도록 가족을 격려하라. 예를 들어, 가족들은 서로의 걱정거리에 관해서 대화하기 위해 매일 특정 시간대나 일주일에 몇 시간을 비워 둘 수 있다. 끼어들기 없이 서로의 이야기를 경청하고, 과거의 사건을 들춰내지 않으며, 갈등이 있을 때는 타임아웃(p. 269 참조)을 외치고, 긍정적인 글로 마무리하기처럼 모임을 위한 기본적인 규정을 의논하라.

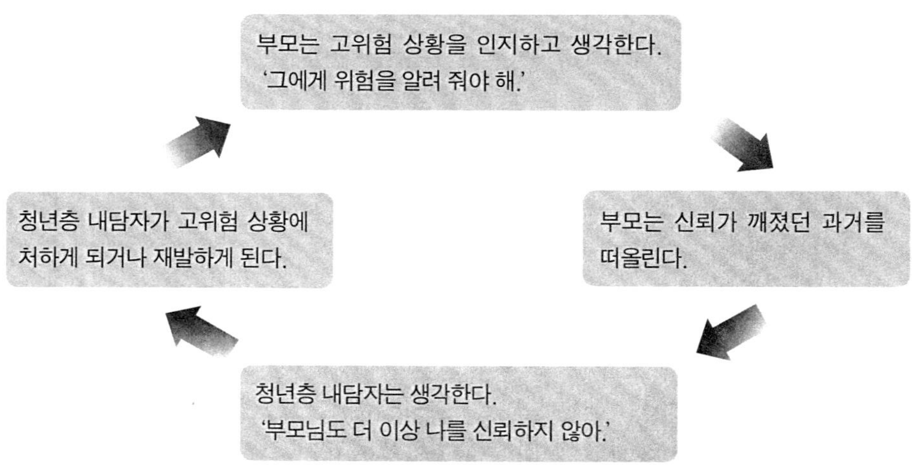

[그림 13-1] 상호작용의 순환 패턴(예)

안전한 행동을 지지하고 보상해 주기

가족 모임은 또한 청년층 내담자의 노력을 지지해 주는 실용적인 전략을 개발하는 데 초점을 맞추어야 한다. 우리는 가족들이 청년층 내담자를 위한 새로운 생활방식을 지지하는 것을 돕기 위해 Azrin, Donohue, Besalel, Kogan과 Acierno(1994)의 다음 전략을 소개한다. 이 전략은 원래 가족과 함께 살고 있는 청년층 내담자를 위해 개발된 것이었다. 그러나 청년층 내담자가 그 가족이나 주위 사람들과 정기적으로 만나는 상황에서도 적용될 수 있다.

먼저 가족 모임에 참여한 모든 사람들에게 2가지 목록—'안전한' 상황 목록(청년층 내담자가 물질을 사용할 가능성이 거의 없는 상황)과 '위험한' 상황 목록(물질 사용의 가능성이 높은 상황)—을 만들어 볼 것을 요청하라. 다음의 제안에 기초하여 만들 수 있을 것이다.

- **'안전한' 상황**: 약물 및 알코올 사용과 공존할 수 없는 활동, 장소 및 사람이 포함된다. 안전한 상황에는 저녁에 일찍 귀가하기, 학교에 가기, 성인들과 함께 여가 활동하기, 부모나 가족과 함께 시간 보내기, 알코올이나 약물을 사용하지 않는 친구들과 시간 보내기, 숙제하기, 집안일에 참여하기, 상담자 만나기 등이 포함될 수 있다.
- **'위험한' 상황**: 청년층 내담자가 약물이나 알코올을 사용하고 싶은 충동을 참아 내기 힘들게 할 가능성이 높은 활동, 장소, 사람이 포함된다. 위험한 상황에는 약물을 사용하는 친구 만나기, 무단결석, 알코올 및 약물을 쉽게 구할 수 있는 장소에 가기 등이 포함될 수 있다.

청년층 내담자가 '안전한' 상황에 참여하는 행동을 촉진시키고 '위험한' 상황에 참여하는 행동을 감소시키는 계획을 가족이 수립하도록 도와라. 즉, 가족들은 청년층 내담자가 즐거워하는 '안전한' 활동과 사회적 접촉으로 구성된 일일 활동 시간표를 작성한다. 청년층 내담자를 '위험한' 상황에서 보호하는 활동과 청년층 내담자에게 자유 및 책임감을 주는 활동이 균형 있게 포함되도록 노력하

라. 가족들이 계획의 경과를 검토하고 문제가 있을 경우 계획을 조정하는 정기적인 시간(매주 2회 이상이 될 수 있음)을 설정하도록 격려하라.

청년층 내담자가 '안전한' 상황에 참여하는 행동을 지지해 주고 보상해 주기 위한 전략을 문제해결 기술(6장)을 사용하여 탐색하고 개발할 것을 가족에게 요청하라. Azrin과 그의 동료들(1994)은 다음과 같은 제안을 하였다

- 용돈 올려 주기
- 실제적 지원(예: 교통비, 자가용 사용)
- '안전한' 목록에 포함된 친구와 하룻밤 지내기(방문하거나 초대함)
- 개인 공간
- 특별한 선물
- 늦은 귀가 시간
- 전화, 오디오 및 텔레비전 사용과 관련된 특권

신뢰에 관한 갈등은 '안전한' 혹은 '위험한' 상황이 무엇이냐에 대한 의견의 불일치에서 발생하기도 한다. 서로 간의 이해를 촉진시키기 위해서 서로의 관점에 대해 생각해 볼 수 있도록 열린 질문을 하라. 예를 들어, 상담자는 다음과 같이 질문할 수 있다.

청년층 내담자에게 할 수 있는 질문

"이러한 상황에 처했을 경우 당신의 부모님이 어떤 점을 걱정할 것이라고 생각하나요?"

"그러한 걱정이 얼마나 현실적이라고 생각하나요?"

"부모님이 그런 걱정을 하지 않게끔 하기 위해서는 어떻게 해야 할까요?"

부모에게 할 수 있는 질문

"자녀 분은 이 모임에서 무엇을 얻고자 애쓴다고 생각합니까?"

"이 모임이 안전하지 않다고 생각하십니까? 그렇다면 자녀 분이 술을 마시지

않기 위해서는 이 모임에서 어떤 약속을 지켜야 한다고 생각합니까?"

이러한 질문으로 시작되는 논의를 통해 내담자들은 상호 간에 수용할 수 있는 해결책을 찾을 수 있을 것이다. 예를 들어, 청년층 내담자는 서로 약속한 사항(예: 내담자가 재발예방 계획을 수립하고 '안전한' 친구와 동행하며 약속한 시간 안에 귀가한다는 조건)을 지킨다는 조건하에 음주가 이루어지는 모임에 참석하는 것을 허락받을 수도 있다.

제한 규정과 규정 위반 조치 설정하기

제한 규정을 설정하는 것은 내담자의 가족들이 내담자의 치료 목표를 지지하도록 돕기 위한 또 다른 중요한 전략이다. 예를 들어, 내담자와 그 가족은 안전하지 않은 상황에 개입하는 행동에 대한 제한 규정을 협의하여 결정할 수 있을 것이다. 내담자가 가족들에게 부정적인 영향을 미치는 방식으로 행동했던 과거력이 있음에도 불구하고, 가족들이 내담자와 함께 살겠다고 계획하고 있다면, 가족들은 내담자의 행동에 대한 제한 규정을 설정하고 싶을 것이다.

그러한 규정이 효과가 있으려면 규정 위반에 대한 모든 조치가 명확하게 언급되어야 하고, 일관성 있게 적용되어야 한다. 규정 위반에 따른 조치는 청년층 내담자의 발달 수준에 따라서 적절하고 수용 가능해야 한다. 규정 위반 조치는 상호 합의에 따른 약속이 필요하다. 예를 들어, 규정 설정은 내담자의 동의 없이는 효과가 없을 것이며, 상호 동의하지 않은 제한 규정은 오히려 내담자의 저항을 증가시킬 수도 있다. 제한받아야만 하는 행동이 무엇인지 그리고 규정 위반에 대해 내려지는 조치가 무엇인지에 관해서 내담자에게 자신의 의견을 피력할 기회를 제공하고, 그의 의견을 반드시 고려하여 최종 계획에 반영해야 한다.

그러한 조치를 적용하기 위해서 내담자를 어느 정도 강하게 설득할 필요가 있지만 지나치게 가혹해서는 안 된다. 이상적으로 말해서 그러한 조치는 학습기회와 가족 결합의 기회를 제공할 수 있는 것이어야 한다. 예를 들어, 내담자가 재발할 경우 일정 기간 동안 가족들이 귀가 시간을 제한할 수 있다는 규정에 대해 내담자가 동의할 수도 있다. 부모도 청년층 내담자가 규정 위반에 따른 조치로 일찍 귀가했을 때, 그 시간을 청년층 내담자와 함께 즐거운 활동을 하면서 보내는 것에 동의할 수 있다.

고위험 상황에 대한 관찰과 반응하기

내담자의 가족은 청년층 내담자가 자신의 재발 위험을 스스로 관찰하도록 돕는 중요한 역할을 할 수 있다. 음주 충동 및 실수를 포함하는 고위험 상황에 대해 효과적으로 반응하는 것의 중요성을 설명하라. 고위험 상황을 확인하고 반응하는 데 지나치게 참견한다는 인상을 주지 않으면서도 효과적인 관찰 전략을 협의하여 수립하도록 가족들을 격려하라. 예를 들어, 상담자는 다음과 같은 탐색을 하고 싶을 것이다.

- **자기노출**: 이상적인 점검 방법은 신뢰를 쌓은 후, 청년층 내담자가 문제를 겪고 있을 때 그 사실을 가족에게 말해 줄 수 있는(즉, 자기노출) 다양한 기회를 제공하는 것이다. 내담자에게 자기노출을 보다 쉽게 할 수 있게 해 주는 조건이 무엇인지에 대해 질문하라. 내담자가 고백한 음주 충동이나 실수, 재발에 대해 이미 가족들이 반응 계획을 수립했다면 내담자가 자기노출을 하기가 더 쉬울 것이다.
- **초기 경고 신호를 확인하고 반응하기**: 청년층 내담자가 현재 약물이나 알코올을 사용하고 있음을 알려 주는 초기 경고 신호로 보이는 행동과 기분 상태가 무엇인지 확인해 볼 것을 청년층 내담자와 가족에게 요청하라. 이러한 협력 작업을 통해 이들은 서로를 지지해 주고, 더 많은 대화를 함으로써 이러한 초기 경고 신호에 대한 반응 계획을 수립하게 될 것이다.
- **임의로 점검하기**: 임의로 점검하기는 처벌적인 개입보다는 반드시 지지적인 개입 방식으로 이루어져야 한다. 예를 들어, 내담자가 물질을 사용하기 위해 학교에 무단결석했다면 그의 부모가 가끔 학교를 방문하여 그의 출석 및 생활에 대해 묻는 것을 그와 가족들은 동의할 것이다.

가족들이 재발예방 및 회복을 위한 전략을 개발하도록 돕기 위해서는 16장(재발예방 훈련)에 기술된 지침을 사용하라. 예를 들어, 가족들은 청년층 내담자가 부모에게 도움을 구하는 것을 포함하는 '재발예방 훈련' (pp. 354-356 참조)을 연습하도록 내담자를 돕고 싶을 것이다. 실수와 재발을 실패로 보거나 나쁜 행동으로 보지 말고, 그러한 실수나 재발이 발생한 이유와 앞으로 실수나 재발을 예방하기 위한 계획을 어떻게 수립할 것인지에 대해 검토하도록 가족들을 격려하라. 가족들이 이러한 관점을 받아들일 수 있다면 실수나 재발이 발생한 후 내담자의 목표에 신속하게 다시 초점을 맞추도록 더 잘 도울 수 있을 것이다.

예상되는 문제 상황 다루기

가족들이 신뢰의 붕괴를 경험했다면 실수나 재발에 대해 아무런 갈등 없이 반응하기는 어려울 것이다. 가족들은 그러한 실수를 자신들의 믿음에 대한 배신으로 간주할 것이다. 이것이 걱정된다면 실수에 대해 가족들이 실망을 느끼는 것은 자연스러운 것임을 설명하라. 그러나 이러한 설명이 없더라도 가족들은 청년층 내담자를 책망하는 것이 그를 더욱 방어적으로 만들어서 결국 그가 다시 문제행동을 일으켰을 때 가족들에게 그 사실을 고백하지 못할 수 있다는 점을 자각했을 수도 있다. 갈등 없이 실수와 재발에 대해 대화하는 방법을 탐색하라. 그 방법에는 서로에 대한 걱정을 표현하는 방법, 분노를 느낄 때 타임아웃(p. 269 참조)을 사용하는 방법, 적극적 경청 및 나-진술(9장 참조)과 같은 의사소통 기술을 사용하는 방법 그리고 새로운 재발예방 계획을 수립하기 위해 공동으로 작업하는 방법(16장 참조) 등이 포함될 수 있다.

함께 시간 보내기

'보상적 활동 함께하기' 도 가족 모임에서 나누기 좋은 대화 주제다. 한 가족으로서 가족 전체가 참여하여 보상적인 시간을 보내는 방법과 가족 구성원들 각자가 청년층 내담자와 일대일로 보상적인 시간을 보내는 방법에 대해 탐색할 것을 권유하라. 예를 들어, 내담자는 그의 아버지와 무엇을 즐기고 있는가? 어머니와는? 형제들이나 주위 사람들과는? 내담자와 주위 사람들이 함께할 수 있는 것을 선택하여 수행할 것을 가족들에게 권유하라. 그리고 다음 회기에서 함께했던 경험에 대해 나누어라. 그동안에 있었던 좋은 일은 물론이고 힘든 일도 모두 탐색하라.

물질남용은 청년층 내담자의 부모 사이나 부모와 형제 사이 등 가족 간의 관계에도 영향을 미쳤을 가능성이 높다. 따라서 가족들이 함께 더 많은 시간을 보내고 가족 간의 대화를 개선해 봄으로써 그러한 가족 관계가 개선될 수 있는지 탐색해 보도록 권유하라. 만약 중요한 문제점이 발견된다면 전문적인 가족치료를 고려할 필요가 있다.

청년층 내담자가 도움을 구하지 않을 때

청년층 내담자는 아직 치료 회기에 참여하기 위한 준비가 되지 않았는데, 그의 부모나 가족들이 도움을 요청하는 경우, 상담자는 앞서 설명한 몇 가지 전략을 사용할 수도 있다. 분명 상담자는 그 청년층 내담자와 가족 간의 의견 일치를 직접 협상할 수 없을 것이다. 그러나 의사소통 기술을 습득하게 하고, 재발예방 원리를 설명하여 내담자와 가족 간의 의견 일치를 협상하기 위한 방법에 대해 논의함으로써 협상을 도울 수는 있다. '예시 2' (pp. 281-283 참조)에서 다루었던 몇 가지 방법을 사용할 수도 있다.

[내담자용 유인물]

배우자의 잘하고 있는 행동 찾기

〈예 시〉

요 일	날 짜	잘하고 있는 행동
월요일	2/2	내가 늦게까지 일한 날 나를 위해 저녁을 챙겨 두었다.
화요일	2/3	내가 자고 있는 동안 자녀를 학교에 데려다 주었다.
수요일	2/4	내가 한 일에 대해서 잘했다고 칭찬해 주었다.

• 다음의 표에 배우자가 잘하고 있는 행동을 한 주 동안 매일 기록하세요. 다음 회기 때까지 기록한 것을 배우자에게는 보여 주지 마세요.

이름: ____________ 배우자 이름: ____________

요 일	날 짜	잘하고 있는 행동
월요일		
화요일		
수요일		
목요일		
금요일		
토요일		
일요일		

*출처: O' Farrell(1995).

참고자료

일반자료

Copello, A., & Orford, J. (2002). Editorial: Addiction and the family: Is it time for services to take notice of the evidence? *Addiction, 97,* 1361–1363.

- 가족 개입이 치료의 정기적인 부분으로 간주되어야 한다는 논쟁과 관련된 모델에 찬성하는 증거를 기술하고 있다.

Copello, A., Orford, J., Hodgson, R., Tober, G., Barrett, C., & UKATT Research Team (2002). Social behaviour and network therapy: Basic principles and early experiences. *Addictive Behaviors, 27,* 245–366.

- 치료에 있어서 보조적인 사회 네트워크를 건설하는 것과 이에 관련된 사항을 포함하는 참신하고 유망 있는 접근을 기술하고 있다. 리서치와 2개의 사례를 포함하고 있다.

Meyers, R. J., Smith, J. E., & Miller, E. J. (1998). Working through the concerned significant other. In W. R. Miller & N. Heather (eds.), *Treating Addictive Behaviors* (2nd edn) (pp. 149–161). New York: Plenum.

- 음주자나 약물 사용자가 없는 상태에서 그들의 주변 사람들과 작업하는 방법에 대해 설명하고 있다.

Miller, W. R. (2003). Commentary: A collaborative approach to involving families. *Addiction, 98,* 5–6.

- 가족이나 약물 오용에 대한 모델을 연구한 것으로, 이 단원에 제시된 '협력적' 접근에 대해 찬성하는 입장에서 논쟁하고 있다.

Monti, P. M., Kadden, R. M., Rohsenow, D. J., Cooney, N. L., & Abrams, D. B. (2002). *Treating Alcohol Dependence: A Coping Skills Training Guide* (2nd edn) (pp. 70–72). New York: Guilford Press.

- 내담자의 사회적 공동 네트워크를 발전시키기 위한 단계적인 접근법이 제시되어 있다.

Sue, D. W. (1990). Culture-specific strategies in counseling A conceptual framework. *Professional Psychology: Research and Practice, 21*(6) 424-433.
- 타 문화권의 내담자를 상담하는 것과 그들을 어떻게 진단하고 치료할지에 대한 주요 문제들을 개괄하고 있다.

Punukollu, M. (2003). Domestic violence: Screening made practical. *Journal of Family Practice, 52*(7), 537-543.
- 가정 폭력으로부터 안전을 확보하는 것과 실제적 전략에 대하여 내담자에게 이야기하는 방법에 대한 지침을 제시하고 있다.

커플치료 혹은 배우자 혼자 도움을 구하러 왔을 때

Kadden, R., Carroll, K., Donovan, D., Cooney, N., Monti, P., Abrams, D., Litt, M., & Hester, R. (1995). *Cognitive Behavioral Coping Skills Therapy Manual: A Clinical Research Guide for Therapists Treating Individuals with Alcohol Abuse and Dependence* (Project MATCH Monograph Series, Volume 3). NIH Pub. No. 94-3724. Rockville, MD: National Institute on Alcohol Abuse and Alcoholism.
- 다음 사이트에서 복사본 주문 가능: www.niaaa.nih.gov/publications/match.htm
- 이 회기별 매뉴얼은 치료에 있어서 부부나 가족이 개입하는 것에 대한 간략한 가이드라인을 제시하고 있다.

Montgomery, B., & Evans, L. (1996). *Living and Loving Together*. Ringwood Australia: Penguin.
- 관계 개선에 대한 탁월한 자조 도서다. 이 책은 성적 만족에 있어서 문제를 해결하고 개선하는 것, 커뮤니케이션과 갈등 해결에 관한 단원을 포함하고 있다.

Murray, R. G., & Hobbs, S. A. (1977). The use of a self-imposed timeout procedure in the modification of excessive alcohol consumption. *Journal of Behavior Therapy and Experimental Psychiatry, 8,* 377-380.
- 상대 배우자의 과도한 음주를 줄이기 위해 노력하는 커플을 돕기 위해 지정된 중간 휴식 과정에 대해 자세히 기술하고 있다.

O'Farrell, T. J. (1995). Marital and family therapy. In R. K. Hester & W. R. Miller

(eds.), *Handbook of Alcoholism Treatment Approaches: Effective Alternatives* (2nd edn) (pp. 195-220). Boston: Allyn and Bacon.
- 이 단원에서 기본으로 하는 부부치료로 접근하기 위한 포괄적인 지침서

O'Farrell, T. J., & Cutter, H. S. G. (1984). Behavioral marital therapy couples groups for male alcoholics and their wives. *Journal of Substance Abuse Treatment, 1,* 191-204.
- 10주 치료 프로그램을 위한 회기별 지침서

Rotunda, R. J. & O'Farrell. T. J. (1997). Marital and family therapy of alcohol use disorders: Bridging the gap between research and practice. *Professional Psychology: Research and Practice, 28*(3), 246-252.
- 부부치료 회기와 집단 부부치료 회기, 약물과 연장 케어를 포함하는 CALM에 대해 매우 실제적으로 기술하고 있다.

Sisson, R. W., & Azrin, N. H. (1986). Family-member involvement to initiate and to promote treatment of problem drinkers. *Journal of Behavior Therapy and Experimental Psychiatry, 17,* 15-21.
- 음주 문제를 가지고 있는 사람들이 홀로 도움을 구하러 올 때, 이들을 돕는 접근법에 대해서 기술하고 있다.

◈ **다음의 두 척도는 부부의 관계 만족도를 평가하는 데 사용될 수 있다.**

Spanier, G. B. (1976). Measuring dyadic adjustment: New scales for assessing the quality of marriage and similar dyads. *Journal of Marriage and the Family, 38,* 15-28.
- 다음에서 구매 가능: Multi-Health Systems, North Tonawanda, NY 14120-0950 or http://www.mhs.com/

Weiss, R. L. (1980). *The Areas of Change Questionnaire,* Oregon Marital Studies Program, University of Oregon.
- 다음에서 구매 가능: Dr. Robert L. Weiss, Oregon Marital Assessment Service, 3003 Willamette Street, Suite F, Eugene, OR 97405 USA or http://darkwing.

uoregon.edu/~rlweiss/#assess

◆ 성적 친밀감을 개발하고 성적 문제를 극복하도록 돕는 몇몇 자조 도서의 견본을 다음에 기술하였다.

Cage, D. (2004). *On Our Backs Guide to Lesbian Sex*. Los Angeles, CA: Alyson Publications.

Goldstone, S. E. (1999). *The Ins and Outs of Gay Sex*. New York, NY: Dell Publishing.

Heiman, J., LoPiccolo, L., & LoPiccolo, J. (1999). *Becoming Orgasmic: A Sexual and Personal Growth Program for Women*. London: Piatkus Books.

Zilbergeld, B. (1999). *The New Male Sexuality*. New York, NY: Bantam Doubleday Dell Publishing Group.

지지 증진을 위한 가족과의 만남

Azrin, N. H., Donohue, B., Besalel, V. A., Kogan, E. S., & Acierno, R. (1994). Youth Drug Abuse Treatment: A controlled outcome study. *Journal of Child & Adolescent Substance Abuse, 3*(3), 1-16.

- '안전행동을 지지하고 보상하기' 와 같은 몇몇 전략의 효과성에 대한 테스트와 설명을 제시하고 있다.

Mitchell, P., Spooner, C., Copeland, J., Vimpani, G., Toumbourou, J., Howard, J., & Sanson, A. (2001). *The Role of Families in the Development, Identification, Prevention and Treatment of Illicit Drug Problems*. Canberra, ACT: Commonwealth Government.

- www.nhmrc.gov.au/publications/pdf/ds8.pdf
- 가족치료 및 가족과 연관된 치료에 대한 리뷰를 포함하는 포괄적인 연구 리뷰를 제공하고 있다.

NSW Department of Health (2003). *Family and Carers Training (FACT) Project: Research report*. North Sydney, NSW: NSW Department of Health.

- 다음 사이트에서 이용 가능: http://www.health.nsw.gov.au/pubs/f/pdf/families-carers-training.pdf

- 비영어권 배경의 가족을 가진 환자에 대한 연구를 포함하며, 환자의 가족들이나 환자를 돌보는 사람들이 직면하는 문제에 대해 이해를 돕고, 주요 쟁점을 강조하는 지침을 제공하고 있다.

Szapocznik, J., Hervis, O., & Schwartz, S. (2003). *Brief Strategic Family Therapy for Adolescent Drug Abuse, Therapy Manuals for Drug Abuse: Manual 5,* Bethesda US: National Institute on Drug Abuse, NIH.

- 다음 사이트에서 이용 가능: http://www.drugabuse.gov/TXManuals/bsft/BSFTIndex.html
- 비록 이 매뉴얼은 특별한 훈련이 요구되는 가정에 대한 연구의 대안적인 모델을 보여주고 있지만, 이 논문은 '재구성하기' 와 같은 기술과 관련된 실제적인 정의를 제공하고 있다.

가족을 위한 정보

NSW Department of Health (2004). *Family and Friends Affected by the Drug or Alcohol Use of Someone Close.* North Sydney. NSW: NSW Department of Health.

- 다음 사이트에서 이용 가능: http://www.health.nsw.gov.au/pubs/2004/drugs_families.html
- FACT 프로젝트 연구로부터 개발된 가족을 위한 자조 팸플릿이다. 이 팸플릿은 가족 구성원들에게 유용한 정보와 팁을 제공한다. 뿐만 아니라, 팸플릿 제공자들과의 연락을 위한 자세한 사항도 제공한다. (NSW, Australia)

http://www.fds.org.au/

- 이 사이트는 가족 구성원의 약물 의존을 다루는 직접적인 경험이 있는 자원봉사자들로 구성되어 있으며, FDS에서 개설하였다. 이 사이트는 작업지, 조언 그리고 가족을 위한 포럼을 포함하고 있다.

제14장

약물치료

추천 용도

약물치료는 내담자가 음주나 아편양제제(opioid)의 사용을 줄이거나 끊도록 하는 데 도움을 줄 수 있다. 약물치료는 또한 재발의 빈도와 심각도를 감소시키고 내담자에게 음주나 약물 사용을 잠시 중단할 수 있는 시간을 벌어 주며, 그 기간 동안 내담자는 장기적인 변화를 가져오기 위한 다양한 기술을 학습할 수 있다.

내담자가 알코올에 의존하고 있다면 다시 과음하는 것을 예방하거나 단주하기 위해 아캄프로세이트(acamprosate)나 날트렉손(naltrexone)을 사용할 수 있다. 이러한 약물은 알코올에 대한 강력한 갈망을 감소시키는 효과가 있다. 또 다른 약물인 디술피람(disulfiram)도 단주를 돕는 데 사용될 수 있다. 이 약물은 알코올과 결합될 때 불쾌한 부작용을 유발하여 알코올 억제제로 작용한다.

내담자가 아편양제제에 의존하고 있다면 헤로인 및 기타 아편양제제의 사용을 감소시키거나 단약을 위해 메타돈(methadone)이나 부프레노르핀(buprenorphine)

을 사용할 수 있다. 이러한 약물은 합법적이고 약효가 더 오래 지속되면서 값싼 아편양제제이기 때문에 '대체' 치료로 사용된다. 이 약물은 내담자가 단약을 유지하도록 돕는 데 성공적으로 사용되어 왔음에도 불구하고 많은 내담자들이 이전에 사용하던 불법 약물을 낮은 수준으로 계속 사용하겠다고 선택할 수도 있다. 비록 단약이 아니더라도 내담자의 헤로인 사용을 감소시키는 것은 내담자의 삶의 질을 향상시키는 데 도움이 된다. 헤로인 사용의 감소는 주사약물 사용의 위험성(HIV, 간염, 혈관 손상 등)과 범죄행위를 감소시키고, 생활방식을 안정시킨다.

약물치료는 알코올이나 아편양제제에 의존하고 있으면서 규칙적으로 약을 복용하겠다는 의지를 지닌 내담자에게 적절하다. 상담자의 역할은 내담자가 지속적으로 치료를 받고 약을 복용하도록 돕는 것이다. 이를 위해 상담자는 약 복용과 관련된 내담자의 걱정에 대해서 충분히 다루어야 한다. 내담자가 약물치료를 종료할 수 있도록 돕기 위해 내담자의 음주나 약물에 대한 거절 기술, 자기행동 관리 및 재발예방 기술을 발전시켜야 한다(7장, 12장, 16장 참조).

목 표

약물치료의 목표는 다음과 같다.

- 내담자가 알코올이나 아편양제제의 사용을 중단하도록 돕기
- 내담자가 과도하게 물질을 사용하는 수준으로 재발되지 않도록 돕기
- HIV, 간염, 혈관 손상의 발생 위험 및 범죄행동을 감소시키고 생활방식을 안정시킴으로써 약물 관련 폐해를 감소시키고 건강을 증진시키기
- 내담자에게 음주나 약물 사용을 잠시 중단하는 시간을 제공함으로써 그동안 내담자가 장기적인 변화를 가져오기 위한 다양한 기술을 학습할 수 있도록 돕기

주요 개념

아편양제제

'아편양제제(opioid)' 란 용어는 합성 아편제와 천연 아편제 모두를 포함하는 약물류를 일컫는다. 이 책에서는 천연 아편류 약물만을 지칭하는 '아편제(opiate)' 란 용어보다는 아편양제제란 용어를 사용할 것이다. 비록 아편양제제 의존을 언급할 때 헤로인을 지칭하는 것으로 사용할 때도 있겠지만 어떤 내담자들은 모르핀(morphine)이나 코데인(codeine, 아편에서 채취되는 진통제), 페티딘(pethidine, 진통제로 사용되는 합성마약)과 같은 합법적인 아편양제제에 의존하고 있기 때문에 이 모든 것을 지칭하는 용어로 사용할 것이다. 이 장에 나오는 정보는 모든 아편양제제에 적용된다.

대체 또는 유지 치료

대체치료나 유지치료는 메타돈이나 부프레노르핀과 같이 장기간 작용하는 아편양제제의 사용을 지칭하는 용어로서, 내담자가 그와 같은 합법적인 아편양제제와는 다른 아편양제제를 장기간 사용하지 않도록 돕는다. 이 치료는 몇 달에서 몇 년까지 지속될 수 있다.

응 종

약 복용에 대한 응종(compliance)이란 대개 처방된 약의 80% 이상을 복용하는 것으로 정의된다. 분명 내담자가 약 복용을 계속 유지한다던 더 좋은 결과를 얻게 될 것이다. 내담자는 이러한 과정에서 상담자의 도움과 지지를 필요로 할 것이다.

방 법

대부분의 나라에서 이러한 약물치료는 의사만이 할 수 있는 것으로 규정되어 있다. 몇몇 나라는 내담자가 정부보조금에 맞추어 약물치료를 받을 수 있도록 보다 포괄적인 치료 계획의 일부로서 약물치료를 처방할 것을 요구한다. 성공적인 약물치료를 위해서는 상담자, 내담자, 의사 간의 협력이 필요하다.

내담자를 위한 설명

물질 사용의 변화를 궁극적으로 이루는 데 있어서 약물치료가 내담자에게 어떻게 도움이 되는지를 설명하는 것으로 시작하라. 오랜 습관을 변화시키는 데는 얼마간의 시간과 노력이 필요하고, 습관을 변화시키는 데 약물치료가 도움이 될 것임을 설명하라. 또한 내담자는 자신이 변화를 원하는 이유를 매일매일 상기시켜 주는 용도로 약을 복용할 수도 있다. 예를 들어, 내담자는 약을 복용할 때마다 자신의 치료 목표를 떠올릴 수 있다(예: '나는 단주하여 직업을 구하고, 예전의 건강한 생활로 돌아가기 위해 지금 약을 복용하고 있다.').

처방약의 효과와 부작용을 관리하는 방법에 대해 내담자가 잘 알게 되면 약을 지속적으로 복용할 가능성이 더 높아진다. 따라서 내담자가 약물치료에 대해 알고 있는 지식이 무엇인지를 확인하고, 적절한 정보를 제공하라. 이 장의 마지막 부분에 제시된 참고자료는 상담자가 내담자에게 제공할 수 있는 정보를 포함하고 있다.

복용 관찰하기

내담자의 복용을 돕기 위해 복용을 상기시켜 주는 알림 노트를 만들어서 눈에 잘 띄는 장소(대개는 식탁 앞)에 붙이도록 권하라. 내담자는 매일매일 일정한 시간(예: 식사 때)에 복용해야 한다. 또 다른 방법으로 내담자는 휴대전화나 전자 일정표에 복용을 알려 주는 알람을 설정해 두거나 복용 알림 노트를 냉장고 문, 화장실 거울이나 기타 장소에 붙여 둘 수도 있다. 내담자에게 약을 복용하도록 격려하고 상기시켜 줄 가족이나 주위 사람들의 도움이 필요할 수도 있다(13장 참조).

내담자가 스스로 자신의 갈망과 기분 상태를 관찰하는 것은 물론이고 1회 복용량과 약물을 사용한 사건에 대해서 일지를 기록하는 것도 유용할 것이다. 예를 들어, 상담자는 이 장의 마지막 부분에 제시된 '약 복용 관찰카드' 를 이용해서 관찰할 수도 있다. 내담자의 경험을 탐색하고 내담자가 걱정하는 것에 대해 논의하기 위해 각 회기를 시작할 때마다 내담자가 상담자와 함께 관찰카드를 검토하도록 권유하라.

상담자는 회기에 불참한 사항에 대해서는 전화를 통해서 반드시 확인해야 한다. 가능한 한 빨리 또 다른 회기 약속을 정하도록 내담자에게 권하라. 그다음 회기에서는 이전 회기에 불참하게 된 이유에 대해 논의하고, 내담자가 치료에 관해서 갖고 있는 부정적이거나 양가적인 생각을 이야기하도록 유도하라.

내담자가 약물치료를 지속하도록 돕기

다음의 내용은 치료를 통해 내담자가 약을 잘 복용하도록 돕기 위해 구성한 것으로서 Teesson과 동료들(2003)이 개발한 지침에 근거하고 있다. 비록 이 지침은 날트렉손과 아캄프로세이트를 복용하는 내담자를 위해 만들어졌지만, 그 원리는 모든 약물치료에 유용하다. 이 지침에서는 치료에 대한 양가감정을 다루기 위한 동기강화상담(3장)과 치료 목표의 달성을 방해하는 부정적 사고에 내담자가 도전하도록 돕기 위한 인지치료(10장)를 결합한 접근법을 사용했다. Teesson과 동료들(2003)은 치료를 다음의 3단계로 구분할 것을 제안했다.

① 문제와 치료에 관한 신념을 이끌어 내는 단계

② 치료에 대한 양가감정을 탐색하는 단계
③ 치료 유지의 필요성을 부각하고 자만심을 다루는 단계

신념 이끌어 내기

치료의 첫 번째 국면은 초기 라포 형성 및 평가에서 시작된다. 시간을 내어서 내담자가 치료를 받으려는 이유와 치료를 통해 달성하고 싶은 목표가 무엇인지를 검토하라. 내담자가 가지고 있는 음주나 약물 문제의 심각성과 특성에 대한 신념을 이끌어 내고, 적절한 때에 평가 결과에 대한 개인적인 피드백을 주어라 (pp. 105-108 참조). 약을 복용하는 것이 내담자가 목표를 달성하는 데 얼마나 도움이 될 것인지를 탐색하면서, 지속적이고 정기적으로 복용하는 것과 오랫동안 변화를 유지하는 것을 서로 연결시켜라.

내담자의 양가감정 탐색하기

내담자는 아마 복용에 대해 주저하고 있거나 양가적일 것이다. 양가감정을 갖는 공통적인 이유는 다음과 같다.

- 약의 부작용에 대한 걱정
- 음주나 물질 사용을 변화시키는 것에 대한 양가감정
- 약물치료의 효과에 대한 오해
- 약물치료와 관련된 낙인
- 약을 복용하지 않으면 치료에 실패하게 되고 재발할 것이라는 신념

내담자가 걱정하는 것을 이야기할 수 있도록 하기 위해 걱정할 만한 내용을 예로 들어 이야기하고 그중에 내담자와 관련 있는 것을 탐색하라. 복용을 꺼리는 이유에 대해서 질문한 후에 약을 복용할 때 좋은 점은 무엇이 있는지에 대해서 질문하는 등 동기강화상담(3장) 기법을 사용할 수도 있다. 내담자의 양가감정 을 내담자가 스스로 탐색하도록 돕기 위해 양가감정을 모두 반영해 주는 기법

(1장 참조)을 사용하라. 예를 들어, 상담자는 다음과 같은 양가감정을 모두 반영해 줄 수 있다.

> "약이 화학물질이기 때문에 복용하는 것을 꺼리시는군요. 그럼에도 약물치료는 당신이 음주행동을 중단하고 건강을 향상시키는 데 도움이 될 것이라고 생각하고 있군요."
>
> "치료제를 복용하면서 생긴 부작용(두통) 때문에 정말 괴로우시군요. 하지만 다른 한편으로, 복용은 음주 조절을 더 쉽게 할 수 있도록 해 준다는 사실을 알게 되었군요."

내담자가 약물치료와 관련된 '좋은 점' 을 정리할 수 있는 시간을 주어라. 반영적 경청 기법을 이용해서 약물치료의 좋은 점에 대해 강조하고, 직업을 갖거나 사람들과 잘 지내는 것과 같이 내담자가 언급한 모든 부차적인 이점을 인정하라.

내담자가 혐오적인 부작용을 경험한다면 복용을 중단하거나 치료를 중단하고 싶은 마음이 더 강해질 것이다. 이때는 부작용에 관한 보다 많은 정보(참고자료)를 제공하고, 이 정보에 대해서 내담자와 논의하라. 대부분의 경우 부작용 증상은 2주 후에는 진정된다는 것을 강조할 필요가 있다. 때때로 금단증상과 약물치료의 영향을 구분하는 것이 어려울 수 있다는 것을 내담자에게 알려 주어라. 만약 금단증상인지 약물치료의 부작용인지 정확히 판단하기 어려운 상황이라면, 부작용의 진정 여부를 확인하기 위해서 2주간 약물치료를 지속할 것을 권하라. 이 기간 동안 메스꺼움을 감소시키기 위해 식사와 함께 날트렉손을 복용하거나 두통을 해결하기 위해 이완과 마사지를 이용하는 것과 같은 실제적인 대처 전략을 함께 고려하라.

치료약을 복용하는 것과 관련하여 내담자가 가지고 있는 의문점이나 걱정거리가 있는지 물어보라. 내담자는 '만약에 복용하는 것을 빠뜨리게 되면 어떻게 해야 하나요?' 혹은 '만약에 술을 마시게 되어도 날트렉손을 복용해야 하나요?' 와 같은 실제적인 의문을 가지고 있을 수도 있고, '난 단지 복용하는 것을 좋아하지 않을 뿐이에요.' 와 같이 불명확한 태도를 보일 수도 있다. '복용을 좋아하지 않는다는 것이 무슨 의미인지 조금 구체적으로 말씀해 주시겠어요?' 혹은 '약을 복용하는 것은 당신에게 어떤 의미인가요?' 와 같이 열린 질문을 통해서 내담자가 모호한 걱정을 보다 명료화할 수 있도록 도와라. 내담자는 약물치료의 도움 없이 음주나 물질 사용을 중단할 수 있어야 한다거나 약을 복용하는 것은 나약한 정신력을 나타내는 것이라고 믿을 수도 있다. 내담자가 이러한 사고에 도전할 수 있도록 인지치료(10장)로 접근하라. 예를 들어, 다음과 같은 질문을 할 수 있다.

"건강과 안녕을 위해 약을 복용하는 것이 나약함을 나타낸다는 증거는 어디에 있습니까? 복용이 오히려 강인함의 표시일 수 있다면 그 이유는 무엇입니까?"

"약을 복용하는 것은 나약한 것이라는 생각의 좋은 점과 나쁜 점은 무엇입니까?"

내담자가 계속해서 약을 복용하는 동안 복용하는 사람이 그렇지 않은 사람보다 더 나아지는 경향이 있다는 것을 반복해서 말해 주는 것이 중요하다. 그러나 또한 내담자가 약을 복용하는 것을 잊어버리거나 다시 알코올이나 약물을 사용하는 실수를 한다면, 이것은 실패가 아니며 치료를 포기하기보다는 도움을 구해야 한다는 것을 내담자에게 설명해 줌으로써 안심시켜 줄 필요가 있다.

치료 유지

약물치료는 누구나 받는 일반적인 치료 과정임을 설명함으로써 약물치료와 관련된 낙인을 다루어 주는 것이 중요하다. 많은 사람들이 음주나 물질 관련 문제와 싸운다는 점을 설명해 줌으로써 내담자를 안심시켜라. 알코올이나 물질 문제는 내담자가 어떤 문제에 대처하기 위해 스스로 터득하는 것이기 때문에 새로운 대처 방법을 학습할 필요가 있다. 약물치료는 내담자가 새로운 생활방식을 구축하고, 새로운 행동을 연습하는 과제에 초점을 맞추는 것을 더욱더 용이하게 해준다. 내담자의 생활의 질을 향상시키기 위해 선택된 하나의 전략으로서 약물치료의 의미를 설명하라(Kemp, Hayward, Applewaite, Everitt, & David, 1996). 또한 내담자가 미래에 어떻게 달라지고 싶은지, 약물치료가 내담자의 그러한 목표에 좀 더 다가서는 데 있어서 어떤 역할을 하는지에 대해서 질문함으로써 약물치료의 의미를 전달할 수 있다.

내담자가 재발예방 전략(16장)에 초점을 맞추도록 격려하라. 내담자가 변화를 유지하기 위해 개발할 필요가 있는 새로운 대처기술을 찾아라. 내담자의 필요에 따른 기술훈련을 제공하기 위해서 다른 장의 자료를 적극적으로 이용하라. 또한 상담자는 내담자로 하여금 자조 모임에 참석하도록 권하거나 물질을 남용하지 않는 사람들을 만나기 위한 방법을 탐색함으로써 지지적인 사회적 네트워크를 구축할 수 있도록 도와야 한다(15장, 16장 참조). 내담자가 긍정적인 변화를 이룰 때 그의 성취를 인정해 주고 반영해 주는 시간을 가져라.

일단 내담자가 음주나 물질 사용을 중단하거나 줄이는 데 성공했다면 약물치료를 중단하려는 결심을 할 수도 있다. 예를 들어, 내담자는 자신을 시험해 보고 싶은 유혹을 느낄 수도 있고 혹은 약물치료가 더 이상 불필요하다고 생각할 수도 있다. 분명 이러한 결정은 내담자의 책임이며, 상담자의 역할은 풍부하고 자세한 정보에 근거해 내담자가 신중한 결정을 내릴 수 있도록 돕는 것이다. 그러나 내담자가 목표를 성취하는 데 있어서 약물치료의 역할을 검토해 보도록 권유하고, 만약 이번에 복용을 중단한다면 발생될 수 있는 위험은 무엇인지 탐색해 보도록 권유해야 한다. 내담자의 새로운 생활방식과 행동이 굳건하게 확립될 때까지 약물치료를 계속할 필요가 있는지를 숙고해 보도록 내담자를 격려하라.

알코올 의존을 치료하기 위한 약물치료

이 절에서 우리는 알코올 의존을 치료하기 위한 3가지 약물치료(즉, 날트렉손, 아캄프로세이트, 디술피람)에 대해서 논의할 것이다. 이 3가지 약물은 각각 서로 다른 방식으로 작용한다.

약물치료 기간은 내담자의 목표(4장 참조)와 알코올 의존 정도에 따라 달라지게 된다. 만약 내담자가 약물치료를 받는 것에 대해 걱정하고 있다면 상담자는 내담자에게 약물치료를 3개월간 실험적으로 시도한 후에 다시 검토할 것을 제안할 수도 있다. 이러한 실험적 약물치료를 통해서 약물이 도움이 되는지, 부작용은 무엇인지 그리고 단주나 절주에 어떤 효과가 있는지 등을 검증하는 기회를 내담자에게 제공할 수 있다. 어떤 내담자는 일 년 이상 약물치료를 받겠다는 선택을 하기도 한다.

날트렉손

작용 방식

날트렉손(naltrexone, REVIA©)은 아편양제제의 길항제로서, 이 약은 외부에서 투약되는 모든 아편양제제는 물론이고 뇌에서 자연적으로 생성되는 아편양제제를 차단한다. 이러한 자연 발생적 아편양제제는 동통 조절과 보상 및 즐거움에 대한 감정을 유발하는 데 관여한다. 또한 자연 발생적 아편양제제는 사람이 알코올을 섭취할 때도 발생한다. 날트렉손은 알코올 금단증상을 관리하는 데는 사용되지 않는다. 오히려 날트렉손은 알코올에 대한 갈망을 감소시키는 것으로 밝혀졌으며, 알코올 금단증상의 급성 국면이 종료된 후에(대개는 마지막 음주 며칠 후) 알코올 갈망을 감소시키기 위한 치료의 목적으로 처방된다.

디술피람과는 달리 날트렉손은 알코올과 상호작용하여 음주자에게 고통을 주지는 않는다. 오히려 날트렉손은 음주할 때 경험하는 주관적인 도취감을 감소시키는 것으로 보인다. 날트렉손은 금단증상을 수반하지 않기 때문에 불쾌감 없이 계속 사용할 수 있다. 내담자가 다시 음주를 하거나 물질을 남용하는 실수를 하더라도 복용은 지속되어야 한다. 재발예방 훈련(16장)을 사용해서 실수나 재발을 다루어라.

복용량

날트렉손은 내담자의 경과에 따라 3～12개월 동안 매일 1정(50mg)씩 복용해야 한다. 부작용을 감소시키기 위해 처음 며칠 동안은 일일 복용량을 25mg으로 시작할 수도 있다.

금기 사항

내담자가 어떠한 형태로든 아편양제제를 복용하고 있다면 날트렉손에 의해서 역효과가 나타날 수 있기 때문에 날트렉손을 복용하지 않도록 해야 한다. 날트렉손을 처방받은 내담자에게는, 신체 손상 사고를 당했을 경우 아편제에 기초한 진통제가 투약되지 않아야 한다는 주의 카드가 제공된다. 왜냐하면 아편제에 기초한 진통제는 통증 완화 효과가 나타나지 않기 때문이다.

임신 중이거나 수유 중인 여성, 신장장애가 있는 사람, 간기능부전이나 활동성 간염을 지닌 사람의 경우에도 날트렉손 복용이 부적합하다. 날트렉손에 대한 안전성 검사는 18세 이하의 사람에게는 이루어지지 않았다. 또한 디술피람과 날트렉손은 서로 영향을 미칠 수 있기 때문에 디술피람을 복용 중인 내담자에게는 날트렉손의 복용을 권장하지 않는다.

부작용

어떤 사람들은 날트렉손의 복용을 시작하고 처음 몇 주 동안 부작용을 경험한다. 여기에는 두통, 불면, 신경과민, 불안, 피로, 현기증, 메스꺼움, 구토 등이 포함된다. 비록 이러한 부작용이 대개 1～2주 정도만 지속된다 할지라도 내담자는 이러한 부작용을 다루는 데 도움이 되는 실제적인 전략과 지지를 필요로 한다. 예를 들어, 메스꺼움을 최소화하기 위해서 종합탄수화물 음식(토스트나 머핀과 같은 음식)과 함께 날트렉손을 복용하거나 공복에는 복용을 자제할 것을 조언하라. 만약 부작용이 지속되고 그로 인해 약 복용에 대해서 수용적이던 내담자의 마음이 변하려고 한다면, 복용량을 조절하거나 아캄프로세이트와 같은 다른 약을 복용하는 것에 관해서 처방 의사와 이야기를 나누는 것이 필요하다.

예상되는 문제 상황 다루기

아편양제제의 사용을 신속하게 중단하도록 내담자를 돕는 데 날트렉손이 사용되어 왔으나 메타돈과 부프레노르핀과 비교할 때 내담자의 중도 탈락률이 높기 때문에 아편양제제 의존에는 치료 효과가 떨어진다(Gowing, Proudfoot, Henry-Edwards, & Teesson, 2001). 따라서 내담자가 아편양제제 의존에 대한 치료법으로 날트렉손을 지속적으로 처방받을 가능성은 거의 없다. 그러나 날트렉손을 처방받은 경우, 내담자가 날트렉손 복용을 중단하고 아편양제제를 다시 사용하기 시작한다면 날트렉손이 내담자의 내성을 감소시켜서 아편양제제를 과다 복용할 위험성을 증가시킨다는 사실을 내담자가 분명하게 인식하게끔 해야 한다.

아캄프로세이트

작용 방식

아캄프로세이트(acamprosate, CAMPRAL©)는 알코올 섭취와 금단에 의해 교란되는 신경전달물질(감마아미노부티르산(GABA)과 글루타민산염 체계)을 안정화시켜서 뇌 화학체계의 과잉 활동성을 진정시키는 방식으로 작용한다. 내담자가 단주를 학습하는 동안 혐오적인 증상(예: 불면증, 불안, 초조증)을 감소시키는 데 아캄프로세이트가 도움이 된다는 것을 내담자가 경험할 수도 있다.

아캄프로세이트를 사용한 치료는 정상적으로는 마지막 음주 후 며칠 내에 시작된다. 내담자가 음주나 물질을 사용하는 실수를 할지라도 아캄프로세이트를 계속 복용해야 한다. 실수나 재발을 다루기 위해 재발예방 전략을 사용하라(16장 참조).

복용량

체중이 60kg 이상인 내담자는 아캄프로세이트를 333mg의 정 2개(총 666mg)씩 매일 3회(즉, 매일 6정) 복용한다. 60kg 미만의 내담자는 그보다 적은 양, 즉

매일 3회씩 총 4정(2개, 1개, 1개)을 복용한다. 아캄프로세이트는 간에서 처리되지 않고 몸에서 빠르게 빠져나가기 때문에 약 성분이 혈류에 안정적인 수준으로 유지되도록 3회로 나누어 반복적으로 투약해야 한다.

금기 사항

임신 중이거나 수유 중인 여성, 신장장애가 있는 사람의 경우 아캄프로세이트 복용이 부적절하다. 이 약은 18세 이하의 사람에게는 안전성 검사가 이루어지지 않았다.

부작용

부작용으로 메스꺼움, 설사, 더부룩함이나 소양증(붉은 피부 발진)이 나타날 수 있다. 대부분의 내담자에게 이러한 부작용은 단 몇 주 동안만 가볍게 나타나다가 사라진다. 성 욕구의 변화는 일반적이지 않은 부작용이다.

날트렉손과 아캄프로세이트

날트렉손과 아캄프로세이트는 각각 장점과 단점을 모두 가지고 있다. 두 약물 모두 단주나 절주를 목표로 하는 내담자에게 효과적이다. 한편, 아캄프로세이트를 하루에 3회 복용하는 것은 기억과 관련된 문제가 있는 내담자에게는 어려운 일일 수 있고 날트렉손은 심한 간질환이 있는 내담자에게는 적합하지 않다. 그 외에 고려해야 할 다른 요인에는 내담자가 약 복용 때문에 경험하는 부작용이다.

내담자가 단독으로 처방한 약이 기대했던 것만큼 효과가 나타나지 않을 때는 날트렉손과 아캄프로세이트를 결합해서 처방하는 것에 대해서 내담자와 의사와 함께 의논하도록 하라. 한 가지 약만 단독으로 복용하는 것보다 두 가지 약을 함께 사용하는 것이 보다 효과적이라는 몇몇 증거가 있다.

디술피람

디술피람(disulfiram, ANTABUSE©)은 내담자가 약을 복용하는 것에 대해 누군가가 매일 관리할 수 있을 때만 효과가 있기 때문에 디술피람을 알코올 의존의 첫 번째 치료법으로 사용하는 경우는 거의 없다. 그러나 내담자나 의사가 그것을 선호하거나 내담자가 날트렉손이나 아캄프로세이트에 대해서 혐오적으로 반응할 때 또는 다른 약의 효과가 나타나지 않을 때 처방하기도 한다.

작용 방식

디술피람을 복용하게 되면 소화기관에서 알코올 분해를 방해하는 작용을 한다. 디술피람은 음주 시 독성반응을 일으키는데, 이때 음주자는 피부 홍조, 발한, 메스꺼움, 구토, 심한 두통 및 호흡 곤란 등의 불쾌한 경험을 하게 된다. 그 외 다른 증상으로는 갈증, 기침 발작, 심계항진, 현기증, 시력 저하(흐려짐), 손과 발의 저림 및 불면증 등이 포함된다. 또한 음주자는 불안이나 두려움을 느끼기도 한다. 이러한 효과는 2～4시간 동안 지속될 수 있다. 디술피람과 알코올 간의 불쾌한 상호작용에 대한 내담자의 경험은 앞으로의 음주행동에 억제물로 작용하게 된다.

디술피람을 복용하는 동안에 음주를 하게 되면 나타날 수 있는 불쾌한 반응에 관해서 내담자가 알고 있는 것이 무엇인지를 탐색하라. 이러한 효과에 대한 내담자의 이해는 약물 그 자체만큼 큰 억제 효과가 있다. 그러나 이러한 이해가 이 치료를 받으려는 내담자의 의지를 방해할 수도 있기 때문에 내담자에게 두려움을 심어 줄 목적으로 시도하는 것은 좋지 않다. 그 대신, 이러한 효과가 음주를 하고자 하는 마음을 없앰으로써 내담자가 단주를 달성하고 유지하는 데 도움을 준다는 점을 강조하라.

상담자는 내담자가 의도했거나 혹은 의도하지 않고 무심코 행한 음주의 결과로서 발생된 반응(즉, 현기증과 같은 반응)을 경험하고 있다면 내담자에게 의사와 상담해 볼 것을 조언해야 한다. 내담자에게 피부나 식품을 통해서 알코올이 섭취

될 수 있으므로 알코올 함유 조리식품이나 조제약품을 피하도록 주의를 주는 것이 필요하다. 이러한 예는 몇몇 종류의 감기 시럽, 소스, 식초, 와인으로 조리된 음식, 수렴성 화장수, 향수, 애프터셰이브 로션 및 알코올성 마사지 오일과 같은 알코올 함유 화장품이 포함된다.

약물 복용에 대해 지속적으로 관리를 받지 않으면 치료의 효과성이 크게 떨어지기 때문에 내담자는 일일 디술피람 복용량에 대한 관리를 규칙적으로 받으면서 협력할 필요가 있다. 내담자가 디술피람을 처방받았다면 관리 방식에 대해 내담자와 의사와 함께 의논하라. 효과적인 관리에는 치료 초기 동안 일주일에 2~3회 만나는 것이 포함된다. 이러한 관리는 내담자가 약을 복용하고 있다는 점을 확인하고, 발생되는 모든 문제점에 대해 논의하는 것을 목적으로 한다. 또한 효과적인 관리를 위해서 내담자가 복용에 대한 관찰에 동의하는 제삼자(예: 배우자, 가족 구성원)를 포함시킬 수 있다. 이러한 경우에는 대개 관찰자의 역할이 처벌적이기보다는 지지적이라는 이해와 문서화된 동의서를 바탕으로 이루어진다.

아편양제제 의존의 약물치료

여기서는 아편양제제 의존을 치료하기 위한 두 가지 약물치료(즉, 메타돈과 부프레노르핀)에 대해 설명할 것이다. 헤로인과 같이 이 두 약물도 아편양제제이며 따라서 헤로인에 대한 대체약물로 작용한다. 이러한 작용 방식으로 두 약물은 내담자의 금단증상과 갈망을 예방할 수 있다. 메타돈과 부프레노르핀을 복용하는 장소는 대개 진료소나 약국이다.

메타돈

작용 방식

메타돈(methadone)은 그 효과가 장시간 지속되는 아편양제제로서 헤로인과 유사한 방식으로 뇌에 작용하고 대체약물 치료법으로 사용된다. 메타돈 복용 시 내담자의 금단증상이 방지되기 때문에 헤로인에 대한 갈망이 감소된다.

메타돈은 대개 간호사, 일반의 혹은 약사의 지도감독하에 매일 구강으로 복용된다. 어떤 기관은 내담자가 가정에서 복용하도록 며칠분의 복용량을 제공하기도 한다. 그렇지만 많은 기관들은 이 약을 불법적으로 거래하는 것을 예방하기 위해 처방약을 외부로 가져 나가지 못하게 하는 방침을 가지고 있다. 만약 이러한 방침이 있는 기관이라면, 내담자는 진료소나 약국을 매일 방문해야만 할 것이고, 이러한 방침은 일상생활, 직장생활 및 여행 중인 내담자에게 많은 어려움을 줄 것이다. 만약 이러한 경우라면 문제해결 접근법(6장 참조)을 사용하여 내담자가 실제적인 해결책을 찾을 수 있도록 도울 수 있다.

복용량

가장 효과적인 메타돈의 복용량 범위는 대개 일일 60~100mg이다. 처음 복용량은 과다 복용을 예방하기 위해 소량(40mg 이하)으로 시작한다. 그 후에는 내담자에게 이상적인 복용량에 도달할 때까지 며칠에 걸쳐서 증가된다. 그 목적은 내담자가 편안함을 갖도록 돕고 금단증상을 예방하는 것이다. 일단 복용량이 적절한 수준이 되면 내담자는 가라앉은 느낌이나 도취된 느낌을 갖지 않을 것이다.

부프레노르핀

작용 방식

부프레노르핀(buprenorphine, SUBUTEX©) 또한 장시간 약효가 지속되는 아편양제제이고 대체약물로서 메타돈과 같이 아편양제제로 인한 금단증상을 예방하기 위해서 사용된다. 금단증상의 치료에 있어서 내담자의 금단증상을 감소시켜 주고 벤조디아제핀이나 클로니딘과 같은 다른 약물을 조합해서 처방하는 것보다 효과적으로 금단증상과 갈망을 줄여 준다.

복용량

내담자가 대체약물 치료로서 부프레노르핀을 처방받았다면 복용량은 소량(매일 2~3mg)에서 시작하고, 내담자의 복용량이 안정될 때까지는 지도감독하에 복용되어야 한다. 부프레노르핀은 혀 아래에서 용해되는 알약 형태로 복용된다. 일단 내담자의 복용량이 안정적으로 유지된다면 매일 복용하기보다는 더 많은 용량으로 2일이나 3일마다 한 번씩 복용할 수 있다. 일일 복용량은 몇 주에 걸쳐서 8~24mg까지 증가된다. 부프레노르핀은 메타돈과 마찬가지로 임상적 지도감독하에서만 복용되어야 하는 경우가 대부분이다.

예상되는 문제 상황 다루기

메타돈이나 부프레노르핀을 알코올, 벤조디아제핀, 바비튜레이트, 기타 아편양제제(예: 헤로인, 모르핀, 페티딘, 코데인)나 삼환계 항우울제(예: 트립타놀 혹은 토프라닐)와 함께 사용하는 것은 위험하다. 내담자가 다른 약물을 사용하고 있다면 이러한 약물을 혼합해서 복용하는 것과 관련된 잠재적 위험성을 내담자에게 알려 주어라. 내담자가 처방약을 안전하게 복용할 수 있도록 하기 위해 다른 약의 사용에 대해 상담자에게 솔직해질 수 있도록 격려하라. 약을 처방하는 진료소마다 중독 내담자를 관리하는 방침을 가지고 있고 만약 내담자가 중독 상태라면 처방약을 투약하지 못할 수 있는데, 이것은 내담자를 처벌하는 것이 아니라, 혼합약물에 따른 과잉 복용을 예방하는 것이다.

만약 내담자가 약물치료를 받고 있는 동안 헤로인이나 기타 약물을 사용한다면 동기강화상담(3장)으로 약물을 혼합해서 사용하는 것의 장점과 단점을 부각시키고, 내담자가 약물치료를 받는 이유를 재점검하라. 내담자가 물질을 사용하게 만드는 촉발 요인이 무엇인지 탐색하고 재발예방 전략을 계획하라(16장 참조).

메타돈과 부프레노르핀의 부작용

공통적인 부작용에는 식욕 상실, 메스꺼움 및 구토(이러한 부작용은 대개 며칠 후에 멈춘다), 발한, 변비, 두통, 복통, 성욕 저하, 피부 발진과 가려움, 월경주기의 변화를 들 수 있다. 또한 치아를 보호하는 데 필요한 침이 부족하기 때문에 충치는 모든 아편양제제의 부작용이다. 일반적인 믿음과는 반대로 메타돈 시럽에는 설탕이 전혀 포함되어 있지 않으며, 따라서 메타돈이 헤로인보다 내담자의 치아에 더 나쁜 것은 아니다.

내담자가 특정한 부작용에 대해 걱정한다면 의사나 약사 또는 치과의사와 상의하는 것이 좋다. 예를 들어, 약 복용 후 졸음이 온다면 내담자의 복용량이 너무 많거나 복용한 약이 다른 진정제와 상호작용하고 있다는 것을 나타낼 수 있다. 그러나 대부분의 부작용은 약물치료 2주 만에 진정될 것이며, 그 중간에도 상담자는 내담자가 간단한 해결책을 찾도록 도울 수 있다. 예를 들어, 무설탕 껌은 충치를 예방하는 데 도움이 되고, 변비는 물을 더 많이 마시고 규칙적으로 운동하며 고섬유질 음식을 섭취함으로써 경감될 수 있다.

메타돈과 부프레노르핀

부프레노르핀은 아편양제제 의존을 치료하는 데 있어서 메타돈만큼 효과적이면서 몇 가지 장점을 가지고 있다(예: 약효가 더 오래 지속된다). 따라서 내담자가 자신에게 적정한 복용량을 찾아서 안정되고 난 후에는 2~3일마다 약을 복용하면 된다. 또한 부프레노르핀은 대개 금단증상이 심하지 않기 때문에 메타돈보다 약 복용을 중단하기가 쉽다. 두 약물 모두 내담자에게 투약하는 것이 가능하다면 최종 결정은 내담자의 선호도에 달려 있다. 내담자의 선호도는 각 복용약이 내담자 자신에게 얼마나 효과적인지 그리고 내담자가 어떤 부작용을 경험했는지에 따라 달라진다. 메타돈은 부프레노르핀보다 더 강력하고 중독적인 효과를 지닌다. 메타돈의 이러한 효과가 어떤 내담자에게는 더 매력적으로 느껴지는 반면, 어떤 내담자는 부프레노르핀과 관련해서 상대적으로 머릿속이 개운한 느낌을 선호한다. 부프레노르핀과 메타돈의 가격은 내담자가 거주하고 약을 처방받는 관할 구역에 따라 다르다.

아편양제제 의존에 대한 대체약물 치료 종료하기

내담자가 대체약물 치료를 종료할 준비를 하는 데는 일정 시간이 걸린다. 내담자가 약 복용을 중단하기로 결정한다면 금단증상의 정도를 최소화하기 위해 몇 주나 몇 달에 걸쳐서 복용량을 천천히 줄여 가는 것이 바람직하다. 복용량을 줄이는 속도는 그 약을 처방한 의사의 자문을 받아서 결정하는 것이 최선이다. 부프레노르핀의 경우, 1～2주마다 2mg씩 복용량을 줄이게 되면 일반적으로 약간의 불편감만 야기한다. 만약 내담자가 강한 갈망을 경험하거나 이 기간 동안 헤로인 사용이 증가된다면 내담자는 복용량을 줄이는 것을 중단하거나 줄이는 속도를 늦추어야 한다. 2mg 이하로 복용량을 줄이기 전까지는 금단증상이 발생하지 않을 것이다. 이 단계에서 내담자가 부프레노르핀을 복용하는 중이라면 완전히 복용을 중단할 준비가 되기 전까지는 매일 복용할 필요가 있다.

내담자가 약 복용을 중단함에 따라 경험할 수 있는 증상에 관한 정보를 내담자에게 제공하라. 예를 들어, 내담자는 발한, 메스꺼움, 두통, 통증, 불안을 경험할 수 있다. '충동 파도타기' (16장 참조)나 이완훈련(11장)과 같은 대처 전략을 개발하도록 내담자를 도와라. 또한 내담자의 물질 사용 재발과 관련한 위험을 최소화하기 위한 재발예방 계획을 검토하는 것도 좋은 전략이다. 대체약물 치료가 종료된 이후에도 내담자에게 계속 지지를 제공하라.

[내담자용 유인물]

약 복용 관찰카드

요 일	월	화	수	목	금	토	일
약 복용							
갈망 수준(0~100)							
오늘 알코올을 얼마나 섭취했습니까?							
오늘 헤로인이나 아편양제제를 몇 번 사용했습니까?							
오늘 당신의 전체적인 기분을 묘사하시오.							

참고자료

Center for Substance Abuse Treatment (1998). *Naltrexone and Alcoholism Treatment: Treatment Improvement Protocol (TIP)* (Series 28). Rockville, MD: US Department of Health and Human Services.

- 다음 사이트에서 이용 가능: http://www.health.org/govpubs/BKD268
- '임상적 경험' 과 '연구 기반의 증거자료' 의 조합에 뿌리를 두고 있다.

Gowing, L., Proudfoot, H., Henry-Edwards, S., & Teesson, M. (2001). *Evidence Supporting Treatment: The Effectiveness of Interventions for Illicit Drug Use.* Woden, ACT: Australian National Council on Drugs.

- 다음 사이트에서 이용 가능: http://www.ancd.org.au/publications/pdf/rp3_evidence_supporting.pdf
- 불법 약물 사용에 대하여 부프레노르핀, 메타돈, 날트렉손 그리고 LAAM 약물치료에 대한 자세한 설명과 요약을 제공하는 포괄적인 치료 방법론적 리뷰를 제공하고 있다.

Henry-Edwards, S., Gowing, L., White, J., Ali, R., Bell, J., Brough, R., Lintzeris, N., Ritter, A., & Quigley, A. (2003). *Clinical Guidelines and Procedures for the Use of Methadone in the Maintenance Treatment of Opioid Dependence* (Abbreviated Version). Canberra, Australia: National Expert Advisory Committee on Illicit Drugs.

- 다음 사이트에서 이용 가능: http://www.health.gov.au/pubhlth/publicat/document/methadone_cguide_s.pdf
- 메타돈 치료의 핵심 영역을 요약하고 있다.

Jarvis, T. J., Tebbutt, J., & Mattick, R. P. (1995). *Treatment Approaches for Alcohol and Drug Dependence: An Introductory Guide* (1st edn)(pp. 148-156). Chichester, UK: Wiley.

- 초판의 13장에서는 '디술피람을 복용하는 고객을 어떻게 도울 것인가' 등 약물 복용에 대한 감독법을 포함하는 구체적인 토론을 제공하고 있다.

Kemp, R., Hayward, P., Applewaite, G., Everitt, B., & David, A. (1996). Compliance therapy in psychotic patients: Randomised controlled trial. *British Medical Journal, 312,* 345-349.

- 정신과 약물을 복용 중인 사람들을 돕기 위해 사용되는 '응종요법'에 대한 간결한 설명을 포함하고 있다.

Lintzeris, N., Clark, N., Muhleisen, P., Ritter, A., Ali, R., Bell, J., Gowing, L., Hawkin, L., Henry-Edwards, S., Mattick, R. P., Monheit, B., Newton, I., Quigley, A., Whicker, S., & White, J. (2001). *National Clinical Guidelines and Procedures for the Use of Buprenorphine in the Treatment of Heroin Dependence.* Canberra, Australia: National Expert Advisory Committee on Illicit Drugs.

- 다음 사이트에서 이용 가능: http://www.national.drugstrategy.gov.au/pdf/buprenorphine_guide.htm
- 이 포괄적인 문서는 부프레노르핀을 사용한 치료에 대한 다양한 관점을 포함하고 있다.

O'Brien, Susannah (2004). *Treatment Options for Heroin and Other Opioid Dependence.* Canberra, ACT: Commonwealth Department of Health and Ageing.

- 이 지침서는 3가지 소책자—① 사용자를 위한 지침, ② 가족과 간병인을 위한 지침, ③ 현장에서 활동하는 관계자를 위한 지침—를 포함하고 있다. 이 책은 약물치료를 포함하는 아편류 의존성 치료 방법에 대한 선택 사항을 모든 범위에서 약물 사용자에게 친숙한 자료를 이용하여 간략하고 개략적으로 설명하고 있다.

O'Farrell, T. J., & Bayog, R. D. (1986). Antabuse contracts for married alcoholics and their spouses: A method to maintain Antabuse ingestion and decrease conflict about drinking. *Journal of Substance Abuse Treatment, 3,* 1-8.

- 디술피람을 복용하도록 하는 데 있어서 가족들을 도울 수 있도록 자세한 지침 사항을 포함하고 있다.

Shand, F., Gates, J., Fawcett, J., & Mattick, R. P. (2003). *Guidelines for the Treatment of Alcohol Problems* (pp. 130-142). Canberra, Australia: Australian Government Department of Health and Ageing.

- 알코올 문제에 대한 재발예방 방법으로서 어떻게 약물치료가 사용되는지를 설명하고 있다.

Tesson, M., Sannibale, C., Reid, S., Proudfoot, H., Gournay, K., & Haber, P. (2003). *Manual for Compliance Therapy in Alcohol Pharmacotherapy. NDARC Technical Report No 157.* Sydney: National Drug and Alcohol Research Centre.

- 내담자에게 약물치료에 대하여 언급하는 것에 도움을 주기 위해 이 매뉴얼에서는 개략적으로 기술된 방법을 제공하고 있다. 이러한 방법은 현재 통제 분야에서 연구되고 있으며, 이 연구의 초기 결과는 사람들이 아캄프로세이트를 좀 더 오래 지속하는 데 도움을 준다는 것에 대해서 논의하고 있다.

Ward, J., Mattick, R. P., & Hall. W. (1998). *Methadone Maintenance Treatment and Other Opioid Replacement Therapies.* Amsterdam: Harwood Academic Publishers.

- 아편류 의존증의 치료에 대한 것으로 대체약물 사용, 약물의 사용량, 보조 서비스, 임신 중 약물 처방, 감염성 질병의 감소 그리고 연장 케어를 포함하는 연구와 임상적 문제에 관한 포괄적인 지침을 제공하고 있다.

내담자를 위한 정보

아캄프로세이트: http://www.alpharm.com.au/alphapharm/public/health/home.jsp and type 'campral' into the search field.

날트렉손: http://www.orphan.com.au/reviaCMT.pdf

디술피람: http://www.orphan.com.au/Antabuse_CMT.html

Lintzeris, N., & Bath, N. (eds.) (2000). *Subutex: A Guide to Treatment.* Melbourne, VIC: Turning Point.

- 다음 사이트에서 구매 가능: http://www.aivl.org.au/resources.html
- 이 매뉴얼은 부프레노르핀을 처방받은 아편양제제 중독자를 위한 것이다.

National Drug and Alcohol Treatment Centre (2000). *What you Need to Know About Methadone…… and Other Treatment Options.* Sydney, NSW: NDARC.

- 다음 사이트에서 복사본 구매 가능: http://ndarc.med.unsw.edu.au/ndarc.nsf
- 이 소책자는 헤로인 사용자를 위해 쓰였다. 이 소책자는 메타돈 치료와 날트렉손, 부프레노르핀 그리고 LAAM과 같은 다른 약물치료의 구체적인 정보, 토론 사항을 제공하고 있다.

제3부

변화 유지

제15장

자조집단

추천 용도

자조집단은 음주나 약물 사용을 중단하거나 줄이기를 원하는 사람들을 위해 가장 널리 사용되는 지지 자원이다. 어떤 집단은 Alcoholics Anonymous(AA), Narcotics Anonymous(NA), Smart Recovery® 모임과 같이 단주를 목표로 하고, 반면에 Moderation Management(MM)과 같은 또 다른 집단은 몇몇 음주자들에게 적절한 절주를 목표로 한다. 이 책을 집필할 당시 절주 모임은 미국에 국한되어 있었다. Smart Recovery 모임과 절주 모임은 인지행동 전략과 재발예방 전략에 기초를 두고 있다. 이 두 집단의 목표와 철학은 AA 혹은 NA와는 매우 다르다. 이러한 대안 집단에 대한 자세한 정보는 이 장의 참고자료를 참조하라.

AA와 NA가 제공하는 자조 서비스는 여전히 가장 널리 이용되고 있다. 이 두 모임의 12단계 철학이 약물치료와 알코올치료에 통합될 때도 있지만, AA와 NA의 구성원들은 자신의 모임을 치료 형태라고 생각하지 않는다. 오히려 그들은 알코올이나 약물 의존에 대한 경험을 나누고, 약물 없이 온전하게 살 수 있도록 서로를 도와주고 싶어 한다.

알코올 의존 내담자가 자신의 치료 목표로서 단주를 선택한다면 AA가 적합할 것이다. 내담자가 절주를 목표로 선택한다면 AA의 단주 철학 때문에 그들에게 AA를 추천하는 것은 역효과를 일으킬 것이다. NA는 내담자가 알코올 이외의 약물에 의존하는 경우, 특히 약물을 완전히 끊는 치료법을 사용하고 있는 경우에 적절할 것이다. AA/NA 집단은 각각의 지침을 가지고 있고, 어떤 집단은 메타돈과 같은 약물치료를 받고 있는 구성원을 흔쾌히 받아들인다.

자조집단은 내담자에게 유사한 경험을 지닌 다른 구성원으로부터 지속적이고 접근성이 높은 사회적 지지를 제공한다. 자조집단은 음주와 밀접한 사회적 집단에 속한 음주자를 위한 대안적 지지 자원으로 특히 유용하다(Longabaugh, Wirtz, Zweben, & Stout, 1998). 그러나 내담자가 자조집단에 참석하려 하지 않는다면 다른 집단(예: 스포츠, 예술 또는 다른 흥미 집단, 16장 참조)에 참여하게 함으로써 내담자가 자신의 사회적 지지를 증진시키도록 돕는 것이 중요하다.

다음 장은 AA의 기본 원리를 개관하고, 치료 계획에 포함된 AA/NA에 의뢰하는 방법을 제시하고 있다.

목 표

AA 전통의 자조집단은 알코올이나 약물에 대한 의존이 약물 그 자체의 특성 때문이라기보다는 인간의 유전적 혹은 체질적 특성 때문에 발생된다는 관점을 공유하고 있다. 따라서 이러한 자조집단은 알코올중독자 혹은 중독자를 사회적 음주자 혹은 실험적 음주자와 구분하고 있다. 중독은 완전하게 치유될 수는 없지만 진행이 억제될 수 있는 질환으로 간주된다. 12단계 프로그램은 모임에서 지속적으로 사회적 지지를 제공함으로써 매일 단주를 할 수 있도록 중독자를 도와 중독의 진행을 억제시키도록 설계되어 있다. AA의 근본 목적은 일상적인 단주 생활을 달성하는 것이며, 다른 알코올 의존자를 돕는 것이다. 그리고 NA의 근본 목적은 약물을 사용하지 않고, 다른 약물 의존자에게 도움을 주는 것이다.

주요 개념

12단계

AA/NA에서 규정하는 회복 과정은 이 장의 마지막에 2개의 표로 제시된 12단계에 기초하고 있다. 내담자가 약물을 사용하지 않기 위해서는 자신이 음주나 약물 사용에 있어 무기력하다는 사실을 받아들여야 한다. 이러한 첫 단계는 나머지 단계를 달성하는 데 필수적인 기초가 된다. 내담자는 후원자나 구성원들의 격려와 지지를 받으면서 자신에게 맞는 속도로 각 단계를 달성해 간다.

12전통

12전통은 12단계 집단의 운영 철학을 개관하고 있다. 이 전통은 AA/NA 구성원들의 개인적인 욕심이나 AA/NA 외부의 영향이 다른 알코올 의존자들에게 12단계가 제시하는 주요 목적을 방해하지 않도록 보장한다. 예를 들어, 구성원들이 경제적인 문제에 대한 논쟁에 빠져들지 않도록 하기 위해 AA 및 기타 12단계 집단은 구성원들의 자발적 기부금[1])을 통해 자급한다. 이와 유사하게 개인의 이익보다 집단의 이익을 더 중요시하는데, 이것은 12전통에 다음과 같이 표현되어 있다. '익명성은 우리의 모든 전통의 영적인 토대이며, 이는 각 개인보다 항상 AA의 원칙을 앞세워야 한다는 것을 일깨워 주기 위해서다.'

1) 국내에서는 교회 헌금 방식과 유사하게 참여자들이 모임의 종료 시점에 자기 형편에 따라 자발적으로 기부(대개는 1~2천 원씩)한다–역주

구성원

AA/NA의 전통 3에는 "AA의 구성원이 되기 위한 유일한 조건은 술이나 약물을 끊겠다는 열망이다."라고 기술되어 있다.

개방형 모임과 폐쇄형 모임

개방형 모임에는 음주 문제 여부와는 무관하게 관심 있는 모든 이들이 참여할 수 있다. 개방형 모임은 종종 한두 명의 구성원들만 모여서 자신의 이야기를 하는 경우도 있으며, 새로운 구성원이나 방문자는 보통 자신이 알코올중독자라는 사실을 밝혀야 한다거나 집단에서 이야기하라는 요구를 받지는 않는다. 반대로 폐쇄형 모임은 자신의 음주행동을 변화시키고자 하는 이들에게만 개방되어 있다. 폐쇄형 모임에는 구성원 모두가 참여하는 토론 시간이 있는데, 모두가 참여하도록 격려받는다.

후원자

새로운 구성원들은 오랫동안 참여한 구성원에 의한 후원을 통해 12단계 집단에 적응할 수 있도록 도움을 받는다. 후원자는 지속적인 회복을 달성한 사람이며, 따라서 내담자의 역할모델이 되어 내담자에게 12단계 프로그램의 개념과 실제를 소개할 수 있다. 또한 후원자는 신뢰가 쌓여 감에 따라 내담자에게 친구로서의 역할도 한다. McCrady와 Delaney(1995)에 따르면, 이상적인 후원자란 후원받는 구성원과 동일한 성(gender)을 갖고 있으며, 필요할 때마다 자주 접촉할 수 있는 사람이다. 이러한 접근성은 후원받는 구성원의 갈망 혹은 실수나 재발에 효과적으로 대처하도록 돕는 데 있어서 특히 중요한 요인이다.

방 법

내담자를 위한 설명

내담자에게 12단계 집단을 소개하면서 비슷한 문제와 경험을 지닌 사람을 만날 수 있을 것이라고 강조하라. 또한 내담자는 다른 구성원들로부터 그들이 경험한 것으로부터 쌓인 지식과 지지를 제공받을 수 있는데, 이러한 지지는 내담자가 원할 때 언제든지 다른 구성원들로부터 받을 수 있다는 점 또한 강조하라. 12단계 집단은 일정 기간 동안뿐만 아니라 항시 진행되기 때문에 내담자가 참석하고 싶을 때 참석할 수 있다. 내담자가 자유롭게 모임에 참석할 수 있다는 점과 모임 기간 동안 언급된 내용에 대해 비밀보장과 익명성이 지켜진다는 것을 강조하라. 내담자가 집단에 계속 참석할 것인지를 결정하는 데 필요한 실제적인 정보를 얻을 수 있도록 AA/NA 모임에 적어도 3회 이상 참석하도록 내담자를 격려하라.

AA의 참석은 내담자가 단주 상태를 유지할 가능성을 증가시킬 것이라는 점을 설명하라. 내담자는 단주를 실천하고 있는 다른 구성원들을 만남으로써 단주할 수 있는 자신의 능력에 대한 자신감이 증진될 것이다(Connors, Tonigan, & Miller, 2001). AA에서 장기간 동안 지지를 통해 내담자가 이익을 얻기 위해서는 일정 기간에 걸쳐서 규칙적으로 참석하는 것이 중요하다는 점을 강조하라. 예를 들어, Moos와 Moos(2004)에 의하면 4개월 동안 일주일에 4번 AA 모임에 참석한 사람의 경우, 알코올 문제는 감소한 반면에 사회 기능은 더 좋아진 것으로 나타났다. 또한 AA에 참석하는 기간이 길수록 그 결과는 더 좋아진 것으로 나타났다. 내담자가 참석한 AA 모임, 개인적 반응, 갈망, 단주한 날들 및 섭취한 알코올에 대한 개인 일지를 기록하도록 내담자를 격려하라.

12단계 집단은 회복에 관한 것뿐만 아니라 음주나 약물 사용 없이도 즐겁게 생활하고 친구를 사귈 기회를 제공한다. AA/NA 모임에 참석하는 사람들은 직업과 계층이 다양하기 때문에 모임에 참석하는 사람들 중 유사한 관심을 가진 사람들을 만날 수 있다. 내담자가 음주나 약물 사용과 무관한 사회적 네트워크를 형성하는 것은 새로운 경험일 것이다.

시작에 앞서

상담자는 자신의 지역사회에 있는 자조집단의 활동에 대해 파악해야 한다. 이러한 자조집단은 대부분 12단계 모델에 기초를 두고 있을 것이다. 12단계 집단에 대해 더 많은 정보를 찾는 가장 쉬운 방법은 개방형 집단에 참석하는 것이다. 병원이나 치료기관의 AA/NA 조정위원 및 AA/NA 모임이 있는 일반 기관 관리자와의 교류를 증가시켜라. 여성, 동성애 남성 및 여성으로 구성된 특별한 집단을 위한 AA/NA 모임과 처음으로 참석하는 사람을 위한 모임이 있다는 것을 염두에 두면 좋다. 자조 네트워크에 연결된 다양한 사람들과 접촉할 수 있고 특정한 관심사를 지닌 집단을 파악하고 있으면 상담자는 내담자에게 맞는 다양한 조언을 제공할 수 있다. AA와 NA 이외에도 '익명의 처방약 중독자(Pills Anonymous)' 나 '익명의 도박 중독자(Gamblers Anonymous)' 모임 같은 다양한 종류의 12단계 모임도 있다.

상담자는 자조 문헌과 전화 서비스에 스스로 친숙해질 필요가 있다. AA/NA에서 만들어진 소책자는 클리닉을 찾는 내담자들이 읽기에 유용하다. 특히, AA와 NA는 그 지역에서 모임이 언제, 어디서, 어떤 유형으로 열리게 되는지에 대한 정보를 제공해 준다. 이러한 내용은 처음 모임에 참석하려고 계획하고 있는 내담자를 도울 수 있는 매우 귀한 정보가 된다. 상담자는 AA/NA에 연락을 하거나 인터넷 웹사이트(참고자료 참조)를 통해서 이 모임과 관련된 소책자나 안내문을 준비해 놓을 수 있다. 상담자는 이 장의 마지막에 제시된 NA 또는 AA 12단계 목록을 내담자에게 제공할 수 있다.

AA를 치료와 연결하기

치료자는 AA/NA가 지닌 사회적 지지, 접근성 및 자조성의 장점을 부각함으로써 (단주 생활방식이나 단약 생활방식을 목표로 하고 있는) 모든 내담자들에게 AA/NA를 추천할 수 있다. AA/NA는 치료 계획에 쉽게 통합될 수 있다. 예를 들어, 모임에 참석하는 것이나 후원자에게 전화하는 것은 재발예방을 위해 내담자가 사용할 수 있는 전략일 것이다(pp. 354-355 참조). 그다음에는 12단계 집단이 구성원의 치료 프로그램 참여를 지원한다. 또한 NA는 HIV와 피해 감소 전략에 관한 교육을 제공한다.

AA/NA는 내담자에게 다른 사람들도 단주 혹은 단약의 초기 부작용을 견뎌 냈고 그것으로부터 벗어났다는 사실을 재확인시켜 주는 기회를 제공한다. 이것은 알코올이나 약물을 끊을 수 있는 자신의 능력에 대한 내담자의 확신을 증가시키는 데 도움이 될 수 있다. 또한 집단의 격려는 장기적 단주를 향한 내담자의 진척을 강화시킬 수 있다.

또한 내담자가 알코올이나 약물 관련 문제를 지닌 사람들을 만났을 때 편안해지는 느낌을 경험할 수도 있다. 내담자는 자신만이 이러한 부정적인 경험을 겪었을 것이라고 생각했을 수도 있다. AA 모임은 내담자가 이러한 생각과 감정을 다른 구성원들과 나눌 수 있는 지지적인 환경을 제공한다. 또한 12단계 접근의 기초는 내담자에게 새로운 목표와 희망을 고취시킬 수 있는 영적인 견해이기도 하다.

내담자의 AA 참석을 지원하기 위해서 상담자는 내담자가 개별 단계를 통과하는 데 도움이 되는 회기를 제공할 수 있는데, MATCH 프로젝트 연구에 사용된 12단계 촉진치료 매뉴얼은 이러한 접근법을 자세하게 설명하고 있다(Nowinski, Baker, & Carroll, 1995).

예상되는 문제 상황 다루기

내담자가 AA/NA에 대해 가지고 있는 사회적 통념을 없앨 필요가 있을 수도 있다. 예를 들어, 내담자는 AA/NA가 매우 심한 의존자나 약물 관련 문제를 지닌 사람에게만 적합하다고 생각할 수 있다. AA/NA는 문제의 심각성과는 상관없이 누구에게나 도움이 될 수 있다는 점을 설명하라.

내담자는 12단계나 12단계에서 강조하는 영성(spirituality)은 자신과 무관하다고 생각할 수도 있다. 또한 내담자들은 알코올 의존이 질병이라는 메시지에 대해 서로 상이한 반응을 보일 수도 있다. 예를 들어, 내담자 자신이 알코올에 무기력하다는 생각은 변화 능력에 대한 내담자의 자신감을 무너뜨릴 수도 있다. 반면에 내담자 자신이 알코올이나 약물에 무기력하다는 점을 수용함으로써 내담자는 자신의 중독행동에 대해 수치심을 느끼지 않고 다른 사람에게 적극적으로 도움을 요청할 수도 있다. 궁극적으로 치료자는 AA/NA가 내담자에게 적합한지에 대해 내담자의 결정을 존중하는 것이 중요하다. 12단계 철학이 모든 사람에게 효과적인 것은 아닐 수도 있다는 점을 명심하라.

가족을 위한 자조집단

AA의 12단계에 기초를 둔 Al-Anon 가족집단은 알코올 의존자의 가족과 친구들을 지원하는 것을 목적으로 하는 친목 단체다. 규칙적인 Al-Anon은 비슷한 경험을 지닌 사람들 간에 친목을 증진시키고 가족 내에서 알코올 의존에 대처하는 경험을 나눌 수 있는 기회를 제공한다. Al-Anon은 알코올 문제에 지나치게 몰두하는 것을 감소시키거나 음주 관련 갈등을 최소화하는 방법에 관한 유익한 정보를 제공한다. 또한 Al-Anon은 12단계 기반의 자기성장 프로그램을 제공한다. Al-Anon은 AA에 규칙적으로 잘 참석하고 있는 내담자의 가족들에게 특히 유용하다. 또한 Al-Anon은 음주자가 AA에 참석하지 않는 상황에서도 가족들에게 유용한 지지 자원일 수 있다. 만약 Al-Anon 집단이 근처 지역사회에 없다면 종합서비스 센터의 서비스를 이용할 수 있다. 종합서비스 센터에서는 그 지역에서 새롭게 Al-Anon 집단을 시작하려는 사람을 돕기 위해 어떻게 집단을 시작하고 진행해 나가는지 설명하는 지침서를 제공하고 있다.

다른 12단계 가족 지지집단에는 Al-Teen과 Nar-Anon이 있다. Al-Teen은 알코올 의존 부모를 둔 10대를 위한 자조집단이고, Nar-Anon은 마약 의존자의 가족과 친구들을 위한 자조집단이다.

[내담자용 유인물]

AA 12단계

1단계 우리는 알코올에 무력했으며, 우리의 삶을 수습할 수 없게 되었다는 것을 시인했다.

2단계 우리보다 위대한 그 어떤 힘이 우리를 제정신으로 돌아오게 해 줄 수 있다는 것을 믿게 되었다.

3단계 우리가 이해한 대로, 신의 돌보심에 우리의 의지와 생명을 맡기기로 결정했다.

4단계 두려움 없이 우리 자신에 대한 도덕적 검토를 했다.

5단계 우리의 잘못에 대한 정확한 본질을 신과 자신에게 그리고 다른 어떤 사람에게 시인했다.

6단계 신께서 이러한 모든 성격상의 결점을 제거해 주시도록 완전히 준비했다.

7단계 신께서 우리의 단점을 없애 주시기를 겸손하게 간청했다.

8단계 우리가 해를 끼친 모든 사람들의 명단을 만들어서 그들 모두에게 기꺼이 보상할 용의를 갖게 되었다.

9단계 어느 누구에게도 해가 되지 않는 한, 할 수 있는 데까지 어디서나 그들에게 직접 보상했다.

10단계 인격적인 검토를 계속하여 잘못이 있을 때마다 즉시 시인했다.

11단계 기도와 명상을 통해서 우리가 이해한 대로 신과의 의식적인 접촉을 증진하려고 노력했다. 그리고 우리를 위한 그의 뜻을 알도록 해 주시고, 그것을 이행할 수 있는 힘을 주시도록 간청했다.

12단계 이러한 단계들의 결과, 우리는 영적으로 각성되었고, 알코올중독자에게 이 메시지를 전하려고 노력했으며, 일상의 모든 면에서도 이러한 원칙을 실천하려고 했다.

[내담자용 유인물]

NA 12단계

1단계 우리는 중독에 무력했으며, 우리의 삶을 수습할 수 없게 되었다는 것을 시인했다.

2단계 우리보다 위대한 그 어떤 힘이 우리를 제정신으로 돌아오게 해 줄 수 있다는 것을 믿게 되었다.

3단계 우리가 이해한 대로, 신의 돌보심에 우리의 의지와 생명을 맡기기로 결정했다.

4단계 두려움 없이 우리 자신에 대한 도덕적 검토를 했다.

5단계 우리의 잘못에 대한 정확한 본질을 신과 자신에게 그리고 다른 어떤 사람에게 시인했다.

6단계 신께서 이러한 모든 성격상의 결점을 제거해 주시도록 완전히 준비했다.

7단계 신께서 우리의 단점을 없애 주시기를 겸손하게 간청했다.

8단계 우리가 해를 끼친 모든 사람들의 명단을 만들어서 그들 모두에게 기꺼이 보상할 용의를 갖게 되었다.

9단계 어느 누구에게도 해가 되지 않는 한, 할 수 있는 데까지 어디서나 그들에게 직접 보상했다.

10단계 인격적인 검토를 계속하여 잘못이 있을 때마다 즉시 시인했다.

11단계 기도와 명상을 통해서 우리가 이해한 대로 신과의 의식적인 접촉을 증진하려고 노력했다. 그리고 우리를 위한 그의 뜻을 알도록 해 주시고, 그것을 이행할 수 있는 힘을 주시도록 간청했다.

12단계 이러한 단계들의 결과, 우리는 영적으로 각성되었고, 알코올중독자에게 이 메시지를 전하려고 노력했으며, 일상의 모든 면에서도 이러한 원칙을 실천하려고 했다.

참고자료

AA World Services Inc (1975). *Living Sober*. New York: AA World Services Inc.
- 재발 방지 방법에 관해 설명한 팸플릿

AA World Services Inc (1989). *Twelve Steps and Twelve Traditions*. New York: AA World Services Inc.
- AA의 단계와 전통에 대해서 설명하고 있다.

AA World Services Inc (2004). *Alcoholics Anonymous: The Big Book* (4th edn). New York: AA World Services Inc.
- AA 프로그램에 관해 자세하게 설명하고 있으며, 알코올 문제에 대한 AA의 견해와 AA를 통한 개인적인 회복 이야기를 담고 있다.

Connors, G., Tonigan, J., & Miller, W. (2001). A longitudinal model of intake symptomatology, AA participation and outcome: Retrospective study of the Project MATCH outpatient and aftercare samples. *Journal of Studies on Alcohol, 62*(6), 817-825.
- MATCH 프로젝트의 결과는 AA 활동이 다양한 상황에서 금주를 할 수 있도록 높은 자기효능감을 유도할 수 있음을 설명하고 있다.

Edwards, G. E., Marshall, E. J., & Cook, C. C. H. (2003). *The Treatment of Drinking Problems: A Guide for the Helping Professions* (4th edn). Cambridge, UK: Cambridge University Press.
- 18장은 AA의 탁월한 개관을 설명하고 있다.

Longabaugh, R., Wirtz, P. W., Zweben, A., & Stout, R. L. (1998). Network support for drinking, Alcoholics Anonymous and long-term matching effects. *Addiction, 93*(9), 1313-1333.
- MATCH 프로젝트의 결과는 음주 모임에 심하게 빠져 있는 고객들은 알코올치료에서 미약한 효과를 얻으며, AA 모임의 참여가 좋은 효과가 있음을 보여 준다.

McCrady, B. S., & Delaney, S. I. (1995). Self-help groups. In R. K. Hester & W. R. Miller (eds.), *Handbook of Alcoholism Treatment Approaches: Effective Alternatives* (2nd edn) (pp. 160-175). Boston: Allyn and Bacon.
- 자조집단을 위한 AA의 원리와 실습의 포괄적인 설명을 포함한 지침을 제공하고 있다.

Moos, R. H., & Moos, B. S. (2004). Long-term influence of duration and frequency of participation in Alcoholics Anonymous on individuals with alcohol use disorders. *Journal of Consulting & Clinical Psychology, 72*(1), 81-90.
- 이 연구 논문은 알코올 관련 문제의 감소와 좀 더 나은 사회적 기능을 예상하여 AA의 참여 기간이 참여 횟수보다 좀 더 중요할 수 있음을 보여 준다.

NA World Service Office Inc (2003). *Narcotics Anonymous-The Basic Text* (5th edn). Van Nuys, CA: World Service Office.
- NA를 통한 개인적 회복 이야기를 포함한 NA 프로그램을 기술하고 있다.

NA World Services Office Inc (1992). *Just for Today: Daily Meditations for Recovering Addicts*. Van Nuys, CA: World Service Office.
- 회복을 위해 매일 시행하는 약물치료와 관련된 내용을 제공하고 있다.

NA World Services Office Inc. (1993). *NA: It Works, How and Why?* Van Nuys, CA: World Service Office.
- NA의 과정과 전통에 대해 자세하게 기술하고 있다.

Nowinski, J., Baker, S., & Carroll, K. (1995). *Twelve Step Facilitation Therapy Manual: A Clinical Research Guide for Therapists Treating Individuals with Alcohol Abuse and Dependence* (Project MATCH Monograph Series, Volume 1). NIH Pub. No. 94-3722. Rockville, MD: National Institute on Alcohol Abuse and Alcoholism.
- 다음 사이트에서 복사본 구매 가능: www.niaaa.nih.gov/publications/match.htm
- AA에서 환자들과 직접적으로 연결된 것에 대한 지지를 목표로 하는 회기별 매뉴얼을 제공하고 있다.

Peyrot, M. (1985). Narcotics Anonymous: Its history, structure, and approach. *International Journal of the Addictions, 20*(10), 1509-1522.
- NA를 개관하였다.

Robertson, D. (1979). *Talking Out of Alcoholism: The Self-help Process of Alcoholics Anonymous*. London: Croom Helm.
- AA에 대해 자세하게 소개하고 있다.

자조집단을 위한 웹사이트

www.alcoholics-anonymous.org
- 익명의 알코올중독자—금주에 기초하고 있으며 계획적으로 이용 가능한 12단계 자조집단—처럼 모임 시간과 장소를 목록화한 지역 사이트를 찾을 수 있다.

http://www.al-anon-alateen.org/
- 가족들과 사춘기 청소년들을 위한 12단계 자조집단

www.moderation.org
- 절주 관리 집단—비금주적 접근을 허용하는 자조집단—은 미국 외에서 살고 있는 사람들을 위한 온라인 집단을 운영하고 있다.

http://www.na.org/
- 익명의 마약중독자(NA)는 또한 지역 사이트를 갖고 있다.

www.smartrecovery.org
- Smart Recovery® 인지행동 요법에 근거하여 약물 혹은 알코올 중독을 관리하는 법을 개발하는, 개인을 보조해 주는 비영리 자조집단

제16장

재발예방 훈련

추천 용도

약물이나 알코올 사용을 감소시킬 목적을 가진 치료 프로그램이라면 대부분 재발예방 훈련을 포함하고 있다. 재발예방은 단주 혹은 절주를 목표로 하는 내담자와 관련이 있다. 또한 재발예방 전략은 주사기 공유나 안전하지 않은 성행위를 하지 않겠다는 목표를 지닌 내담자에게 적용하기 좋다. 비록 재발예방 기술훈련은 집단 학습을 통해 더 잘 촉진되지만 집단치료나 개인치료 장면 모두에서 실시될 수 있다. 앞서(p. 36 참조) 설명한 바와 같이 동일한 집단에 다른 목표를 가진 내담자들을 포함시키는 것은 바람직하지 않다.

재발은 너무나 일반적인 것이고, 대부분의 실무자들이 재발을 실패의 신호가 아니라 변화 과정의 자연스러운 일부분으로 간주하고 있다. 예를 들면, 음주치료를 한 지 일 년 후에 약 60%의 내담자들이 재발을 경험한다(Connors, Maisto, & Donovan, 1996). 재발은 내담자의 음주나 약물 사용을 촉발하는 요인이 무엇인지 그리고 내담자에게 효과적인 전략과 효과적이지 못한 전략은 무엇인지에 관한 수많은 정보를 제공한다. 따라서 재발예방이란 내담자가 재발을 예방하도록 돕는 것뿐만 아니라, 재발 경험을 통해 학습하도록 돕는 것도 포함한다.

재발예방 훈련은 이 책의 3부에서 설명되는 많은 기술들을 이용한다. 예를 들어, 고위험 상황에 대한 내담자의 대처 계획에는 문제해결 훈련, 사회기술 훈련, 부정적 사고에 대해 도전하기 등이 포함될 수 있다. 또한 재발예방 훈련(14장)은 약물치료와 함께 결합해서 효과적으로 사용될 수 있다.

목 표

재발예방 훈련의 일반적인 목표는 내담자가 다음 2가지를 갖추도록 하는 것이다.

- 알코올이나 약물 사용에 대한 실수를 감소시키기 위한 다양한 기술과 자신감 갖기
- 실패에 대한 두려움을 감소시키고 실수가 재발로 이어지는 것을 예방하는 전략과 신념 갖기

주요 개념

고위험 상황

음주행동이나 약물 사용을 감소시키기 어려운 상황이 존재한다. 연구 문헌에 의하면 실수나 재발이 발생할 가능성이 높은 일반적인 상황은 ① 불안이나 우울과 같은 부정적인 정서 상태, ② 대인관계에서의 갈등과 사회적 고립, ③ 음주나

약물 사용에 대한 높은 사회적 압력, ④ 갈망과 충동이 발생하는 경우다. 또한 이러한 상황과 관련된 위험 수준은 내담자가 부적절한 대처기술을 가지고 있거나 음주나 약물 사용과 깊이 관련되어 있는 경우, 낮은 자기효능감을 가지고 있는 경우에 더 높아지는 경향이 있다. 물론 고위험 상황이라고 해서 모두 부정적인 상황은 아니며, 즐겁고 긍정적인 상황도 고위험 상황이 될 수 있다. 예를 들어, 축하 모임이나 특별히 경사스러운 행사도 내담자를 위험에 빠뜨릴 수 있다.

실수 혹은 '미끄러짐'

재발예방 훈련이라는 맥락에서 실수 혹은 '미끄러짐' 과 같은 용어는 일정 기간 동안의 단주 또는 단약 후에 처음으로 혹은 간헐적으로 다시 사용하는 것을 지칭하거나 일정 기간 동안 조절해서 약물을 사용하다가 처음으로 혹은 간헐적으로 과다 사용하는 것을 지칭한다. 이 용어는 지속적인 과다 사용으로 되돌아가는 것과 잠시 다시 사용하게 되는 것을 구별하는 용어로 사용된다.

재 발

재발은 일반적으로 지속적인 혹은 과도한 약물 사용으로의 복귀를 지칭하는 용어로 사용된다.

방 법

이 절은 Marlatt와 Gordon(1985)의 연구에 기초를 두고 있고, 특히 Saunders와 Allsop(1989, 1991)의 재발예방 전략을 반영하고 있다.

Allsop은 '재발예방 훈련은 재발에 대한 편견을 깨뜨리는 것' 이라고 하였다(즉, 재발예방 훈련의 목적은 단주 상태를 유지하려는 '의지력' 을 자신이 충분히 가지고 있다고 생각하는 믿음으로부터 내담자가 벗어나도록 돕는 것이다). 재발을 성공적으로 예방하기 위해서는 변화하고자 하는 강한 결심이 필수적이기는 하지만, 내담자가 실수나 재발에 영향을 미칠 수 있는 환경 속의 촉발 요인을 인식하고, 효과적으로 다룰 수 있는 충분한 기술력을 확실히 갖추는 것도 중요하다. 이러한 촉발 요인은 고위험 상황에서 발생하며, 특별한 정서와 관련되거나 음주를 하거나 약물을 사용하는 친구들과 함께 시간을 보내는 등의 상황과 관련될 수 있다.

또한 재발예방 훈련은 중독행동을 그만두는 것에 관한 일반적인 신념을 변화시키려고 시도한다. 재발예방 훈련의 목적은 행동 변화가 성공 아니면 실패라는 식의 개념이 아님을 강조함으로써 '실패'에 대한 깊은 두려움을 감소시키는 것이다. 변화란 실수나 실책을 동반한 학습을 통해 최종 목표로 나아가는 하나의 과정임을 내담자가 인식함으로써, 익숙한 습관을 버리는 것과 같은 방식으로 약물 사용 행동을 변화시키도록 내담자를 돕는 것이 재발예방 훈련의 목표다.

생활방식과 관련된 문제는 중독행동의 초기 변화를 유지하는 데 결정적인 영향을 미치게 된다. Saunders와 Allsop(1989)은 알코올이나 약물 사용의 변화를 결심하거나 중단하는 것은 생활방식을 변화시키지 않고서는 불가능하다는 점에서 약물 사용의 변화와 생활방식의 변화를 구분하고 있다. 따라서 재발예방 훈련은 행동 변화를 방해하거나 지원할 수 있는 생활방식을 조사하는 작업도 포함하고 있다.

이 절은 재발예방 훈련을 다음의 영역으로 구분하고 있는데, 이 영역들은 어느 프로그램에서나 포함되어야 한다.

- 변화에 대한 결심 강화하기
- 고위험 상황 확인하기
- 대처기술 및 기타 유용한 기술을 가르치기
- 유혹에 대처하기 위한 기타 유용한 정보 제공하기
- 실수에 대비하기

• 변화 유지에 중요한 기타 생활방식 발견하기

시작에 앞서

상담자는 재발예방 훈련에 대한 이론적 근거를 설명하는 것으로 상담을 시작하고 싶을 것이다. 그렇게 할 때, 앞의 단락에서 논의된 사항을 다루는 것이 좋다. 또한 다음 절에서 실수를 다루는 방법에 대한 구체적인 이론적 근거를 더욱 세부적으로 제시하였다. 이러한 사항들은 내담자에게 보다 위협적인 것으로 받아들여질 수 있기 때문에 자세히 설명해 줄 필요가 있다.

변화에 대한 결심 강화하기

변화하고자 하는 높은 의지는 단주나 절주를 유지하는 데 있어서 중요한 요인이란 점을 인식하는 것이 중요하다. 만약 내담자가 행동 변화를 유지하기 위해 노력하지 않는다면, 고위험 상황에 대한 자신감이 있고 대처기술을 습득하고 있다고 할지라도 행동 변화의 유지는 쉽지 않을 것이다. 따라서 내담자가 약물 사용 패턴을 변화시키는 것에 대해 갖는 부정적인 태도와 그러한 변화에 따라 기대하는 보상을 모두 검토하는 것이 중요하다. 만약 그러한 검토 작업을 하지 않았다면, 내담자로 하여금 변화하고자 하는 이유를 기록하게 함으로써 추후에 내담자가 쉽게 기억할 수 있고, 동기 강화 요인이 되도록 하는 것도 유용할 것이다.

고위험 상황 확인하기

고위험 상황 확인하기에는 '언제, 어디서, 누구와 함께 있을 때, 무엇을 할 때, 무엇을 느낄 때' 내담자가 약물이나 알코올을 사용하고자 하는 강한 유혹을 느끼는지에 대한 구체적인 사항을 찾아내는 작업이 포함된다. 고위험 상황을 확인하는 방법은 다양하다. 한 가지 방법은 지필검사(예: 상황자신감 질문지, Annis &

Graham, 1988)를 사용해서 다양한 상황에 대한 내담자의 자기효능감을 측정하는 것이다. 우리는 참고자료에 몇 가지 지필검사를 기술하였다.

고위험 상황을 확인하기 위한 또 다른 방법은, 음주행동의 절제를 시도하는 내담자들에게 자기관찰을 하여 기록하게 하거나(12장 참조) 과거에 어려움을 야기했던 상황에 관하여 논의하는 것이다. 이 외에도 유용한 정보를 획득할 수 있는 방법은 현재 단주(혹은 단약)하고 있는 내담자로 하여금 알코올이나 약물을 사용하고 싶은 충동과 갈망에 대한 자기관찰을 하도록 격려하는 것이다. 충동과 갈망을 관찰하는 데 사용될 수 있는 일지는 이 장의 마지막에 제시되어 있다.

이러한 정보를 수집한 후에, 여러 상황에 공통적으로 나타나는 촉발 요인이나 패턴을 탐색하라. 이러한 상황을 다루던 과거의 시도에서 내담자가 적용했던 전략을 탐색하고, 효과적인 전략은 무엇이고 효과적이지 않은 전략은 무엇인지 확인하라. 그 후 내담자의 고위험 상황을 내담자에게 느껴지는 위협의 정도가 가장 적은 상황에서 가장 위협적으로 느껴지는 상황에 이르기까지 위계적으로 등급을 매긴다. 이러한 위계는 나머지 회기 동안의 훈련과 가정에서의 연습을 위한 기초 자료로 사용된다.

대처기술 가르치기

회피에 관한 정보

특히 행동 변화의 초기 단계에서는 내담자에게 가능한 한 고위험 상황을 피하도록 조언하라. 사실 어떤 내담자에게는 회피가 가장 좋은 해결책인 상황이 있다. 그러나 어떤 잠재적 고위험 상황은 회피하기가 어려울 때도 있다. 예를 들어, 분노나 불쾌감을 영원히 느끼지 않거나 음주를 하는 사회적 모임을 영원히 피하는 것은 어려울 것이다. 따라서 회피 이외의 전략도 다룰 필요가 있다.

문제해결 기술 가르치기

이 단계에서는 문제해결 전략을 내담자에게 가르친다. 이러한 접근법은 내담자의 변화하고자 하는 결심을 무너뜨릴 수 있는 다양한 상황에 적용 가능한 기술을 제공한다는 이점이 있다(Saunders & Allsop, 1991). 문제해결 기술을 가르치는 구체적인 방법은 6장에서 다루었기 때문에 여기서는 다루지 않을 것이다. 다만, 문제해결의 기본 강령에 포함되는 것을 요약하면 다음과 같다.

- 주어진 문제가 무엇인지에 대해 정확하게 규정하기
- 주어진 문제를 다루기 위한 대안을 브레인스토밍하기
- 각각의 잠재적 해결책의 장단점을 조사함으로써 최고의 대안을 선택하기
- 세부적인 실천 계획을 수립하기
- 마음속 및 역할극으로 연습하기 그리고 실제적으로 계획을 실천하기
- 선택한 해결책이 얼마나 효과적인지를 알기 위해 실천 결과를 평가하고, 필요하다면 계획을 조정하기

먼저 상대적으로 좀 더 쉬운 고위험 상황을 대상으로 작업을 시작하라. 약물이나 알코올을 사용하지 않고도 고위험 상황을 다룰 수 있는 대안적 방법을 최대한 많이 브레인스토밍하라. 그 후 내담자로 하여금 최선의 해결책을 선택하게 하고, 그것을 마음속으로 또는 역할극을 통해 연습하게 하라. 내담자가 생각하는 가능한 대안과 최종적으로 선택한 해결책을 기록하게 함으로써 추후 필요할 경우 참고하도록 한다.

가정에서의 연습에는 그날의 회기 동안 이미 '해결'한 상황에 대한 해결책을 실천해 보는 것은 물론이고, 목록에는 있지만 그날 회기에서 다루지 않은 다른 위험 상황에 대한 해결책을 브레인스토밍하고 선택해 보는 것도 포함된다. 각 회기를 시작할 때 가정에서 연습한 내용을 검토하라. 즉, 내담자의 성공 사례에 대해서는 긍정해 주고, 내담자가 경험한 문제점들은 논의하라. 성공이 성공을 낳는다는 사실을 기억하면서 상대적으로 쉬운 상황을 먼저 다루어야 한다. 이것은 내담자가 이미 알려진 고위험 상황에 대처하는 데 있어서 유능감을 가지게 한다. 내담자의 변화에 대한 결심을 위협하는 예상치 못한 사건에 대처하는 데도 사용

할 수 있을 만큼 문제해결 전략을 충분히 연습하는 것 또한 중요하다(다음의 내용 참조).

기타 기술

상담자는 내담자의 재발 상황에는 공통적인 주제가 있다는 것을 알게 될 것이다. 예를 들어, 내담자는 스트레스에 대처하기 위해 약물을 사용하는 경향성이 있을 수 있다. 문제해결 기법은 수많은 잠재적 해결책을 제공하며, 어떤 경우는 이완기술을 배워야 할 수도 있다(11장 참조). 상담자는 그러한 스트레스 영역에 대해서 어떤 구체적인 훈련에 초점을 맞출 것인지를 결정해야 한다. 부정적인 정서 상태, 대인관계의 갈등 및 사회적 압력 등이 재발의 매우 일반적인 촉발 요인임을 나타내 주는 증거가 있다면, 상담자는 이러한 이슈들에 대처하는 구체적인 전략을 집단 장면(구성원들 개개인의 욕구에 맞출 수 있는 유연성이 부족한 장면)에서 다루고자 할 텐데, 그 영역은 다음과 같다.

사회적 압력에 대처하기 대부분의 내담자들은 다른 사람들이 권하는 알코올이나 약물을 거절해야 하는 상황을 경험한다. 이에 대비해서 상담자는 역할극을 통해 내담자에게 적절한 거절기술(7장 참조)을 연습시킬 필요가 있다. 만약 사회적 압력이 매우 높은 고위험 상황이 지속된다면 내담자는 자신의 사회적 네트워크를 다시 구축할 필요가 있다(pp. 357-358 참조).

불안, 우울, 분노에 대처하기 내담자는 불안을 감소시키기 위해서 이완훈련을 적용하거나(11장 참조) 10장에서 다룬 인지치료를 적용해서 부정적 사고에 도전하고 강한 정서에 대처할 수 있다. Monti와 동료들(2002)은 분노 관리 기법을 치료 매뉴얼 형태로 설명하였다(참고자료 참조). 물론 내담자가 이중진단 장애를 갖고 있다면 내담자를 정신보건 전문가(정신과 의사나 임상심리사)에게 의뢰해야 할 것이다. 정신약물치료는 우울증과 같은 강렬하고 부정적인 정서 상태를 조절하는 데 도움이 되며, 심리사회적 치료 또한 내담자가 정신건강 증상을 극복하거나 관리하는 데 도움이 된다(20장 참조).

충동과 갈망에 대처하기 내담자가 충동이나 갈망에 대처하도록 돕는 것은 특히 더 중요하다. 갈망이란 ① 음주나 약물 사용의 변화에 뒤따르는 자연스러운 반작용이며, ② 음주나 약물 사용의 일부분이 되었던 상황, 사람 및 기분에 대한 하나의 반응이고, ③ 내담자가 고위험 상황에 처해 있고 주의해야 한다는 유익한 경고 신호다. 어떤 내담자는 갈망에 압도당하는 두려움을 느끼거나 혹은 알코올이나 약물을 사용하여 해소하지 않는다면 이러한 갈망은 점차 증가하여 참을 수 없을 정도로 강렬해질 것이라고 예상한다. 이러한 갈망에 대한 두려움을 경감시키기 위한 방법으로 갈망을 바다의 파도에 비유해서 설명해 주어라. 갈망도 파도처럼 최고점에 도달했다가 가라앉아서 결국 사라진다. 또한 '충동 파도타기' 란 심상을 내담자에게 소개하면서, 충동이라는 파도에 침몰되기보다는 지배함으로써 충동을 타고 넘을 수 있다는 것을 내담자에게 알려 주어라. 내담자가 갈망을 더 성공적으로 다룰수록 갈망의 횟수와 강도는 점점 더 작아진다는 점을 강조하라.

내담자는 '충동 파도타기' 는 물론이고 충동을 관리하기 위한 다양한 전략을 필요로 할 것이다(내담자는 충동을 좇아 즉각적으로 행동하기보다는 알코올이나 약물을 사용하려는 결정을 미룰 수도 있다). 그 후 내담자는 어떤 다른 보상적인 활동을 하거나 다른 사람의 지지를 구하고 변화를 원했던 이유들을 회상해 봄으로써 자신의 주의를 음주에 대한 갈망으로부터 딴 곳으로 돌릴 수 있다. Monti와 동료들(2002)은 충동을 관리하기 위한 다양한 전략에 대해 보다 세부적인 지침을 제공하고 있다(참고자료 참조).

유혹에 대처하기 위한 기타 유용한 정보

미리 계획하기

상담자는 고위험 상황이나 기타 잠재적으로 어려운 상황에 대처하기 위한 가장 유용한 전략 중의 하나가 미리 계획하기임을 내담자에게 강조해서 설명해야 한다(즉, 내담자는 발생할 수 있는 어려움이나 함정에 대해 미리 생각해 보아야 하고 그러한 어려움에 대처하기 위한 전략을 계획해야 한다). 계획에는 재발을 예방하기 위해 내담자가 해야 할 일과 자기대화(self-talk)가 재발 위험을 어떻게 증가시키거나 감소시키는지(10장 참조)에 관한 것도 포함된다.

외관상 부적절한 결정

종종 내담자들은 다가오는 고위험 상황에 대한 경고 신호를 인지하지 못하거나 의도적으로 무시한다. 따라서 재발예방 훈련은 경고 신호에 대한 자각을 강조한다. 재발예방 훈련에서는 실수가 '예상치 못하게' 발생되는 것이 아니라 오히려 내담자의 선택에 의해서 발생된다는 점을 강조한다. 사실 Saunders와 Allsop (1991)은 내담자의 음주나 약물 사용이 재발될 때는 개인의 책임성 요소가 항상 관련되어 있음을 강조하였다.

실수나 재발의 개인적 책임성 문제에 대한 예로서, 다음과 같은 가상의 음주자에 대한 예를 들려주면서 음주행동을 야기하는 일련의 사건에 대해 설명하는 것이 유용하다. 예를 들어, 어떤 회복 중인 약물 사용자가 약물 사용자들이 많이 모이는 카페 옆에서 산책하기를 선택한다. 약물 사용을 중단한 지 얼마 되지 않은 오랜 친구가 그를 보고 저녁 식사에 초대한다. 그가 친구 집에 있는 동안 마약을 소지한 사람들이 우연히 들렀고, 그들에게 마약을 달라고 하는 자신을 발견한다.

또 다른 자세한 예가 다음에 기술되어 있다. 즉, 내담자의 문제와 관련 있는 예를 만들어 사용하면 된다. 내담자에게 다음의 예를 소개하고 여기에 나오는 음주자가 '어쩔 수 없었을 것' 이라고 생각하는지 혹은 음주행동으로 이어질 수도 있는 결정을 음주자 스스로 했다고 생각하는지 질문하라. 내담자로 하여금 다음 예에서 모든 경고 신호나 결정 시점을 찾아보게 하라. 다음 예에는 결정 시점에 모두 별(*) 표시를 해 두었다. 문제해결적 접근법을 사용하여 각 결정 시점에서 또 다른 대안적 결정을 해 보도록 내담자를 격려하라. 연쇄적으로 발생하는 사건 중 첫 사건에서 어떤 결정을 하는 것이 음주하기 직전의 마지막 결정 시점에서 어떤 결정을 하는 것과 비교하여 무엇이 더 힘들 것이라고 생각하는지 내담자에게 질문하라. 이 방법은 연쇄적으로 발생하는 사건 중에 초기의 사건을 변화시킴으로써 잠재적 실수(slip)에 대처하는 것이 더 유익하다는 점을 깨닫게 해 준다.

추후 연습으로 내담자가 경험했던 '불안정하고 위험한' 상황을 하나 이야기해 줄 것을 요청하고, 위와 동일한 방법으로 그 상황을 검토해 볼 것을 요청하라.

*존은 직장에서 하루 종일 기분이 좋지 않았다. 그는 점심을 걸렀고 '예민하고 초조한' 상태였다. 그는 치료를 종료한 이래로 최근 몇 달 동안 휴식을 취하기 위해 퇴근 후 수영을 하고 있다. 그러나 오늘은 너무 피곤해서 수영하러 가기 힘들다는 생각이 든다. *그가 막 퇴근하려고 할 때 친한 직장 동료(이미 알려진 과음자)가 전화로 그와 동료들을 저녁 식사에 초대한다. *존은 퇴근 후 미리 음식점에 가서 동료들을 기다리기로 결정한다. *그는 다음 날 아침에 중요한 모임이 있기 때문에 과음하고 싶지 않다. 그는 자신의 최대 음주 한도인 4잔 이하로 마시는 것에 대해 강한 자신감을 느꼈다. *그는 일찍 도착했고, 걸어서 오느라 목이 말라서 맥주 한 잔을 주문하여 단숨에 마시고, 아무 생각 없이 또 한 잔을 주문한다. *친구들이 조금 후에 도착한다. *존과 동료들은 대기실에서 식사 자리로 옮기고, 동료들은 4명이 마실 양으로 와인 3병을 주문한다. *존은 기분이 유쾌해지는 것을 느꼈고, '난 식사 내내 한두 잔만 마실 거야.' 라고 생각한다. *대화가 무르익어 가고 존의 잔은 비워지기도 전에 계속 채워진다.

실수에 대비하기

내담자를 위한 설명

재발예방 훈련에서 그다음 단계는 '실수' 에 대해 어떻게 대처할 것인지에 관한 것이다. Saunders와 Allsop(1991)은 어떤 내담자들은 상담자가 실수 관리에 대해 설명해 주는 것을 상담자가 내담자를 불신한다거나(즉, 내담자가 실수할 것이라고 예상하는 것) 실수를 너그럽게 봐주는 것으로 느낄 수도 있다는 점을 지적하였다. 따라서 Saunders와 Allsop(1991)은 내담자에게 '소방훈련' 에 비유해서 설명할 것을 제안하였다. '소방훈련' 은 화재가 발생하는 것에 대하여 결코 묵과하지 않으며 화재 발생을 증가시키지도 않는다. 더욱 중요한 점은 이러한 훈련을 통해 화재의 폐해를 최소화할 수 있다는 점이다. 따라서 '재발예방 훈련' 도 '소방훈련' 과 동일한 목적을 달성한다. 재발예방 훈련에서는 소방훈련에서처럼 실수가 완전한 재발로 발전되지 않도록 예방하기 위한 계획을 수립한다.

재발예방 훈련

Saunders와 Allsop(1991)은 내담자가 처음 실수한 이후에 음주의 재발을 높일 것으로 예상되는 조건(상황적 조건과 정서적 조건)을 내담자에게 기록하게 함으로써 재발예방 훈련을 시작할 것을 제안하였다. 예를 들어, 상황적 요인에는 약물이나 알코올을 즉시 사용할 수 있는 가용성과 같은 요인이 포함된다. 매우 공통적인 정서적 요인에는 죄책감, 실패감, 실망, 자책 등이 포함된다. 실수는 내담자에게 이처럼 매우 강력한 부정적 정서를 야기할 수 있다는 점을 상담자가 인식하는 것이 중요하다. Marlatt과 Gordon(1985)은 '단주위반 효과(abstinence violation effect)'에 대해 언급하였다. 단주위반 효과는 한 번의 실수가 결국에는 통제 불가능하고 영구적인 재발로 이어질 것이라는 압도적인 감정이나 신념을 가지는 경우에 일어난다. 한 번의 실수는 완전한 실패와 같다는 신념을 갖지 않도록 내담자를 강하게 설득하는 전략이 반드시 필요하다. 더불어 보다 문제해결적인 접근을 사용하여 음주나 약물남용을 부추길 수 있는 정서적 및 상황적 조건의 문제를 해결해 나가도록 돕는 것이 효과적이다.

최초 실수 이후에 더 이상의 음주나 약물 사용을 하지 않도록 하기 위해 사용될 수 있는 전략을 브레인스토밍을 통해 최대한 많이 찾아내도록 하라. Weingardt와 Marlatt(1998)은 실수가 발생할 경우 내담자가 취할 수 있는 일련의 조치를 제안하였다. 다음에 간단하게 요약했는데, 처음에 기술된 조치가 가장 중요하다

- **멈추고, 검토하고, 들어라**: 실수는 내담자가 타임아웃을 외치고 현재 사용하고 있는 다른 전략들도 검토해 보아야 한다는 신호다.

- **진정하라**: 내담자는 죄책감과 자책감을 느낀다. 내담자가 기억해야 할 것은 실수란 학습의 기회이며, 완전한 실패가 아니라는 점이다.
- **내담자의 변화에 대한 약속을 새로이 하라**: 내담자가 음주를 줄이거나 끊고 싶은 이유와 변화를 유지함으로써 얻게 될 이익을 회상해 보기 하는 것이 유익할 것이다.
- **실수로 이어지도록 만든 상황을 검토하라**: 내담자로 하여금 실수의 촉발 요인(언제, 어디서, 누구와 함께, 무엇을 하고, 무엇을 느낄 때 실수하게 되는지)과 대처 장애물을 찾아내도록 함으로써 실수하는 맥락을 생각해 보도록 격려하라.
- **즉각적인 회복 계획을 수립하라**: 실천이 빠를수록 그 결과는 더 좋다. 내담자가 취했던 실천 사항이 무엇인지를 논의하라. 예를 들어, 내담자는 알코올이나 약물 및 관련 도구를 치우고, 신체적 혹은 정신적인 모든 고위험 상황에서 자신을 멀리하며, 음주나 약물 사용에 대한 생각을 떨쳐 버릴 수 있다.
- **내담자의 지지망을 사용하라**: 내담자의 가족, 친구, 자조집단 및 전화상담 서비스 등으로부터 조속히 사회적 지지를 구하도록 내담자를 격려하라.

(Weingardt & Marlatt, 1998, pp. 343-344)

이와 같은 전략을 실행하기 위한 구체적인 실천 계획을 수립하도록 내담자를 도와라. 예를 들어, 한 번의 실수에 대처하기 위한 한 가지 전략은 '누군가에게 전화하는 것'일 수 있다. 그러나 Saunders와 동료들(1991)이 강조했던 것처럼 누군가에게 전화하는 것만으로는 부족하다. 내담자는 전화할 사람이 누구인지를 결정해야 하고, 위급한 상황에서도 즉시 연결될 수 있는 전화번호를 가지고 있어야 하며, 도움을 받을 수 있는 방법에는 현실성이 있어야 한다. 그리고 역할극을 적용한 상담 회기를 통해 '재발예방 훈련'을 연습할 수 있다. 또한 내담자는 재발예방 훈련을 기록해야 하고, 미래에 참고할 수 있도록 기록 내용을 항상 지니고 있어야 한다.

내담자의 목표는 단주이지만 이전의 음주 생활이 너무 심각하여 다시 음주할 가능성이 높다면, 실수로 음주할 경우 발생될 수 있는 폐해를 최소화할 수 있도록 저위험 음주 수준(12장, p. 259, '분별 있는 음주를 위한 지침' 참조)에 관하여 내담자를 교육하라. 그러나 이러한 전략도 모든 내담자들에게 적합한 것은 아니다. 12장의 '추천 용도'를 참조하라.

실수와 재발에 대한 더 큰 그림 논의하기

새로운 무엇인가를 배운다는 것은 실수하는 것을 포함한다는 것임을 내담자에게 더욱 강조해 주어야 할 것이다. 내담자로 하여금 '실수'에 대한 자신의 행동을 변화시키는 것을 학습 과정의 자연스러운 일부분으로 생각하도록 격려하라. 또한 실수를 기초로 해서 효과적이었던 것과 비효과적이었던 것이 무엇인지를 검토하고, 이와 유사한 미래의 상황에 대처하기 위한 더 좋은 전략을 수립하는 데 이러한 검토 자료를 사용함으로써, 실수를 통해 배우는 것이 가능하다는 점을 내담자에게 설명하라.

재활 프로그램에서 실수를 다루는 방법

어떤 프로그램(대개는 거주 프로그램)은 내담자가 알코올이나 약물을 사용할 때 내담자를 퇴소시키는 방침을 가지고 있다. 이러한 방침은 내담자가 자신의 실수나 재발을 상담자에게 알리는 것을 주저하게 만들 수 있다. 또한 내담자가 알코올이나 약물을 사용했을 때 내담자를 퇴소시키는 조치는 완전한 재발을 촉진할 수도 있다. 상담자는 동료와 함께 이러한 문제를 다루기 위해 다음과 같은 대안적 방법을 고려할 수 있다. 첫째로, 내담자가 새로운 재발예방 계획을 수립하고 실천한다는 조건을 받아들일 경우, 실수 후에도 프로그램에 계속 참여할 수 있도록 허용한다. 둘째로, 내담자가 외부의 상담을 받으면서 재발예방 계획을 실천한다면 짧은 기간 후에 다시 입소할 수 있다는 약속을 하고 내담자를 퇴소시킨다. 치료집단에서는 이러한 대안적 방법에 대해 거주 프로그램의 다른 거주자들에게 설명할 필요가 있을 것이다.

변화 유지에 중요한 그 밖의 생활방식

환경의 영향을 받지 않는 치료 과정은 있을 수 없다는 것을 기억해야 한다. 환경 속의 생활방식과 그 밖의 요인들은 행동을 변화시키려는 내담자의 시도를 성공 혹은 실패로 이끄는 핵심 요인일 수 있다. 또한 내담자는 약물 사용을 통해 획득했던 긍정적인 측면을 대체할 수 있는 새로운 방법을 찾을 필요가 있다. 음주나 약물 사용을 대체할 수 있는 새로운 보상 활동을 찾는 작업을 내담자와 함께 하라. 가장 단순한 수준의 작업에는 새로운 취미를 가지는 것, 모임에 가입하는 것, 스포츠나 기타 신체운동을 하는 것이 포함될 수 있다. 그러나 더욱 일반적인 수준에서 보면 상담자는 내담자가 직업을 갖도록 도와주거나 새로운 지역으로 이사할 수 있도록 돕는 기관에 그를 연결해 줄 수도 있다.

내담자가 속한 사회적 집단이 음주와 깊게 관련되어 있고 내담자의 음주를 부추긴다면, 내담자는 자신의 음주행동을 변화시키기 어려울 것이다(Longabaugh, Wirtz, Zweben, & Stout, 1998). 이러한 내담자나 사회적으로 고립되어 있는 내담자의 경우, 새로운 사회적 네트워크를 구축하는 작업이 치료의 중요한 부분일 것이다. 우리는 상담자에게 다음과 같은 부분에 노력을 기울이도록 권고한다.

- 내담자의 사회적 네트워크를 탐색하라. 그에게 지지적인 사람과 그의 음주행동에 영향을 미칠 수 있는 사람들을 포함해서 그의 주변 사람들에 대한 상세한 인물지도를 만들기 위해 사회적 원자(social atom)와 같은 도표(19장 참조)를 사용하라. 내담자로 하여금 자신이 필요로 하는 지지가 무엇인지를 생각해 보도록 격려하라.
- 내담자의 치료 목표에 근거해서 AA, NA, MM과 같은 자조집단에 참여하도록 내담자를 격려하라. 이러한 집단은 사회적 지지와 상호 이해의 큰 원천이다(15장 참조).
- 가능하다면 치료 과정에 내담자의 가족, 친구 또는 주위 사람들을 개입시켜라(13장 참조).

- 의사소통 기술을 향상시킬 수 있도록 내담자를 도와주어라. 예를 들어, 주장기술(8장) 및 의사소통 기술(9장)은 내담자가 우정을 쌓고, 지지 자원을 찾고, 대인관계의 갈등을 효과적으로 해소하는 데 도움이 된다.
- 내담자의 흥미를 불러일으키는 즐거운 사회활동 목록을 만들도록 내담자를 도와라. 이러한 활동 중 한두 개에 참여하도록 격려하고, 그다음 회기에 참여 경험을 이야기하게 하라. 내담자의 즐거운 활동을 증가시키는 데 도움이 되는 추가적인 정보가 참고자료에 제시되어 있다.

예상되는 문제 상황 다루기

재발은 대부분 치료가 종료된 후에 일어난다. 적절한 연장 케어(17장) 계획은 재발이 발생했을 때 상담자를 만나는 것에 대해 내담자가 보다 편안함을 느끼도록 하는 데 도움이 된다. 재발도 학습 과정의 일부가 되는 순환적 변화 모델(2장, p. 75, [그림 2-1] 참조)을 다시 한 번 검토함으로써 '실패'에 관한 감정을 다루는 것이 중요하다. 이러한 변화 모델을 설명해 줌으로써 내담자를 안심시켜 줄 수 있다. 즉, 내담자가 실패를 통해 학습한 모든 것은 쓸모없는 것이 아니라 다음번에 내담자가 변화를 실천할 때 중요한 자원이 된다는 점을 내담자에게 설명해 주어라.

단서노출에 관한 정보

단서노출은 재발예방 및 자기행동 관리(12장) 모두를 보충해 주는 또 다른 효과적인 접근법이다. 이 기법은 내담자의 약물 사용에 앞서 반복적으로 나타나는 사람, 장소 및 사건은 결국 그의 약물에 대한 즐거운 경험과 연합된다는 학습 원리에 기초를 두고 있다. 이렇게 연합학습이 이루어지고 나면, 즐거운 약물 경험과 연합된 상황(즉, 약물을 사용하기 직전에 함께 있던 사람, 장소 및 사건)은 내담자가 약물을 다시 사용하게 되는 단서로 작용할 것이다. 예를 들어, 일반적인 음주 단서에는 알코올을 보거나 알코올 냄새를 맡는 것 혹은 알코올을 맛보는 것 등이 포함된다. 재발예방 훈련에서 우리는 이러한 단서를 음주 촉발 요인으로 기술할 것이다.

그 명칭에서 시사하는 바와 같이, 단서노출이란 내담자로 하여금 알코올이나 약물을 사용하지 못하게 하면서 약물이나 알코올을 생각나게 하는 인상적인 단서에 내담자를 반복적으로 노출시키는 기법이다. 그 목적은 약물 사용 단서와 약물 사용 사이의 연합 강도를 약화시킴으로써 재발을 예방하는 것이다. 여기에 사용되는 단서의 유형은 내담자의 목표가 단주인지 아니면 절주인지에 따라 달라진다. 예를 들어, 단주를 목표로 하는 과음자는 음주하지 않으면서 알코올 냄새나 술병에 반복적으로 노출될 것이다. 내담자의 목표가 음주 조절이라면 내담자로 하여금 소량의 술을 마시게 한 후 정해진 시간 동안 술을 마시지 못하게 한다.

단서노출은 특수한 치료 기법이기 때문에 적절한 자격을 갖춘 전문가에 의해 실시되어야 한다(Shand, Gates, Fawcett, & Mattick, 2003). 전문가에게 요구되는 전문 기술은 내담자의 단서노출을 효과적으로 통제하고 관찰하면서, 동시에 내담자가 대처기술을 단서노출 상황에 적용할 수 있도록 돕는 것이다.

[연습용 유인물]

충동과 갈망 일지

날짜, 요일, 시간	어디서, 무엇을 누구와	갈망 강도 평가 (0~100)	갈망과 연합된 사고 및 감정	갈망에 대한 반응 (사고와 행동)	갈망 강도 평가 (0~100)
월요일 11/5 pm 8:30	친구들과 식당에서	(80)	• 즐겁고 흥분된다. • 지금 술을 마셨으면 좋겠다.	• 술을 마시면 안 되는 이유에 대해서 생각했고 대신에 생수를 마셨다.	(20) • 맑은 정신을 유지할 수 있었고 재미있었다. • 내 자신이 자랑스러웠다.

참고자료

Beck, A. T., Wright, F. D., Newman, C. F., & Liese, B. S. (2001). *Cognitive Therapy of Substance Abuse*. New York: Guilford Press.

- 이 책의 10장은 갈망의 여러 유형과 갈망을 해결해 나가는 기술에 대해 증명하고 있다.

Dimeff, L. A., & Marlatt, G. A. (1995). Relapse prevention. In R. K. Hester & W. R. Miller (eds.), *Handbook of Alcoholism Treatment Approaches: Effective Alternatives* (2nd edn) (pp. 176-194). Boston: Allyn and Bacon.

- 이 장에서 다룬 내용과는 조금 다른 재발예방 접근에 대한 부분별 지침을 제공한다

Connors, G. J., Maisto, S. A., & Donovan, D. M. (1996). Conceptualizations of relapse: A summary of psychological and psychobiological models. *Addiction, 91*(Supplement), S5-S13.

- 재발의 다양한 모델과 그 기본 원칙에 관한 훌륭한 요약 논문이다.

Copello, A., Orford, J., Hodgson, R., Tober, G., Barrett, C., & UKATT Research Team (2002). Social behaviour and network therapy: Basic principles and early experiences. *Addictive Behaviors, 27*, 245-366.

- 협력적인 사회적 네트워크를 구축하는 데 조력하는 고객을 겨냥한 전도유망한 새로운 치료법의 윤곽을 그리고 있다.

Cummings, C., Gordon, J. R., & Marlatt, G. A. (1980). Relapse: Prevention and prediction. In W. R. Miller (ed.), *The Addictive Behaviours* (pp. 291-321). Oxford: Pergamon.

- 가장 흔한 3가지 재발로서 부정적 감정 상태, 대인관계의 갈등, 사회적 압력이 유발된다는 것을 증명한다.

Gorski, T. (2000). *Relapse Prevention Counseling Workbook: Practical Exercises for Managing High-Risk Situations*. Independence, MO: Herald House

- 재발예방에의 접근은 중독행위의 질병 모델의 공식화에 대해 연구하는 사람들에게는

특별한 관심사다.

Gossop, M. (ed.) (1989). *Relapse and Addictive Behaviour*. London: Tavistock/Routledge.
- 이 책은 임상적 · 연구적 측면에서 다양한 중독행위의 재발의 개요를 제시한다.

Kadden, R., Carroll, K., Donovan, D., Cooney, N., Monti, P., Abrams, D., Litt, M., & Hester, R. (1995). *Cognitive Behavioral Coping Skills Therapy Manual: A Clinical Research Guide for Therapists Treating Individuals with Alcohol Abuse and Dependence* (Project MATCH Monograph Series, Volume 3). NIH Pub. No. 94-3724. Rockville, MD: National Institute on Alcohol Abuse and Alcoholism.
- 다음 사이트에서 복사본 구매 가능: www.niaaa.nih.gov/publications/match.htm
- 자극, 실수, 부적절해 보이는 결정의 극복에 관한 부분을 포함한다.

Longabaugh, R., Wirtz, P. W., Zweben, A., & Stout, R. L. (1998). Network support for drinking, Alcoholics Anonymous and long-term matching effects. *Addiction, 93*(9), 1313-1333.
- MATCH 프로젝트의 결과다. 이 논문에서는 음주와 강하게 관련된 사회적 집단에 속한 고객이 더욱 재발되기 쉽다는 것과 그렇기 때문에 이러한 고객이 AA와 관련된 것으로부터 재발예방의 전략적 차원에서 이점을 얻을 것임을 보여 주고 있다.

Marlatt, G. A., & Gordon, J. (eds.) (1985). *Relapse Prevention: Maintenance Strategies in the Treatment of Addictive Behaviors*. New York: Guilford Press.
- 재발예방 분야에서 가장 포괄적인 문서 중 하나다. 또한 이 논문은 이 분야에 대한 포괄적인 이론적 연구 개관을 제공하고 있다.

Monti, P. M., Kadden, R. M., Rohsenow, D. J., Cooney, N. L., & Abrams, D. B. (2002). *Treating Alcohol Dependence: A Coping Skills Training Guide* (2nd edn). New York: Guilford Press.
- 재발예방을 위한 기술훈련에 대한 지침을 간결하고 쉽게 기술하고 있다. 우리는 특별히 사회적 지지 네트워크 구축 (pp. 70-72), 음주 충동 관리(pp. 96-99), 외관상 관련 없는 결정(pp. 113-115), 응급 상황을 위한 계획(pp. 115-116)과 관련한 회기에 대해 기술한 바 있다. 다른 관련 회기는 즐거운 활동의 증가(pp. 102-104), 분노 조절(pp. 104-108) 그리고 단서노출(pp. 132-150)을 포함하고 있다.

Shand, F., Gates, J., Fawcett, J., & Mattick, R. P. (2003). *Guidelines for the Treatment of Alcohol Problems* (pp. 116–117). Canberra: Australian Government of Health and Ageing.
- 단서노출에 대한 근거 중심의 추천 내용을 담고 있다.

Saunders, B., & Allsop, S. (1989). Relapse: A critique. In M. Gossop (ed.), *Relapse and Addictive Behaviour*. London: Tavistock/Routledge.
- Marlatt과 Gordon이 제시한 재발 모델에 대한 관점의 비평을 담고 있다.

Saunders, B., & Allsop, S. (1991). Helping those who relapse. In R. Davidson, S. Rollnick & I. MacEwan (eds.), *Counselling Problem Drinkers*. London: Tavistock/Routledge.
- 참고문헌 이외의 것들을 종합한 것으로, 이 단원은 여기서 기술한 재발예방 접근법을 개괄하였다.

Tanner, S., & Ball, J. (2000). *Beating the Blues: A Slef-help Approach to Overcoming Depression*. Sydney: Doubleday.
- 기분 전환을 할 수 있는 방법을 개발하고 계획하려는 사람들을 돕기 위한 즐거운 활동 목록이 포함되어 있다.

Wanigaratne, S., Wallace, W., Pullin, J., Keaney, F., & Farmern, R. (1990). *Relapse Prevention for Addictive Behaviours: A Manual for Therapists*. Oxford: Blackwell Scientific Publications.
- 재발예방 원리에 기초한 치료 프로그램에 대하여 회기별로 포괄적으로 기술하고 있다.

Weingardt, K. R., & Marlatt, G. A. (1998). Sustaining change. In W. R. Miller & N. Heather (eds.), *Treating Addictive Behaviors* (2nd edn) (pp. 337–351). New York: Plenum Press.
- 재발예방 훈련 및 실수가 발생했을 때의 구체적인 대처 방법에 대하여 연구 기초적인 방법을 통해 설명하고 있다.

고위험 상황을 정의하기 위한 평가도구

Annis, H., & Graham, J. (1988). *Situational confidence questionnaire (SCQ) user's guide*. Toronto: Addiction Research Foundation.
- 알코올을 거절하는 상황에 맞서는 내담자들의 자기효능감에 대해 접근하고 있다.

Annis, H. M., Turner, N. E., & Sklar, S. M. (1997). *Inventory of Drug Taking Situations-(IDTS)*. Toronto, ON, Canada: The Centre for Addiction and Mental Health (CAMH).
- 다음에서 구매 가능: The Centre for Addiction and Mental Health, 33 Russell Street, Toronto, ON, Canada M5S 2S1 or at: http://www.camh.net/publications
- 과거에 과음 또는 재발 경험이 있는 고객의 상황에 접근하고 있다. DTCQ에 대한 지침서(아래 참조).

Annis, H. M., Turner, N. E., & Sklar, S. M. (1997). *The Drug-taking Confidence Questionnaire (DTCQ)*. Toronto, ON, Canada: The Centre for Addiction and Mental Health (CAMH).
- 다음에서 구매 가능: The Centre for Addiction and Mental Health, 33 Russell Street, Toronto, ON, Canada M5S 2S1 or at: http://www.camh.net/publications
- 고위험 상황에서의 자기효능감에 대해 평가하고 있는데, 여기에는 2개의 설문지(약물용/알코올용)가 포함되어 있다.

Barber, J. G., & Cooper, B. K. (1991). The Situation Confidence Questionnaire (Heroin). *International Journal of the Addictions, 26,* 565-575.
- 아편류 의존성 고객의 고위험 상황에 대해 평가하고 있다.

Litman, G. K., Stapelton, J., Oppenheim, A. N., Peleg, M., & Jackson, P. (1983). Situations related to alcoholism relapse. *British Journal of Addiction, 78,* 381-389.
- 재발촉진검사는 재발 상황과 재발의 전체적인 위험의 측정 가능성을 확인한다.

Litman, G. K., Stapleton, J., Oppenheim, A. N., & Peleg, M. (1983). An instrument for measuring coping behaviours in hospitalized alcoholics: Implications for relapse prevention treatment. *British Journal of Addiction, 78*(3), 269-276.

- 다음 사이트에서 무료로 이용 가능: http://eibdata.emcdda.eu.int/Treatment/Process/itcbi.htm
- CBI는 고객의 대처기술을 확인하는 데 도움이 되는 정보를 제공한다.

Martin, G. W., Wilkinson, D. A., & Poulos, C. X. (1995). The Drug Avoidance Self-Efficacy Scale. *Journal of Substance Abuse, 7*(2), 151-163.
- 다중 약물 사용자의 약물 사용의 회피에 대한 자기효능감을 측정하기 위해 고안되었다.

Sitharthan, T., & Kavanagh, D. J. (1990). Role of self-efficacy in predicting outcomes from a programme for controlled drinking. *Drug and Alcohol Dependence, 27*, 87-94.
- 위험 상황에서 절제를 유지하는 것에 대한 내담자의 자신감을 평가하는 척도를 제공한다.

Zywiak, W., Connors, G., Maisto, S., & Westerberg, V. (1996). Relapse research and the Reasons for Drinking Questionnaire: a factor analysis of Marlatt's relapse taxonomy. *Addiction, 91*(Supplement), S121-130.
- RFDQ는 개인 고객을 위해 재발의 방아쇠가 되는 요인을 확인하는 데 사용될 수 있다.

제17장

연장 케어

추천 용도

상담자의 도움을 받아 음주나 약물 사용 행동을 변화시켜 온 내담자는 정규 프로그램이 종료된 후에도 얼마 동안 상담자의 지지를 필요로 한다. 단주나 절주를 유지하려고 노력하는 사람들에게 재발은 매우 일반적이기 때문에 연장 케어(extended care)를 할 수 있도록 구조화된 프로그램을 가지고 있는 것이 중요하다. 비록 자조집단에 의뢰하는 방법과 재발예방 훈련은 연장 케어의 중요한 측면이지만, 그것만으로는 충분하지 않다. Donovan(1998)의 주장에 의하면, 내담자를 위한 연장 케어의 가치는 재발예방보다는 오히려 실수나 재발이 발생할 때 치료적 개입을 할 수 있는 기회를 제공하는 데 있다고 하였다. 즉, 실수나 재발이 발생했을 때 연장 케어를 통해 조기에 치료적 개입이 이루어짐으로써 내담자는 음주나 약물 사용의 기간을 줄이고 음주 사건과 관련된 폐해를 감소시킬 수 있게 된다.

대부분의 클리닉에서는 추적면담(follow-up)을 하고 있다. 그러나 이러한 지속적인 면담은 대개 치료 목표를 성공적으로 유지하고 있는 내담자만을 대상으로 하고, 그렇지 않은 사람들은 제외되는 문제를 안고 있다. 상담자는 시간적 여유를 가지고 자신이 수립한 연장 케어 계획의 강점과 제한점을 평가해야 하는데, 이러한 경우 다음에 소개하는 상담자 제안(therapist-initiated) 추적면담과 내담자 제안(client-initiated) 추적면담 모두를 검토해 볼 수 있다.

상담자 제안 추적면담

상담자가 주도적으로 제안하는 추적면담은 다양한 기능을 수행한다. 상담자 제안 추적면담을 하게 되면 상담자는 내담자의 경과를 관찰할 수 있고, 내담자가 부딪칠 수도 있는 문제에 대해서 시기적절하게 논의할 수 있다. 일대일 기반으로 추적면담을 하게 되면 상담자는 행동 변화를 유지시키려는 내담자의 결심에 위협이 되는 모든 새로운 상황을 다룰 수 있다. 또한 상담자는 치료에서 학습했던 기술을 내담자가 강화할 수 있도록 추가적인 '촉진 회기'를 구성해서 제공할 수도 있다.

연장 케어를 집단 형태로 구성한다면 내담자들 간에 중요한 지지망을 형성할 수 있고, 서로의 실수와 성공 경험을 통해 학습할 수 있는 기회가 주어진다. 그러나 상담자는 각 개별 내담자의 경험을 검토하는 시간도 가져야 함을 간과해서는 안 된다.

다음 지침은 상담자가 연장 케어 계획을 정교하게 구성하는 데 도움을 줄 것이다.

- 치료 종료 후에 내담자와 지속적으로 접촉할 수 있는 추적면담 약속을 잡는 것은 부가적인 선택 업무가 아니라 전체 프로그램에 속한 필수 업무가 되어야 한다. 이 업무는 내담자가 받는 치료 유형과는 무관하다. 구조화된 추적 계획은 상대적으로 안전한 거주 프로그램에서 퇴소하는 내담자에게 특히

중요하다.

- 내담자가 아직 치료를 받고 있는 중일 때 연장 케어 계획을 수립하라. 추적면담은 치료 프로그램의 중요한 부분이라는 점을 강조하고 내담자가 자신의 목표를 성공적으로 달성하고 있는지 여부와는 무관하게 이러한 추적면담을 통해 많은 도움을 얻을 수 있다는 점을 내담자에게 설명하라. 상담자가 내담자의 재발을 기대하지는 않겠지만 만약 내담자가 재발한다면, 추적면담은 내담자가 재발에 대해 상담자와 의논할 수 있는 기회를 제공해 준다.
- 내담자가 약속을 분명하게 지킬 수 있도록 모든 노력을 다하라. 예를 들어, 상담자는 내담자에게 면담 약속일이 표시되어 있는 달력을 제공할 수도 있고, 미리 전화하거나 편지를 써서 약속일을 상기시켜 줄 수도 있다.
- 내담자가 면담 약속을 지키지 못했다면 가능한 한 빨리 또 다른 약속을 잡도록 하라. 내담자가 그 후에 상담자를 만나러 왔다면 동기강화상담(3장) 접근법을 사용하여 약속을 지키지 못한 이유를 탐색하라. 예를 들어, 내담자는 실수나 재발 때문에 상담자를 만나는 것을 주저해서 약속을 지키지 못했을 수도 있다.
- 추적면담 약속은 빈도 측면에서 큰 차이를 보일 수 있다. 상담자는 치료 종료 후 3개월, 6개월, 12개월 시점에 표준 추적면담 약속을 하는 것이 좋다. 어떤 내담자는 더 많은 지지를 필요로 할 것이고, 어떤 내담자에게는 치료 종료 직후에 주기적인 전화 통화나 더욱 빈번하고 짧은 추적면담이 더 유익할 수 있다. 연장 케어 계획은 구조화되어 있으면서도 유연성이 있어야 한다.
- 주거시설(예: 하프웨이하우스) 및 사례관리(18장)와 같은 지역사회 공동체 생활과 프로그램 사이의 틈을 메울 수 있는 서비스로부터 도움을 얻을 수 있다.

내담자 제안 추적면담

추적면담 약속과 더불어 내담자가 도움을 필요로 한다면, 상담자에게 추적면담을 요청할 수 있음을 내담자와 협의하라. 내담자가 약물이나 정규 치료의 도움을 받지 않고서도 생활에 적응해 감에 따라 내담자는 유혹, 압박 및 예상치 못한 문제들을 접하게 될 것이다. 내담자는 이러한 상황이 발생할 때 도움을 받기 위해 상담자를 만나고자 할 것이다. 다음 지침은 상담자와 내담자 모두에게 편리한 시스템을 구성할 수 있도록 도와줄 것이다.

- 내담자가 다시 음주하거나 약물을 사용하는 실수를 했다면 상담자를 만나는 것에 대해 난처해할 것이다. 실수했을 때 자연스럽게 도움을 요청하도록 내담자에게 강조하라.
- 내담자가 필요로 할 때 상담자를 만나지 못할 수도 있다. 실천 계획이란 내담자가 실천하고 싶은 욕구가 생길 때 즉시 사용할 수 있는 곳에 준비되어 있어야 한다. 예를 들어, 상담 서비스 기관의 전화번호를 전화기 옆에 두어서 쉽게 이용할 수 있게 하거나 즉시 도와줄 수 있는 친한 친구의 전화번호를 준비해 두는 것이 좋다(pp. 355-356 참조). 집단치료를 받은 내담자에게 적합한 방법 중 하나는 '동료 시스템(buddy system)' 이다. 이 방법은 치료를 함께 받았던 내담자들을 서로 짝지어 주고, 서로를 지지해 주기 위해 전화하는 것 등으로 구성되어 있다.

참고자료

Ahles, T., Schlundt, D., Prue, P., & Rychtarik, R. (1983). Impact of aftercare arrangements on the maintenance of treatment success of abusive drinkers. *Addictive Behaviors, 8,* 53–58.

- 알코올 문제의 치료에 대하여 연장 케어로의 구조화된 접근을 기술하고 있다.

Donovan, D. M. (1998). Continuing care: Promoting the maintenance if change. In W. R. Miller & N. Heather (eds.), *Treating Addictive Behaviors* (2nd edn) (pp. 317–336). New York: Plenum Press.

- 연장 케어의 다른 유형과 그들이 사용하는 증거 지지에 대한 유용한 리뷰를 제공하고 있다.

McAuliffe, W. E., & Ch'ien, J. M. N. (1986). Recovery training and self-help: A relapse prevention program for treated opiate addicts. *Journal of Substance Abuse Treatment, 3,* 9–20.

- 계획되고 구조화된 연장 케어의 가치에 대한 명확한 증거를 제공하고 있는데, 연장 케어 프로그램과 관련하여 참고할 수 있는 논문이나 글을 추천해 주고 있다.

Shand, F., Gates, J., Fawcett, J., & Mattick, R. P. (2003). *Guidelines for the Treatment of Alcohol Problems* (pp. 145–148). Canberra: Australian Government Department of Health and Ageing.

- 알코올치료 프로그램의 고객을 위한 연장 케어의 범위에 대한 간략한 지침을 제공하고 있다.

제4부

특수 집단 및 관리 이슈

제18장

사례관리

추천 용도

사례관리란 약물남용 치료 범위뿐 아니라 내담자의 광범위한 욕구를 세밀하게 검토하는 접근이다. 사례관리자는 내담자와 협력하여 사례 계획을 수립한다. 사례 계획의 목표는 내담자의 욕구가 효과적이고 조화롭게 충족될 수 있도록 내담자를 다른 서비스 기관 및 지역사회 자원과 연결시켜 주는 것이다(Intagliata, 1982).

사례관리는 복잡한 문제나 특수한 욕구를 지닌 내담자, 만성적으로 알코올 또는 약물에 의존하고 있는 내담자에게 특히 적합하다. 사례관리는 청소년 및 노인 내담자 그리고 다음 영역과 관련된 문제를 지닌 내담자와 특별히 관련되어 있다.

- 교정기관
- 신체장애

- 정신질환 및 뇌 손상
- 재정적 문제 및 실업
- 무주택
- 임신
- 보호관리 및 양육 문제

또한 사례관리는 연장 케어(17장)의 핵심 요소다. 예를 들어, 상담자는 아웃리치(outreach) 지원을 제공하고, 내담자를 그가 속한 지역사회와 다시 연결시켜 주기 위해 사례관리를 시작할 수 있다(Donovan, 1998).

사례관리의 모델은 다양한데, 몇몇 모델은 평가 및 의뢰에만 초점을 맞춘다. '중개 모델(brokerage model)' 로 알려진 소극적인 접근법은 효과성이 가장 적은 사례관리법이다. 또 다른 모델들은 내담자로 하여금 다른 서비스와 효과적이고 지속적으로 접촉하도록 도와주는 직접적인 지원을 포함한다. 이 책에서는 약물남용 및 정신건강 사례관리 연구에 기반을 둔, 보다 지지적인 모델들의 핵심 요소를 종합하였다.

과다한 업무량은 사례관리의 효과를 저하시킨다. 그러므로 내담자의 욕구가 얼마나 복잡한가에 따라 상담자 1인당 보통 12～15명 내외의 내담자를 관리하는 것이 적당하다(Rapp, 1998).

목 표

사례관리의 목표는 다음과 같다.

- 내담자와 지지적인 신뢰 관계 형성하기
- 약물남용 치료를 계속 받고 (처방을 받았다면) 약물치료에 따르도록 내담자를 격려하기

- 내담자를 적절한 전문 서비스 기관과 조화로운 방식으로 연결시키기
- 내담자의 서비스 이용 상황을 계속적으로 점검하고, 서비스를 받으면서 겪는 어려움을 극복하도록 내담자를 돕기
- 내담자 스스로 자신의 기본욕구를 충족시키고, 긍정적이고 지속적으로 사회적 접촉을 개발하며, 알코올과 약물 사용 없이 생활을 지속할 수 있도록 지역사회와 내담자를 연결시키기
- 내담자에게 치료 기간 동안은 물론이고, 치료를 마친 후에도 사후 관리 및 사회적 지지의 연속선 제공하기
- 가족 및 내담자의 중요한 지인에게 지지를 제공하고, 내담자가 긍정적인 인간관계를 형성할 수 있도록 돕기
- 자신의 목표를 선택하고 자주적으로 도움을 구하는 데 있어서 내담자의 자신감 증가시키기
- 위기, 재발 및 그 밖의 곤란한 상황 다루기

방 법

시작에 앞서

상담자가 사례관리자의 역할을 하고자 한다면 내담자가 생활할 지역에서 제공되고 있는 치료 프로그램과 서비스에 대해 학습할 필요가 있다. 학습해야 할 내용에는 내담자에게 가용한 모든 종류의 약물과 알코올, 의료 서비스, 정신보건 및 상담 서비스 등이 포함된다. 저비용의 공공임대주택, 직업 알선 기관, 재정지원, 식사 제공 기관, 아동보호 서비스 및 가족지원 서비스와 같이, 정부 및 민간단체에서 제공하는 다양한 지역사회 서비스에 대해서도 파악해야 한다. 내담자가 속한 하위집단에 따라 아동보호 기관, 청소년 서비스 기관 및 교정기관에 대해서도 학습할 필요가 있다.

지역사회 집단인 자조집단(15장), 문화집단, 자선단체, 쉼터 및 다른 아웃리치 서비스에 대해서도 익숙해지도록 하라. 알코올이나 약물을 사용하지 않고 기분 전환 및 사회활동을 할 수 있도록 대안을 찾아라. 또한 읽기와 쓰기, 기초 계산, 양육 및 직업기술에 대한 교육 과정도 내담자에게 중요할 것이다.

기관을 직접 방문하여 그들이 하는 일이 무엇인지 파악하는 것이 좋다. 관련 서비스 기관의 직원들과 만나는 연결 장치를 확립시킴으로써 그러한 서비스의 공식적 및 비공식적 절차에 대해 파악하라. 효과적인 의뢰를 위해서 갖추어야 할 필요가 있는 지식은 다음과 같다.

- **입소 기준**: 해당 서비스를 받을 수 있는 사람과 그렇지 않은 사람은 누구인가?
- **의뢰 방법**: 해당 서비스 기관에서 내담자에 대해서 알아야 할 사항과 그 프로그램에 참여하기 위해서 내담자가 알아야 할 사항은 무엇인가?
- **대기자 목록**: 해당 서비스에 대한 요구도가 높은 편인가? 대기자 목록을 가지고 있는가? 해당 서비스를 지연시킬 수 있는 요인은 무엇인가?
- **해당 서비스의 비용과 가용한 서비스 허가 사항**
- **제공된 서비스의 특성**: 해당 서비스의 목표와 제한점은? 해당 서비스를 얼마 동안 제공받을 수 있는가?
- **내담자와 관련된 기타 이슈**: 단주할 필요가 있는 내담자인가? 가족들이 치료에 참여할 수 있는가?

사례관리자는 최신 정보를 가능한 한 빨리 얻을 수 있도록 관련 기관의 연락처 목록과 내담자에게 제공할 수 있는 팸플릿과 교육자료를 가지고 있어야 한다.

또한 효과적인 사례관리는 비공식적인 네트워크와 자연스럽게 접하게 되는 지역사회 자원도 이용하는데, 이를 위해서 내담자의 가족, 친구 및 주요 지인들은 물론이고 내담자의 집주인, 이웃, 고용주, 교사나 지역동호회 회원들과도 연락할 수 있도록 준비해 두는 것이 좋다(13장 참조).

사례관리자의 역할

사례관리자

사례관리자로서 상담자의 핵심 역할은 내담자를 평가하여 적절한 서비스 기관 및 지역사회 기관으로 연결시켜 주는 것이다. 또한 상담자는 내담자의 사례 계획을 계속해서 점검하고, 조정하며, 옹호해 주어야 한다. 그리고 이사나 가정 방문, 응급전화와 같은 실질적인 도움을 제공할 필요가 있다. 비록 상담이 사례관리에 있어서 핵심 업무는 아니더라도 사례관리는 내담자가 개인적인 어려움을 극복하고 사례 계획을 실천하는 데 도움이 되는 기술을 습득하도록 돕는 단기상담을 포함한다. 그리고 사례관리에는 내담자로 하여금 식사를 계획해서 준비하며, 잡다한 가사를 체계화하고, 돈을 관리하고, 여행과 지역사회 생활을 계획하는 것과 같은 기본적인 생활 기술을 학습하도록 돕는 것도 포함된다.

서비스 기관에 따라 사례관리자의 역할은 다르게 규정될 수 있다(상담자가 작업할 서비스 기관이 상담자의 역할을 규정할 것이다). 많은 기관에서 약물 및 알코올 상담자의 역할을 사례관리자의 역할과 다르게 규정하는데, 이러한 두 역할 사이의 차이점을 인식하는 것이 중요하다. 내담자에게 이미 담당 사례관리자가 있다면 상담자가 그러한 사례관리자의 역할을 중복해서 하는 것은 효과적이지도, 적절하지도 않다. 이와 유사하게 내담자에게 이미 담당 상담자가 있다면 사례관리자는 단기상담 이외에는 어떤 상담도 제공해서는 안 되며, 단기상담의 범위를 벗어나는 심각한 문제에 대해서는 담당 상담자에게 상담받도록 내담자를 격려해야 한다. 역할이 혼돈되거나 불필요하게 서비스가 중복되는 것 또는 내담자들이 이간질을 하여 전문가들 간에 '불화'가 발생하는 것을 피하기 위해서 사례관리자와 상담자의 역할을 명확하게 규정할 필요가 있다(pp. 40-43 참조). 명확한 역할 규정과 책임성 위임은 사례회의에서 전문적 지도감독의 도움으로 이루어질 수 있다.

때때로 한 명의 실무자에게 두 가지 역할이 요구될 수도 있다. 공통적인 과제(예: 평가, 의뢰, 위기 개입)가 존재하기 때문에 한 사람이 두 역할을 통합하여 함께 수행하는 것이 경제적일 수도 있다. 그러나 두 역할을 통합함으로써 상담자는 그 두 역할 간의 몇 가지 중요한 차이점을 잃어버릴 것이다. 전형적으로 치료는 내담자가 자신의 개인적인 문제에 대해 심사숙고하고 새로운 기술을 탐색할 수 있는 기회를 제공하기 위한 구조화된 회기를 필요로 하는 반면에, 사례관리는 내담자의 외적 환경을 변화시키는 데 보다 직접적인 역할을 한다. 또한 이러한 두 역할이 동등하게 요구되고 있는 상황에서, 어떤 한 역할을 무시하고 다른 역할을 우선시하거나 두 역할을 모두 수행하려고 한다면 상담자는 소진(burnout)될 것이다.

만약 두 역할을 모두 수행하고자 한다면 담당하는 사례의 수를 줄여라. 상담자와 내담자가 각각 만남의 목적에 대해 명확해지도록 각 과제를 별도의 회기에서 다루도록 구성하라. 또한 전문적 지도감독하에서 상담자가 과제를 균형 있게 다룰 수 있어야 이중 관계에서 발생될 수 있는 문제(이중 관계에 대한 깊이 있는 논의는 '1장'을 참조하라)를 예방하는 데 도움이 된다.

사례관리 관계

1장(일반적인 상담의 기술)에서 언급된 대부분의 내용은 사례관리 관계에도 적용될 수 있다. 사례관리 관계는 이상적으로는 존중, 공감 및 경청기술에 기초를 두고 있다. 사례관리 관계는 협력 관계로서 상담자는 내담자가 설정한 목표를 향해 내담자와 공동으로 작업한다. 사회적 지지와 역량 강화(empowering)가 사례관리 관계의 핵심 속성이어야 한다.

보통은 상담자가 하루 24시간, 일주일 내내 내담자의 호출에 즉각 반응할 수 있도록 대기해야 할 필요는 없다. 그러나 내담자가 언제든지 접근할 수 있는 응급 서비스 기관과 내담자를 연결시켜 주는 것은 중요하다. 그럼에도 불구하고 사례관리는 내담자와 상담자의 관계에 있어서 부가적으로 융통성을 발휘해야 할 필요가 있을 수도 있다. 예를 들어, 양가감정, 신체장애, 생활방식이나 이동 거리 등의 이유로 치료기관에 방문할 가능성이 낮은 내담자에게는 방문치료나 가정방문이 필요할 수 있다.

사례관리 관계의 또 다른 핵심 속성은 관리가 연속적으로 진행된다는 것이다. 사례관리가 효과적으로 진행되면 내담자가 지역사회와도 좀 더 긍정적인 연결고리를 갖게 되어 내담자 스스로 다룰 수 있는 부분이 많아진다. 그렇게 되면 사후 관리 횟수를 점차 줄여 나갈 수 있다. 만약 상담자가 직장을 그만두게 된다면 다른 사례관리자에게 내담자에 대한 관리(care)를 인수인계해야 한다. 이때 내담자가 새 사례관리자를 편안하게 느끼도록 3명이 함께 1회 이상 모임을 가지는 것이 좋다.

사례회의

사례회의는 사례 계획에 대해 의논하고 조정하기 위해 서비스 제공자들이 모이는 구조화된 회의를 말한다. 지속적인 내담자 관리를 위해서 정기적으로 사례회의를 여는 것이 일반적이지만 특정 사례에 대한 위급 상황 관련 정보나 새로운 정보가 생겼을 때는 언제든지 회의를 소집할 수 있다. 내담자에게 사례회의가 열린다는 사실을 알려야 하고, 회의 중에 내담자의 개인 정보 및 상담 내용이 공개되는 것에 대한 동의를 구해야 한다. 사례회의를 열기 전에 먼저 상담자는 다른 전문가들로부터 도움을 받고자 하는 것이 무엇인지를 결정해야 한다. 다른 전문가들도 내담자와 관련된 목표를 가지고 있을 것이며, 그들도 도움을 얻고자 한다는 점을 기억하라. 내담자가 회의 과정에 직접적인 영향을 미칠 수 있도록 내담자를 사례회의에 참석시키는 것이 필요할 때도 종종 있다. 상담자는 내담자와 협의하여 내담자의 가까운 가족들이나 내담자에게 지지적인 주위 사람들을 회의에 참여시킬 수도 있다.

평가

사례관리 평가의 일반적 원리는 2장에서 논의된 것과 동일하다. 평가는 여러 회기에 걸쳐서 이루어진다. 약물 및 알코올 분야의 사례관리에 효과적인 평가 방법으로 욕구 중심 기반 평가와 강점 중심 기반 평가가 있다. 비록 이 두 평가 방법이 서로 다른 이론적 모델(의료 모델과 해결 중심 모델)에 근거를 두고 있지만, 상담자는 내담자의 상황에 영향을 미치는 요인에 대해서 보다 전체적으로 이해하기 위해서 각 접근법의 속성을 결합하여 사용할 수 있다.

욕구 중심 평가

사례관리 평가에서 내담자의 욕구(needs)란 약물이나 알코올과 관련하여 내담자가 치료 목표를 성취하는 데 방해가 되는 생활 조건이다. 상담자는 이미 의뢰기관으로부터 받은 내담자의 욕구에 대한 정보를 가지고 있을 것이다. 첫 회기에서는 내담자가 당면한 가장 직접적인 욕구 영역을 집중적으로 다룰 필요가 있다. 욕구 영역은 치료 프로그램이 거주 프로그램인지 아니면 외래 프로그램인지에 따라 달라지게 된다. 내담자가 도움을 필요로 하는 영역은 기관 사람을 만나서 입원 및 해독과 관련된 기타 의료적 지원을 받거나, 프로그램을 시작하기 위한 실질적인 세부 사항을 정리하는 것 등이다.

일단 당면한 욕구를 다루었다면 이제는 보다 장기적인 목표에 초점을 맞추어서 평가를 진행하는 것이 좋다. 여기에는 내담자의 건강과 심리적 안녕, 교육, 고용, 대인관계 및 사회적 지지, 모험행동 및 법과 관련된 문제가 포함된다. 이러한 영역을 평가하기 위한 지침은 2장(평가)과 20장(이중진단)에 제시되어 있다.

내담자의 문제점과 욕구에 대해서만 집중하는 평가는 내담자의 환경에 문제가 심각하다는 식의 관점을 갖게 할 위험성이 있다. 이러한 평가는 내담자의 자신감을 떨어뜨릴 수 있다. 내담자의 문제점을 평가하는 데 집중하는 접근과 더불어서 내담자의 강점(strengths)에 대한 평가에도 비중을 둠으로써 균형을 이루어야 한다.

강점 중심 평가

내담자의 강점에 대한 평가는 내담자의 동기, 자기효능감 및 독립성을 형성시키는 데 도움이 된다. 내담자의 현재 문제점에도 불구하고 내담자는 과거에 이용했던 강점을 가지고 있다. 이러한 강점은 내담자가 현재 직면하고 있는 문제점을 해결하는 데도 적용될 수 있다. 이러한 '강점 중심' 방법이 약물 및 알코올 치료 내담자들과 어떻게 관련되는지를 보여 주기 위해 Berg, Miller, de Young(참고 자료 참조)의 연구를 참고하였다. 이 기법에는 '기적 질문(miracle question)'과 '예외 찾기 질문(exception-finding question)'이 포함된다.

기적 질문은 문제에 대한 집착에서 벗어나 내담자의 관심을 강점 중심으로 돌리는 데 효과적이다. 예를 들어, 내담자에게 다음과 같이 질문할 수 있다.

> "어느 날 밤 기적이 일어나서 당신이 잠자고 있는 동안 우리가 지금까지 논의했던 문제가 완전히 해결되었다고 가정해 보십시오. 현재와는 어떻게 달라질까요? 당신은 무엇을 보면 지난밤에 기적이 일어났음을 알 수 있을까요? 당신의 배우자는 무엇을 보면 기적이 일어났다는 사실을 알 수 있을까요?"

이러한 질문은 내담자로 하여금 자신이 원하는 것을 스스로 찾아낼 수 있도록 하는 데 도움을 줄 것이다. 만약 내담자가 원하는 것이 무엇을 없애는 것이라면(예: '나는 중독행동을 치료하고 싶다.'), 무엇이 존재하기를 원하는지에 대해 질문하라(예: '당신이 원하는 기적이 일어났을 경우 당신은 무엇을 할 것 같습니까?'). 즉, 제거하고 싶은 것보다는 어떤 일이 일어나기를 원하는지를 질문하라. 그 후 내담자의 기적 상상(miracle image)을 이용해서 장래를 탐색한다. 예를 들어, 내담자에게 다음과 같이 질문할 수 있다

> "당신이 그러한 기적(즉, 큰 목표)에 조금이라도 더 가까이 접근하기 위해서는 어떤 작은 단계가 필요할까요?"

이 질문은 큰 목표보다는 작고 긍정적인 단계를 강조한다. 상담자는 이러한 작은 단계를 가능하게 하는 구체적인 실천행동에 대해 질문함으로써 각각의 조치를 더욱 구체화할 수 있다.

예외 찾기 질문은 강점 중심 평가의 또 다른 매우 유용한 예다. 예외란 내담자

의 생활에서 현재의 문제행동이 발생되지 않는 예외적인 상황을 의미한다. 이러한 예외 상황은 내담자의 과거 혹은 현재 경험에서 발견된다. 예를 들어, 상담자는 다음과 같이 질문할 수 있다.

"아주 짧은 시간일지라도 당신이 음주 충동에 저항했던 경험에 대해 말해 주시겠습니까?"

"만약 기적이 일어난다면 당신은 가족과 더 잘 지내게 될 것입니다. 가족과 잘 지냈던 시절이 있습니까? 지금과는 어떻게 달랐습니까?"

"이 문제를 다루는 데 있어서 오전에 기분을 좋게 유지하기 위해서 당신은 어떻게 하였습니까?"

기적 질문과 예외 찾기 질문은 과거에 내담자가 다양한 생활 영역에서 이미 숙달된 기술과 강점을 발견하도록 도와준다. 진정한 관심, 반영적 경청, 인정하기 및 요약하기(1장 참조)를 통해 내담자로 하여금 그러한 강점에 대해 자세하게 설명하게 하고, 그 강점을 사례관리 계획에 적절하게 포함시킬 수 있도록 도와라. 이 방법은 낙담하고 있는 내담자에게 특히 유용하다.

실천 계획

이와 같은 평가 결과에 근거해서 상담자와 내담자는 일련의 사례관리 목표를 설정할 것이다. 일단 목표 목록을 작성했다면, 목표의 우선순위를 결정해야 한다. (내담자가 현재 자해할 위험에 처해 있지 않다면) 먼저 다루어야 할 목표가 무엇인지에 대한 명확한 규정이 있는 것은 아니다. 그러나 상담자는 내담자가 다른 목표를 위해 노력할 수 있도록 먼저 내담자의 약물남용을 안정시킬 필요가 있다는 점을 기억해야 한다. 어떤 목표는 동시에 다루어지기도 하겠지만 한 번에 너무 많은 약속을 함으로써 내담자에게 지나친 부담을 주지 않도록 주의를 기울여야 한다.

문제를 스스로 극복할 수 있다고 믿는 유능감은 목표를 성공적으로 달성함에 따라 점차 강해진다. 한꺼번에 성취하기에 벅찬 목표는 단기간에 성취 가능한 단계로 나누도록 도와라(4장 참조). 각 단계는 내담자의 노력과 연결되어야 한다. 그래야 내담자가 성공을 자신의 것으로 경험하기 때문이다. 다음 회기 이전에 특정 목표를 달성하기 위해 각자가 실천할 내용에 대해 기록하라. 다시 만났을 때는 그동안 부딪쳤던 장애물에 대한 해결책을 탐색하는 것은 물론이고, 노력한 점에 대해서 인정해 주어라. 이러한 작업은 내담자의 지속적인 계획 수립과 노력을 위한 동력을 제공할 것이다.

내담자는 극복할 수 없는 장애물을 만나게 될 수도 있다. 그러한 장애물은 대개 서비스에 접근하는 데 있어서의 어려움과 지연 때문에 발생된다. 내담자의 좌절감에 대해서는 인정해 주면서도, 그러한 서비스 지연은 모든 일상생활에서 있을 수 있는 일임을 내담자가 수용할 수 있도록 도와라. 어떤 상황에서는 상담자가 내담자를 적극적으로 옹호해야 할 때도 있다. 또한 상담자는 내담자가 스스로를 옹호할 수 있도록 기본적인 의사소통 기술을 내담자에게 제공할 수도 있다(9장 참조).

예상되는 문제 상황 다루기

상담자와 내담자는 목표 및 최선의 실천 방향에 대해 이견을 보일 때도 있을 것이다. 예를 들어, 상담자는 내담자가 어떤 특정 서비스나 치료를 받는 것이 좋을 것이라고 믿는 반면에, 내담자는 그러한 서비스를 받을 준비가 되어 있지 않을 수도 있다. 심한 손상을 입을 만큼 급박한 위험이 없다면 내담자의 입장을 존중하라. 내담자에게 목표 선택과 관련된 심도 있는 정보를 더 많이 수집할 수 있는 기회를 제공하고, 내담자의 걱정거리를 탐색하기 위해 동기강화상담(3장)을 사용할 수 있다.

기타 서비스와의 연결

사례관리 역할의 핵심 속성은 내담자를 위하여 내담자를 다른 서비스와 연결시켜 주는 것이다. 이 작업은 지역사회 집단 및 주위 사람들과 연결하는 것은 물론이고, 상담자가 소속된 기관의 내부나 외부에 있는 다른 서비스 제공자들과 연결하는 것과도 관련된다. Graham과 Timney(1995)는 약물남용 사례관리 프로그램에 있어서 기관 간의 연결을 옹호와 조정으로 구별하였다. 이 두 가지의 정의는 다음과 같다.

옹 호

옹호(advocacy)는 다음의 목록과 같이 내담자가 무엇인가를 얻도록 하는 것을 일차적인 목표로 하는 모든 활동을 포함한다.

- 서비스에의 접근을 돕는 활동
- 실제적인 도움을 얻도록 돕는 활동
- 치료 과정에 다른 사람의 참여를 포함시키는 활동
- 문제나 서비스에 관한 정보를 찾도록 돕는 활동

조 정

조정(Coordination)이란 다음과 같은 목적으로 내담자에 관한 정보를 제공하거나 제공받는 것을 일차적인 목표로 하는 활동을 말한다.

- 의뢰한 기관이나 내담자의 가족과 같이 내담자의 정보를 제공한 사람들을 관리하는 활동
- 내담자의 진행 경과와 관련하여 다른 서비스 기관으로부터 정보를 얻는 활동
- 서비스 기관 간의 연계가 순조롭게 진행될 수 있도록 정보를 교환하는 활동
- 내담자의 사례에 있어서 서비스의 역할을 조정하고 정의하는 활동

- 치료 계획을 수립하는 활동
- 연장 케어 계획을 수립하는 활동
- 내담자를 의뢰하게 될 기관에 정보를 제공하는 활동
- 법정에서 증언하는 활동

어떤 옹호와 조정은 내담자 앞에서 이루어진다. 그러나 대부분의 옹호와 조정 작업은 한 회기가 끝나고 다음 회기가 시작되기 이전에 전화나 다른 기관과의 면담, 편지 또는 보고서를 통해 이루어진다. 옹호와 조정은 내담자에 관한 세부 정보의 공개와 관련되기 때문에 상담자는 공개할 정보에 대해 내담자의 동의를 구할 필요가 있다.

내담자를 위해서 모든 과정을 문서화하라. 상담자가 만난 사람, 목적 및 대화의 결과에 대해 간단하게 기록하여 사례파일로 보관하면 된다. 이렇게 기록하는 것은 실천 계획의 진행 사항에 대해서 내담자에게 알려 줄 때와 진행 사항을 살펴보는 데 도움이 된다.

주위 사람들과 연결하기

서비스에 따라서 사례관리의 역할은 주위 사람들과 연결해 주는 것과 그들을 지원하는 것을 포함한다. 예를 들어, 사례 계획에 내담자의 참여를 지지하기 위해 최소 한 명 이상 신뢰할 수 있는 사람의 협력을 구하는 것이 유용하다. 이러한 협력에는 사회적 지지(예: 내담자의 성취에 대해서 격려하고 인정하기)와 실질적 지지(예: 내담자로 하여금 약속을 이행하도록 돕기)가 포함된다.

내담자의 주위 사람들과 함께 작업할 때는 내담자의 비밀보장 권리를 지키는 것이 매우 중요하다. 특히, 계획되지 않은 전화 통화를 하게 되었을 때 너무 많은 정보를 제공하기 쉽다. 상담자는 내담자의 치료에 참여하는 내담자의 지지자에게 말해 줄 정보를 내담자와 함께 협의하여 정함으로써 이러한 문제를 해결할 수 있다.

또한 비밀보장은 내담자가 보는 앞에서 내담자의 치료를 지지하고 참여하는 사람들과 만남으로써 지켜질 수 있다. 이러한 접근은 내담자와 가족들 사이에 더 효과적인 대화를 촉진시키는 추가적인 이점을 지닌다. 예를 들어, 내담자가 가정으로 돌아가도록 돕거나 내담자의 재발, 곤란한 행동이나 갈등의 원천에 대해 가족들이 반응하는 방법을 협의하기 위해 상담자와 내담자가 가족과 만날 수도 있다. 이러한 이슈에 대해서는 13장(주위 사람들의 참여)에서 자세하게 논의되었다.

예상되는 문제 상황 다루기

상담자가 내담자의 사례관리자를 겸하고 있는 동안은 숨겨진 가족 문제를 해결하기 위해 가족치료를 하거나 내담자의 주위 사람들에게 개인상담을 하는 것은 적절하지 않다. 필요하다면 그 가족이나 주위 사람들을 다른 서비스 기관에 의뢰하라.

내담자의 주위 사람들의 약물 사용, 폭력행위와 같은 행동으로 인해서 내담자의 목표 달성이 더 어려워질 수도 있다. 비록 내담자가 그러한 사람들의 파괴적인 영향을 인식하고 있을지라도 내담자는 여러 가지 이유 때문에 그러한 관계를 단절하는 것이 편치 않을 것이다. 관계에 대한 내담자의 양가감정을 탐색하기 위해 동기강화상담(3장)을 사용하라. 또한 내담자는 주장기술(8장)과 사회적 네트워크를 개발하는 것(15장, 16장 참조)을 통해서 많은 도움을 받을 수 있을 것이다.

참고자료

◆ **물질남용과 정신건강 분야에서 사례관리에 대한 정보를 발췌하였다.**

Berg, I. K., & Miller, S. D. (1992). *Working with the Problem Drinker: A Solution-focused Approach*. New York: W.W. Norton.

- 해결중심상담에 관한 실용서는 문제성 음주자를 돕는 데 적용될 수 있다.

Brun, C., & Rapp, R. C. (2001). Strength-based case management: Individuals' perspectives on strengths and the case manager relationship. *Social Work, 46*(3), 278-288.

- 물질남용자에게 적용된 강점 중심 접근법에 관한 통합적 설명을 제공하고 있다.

Donovan, D. M. (1998). Continuing care: Promoting the maintenance of change. In W. R. Miller & N. Heather (eds.), *Treating Addictive Behaviors* (2nd edn) (pp. 317-336). New York: Plenum Press.

- 이 리뷰는 사례관리가 광범위한 치료 계획에 얼마나 효과적으로 사용될 수 있는지에 대한 심의를 포함하고 있다.

De Jong, P., & Miller, S. D. (1995). How to interview for client strengths. *Social Work, 40*(6), 729-737.

- 해결중심상담이 약물과 음주 문제자에게 적용되는 방법에 대해 설명하였다.

Godley, S. H., Godley, M. D., Pratt, A., & Wallace, J. L. (1994). Case management services for adolescent substance abusers: A program description. *Journal of Substance Abuse Treatment, 11*(4), 309-317.

- 청년층 내담자에게 사용되는 사례관리의 주요 구성 요소를 적용하는 방법을 보여 준다.

Graham, K., & Timney, C. B. (1995). Continuity of care in addictions treatment: The role of advocacy and coordination in case management. *American Journal of Drug and Alcohol Abuse, 21*(4), 433-452.

- 두 명의 물질남용자 사례관리 프로그램에서 나타난 지지와 협력의 실제적 정의를 제공하고 있다.

Intagliata, J. (1982). Improving the quality of community care for the chronically mentally disabled: The role of case management. *Schizophrenia Bulletin, 8,* 655-674.
- 사례관리의 목표와 구성 요소에 관한 명확하고 영향력 있는 기사를 제공하고 있다.

Rapp, C. A. (1998). The active ingredients of effective case management: A research synthesis. *Community Mental Health Journal, 34*(4), 363-378.
- 효과적인 사례관리의 주요 요소 목록을 만드는 것에 대한 연구를 사용한 또 다른 비평을 제공하고 있다.

Simpson, A., Miller, C., & Bowers, L. (2003). Case management models and the care programme approach: How to make the CPA effective and credible. *Journal of Psychiatric and Mental Health Nursing, 10,* 427-483.
- 이 리뷰는 사례관리의 다양한 모델을 묘사하고 비교하며, 효과적인 치료 사례의 주요소에 대해 토론하였다.

제19장

청년층 내담자 상담하기

기본 지침

이 책에서 설명하고 있는 기법과 전략이 모든 연령대의 내담자와 관련되기는 하지만, 청년층 내담자와 작업할 때는 몇 가지 특수한 어려움이 나타난다. 13세의 내담자와 작업하는 것은 분명 30세의 내담자와 작업하는 것과는 다를 것이다. 상담자는 내담자의 발달단계를 고려하여 단계에 맞게 어떻게 적용할지에 대해 숙고할 필요가 있다. 이 장에서는 청년층 내담자에게 더 큰 흥미와 의미를 줄 수 있도록 상담자가 자신의 치료적 접근을 수정하고 보완하는 작업도 포함하고 있다.

청년층 내담자는 주변의 성인에 의한 강제나 압력이 없이는 약물 및 알코올 문제로 도움을 구하는 일이 거의 없다. 성인이 도움을 구하는 이유가 되는 약물남용의 의료적·법적·사회적 문제 및 재정적 비용 문제는 청년층 내담자에게는 크게 문제가 되지 않는 경우가 많다. 또한 약물 사용 이외의 다른 주요 문제에 몰입해 있을 수도 있고, 아직은 약물남용을 중단할 준비가 되어 있지 않거나 중단할 능력이 없을 수도 있다. 따라서 폐해 감소는 청년층 내담자와 상담을 진행하는 데 있어서 중요한 요소가 된다.

성인 내담자와 상담하는 경우에 약물남용의 심각성을 단일 스펙트럼으로 살펴보는 경향이 있는데, 문제의 심각성이 증가함에 따라 청년층 내담자의 경우에는 다체계적(multi-systemic)으로 접근하는 것이 중요하다. 여기서 말하는 다체계적 접근은 상담자가 개인적 수준에서 개입할 뿐만 아니라, 내담자의 광범위한 사회적 네트워크(즉, 가족, 동료, 교육체계, 직업체계, 오락체계, 지역사회 체계 및 다른 사회체계)에도 영향을 주기 위한 접근을 의미한다. 성공적인 다체계적 접근을 위해서 상담자는 내담자의 주요 사회 지지 자원은 물론이고 기타 지역사회 서비스 기관과 공동으로 작업할 필요가 있다.

목표

다른 장에서 설정된 목표도 분명 청년층 내담자에게 유용하지만 여기에 청년층 내담자에게 적합한 몇 가지 목표를 추가하면 다음과 같다.

- 내담자를 발달단계에 맞는 적절한 치료에 참여시키기
- 가족, 동료 및 주위 사람들의 지지 강화하기
- 해롭고 위험한 행동 감소시키기
- 지속적으로 알코올이나 약물을 사용하도록 촉진하는 위험 요인 감소시키기
- 알코올이나 약물을 계속해서 사용하지 않도록 내담자를 잠재적으로 보호하는 보호 요인 향상시키기

주요 개념

청소년기

'청소년기(adolescence)'란 아동기에서 성인기로 넘어가는 전환기이며, 일반적으로는 사춘기부터 10대 후반이나 20대 초반까지의 연령대를 지칭한다. 그러나 '청년층(young people)' 혹은 '청년(youth)'이란 용어는 이 연령 범위를 벗어나는 사람들에게도 해당되는데, 예를 들어 청소년기 이전(즉, 초등학생 정도의 후기 아동기)의 내담자나 25세이지만 청소년기의 과제를 여전히 해결 중인 내담자가 여기에 해당될 수 있다.

서구문화의 연구들은 청소년기의 발달과 관련된 수많은 변화나 '과제'를 부각시키고 있다. 청년층 내담자는 사춘기의 신체적 변화와 더불어서, 자신의 신체상에 대한 성적인 감정과 변화를 점점 더 많이 자각하게 될 것이고, 구체적인 것에서 추상적인 방향으로 사고방식의 변화를 보일 것이다. 그리고 이전에는 당연한 것이라고 여겼던 것에 대해 의문을 제기하기 시작한다. 청년층은 성인으로 인정받기 위해서 새로운 역할이나 가치, 행동이 설령 위험하다고 하더라도 실행하려고 하는 경향이 있는데, 여기에는 알코올이나 약물 사용도 포함될 수 있다.

이 시기에는 역할모델이나 지지와 수용의 제공자로서 또래가 큰 영향을 미치게 된다. 내담자는 자신이 사용하는 언어, 옷차림, 음악이나 그 밖의 활동을 통해서 표현되는 특정한 하위문화로써 자신의 정체성을 확인하려 한다. 그리고 이 시기에 청년층 내담자는 사회적 역할과 법적 지위에 있어서 다양한 변화를 경험하게 된다. 즉, 이들은 새로운 자유와 책임을 경험하게 된다.

물론 이러한 내용은 서구문화의 관점에서 청소년기를 반영하고 있다. 청소년기의 발달과제와 기대 행동은 문화와 민족성에 따라 많은 영향을 받는다. 알코올이나 약물 문제를 지닌 비서구문화권 출신의 많은 청년들은 자기 가족이나 비서구문화의 가치와 서구문화의 가치 사이에서 갈등한다. 따라서 청년층을 상담할 때는 문화적 영향(청소년기에 대한 상담자의 관점에 미치는 영향을 포함)을 고려하는 것이 중요하다.

위험 요인과 보호 요인

위험 요인과 보호 요인은 내담자의 알코올이나 약물 사용에 지속적으로 영향을 미치거나 과거에 영향을 미쳤던 내담자의 생활 속의 사회적 요인, 가족 요인 및 발달론적 요인이다. 물질남용에 기여하거나 악화시키는 요인을 '위험 요인'이라 한다. 예를 들어, 성학대는 위험 요인이다. 왜냐하면 성학대는 청년층으로 하여금 알코올이나 약물로 자가 약물 복용(self-medicate)을 하도록 촉진하는 외상이기 때문이다.

내담자가 약물남용을 피하거나 감소시키는 데 도움을 주는 요인을 '보호 요인' 이라 한다. 보호 요인은 단순히 위험 요인의 반대 개념이 아니다. 오히려 보호 요인은 내담자가 위험 요인의 영향에 더욱 저항할 수 있도록 내담자의 탄력성(resilience)[1]을 증가시키는 요인이다. 예를 들어, 따뜻하고 일관성 있는 부모와 자녀의 관계는 그들의 젊은 자녀들이 스트레스에 대처하고 동료들의 음주 압력에 저항하는 데 필요한 사회적 기술 및 자신감을 발달시킨다.

위험 요인과 보호 요인은 때때로 약물남용에 복잡하게 관련된다. 약물남용 자체는 내담자를 위험 요인과 접촉할 수 있게 만들며, 또한 중요한 보호 요인을 침식시킨다. 예를 들어, 내담자의 약물 사용은 내담자를 다른 약물 사용자들과 만나게 하며(이로 인해서 내담자의 약물 사용 위험이 증가됨), 동시에 내담자를 다른 지지적인 사회적 연결망으로부터 떨어져 나가게 만든다(이로 인해서 내담자의 잠재적인 보호 요인이 감소됨).

1) 탄력성은 일반적인 의미에서는 충격으로부터 회복하는 능력이며, 심리학에서는 불행이나 역경에 대처하는 능력을 지칭한다-역주

기 대

기대란 약물이나 알코올을 사용했을 때 내담자가 얻을 것으로 기대하는 것(예: 편안함이나 쾌감)에 영향을 미치는 신념, 사고 및 기억을 포함한다. 내담자의 기대는 약물 사용의 효과에 대한 내담자의 직접적인 경험이나 다른 사람에 대한 내담자의 경험에 의해서 형성된다. 이러한 기대는 음주나 약물 사용에 대한 내담자의 결정에 영향을 미칠 것이다. 예를 들어, 내담자의 약물 사용이 신체적 쾌락이나 정서적 쾌락, 사회적 수용, 친밀한 상호작용 및 부정적인 감정의 해소와 같은 보상 경험으로 이어진다면, 내담자가 알코올이나 약물을 다시 사용할 가능성은 더 높아질 것이다.

방 법

청년층은 대개 자발적으로 도움을 구하지 않는다. 따라서 내담자는 성인의 강요나 설득으로 인해 치료를 받으러 왔을 가능성이 매우 높다. 내담자는 상담자를 단순히 또 다른 권위적 인물의 하나로 간주할지도 모른다. 또한 내담자는 성인 내담자를 위해 계획된 치료에 적응하기가 힘들다고 생각할 수도 있다. 따라서 상담자가 내담자를 치료 과정에 개입시킬 방법을 고려하는 것이 중요하다.

상담자가 무비판적인 태도로 내담자의 관점에 대해 진정한 관심을 보인다면 내담자가 상담자를 신뢰할 가능성이 높아진다. 내담자를 치료와 관련된 모든 결정, 특히 치료 목표를 설정하는 작업에 참여시키는 협력적인 방법으로 접근해야 한다. 새로운 발견에 대해서 공통된 관심사를 가지는 것과 열린 질문을 통하여 내담자의 호기심에 공감해야 한다. 그리고 내담자가 재미있어 하는 것에 호응하고 개방적인 태도를 보이는 것이 중요하다. 내담자가 잘하고 있는 것을 발견했을 때는 긍정적인 피드백을 자주 그리고 즉각적으로 제공함으로써 니담자의 자기 효능감을 고무시키는 것이 중요하다.

내담자가 방어적인 태도를 보인다면 상담자는 초점을 이동시키는 등의 유연성을 보여야 한다. 예를 들어, Howard는 상담자가 보기에 중요하다고 생각하는 것을 완고하게 계속해서 다루기보다는 중요한 주제와 그렇지 않은 주제를 번갈아 가며 다루는 접근법을 제안하였다.

현재 상담자가 사용하고 있는 상담실이 청년층 내담자와 작업할 수 있는 최적의 장소가 아닐 수도 있는데, 내담자가 더 편안함을 느낄 수 있는 다른 장소를 선택하거나 산책을 나가는 것이 좋을 수도 있다. 또한 상담자는 은유, 이야기, 그림, 만화, 비디오, 음악, 치료적 놀이, 신체활동, 역할극과 인터넷 등을 사용함으로써 자신의 치료 접근법을 청년층 내담자에게 더욱 친숙하도록 만들 수 있다. 내담자의 관심, 언어 및 하위문화에 맞춘 자료와 자원을 선택하라. 청년층 내담자에게 친숙한 몇몇 인터넷 사이트가 참고자료에 제시되어 있다.

상담자는 내담자를 보호할 수 있는 사회적 네트워크와 연결시켜 줄 수 있도록 지역사회 서비스 및 내담자가 적절하게 스트레스를 해소할 수 있는 방법에 관한 최신 정보를 숙지할 필요가 있다. 경우에 따라서 청소년 법정, 지역사회 복지 서비스, 정신보건 서비스나 기타 전문가들과 협력하여 치료 계획을 수립해야 할 수도 있다. 다른 서비스 기관과 작업하기 위한 방법에 관한 보다 자세한 정보는 18장(사례관리)과 20장(이중진단)을 참고하라.

내담자를 보호할 의무에 대한 상담자의 법적 및 전문가적 책임을 인식하라. 예를 들어, 내담자에게 자살이나 학대의 위험이 있다면 상담자는 보호자나 기타 공공기관에 보고할 의무가 있다. 이 의무와 관련하여 상담자의 책임은 물론이고, 내담자의 비밀과 사생활을 보호받을 권리에 대해 내담자에게 알려 주어라.

평 가

접수면접에서 사용하는 포괄적인 질문지는 성인에게조차 벅차고 당황스러울 수 있다. 따라서 평가는 여러 번에 걸쳐서 실시하는 것이 바람직하다. 상담자가 하려고 하는 질문의 유형, 질문하는 이유, 그 정보의 이용 용도 등에 대해 내담자에게 설명해 줌으로써 평가 과정을 소개하고, 대화식으로 접근하라. 그리고 열린 질문을 사용함으로써 내담자가 자신의 걱정거리에 관해 자유롭게 이야기할 수 있도록 하고, 평가를 진행하는 과정에서 내담자가 평가에 대해 품게 되는 모든 의문점에 대해 질문할 수 있도록 격려하라.

처음에는 내담자의 약물 및 알코올 사용력, 사회 지지 자원과 도움을 구하게 된 주요 이유를 탐색할 필요가 있다. 또한 즉각적인 개입이 필요한 건강 문제나 사회적 문제(예: 무주택, 의료 문제, 자살 위험)가 있는지를 선별해 내는 것이 중요하다. 내담자와 계속 상담을 진행하면서 상담자는 내담자의 치료 결과에 영향을 미칠 수 있는 위험 및 보호 요인을 평가할 수 있다. 이러한 정보를 기초로 해서 위험 요인의 영향력은 감소시키고 보호 요인은 증가시키는 재발예방 계획을 수립할 수 있다.

내담자가 약물 사용에 대해서 당장 변화할 것 같지 않다면 상담자는 내담자가 현재 느끼고 있는 다른 생활 영역에서의 고통, 불행, 불만족에 대해서 관심을 가질 수 있다. 내담자가 이루고 싶은 변화가 무엇인지 그리고 이러한 변화는 내담자에게 어떤 유익한 점이 있는지에 대해 내담자에게 질문하라. 내담자가 이루고 싶은 변화와 약물 사용 또는 음주행동 사이의 모든 연결 관계를 탐색하라. 이러한 탐색은 내담자로 하여금 자신의 약물 사용의 광범위한 영향에 대해 고려하도록 하기 때문에 중요한 핵심 전략이 된다. 예를 들어, 내담자가 법정과 교정 서비스 기관으로부터 받게 되는 괴로움에 대해서 분노와 좌절감을 표현할 수도 있다. 만약 상담자가 내담자 스스로 자신이 개입된 범죄와 자신의 약물 사용의 관계를 고려하도록 돕는다면, 그는 자신의 약물 및 알코올 사용을 변화시키는 작업에 보다 관심을 가지게 될 것이다.

만약 내담자가 아직 약물이나 알코올의 사용을 중단할 준비가 되어 있지 않다면, 내담자가 안전하고 건강한 상태를 유지하는 데 도움이 될 수 있는 폐해 감소 전략을 고려해 보는 것도 매우 중요하다. 위험행동에 대한 내담자의 인식을 탐색하라. 동기강화상담(3장)을 사용하여, 내담자가 자신의 안전에 대해 가지고 있는 모든 걱정을 이끌어 내고 탐색하라. 예를 들어, 상담자가 탐색할 필요가 있는 문제로는 내담자의 약물주사 행동, 약물칵테일 사용 여부, 약물이나 알코올에 급성 중독되어 있는 상태에서 위험한 성관계나 음주운전을 했는지 등이 있다. 그 후 내담자로 하여금 폐해를 감소시키기 위한 다양한 대안적 선택을 고려해 보게끔 하라('4장'에 제시된 지침과 자원을 참조). 또한 약물 거절, 자기주장 기술 및 의사소통 기술도 내담자가 안전한 성관계를 협상하고 주사기 공유를 거절하는 데 도움을 줄 수 있다(7~9장 참조).

여러 약물에 대해 심각한 남용을 보이고 의존적인 내담자는 위험행동을 피하는 것이 매우 어려울 수 있는데, 이러한 사례에서는 약물마다 상이한 목표를 설정할 수도 있다. 예를 들어, 내담자가 약물을 알약으로 과잉 복용하는 위험성을 감소시키기 위한 방법으로 알약 사용을 중단하는 동안 가능한 한 안전하게 주사기로 약물을 주입하게 할 수도 있다. 이러한 목표를 설정할 때 상담자의 의도는 내담자로 하여금 치료 과정에 계속 참여하도록 돕는 것이다. 또한 상담자와 내담자는 폐해를 감소시키기 위한 방법으로 메타돈이나 부프레노르핀과 같은 대체 약물치료를 고려할 수도 있다(14장 참조).

약물 사용 및 음주 평가하기

내담자가 알코올이나 약물의 사용을 처음에 어떻게 시작했고, 약물 사용을 계속하도록 만든 원인이 무엇인지에 대해 내담자에게 질문함으로써 평가를 시작하는 것이 좋다. 알코올이나 약물을 전혀 사용하지 않았던 시기와 그것이 가능했던 이유, 내담자가 어떤 감정을 느낄 때 또는 언제, 어디서, 누구와 함께 있을 때 알코올이나 약물을 사용하고 싶은 충동을 느끼는지를 질문함으로써, 내담자가 알코올이나 약물 사용의 충동을 느끼는 상황을 자세하게 탐색하는 것이 필요하다.

2장에 기술된 약물 및 알코올 문제 평가 지침은 청년층 내담자에게도 적용된다. 그러나 성인 내담자와 청년층 내담자 사이에는 몇 가지 차이점이 있고, 청년층 내담자에게 더 적절한 이슈도 있다.

청년층 내담자는 일상적인 약물 사용 패턴을 보고하는 성인보다 음주나 약물 사용에 있어서 더욱 실험적이고 기회에 따라서 사용하는 등 일상적이지 않은 경향이 있기 때문에 섭취의 질과 빈도를 측정하기가 더 어렵다. 예를 들어, 내담자가 법적으로 알코올을 구입할 수 없을 정도로 너무 어리고, 친구들과 술잔 없이 술병을 돌리면서 마시는 상황에서 표준 음주량을 측정하기는 불가능하다. 상담자는 내담자가 얼마나 자주, 얼마만큼 취하도록 음주를 하는지, 음주 비용은 얼마나 되는지, 하루에 약물을 몇 회 주사하는지와 같은 맥락적 정보를 참고하여 내담자가 자신의 약물 및 알코올 사용의 정도를 평가하도록 도울 수 있다.

여러 가지 약물을 사용하는 패턴도 청년층 내담자에게는 매우 일반적이다. 따라서 전반적인 약물에 대해서 내담자에게 질문하라. 또한 청년층 내담자는 성인보다 에어로졸 제품과 일반적인 가정 화학제품과 같은 흡입제를 실험적으로 사용할 가능성이 높은데, 그 이유는 그러한 제품이 다른 약물보다 구하기가 쉽기 때문이다. 내담자가 흡입제를 사용하고 있다면 내담자에게 그 흡입제가 잠재적으로 치명적인 영향을 미친다는 점을 확실히 알려 주어야 한다.

이중진단을 위한 선별

정신건강 문제를 경험하는 것은 청소년의 약물 사용을 촉발시키는 주요 위험요인이다. 성인기의 장애는 청소년기에 시작되는 경우가 자주 있다(20장 참조). 그러나 특이하게도 아동기 및 청소년기에 발생하는 장애도 있다. 다음 단락의 설명은 상기 장애와 관련되는 몇 가지 핵심 증상을 강조하였다. 물론 이것은 모든 정신장애에 대한 설명은 아니다. 그 대신 다음에서는 정신건강 평가가 내담자의 치료에 도움이 될 수 있는 경우에 대해서 설명하고 있다.

집중력이 떨어지고, 안절부절못하며 충동적인 행동은 내담자에게 불안, 우울, 발달지체 혹은 주의력 결핍 및 과잉행동장애(ADHD)와 같은 정서장애나 정신장애가 있음을 나타내는 증상이다. 다른 한편으로, 이러한 증상이 청소년에게는 정상적인 행동일 수도 있다. 또한 그런 행동은 상담자의 상담 방법이 내담자의 연령이나 발달 수준에 부적절한 것임을 나타내는 것일 수 있다. 그러한 내담자를 섣불리 진단하는 것은 부적절한 진단으로 이어질 수 있기 때문에 섣불리 진단하지 않는 것이 중요하다. 그러나 만약 내담자의 그 행동이 일관적인 패턴으로 발생한다면, 상담자는 내담자에게 추가적인 평가를 의뢰하도록 할 수 있다. 그 원인과 무관하게 주의력 저하, 불안 및 충동성은 내담자의 학습 능력에 영향을 미친다. 상담자는 정보의 분리, 청년층 내담자에게 친숙한 전달법의 사용, 상담 진행에 따른 내담자에 대한 이해의 점검을 통해서 상담자 자신의 상담 방법을 조정할 필요가 있다.

공격적이고 반사회적인 행동은 내담자에게 품행장애가 있음을 시사한다. 특히, 내담자가 공격행동, 잔인한 행동 및 범법행위를 해 온 과거력을 가지고 있다면 더욱 품행장애가 의심된다(20장 참조). 그러나 이러한 행동 중 많은 행동은 내담자의 약물 및 알코올 문제와 연결되어 있다. 상담자는 내담자의 반사회적 행동을 제한하고 시간의 흐름에 따른 내담자의 행동을 관찰하기 위해 내담자와 협상할 필요가 있다.

정신병은 10대 후반에 뚜렷해지는 경우가 자주 있다. 내담자가 정신병 삽화를 가지고 있다는 신호에는 망상, 환각, 부적절한 정서반응이나 사고 및 정서의 와해 등이 포함된다(20장 참조). 정신질환은 메스암페타민을 자주 사용하거나 대마제제를 많이 사용함으로써 발생될 수도 있다.

섭식장애는 내담자로 하여금 체중 증가에 대한 강한 두려움을 야기하고 자신의 신체를 왜곡된 방식으로 지각하게 한다. 섭식장애의 증상은 정상적 체중과 월경을 유지하기에 충분할 만큼 먹지 않는 것(거식증에서와 같음), 폭식 삽화, 자가구토, 하제(설사 유발 약) 과잉 사용이나 과잉 운동과 같은 제거행동(과식증에서와 같음) 등이다.

외상적 경험이란 성학대나 신체학대와 같은 것으로서 약물이나 알코올을 사용하는 청년층 내담자에게서 자주 보고된다. 내담자의 대안적인 정서적 대처기술과 사회적 지지가 결핍되어 있을 경우 외상적 경험은 자가 복용의 한 형태로서 약물 사용을 야기할 수 있다. 슬프게도 이러한 약물남용이 역으로 내담자의 피해의식에 대한 취약성을 증가시킬 수 있다. 20장(이중진단)은 외상후 스트레스 장애의 선별 방법에 대한 구체적인 지침을 제공한다. 내담자가 현재 폭력이나 학대를 받는 위험에 놓여 있는지를 확인하라. 내담자가 안전한 거주시설을 확보하거나 성폭력 상담을 받을 수 있도록 도와줄 필요가 있다. 상담자는 신체적 학대, 성학대 및 기타 학대에 대해 관련 기관에 신고해야 하는 법적 의무도 가진다는 점을 기억해야 한다.

우울 및 자살은 평가의 중요한 영역이다. 우울증이나 기분부전증을 나타내는 신호는 20장(이중진단)에 자세하게 기술되어 있다. 청년층 내담자는 특히 자살사고에 취약하다. 상담자는 높은 자살 위험을 나타내는 모든 지표를 중요하게 받아들여야 한다. 이러한 지표에는 정신건강장애(예: 우울증, 정신질환), 자살 시도 과거력, 자살 가족력, 최근의 가족 사망이나 높은 수준의 스트레스, 죽음에 대한 강한 몰두나 갈망, 무망감이나 무가치감, 잠재적으로 치명적인 방법이 포함된 자살 계획, 이별을 고하는 몸짓이나 재산을 나누어 주는 것과 같이 마지막을 준비하는 행동이 포함된다. 자살이란 주제를 끄집어낸다고 해서 내담자가 자살 시도로 내몰리는 것은 아니며, 오히려 자살에 대해 대화함으로써 내담자는 편안해질 수 있다.

내담자의 자살 시도 위험 신호가 감지되면, 상담자는 가능한 한 빨리 보다 심도 깊은 평가를 위해 정신보건 서비스 기관에 의뢰해야 한다. 내담자는 이러한 의뢰에 대해 양가감정을 가질 것이다. 왜냐하면 의뢰는 자신이 통제받고 있다는 의미를 지니고 있기 때문이다. 내담자의 안전은 보장해 주면서도 내담자에게 통제받고 있다는 느낌을 주지 않기 위해 의뢰의 필요성에 대해 확고한 태도를 견지하는 것이 중요하다. 내담자가 도움을 구하는 것의 장점과 단점을 탐색하도록 돕기 위해 동기강화상담(3장) 접근법을 사용하라. 내담자의 인간적 강점에 관한 모든 진술이나 해결에 대한 희망을 반영해 주어라. 상담자는 내담자에게 자신의 감정을 정리할 시간을 주는 방법으로 내담자를 타 기관에 의뢰할 수도 있다. 상담자는 내담자에게 정신보건 서비스 기관에서 자신에 대한 평가면접이 끝날 때까지 함께 있을 수 있는 지지적인 사람이 있는지 확인해야 한다.

위험 요인의 감소와 보호 요인의 향상

탄력성(resilience)을 증강하기 위해서 상담자와 내담자는 위험 및 보호 요인을 개인적 · 가족적 · 사회적 · 오락적 · 교육적 수준에서 고려할 필요가 있다. 다음 절에서는 다체계적 방법으로 평가하고 개입하는 방법을 설명하고 있다.

안전 및 지지 체계

내담자가 가족, 동료, 학교, 직장이나 지역사회를 통해 다른 사람과 연결되어 있다고 느끼도록 하는 것이 중요하다. 사회적 및 대인관계적 연결성은 기본적인 신체적 필요를 충족하는 데 도움이 될 뿐만 아니라 수용, 정서, 지지, 안전, 지침 및 의미를 제공해 준다. 그러나 내담자는 소외되거나 무시받고 있다고 느끼는 측면에서 사회적으로 불리한 조건에 놓여 있을 수도 있다. 내담자가 사회경제적인 어려움이나 실직 또는 무주택 상황을 경험하고 있는지 파악하라. 내담자가 자신의 생물학적 성별, 성적 지향성, 인종, 문화 및 정신질환 때문에 차별을 받은 경험이 있는가? 내담자가 약물을 구입하기 위해 성매매를 하지 않는가? 내담자가 폭력이나 학대받을 위험은 없는가?

내담자가 사회적으로 불우하거나 복잡한 욕구를 가지고 있다면 내담자의 욕구가 종합적이고 효과적인 방식으로 충족될 수 있도록 내담자에게 도움이 되는 서비스 기관 및 지역사회 자원과 연결시켜 주는 것이 바람직하다. 또한 상담자는 통합적 접근을 위해서도 다른 기관과 함께 작업할 필요가 있다(pp. 435-436 참조). 상담자의 최우선 과제는 내담자가 안전한 환경에서 생활하고, 신뢰할 수 있는 서비스 기관에 접근할 수 있도록 해 주는 것이다.

가족 및 주위 사람들

가족은 대개 소속감(connectedness)과 지지의 주요 자원이다. 사실 부모나 조부모와 같은 성인 역할모델과의 강하고 신뢰할 수 있는 유대는 청년층 내담자에게 있어서 약물남용을 예방해 주는 매우 효과적인 보호 요인이다. 내담자의 가족은 내담자의 약물남용에 의해 자주 직접적인 영향을 받으며, 내담자가 도움을 구하도록 촉진하거나 설득하기도 하고, 내담자가 자신의 약물 사용 행동을 변화시키도록 지지하는 데 있어서 매우 소중한 자원을 제공한다.

그러나 모든 가족 관계가 내담자의 행동 변화에 긍정적인 영향을 미치는 것은 아니다. 부족하거나 일관성 없는 가족교육, 가족 갈등, 가족 유대의 결핍, 구성원들의 학대 등은 내담자의 약물이나 알코올 문제를 악화시킬 위험성을 증가시킨다. 또한 부부나 가족 구성원들의 약물남용도 내담자의 지속적인 약물 사용을 촉진하는 강력한 요인이다. 가족의 약물남용도 내담자에 대한 폭력 위험을 증가시키며, 내담자는 가족들의 학대로부터 벗어나기 위해 가족을 떠나기도 한다.

이러한 경우에는 내담자의 변화 노력을 지지해 주고 걱정해 주고 믿어 주는 확대가족이나 사회적 네트워크로 연결된 사람들을 찾을 수 있도록 도와주는 것이 중요하다. 내담자는 여러 서비스 제공자(예: 청소년보도관, 선생님, 코치, 아웃리치 워커)의 지원을 받을 수도 있다.

가족 및 기타 지원 네트워크에 대한 한 가지 유용한 평가도구는 심리극 분야에서 사용하는 기법인 '사회적 원자(social atom)' 검사다. 먼저 종이 위에 큰 원을 그리고 그 가운데에 작은 원을 그려라. 정중앙에 내담자의 이름을 기록하라. 그 후 안쪽 원은 내담자와 친밀한 사람을 나타내고, 바깥쪽 원은 내담자의 삶에서 좀 더 멀리 있는 사람들을 나타내는 것임을 내담자에게 설명하라. 내담자에게 자신의 삶에서 중요한 모든 사람들을 원 그림의 적절한 위치에 기록하게 하라. 내담자의 가족, 친구, 주위 사람들 및 애완동물까지 포함시켜라.

열린 질문과 반영적 경청법을 사용하여, 그림에 있는 사람들과의 관계를 더 탐색하라. 이때 다음과 같은 질문이 유용할 것이다.

- 누구에게 지지나 조언을 구합니까? 당신은 어떤 지지를 받고 싶습니까?
- 친밀하게 느끼는 사람은 누구입니까? 이러한 친밀감을 느끼게 되는 이유는 무엇입니까?
- 갈등이 있는 사람은 누구입니까? 갈등이 있을 때 무슨 일이 발생합니까?

- 어떤 관계(예: 부자 관계, 친구 관계)가 단절되었거나 소원해졌습니까(예: 이혼, 사망 혹은 갈등에 의해)?
- 회복하고 싶은 관계는 무엇입니까? 어떻게 회복시키겠습니까?
- 당신의 사회적 관계를 어떻게 변화시키고 싶습니까?

내담자가 가족이나 주위 사람들로부터 원하는 것이 무엇이고, 그들이 내담자에게서 원하는 것이 무엇인지를 탐색하는 것은 매우 유용하다. 관계를 회복시키고 사회적 지지를 찾기 위해 다른 사람들과의 접촉 계획을 수립하도록 내담자를 도와라. 상담자는 내담자의 행동을 옹호해 줘야 할 수도 있다(pp. 386-388 참조). 또한 내담자는 다른 사람들과 효과적으로 대화할 수 있는 기술을 발전시켜야 할 수도 있다(8장, 9장 참조).

상담자와 내담자는 가족이나 주위 사람들을 평가 과정 및 치료 과정에 직접 개입시키는 것이 유용하다고 결정할 수 있는데, 이러한 개입을 통해 그들은 내담자의 치료 목표 및 경과에 대해 지속적으로 파악할 수 있다. 또한 그들은 일련의 가족 모임을 통해서 더욱 직접적으로 개입할 수 있다(13장 참조).

내담자에게 맞는 대처기술 개발하기

이 책에서 설명하고 있는 기술훈련 및 인지치료 전략은 모두 청년층 내담자에게 유용하다. 그러나 내담자를 끌어들이는 측면에서 그 효과성은 전략을 어떻게 내담자에게 전달하느냐에 달려 있다. 예를 들어, 사고와 행동을 탐색하기 위한 방법으로 이야기와 은유를 사용하는 것이 유용할 때가 많다. 은유는 내담자가 이해할 수 있는 친숙한 용어로 치료 개념을 설명하는 방법이다. 예를 들어, 재발 예방의 개념은 내담자가 좋아하는 스포츠 용어로 설명할 수 있을 것이다. 재발을 '적'으로 명명한 다음 '축구 기술' '헛발질' '득점하기' 등에 대한 내담자의 경험을 탐색하라(축구는 실수하기 쉬운 운동이며, 실수를 줄이는 것이 '적'을 이기는 길이라는 은유를 들 수 있음). 은유가 효과적이라면 내담자는 이러한 아이디어를 창의적인 방식으로 확장시키는 것이 좋다. 또 다른 전략은 어려운 상황을 극복하는 청년에 관한 이야기(즉, 극복 수기)를 내담자에게 들려주는 것이다. 이야기 속의 청년이 무엇을 생각하고 느끼는지 그리고 이러한 생각이나 감정이 그 다음에 발생하는 일에 어떤 영향을 미치는지에 대해 생각해 보게끔 내담자를 격려하라. 이야기 속의 청년을 도와주기 위해 내담자가 어떤 조언을 해 줄 수 있는지 질문하라.

내담자의 사고, 감정 및 행동에 관하여 대화할 때 개념을 그림으로 설명하는 것은 때때로 유용하다. 하나의 단순한 예로 점수평가척도(예: 리커트 5점 척도)를 갈망이나 분노의 정도를 측정하는 데 사용할 수도 있다. 척도란 감정의 강도가 어느 정도인지를 보여 주는 유용한 방법이다. 내담자로 하여금 척도상의 각 점수에 단어나 색깔을 사용해서 명명하게 하라. 강한 정서를 다루는 보다 자세한 방법은 10장(인지치료)에 기술되어 있다.

예상되는 문제 상황 다루기

내담자는 상담자가 설정한 제한점 및 경계선을 시험해 보고 싶은 경향을 가진다. 내담자는 강렬하고 불안정한 정서를 경험하기도 하고, 반항적 행동, 일관성 없는 행동이나 비협력적인 행동을 보이기도 한다. 비록 이러한 행동이 치료에 도전하는 것으로 보일지라도 판단적으로 반응하지 마라. 왜냐하면 이러한 도전적인 행동은 단순히 자기정체성, 정서적 표현이나 새로운 사회적 역할에 대한 청년기의 탐색을 반영하는 것일 수도 있기 때문이다. 만약 그러한 행동이 발생한다면 확고하고 예측 가능하며 일관성 있는 방식으로 다루어라. 조금 진정되면 내담자로 하여금 그러한 행동을 자극한 선행사건과 신념, 행동의 결과에 대해 숙고해 보게 하라(pp. 216-217 참조). 예를 들어, 상담자와 내담자는 내담자의 도전적 행동의 기저에 깔린 욕구와 동기를 탐색한 후, 이러한 욕구를 충족시키기 위한 대안적 방법을 고려해 볼 수 있다.

대안적 기대를 이끌어 내고 강화하기

약물 사용이나 음주에 대해 내담자가 기대하는 보상은 강한 영향력을 발휘하고 거절 기술이나 기타 전략의 효과를 감소시킬 수도 있다. 내담자가 약물을 사용하거나 술을 마시기로 결정할 때 무슨 생각을 하는지에 대해 질문하여 내담자의 기대를 평가하라. 내담자의 약물 사용이 내담자의 기분, 사고, 행동, 사회생활 및 성 경험에 어떤 영향을 미치는지에 대해 질문하라.

상담자는 약물 사용의 불쾌 효과보다는 보상 효과가 내담자에게 더 큰 영향을 미치는 이유가 궁금할 수도 있다. 약물 사용의 도취 효과는 약물 사용 후 곧바로 발생하는 경향이 있는 반면, 약물 사용의 불쾌 효과는 내담자가 심한 급성중독 상태이거나 약물 사용을 중단한 후에 시작된다. 이러한 효과에 대한 내담자의 기억은 약물 관련 기억상실에 의해 영향받았을 수도 있고, 내담자가 어떤 장기간의 영향(예: 우울)을 약물남용과 관련시키지 못했기 때문일 수도 있다.

내담자로 하여금 자신의 약물 사용에 대한 다른 기대를 탐색해 보게끔 하는 한 가지 방법은 약물 사용의 불쾌 효과에 대한 인식을 증진시키는 것이다. 예를 들어, 내담자가 약물을 사용하기 시작한 시점부터 약물 효과가 사라진 시점까지 약물 사용 삽화를 탐색함으로써 약물 사용의 전체 경험을 종합해 보도록 도와라. 내담자의 경험을 탐색하면서 약물 사용과 관련된 긍정적인 사건과 부정적인 사건에 대한 진술을 반영해 주어라(3장 참조). 열린 질문을 사용하여 내담자의 모든 잠재적 걱정거리를 탐색하라. 예를 들어, 다음과 같이 질문할 수 있다.

> "다음 날 아침에 일어나서 전날 무슨 일이 있었는지 기억하지 못하는 것에 대해 어떤 기분이 듭니까?"
>
> "당신이 약물을 구입하는 데 돈을 쓰지 않았다면 그 돈을 어디에 사용했겠습니까?"

약물 사용의 영향에 대한 걱정을 나타내는 모든 진술을 강조하면서 위 질문에 대한 내담자의 반응을 요약하라. 상담자는 요약하기의 일부로서 결정 저울표를 사용할 수도 있다(p. 111 참조).

또한 상담자는 내담자의 약물 사용에 대해서 다른 사람들이 했던 말들을 내담자와 함께 탐색해 볼 수 있다. 이것은 다른 사람들의 걱정이 내담자 자신의 걱정과 일치하는 것을 강조하는 데 유용할 것이다. 예를 들어, 내담자는 자신의 약물사용이 자신을 통제하지 못하게 만든다는 부모의 인식에 대해서는 동의하지 않지만, 집에 다시 들어감으로써 내담자가 원했던 것을 부모님의 걱정이 가로막는다는 점에 대해서는 동의할지도 모른다.

또한 내담자로 하여금 대안적 행동에 긍정적인 기대를 갖도록 돕는 것은 매우 유용하다. 예를 들어, 내담자가 스트레스에 잘 대처하고 있다는 것을 알았을 때, 내담자에게 약물이나 알코올 없이 스트레스를 어떻게 관리해 나가고 있는지에 대해 질문하라. 이와 유사하게 내담자가 새로운 취미활동을 개발할 경우, 이러한 활동을 통해 내담자가 느끼는 '기분 좋은 상태'에 관하여 대화하는 시간을 가져라.

긍정적인 동료 지지 향상시키기

내담자가 성숙해 감에 따라 내담자의 동료집단은 역할모델로서 그리고 사회적 수용을 얻을 수 있는 자원으로서 더욱 영향력을 가지게 될 것이다. 내담자의 동료들은 약물 및 알코올과 관련된 내담자의 태도와 행동에 영향을 미칠 가능성이 매우 높다. 이러한 영향은 설득이나 약물 제공을 통해 매우 직접적으로 이루어질 수도 있다. 또한 약물남용을 정상적인 행동으로 간주하는 또래문화를 형성함으로써 동료들은 간접적인 영향력을 발휘하기도 한다. 예를 들어, 서구문화에서 청년들이 친구들과 어울리면서(특히, 법적인 음주 가능 연령이 된 경우) 과음하는 것은 정상적인 행동으로 간주되는 경우가 많다. 내담자는 모든 청년들이 과음한다고 믿을지도 모른다.

현재 내담자에게 영향력이 있는 친구들과 주위 사람들을 찾아보고, 그들로부터 받는 영향은 무엇인지를 탐색해 보도록 내담자를 격려하라. 상담자는 내담자의 친구와 주위 사람들에게 초점을 맞추는 '사회적 원자' (p. 403 참조)를 사용할 수도 있다. 내담자에게 색연필을 사용해서 사회관계도에 있는 각 사람에 동그라미를 치게 한다. 사회관계도는 약물을 사용하는 사람, 약물을 사용하지 않는 사람, 내담자에게 약물 사용 압력을 주는 사람, 내담자가 약물 사용을 피하도록 도와주는 사람이 누구인지를 보여 준다. 외로움은 물론이고 특정 관계에 대한 내담자의 만족감과 불만족감에 대해 질문하라. 우정에 대한 내담자의 생각과 경험에 대해 열린 질문으로 탐색하라. 예를 들어, 다음과 같이 질문할 수 있다

"친구란 무엇입니까?"
"그가 당신의 친구라는 사실을 무엇을 근거로 알 수 있습니까?"
"친구들은 서로를 위해 무엇을 합니까?"
"약물을 사용하는 친구들은 당신과 어떤 점이 잘 맞습니까?"

심각한 약물남용 문제를 지닌 내담자와 연결되어 있는 친구들은 대부분 약물 사용자일 가능성이 높은 반면에, 단약하는 친구들이 있을 가능성은 낮다. 내담자는 새로운 친구 관계를 맺거나 약물을 남용하지 않는 옛 친구와의 관계를 회복하기 위한 계획을 수립할 필요가 있다. 내담자의 계획에 기분 전환을 위한 새로운 방법(다음에 제시되는 '대안적 여가 활동' 을 참조)이나 더 효과적인 대화를 위한 전략(8장, 9장 참조)을 포함시킬 필요가 있다.

7장(술과 약물을 거절하는 기술) 및 16장(재발예방 훈련)에서 설명한 방법은 약물이나 알코올 사용에 대한 동료의 직접적인 압력에 대처할 수 있도록 내담자를 도울 때도 적절하다. 대화의 초기에는 사회적인 압력에 대해 일반적인 용어로 대화하는 것이 덜 직면적일 것이다. 예를 들어, 내담자에게 약물 사용과 관련하여 주변에서 동료에게서 압력받는 것을 본 적이 있는지 질문한다.

"어떤 사람이 약물을 사용하고 싶어 하지 않을 때 다른 사람이 그를 어떻게 설득하던가요?"

그 후 상담자는 그러한 사회적 압력에 저항하는 방법에 관해서 브레인스토밍할 수 있다. 청소년용 재발 대처방법 질문지(Adolescent Relapse Coping Questionnaire)

(Myers, 1996)와 같은 도구를 이용해서 더 좋은 생각을 끌어내는 것도 좋다. 내담자로 하여금 세부적인 거절 계획을 수립하고, 그 계획을 시연해 보도록 권하라. 내담자가 이 전략을 정말 사용할 수 있을지에 대해서 어느 정도 자신하고 있는지를 탐색하는 것이 중요하다. 이 전략에 대한 내담자의 불신(예: '그러한 전략을 사용하면 내가 어리석게 보일 거야.' '결국 너무 힘들 거야.' '모든 사람들이 내가 품위 없다고 생각할 거야.')을 표현할 수 있도록 시간을 주어라. 또한 약물 사용과 관련 없는 상황에서 내담자가 효과적으로 실천하고 있는 거절 기술과 회피 기술을 찾아내고, 이러한 강점을 약물을 거절하는 상황에서도 사용할 수 있도록 하는 방법에 대해 논의하는 것도 유용할 것이다. 사회적 압력에 대한 모든 실생활의 경험을 내담자로 하여금 이야기하게 하라.

대안적 여가 활동

내담자가 약물이 없이도 즐길 수 있는 활동을 개발하도록 도와라. 이러한 활동은 아마 내담자가 약물남용 때문에 포기했거나 새롭게 시도하고자 하는 활동일 것이다. 내담자의 관심사를 탐색하고, 사회적인 일과 사적인 일 모두를 포함해서 잠재적으로 즐거워할 수 있는 활동의 목록을 작성하도록 내담자를 도와라. 여가 활동에 관한 추가적인 정보를 위해서는 Tanner와 Ball(2000)의 글을 참조할 수도 있다. 한 가지 이상의 활동을 계획하고 있는 내담자를 돕고, 그 활동을 실행에 옮긴 후의 경험을 고찰하기 위해서 문제해결 접근법을 사용하라. 또한 지역사회의 청년을 위한 지역사회 중심의 여가 활동을 조사하는 것도 필요하다.

교육 및 직장 참여도 향상시키기

학교나 교육기관에 참여하는 것은 내담자의 인지적 · 직업적 · 사회적 발달을 촉진하고 다양한 놀이 기회를 통해 여러 가지 보호 요인을 제공할 가능성을 증가시킨다. 그러나 교육에 대한 내담자의 경험에는 학업 실패, 동료의 따돌림이나 괴롭힘과 같은 위험 요인도 포함되어 있을 수 있다. 또한 학교는 약물을 남용하는 동료들과의 접촉이 이루어지는 주요 장소일 수 있다.

약물남용 자체도 집중력 저하, 무단결석 및 선생님과의 갈등을 야기하여 내담자의 교육을 방해했을 수도 있다. 내담자의 학년, 수료한 교육 수준 및 학교에 대한 인상 등을 질문함으로써 교육 참여에 대한 내담자의 생각을 알 수 있다. 수리 능력과 읽기/쓰기 능력에 대한 심리평가나 신경심리학적 평가를 위해 내담자를 의뢰할 필요성에 대해서도 고려해야 한다.

학교나 어떤 다른 방법을 통해 교육받는 것의 장단점에 대해 내담자와 대화하라. 만약 내담자가 교육받는 것을 고려할 준비가 되어 있다면, 목표와 실천 대안을 탐색하라. 상담자는 내담자의 연령에 따라 내담자의 고용 경험이나 미래의 직업에 대한 내담자의 희망을 탐색할 수도 있다. 내담자는 훈련이나 교육과 관련된 보다 자세한 정보를 필요로 할 수도 있다.

집단상담

앞서 설명한 대부분의 전략은 집단상담의 맥락에서도 사용될 수 있다. 집단상담은 시간과 비용에 있어서 효과적일 뿐만 아니라 청년층 내담자에게 유익한 측면이 있다. 집단상담은 브레인스토밍, 역할극(1장 참조)과 치료적 놀이를 통해 상호작용적으로 학습할 수 있는 기회를 제공한다. 집단상담에서 내담자는 다음과 같은 효과를 기대할 수 있다.

- 동료들의 피드백을 통해 사회적인 행동을 학습한다.
- 서로의 경험을 공유하고 학습한다.
- 공통 문제에 대한 공동 해결책을 수립한다.
- 집단의 맥락 내에서 새로운 기술을 시도한다.
- 다른 동료들을 인도하거나 격려한다.

집단상담을 진행하는 데 있어서 잠재적으로 치료에 방해가 되는 동료들의 영향이 무엇인지 인식해야 한다. 다음 사항을 민감하게 주의하라.

- 재발에 대한 미묘한 사회적 강화(예: 약물남용을 너그럽게 봐주는 이야기를 해주는 것)
- 약물 사용이나 음주에 대한 직접적인 사회적 압력
- 경험이나 나이가 많은 내담자에 의한 보다 해로운 행동에 대한 소개

자신의 목표에 지속적으로 집중하기 어렵게 만드는 행동에 대해서 집단원들이 함께 브레인스토밍하도록 요청함으로써 그러한 부정적인 태도와 행동을 미리 파악할 수 있다. 그러한 행동이 발생할 때 집단원들이 스스로 다룰 수 있도록 기본 규칙이나 기본 전략을 집단원들과 함께 수립하라(pp. 37-38 참조).

집단상담을 계획할 때 개개인의 차이점에 주목할 필요가 있다. 상담자는 내담자들 간의 연령, 발달 정도, 학습 능력, 성별, 문화적 차이에 따라서 어떻게 응답하는 것이 집단상담의 진행을 촉진하는 것인지에 대해서 고려해야 한다.

연장 케어에 관한 정보

청년기는 전환기이므로 내담자는 발달적 변화를 경험하고 시간의 흐름에 따라 새로운 도전에 직면할 것이다. 따라서 상담자와 내담자가 함께 시작한 변화가 지속적으로 보호받을 수 있도록 관찰하고 조정할 필요가 있다. 이러한 작업은 연장 케어(17장)를 위한 효과적인 계획을 수립함으로써 달성될 수 있다.

[내담자용 유인물]

유용한 사이트

http://www.adf.org.au/drugstore/pdf/Harm Minimise Fact Sheet.pdg
중독과 관련된 위험성에 주로 초점을 맞추고 있으며, 파티에서 안전을 위한 계획을 세우는 방법을 알려 준다. Knox Community Health Service & the Australian Drug Foundation

http://www.freedoms.org.uk
남성 동성연애자를 위한 사이트다. 'Clued up'을 클릭하면 약물과 관련된 폐해 감소 정보를 알 수 있다. Gay Men's Team, Health Promotion Service of Camden and Islington Community Health Services NHS Trust and the Healthy Gay Living Centre, 영국

http://www.reachout.com.au
뛰어난 그래픽 자료로 정신건강과 약물 사용에 있어서 폐해 감소와 관련된 정보를 다루고 청년들의 이야기와 상호 간의 활동을 제공한다. Inspire Foundation, 호주

http://www.somazone.com.au
약물류, 알코올, 성 관련 건강 문제, 그 밖의 건강 관련 문제, 청년들의 이야기, Q & A 운영에 대해 다룬다. 호주의 청년층 내담자를 돕기 위한 약물 협회, ADF

http://www.talktofrank.com
모든 종류의 약물과 상호 간의 활동, 폐해 감소와 관련된 정보와 e-메일 및 전화 상담 서비스를 제공한다. 정부의 보조를 받는 독립적인 웹사이트, 영국

http://www.thecoolspot.gov/life.asp
금주하는 방법에 대한 정보를 서로 교환할 수 있는 사이트로 음주와 관련된 사회적 압력에 대한 역할극을 제공한다. 공중보건 및 인적자원부, 미국

http://www.thesite.org.uk/info/drugs/
매거진 형태로 16~25세의 청년을 대상으로 만들어진 사이트, 약물의 영향, 폐해 감소와 관련된 정보 그리고 토론 게시판이 특징이다. YouthNet, 영국

http://www.wrecked.co.uk
폐해 감소와 관련된 알코올에 대한 퀴즈를 제공한다. National Health Service, 영국

참고자료

Baer, J. S., & Peterson, P. L. (2002) Motivational interviewing with adolescents and young adults. In W. R. Miller & S. Rollnick (eds.), *Motivational Interviewing: Preparing People for Change* (2nd edn) (pp. 320-332). New York: Guilford Press.
- 청년층 내담자에게 동기강화상담을 사용하는 것에 대한 적절성과 효과에 대해 토론하였다.

Brown, S. A. (1993). Drug effect expectancies and addictive behavior change. *Experimental and Clinical Psychopharmacology, 1*(1-2-3-4), 55-67.
- 기대에 대한 연구의 틀을 잡아 주고 기대 기반 중재에 관한 임상적 가이드라인을 제공한 훌륭한 논문이다.

Smith, C. J., Nangle, D. W., & Hansen, D. J. (1993). Social-skills interventions with adolescents: Current issues and procedures. *Behavior Modification, 17*(3), 314-338.
- 집단치료를 포함한 청년층 내담자의 기술훈련에 있어서 주요 쟁점에 대해 틀을 잡아 준다.

Dishion, T. J., McCord, J., & Poulin, F. (1999). When interventions harm: Peer groups and problem behavior. *American Psychologist, 54*(9), 755-764.
- 청년층 내담자의 집단치료 후 발생하는 역효과에 대한 증거를 제시하고 탐구한다.

Dennis, M. L. (2002). Treatment research on adolescent drug and alcohol abuse: Despite progress, many challenges remain. *Connection, A Newsletter Linking the Producers of Drug Abuse Services Research,* pp. 1-2, 7.
- 다음 사이트에서 이용 가능: http://www.academyhealth.org
- 사춘기 청소년의 약물 사용에 대한 치료 연구로부터 알 수 있는 사실에 대해 요약하였다.

Dudley, M., & Waters, B. (1991). Adolescent suicide and suicidal behaviour.

Modern Medicine of Australia, September, 90-95.
- 사춘기 청소년의 자살 위험 요소와 그것들의 평가 방법에 대한 훌륭한 설명을 제공하고 있다.

Monti, P. M., Kadden, R. M., Rohsenow, D. J., Cooney, N. L., & Abrams, D. B. (2002). *Treating Alcohol Dependence: A Coping Skills Training Guide* (2nd edn) (pp. 70-72). New York: Guilford Press.
- 내담자가 사회적 지지 기반을 형성하도록 도와주는 점진적 접근 방법은 청년층 내담자에게도 적용될 수 있다.

Myers, M. G., & Brown, S. A. (1996). The Adolescent Relapse Coping Questionnaire: Psychometric validation. *Journal of Studies on Alcohol, 57,* 40-46.
- 다음 사이트에서 무료로 이용 가능: http://www.eibdataemcdda.eu.int/Treatment/Needs/itarcq.htm
- ARCQ는 재발예방 계획에 유용하다. 특히 내담자가 사회적 압력에 대응하기 위한 전략을 수립하는 데 유용하다.

Rhodes, J. E., & Jason, L. A. (1990). A social stress model of substance abuse. *Journal of Consulting and Clinical Psychology, 58*(4), 395-401.
- 사춘기 청소년의 약물남용에 영향을 미치는 위험 요인과 보호 요인의 모델을 제시하였다.

Schulenberg, J. E., & Maggs, J. L. (2002). A developmental perspective on alcohol use and heavy drinking during adolescence and the transition to young adulthood. *Journal of Studies on Alcohol, 63*(2) (Supplement 14), 54-70.
- 위험 요인과 보호 요인의 영향 그리고 이 요인들이 청년층 내담자의 음주에 영향을 미치는 방법에 관한 통합적 논문이다.

Tanner, S., & Ball, J. (2000). *Beating the Blues: A Self-help Approach to Overcoming Depression.* Sydney: Doubleday.
- 청년층 내담자에게 적절한 즐거운 활동의 목록을 포함한다.

Tober, G. (1991). Motivational interviewing with young people. In W. R. Miller & S.

Rollnick (eds.), *Motivational Interviewing: Preparing People to Change Addictive Behavior* (pp. 248-259). New York: Guilford Press.

- 동기강화상담 초판인 이번 장에서는 기재된 원리에 관한 적절한 예를 찾아볼 수 있다. 예를 들면, 개인화된 피드백과 청년층 내담자의 목표에 관한 연구를 제시하였다.

Winters, K. C., Latimer, W. W., & Stinchfield, R. (2002). Clinical issues in the assessment of adolescent alcohol and other drug use. *Behaviour Research and Therapy, 40,* 1443-1456.

- 사춘기 청소년에게 사용될 수 있는 표준화된 심사와 평가 방법에 대한 가이드라인을 제시하였다.

Inhalants, a booklet available from the National Drug and Alcohol Research Centre, University of New South Wales, Sydney NSW 2052, Australia.

- 다음 사이트에서 무료로 이용 가능: http://ndarc.med.unsw.edu.au/ndarc.nsf.
- 사용 가능한 흡입기의 다양한 종류와 사용상의 위험 요인에 대한 조사 내용을 담고 있다.

제20장

이중진단

기본 지침

약물이나 알코올 문제를 가지고 있는 사람들은 정신건강 문제도 많이 가지고 있는데, 주로 불안, 우울, 왜곡된 사고 패턴, 뇌 손상과 관련된 것이다. 약물 및 알코올 치료 시 '이중진단' 혹은 '공병진단' 이라고 하면, 이는 내담자에게 정신건강 문제뿐만 아니라 물질남용이나 물질 의존 문제도 있음을 의미한다. 어떤 경우에는 더 많은 문제를 가지고 있을 수도 있다.

역사적으로, 약물 및 알코올 치료기관이나 정신건강 문제 치료기관에서는 이중진단을 받은 내담자에 대한 치료를 곤란하게 여겨 왔다. 양 진영에서는 이러한 내담자들을 어느 쪽에서 먼저 책임져야 하는지 그리고 정신건강 문제나 물질남용 문제 중 어느 문제부터 치료해야 하는지에 대해 분명히 하려고 애써 왔다. 이중진단을 받은 내담자는 요구가 복잡하고, 혼란스러운 행동을 보일 수 있기 때문에 이들을 다루기 위해서는 보다 많은 서비스, 기술, 자원이 필요하다. 이러한 어려움 때문에 이중장애 내담자는 이리저리 왔다 갔다 의뢰만 되고, 정신건강 문제나 물질남용 분야 어느 쪽에서도 적절한 치료를 받지 못하게 되는 경우가 생길 수 있다.

상담자는 이중장애를 가진 내담자의 복잡한 욕구를 다루는 일에 실제로 힘겨워하기도 하고 좌절감을 느끼기도 한다. 이러한 내담자를 맡은 상담자는 이중장애의 치료가 자신의 일이 아닌 것 같기도 하고, 한 명의 내담자로 인한 과도한 업무 때문에 다른 내담자들에게 충분한 관심을 주지 못하게 되면 어쩌나 하는 염려를 할 수도 있다. 상담자가 이러한 걱정을 하는 것은 당연하다. 그러나 약물 및 알코올 문제를 가진 내담자에게 정신건강 문제가 동시에 일어나는 비율이 높기 때문에(Weaver et al., 2002에 의하면 35%) 이중진단을 받은 내담자를 상담하는 것은 상담자의 역할 중 하나일 것이다. 다행스럽게도 약물 및 알코올 치료를 위한 기본 원리와 전략은 이중진단을 받은 내담자에게도 적용될 수 있다.

정신장애 진단은 전문가가 해야 하지만 내담자의 정신질환 증상을 선별검사하고 정신건강 진단과 치료가 필요한 경우에 내담자를 의뢰해 주는 것은 약물 및 알코올 치료를 담당하는 사람의 책임이다. 이중장애는 치료 과정, 특히 내담자의 재발 위험과 관련된 치료 과정에도 영향을 미치게 된다.

목 표

이중장애 내담자의 상담 목적에는 다음이 포함된다.

- 정신건강 문제의 위험이 있는 내담자 구별하기
- 내담자의 정신장애 증상을 안정시키기 위한 행동 취하기
- 재발에 영향을 미치는 내담자의 정신장애 증상 줄이기
- 약물 및 알코올 치료 서비스와 정신보건 서비스 간에 통합적이고 효과적인 서비스가 제공되는지 확인하기

• 내담자의 안전을 위한 조치 취하기

주요 개념

일차 진단

물질남용이 먼저 나타나서 나중에 정신장애로 발전하는 원인이 되었다면 물질남용장애를 일차 진단이라고 한다. 예를 들면, 술을 과음하여 나타나는 신체적 혹은 심리사회적인 영향이 우울증으로 이어질 수 있다. 이러한 내담자의 경우에는 일정 기간 동안 단주를 하거나 술 소비량을 줄이면 정신건강은 안정될 것이다.

이차 진단

정신과적 증상이 먼저 나타나고 이에 대한 반응으로 자가 약물을 복용하는 과정에서 물질남용이 발생했다면 물질남용장애를 이차 진단이라고 한다. 일차 진단의 경우의 예를 반대로 들어 보면, 우울증 때문에 술을 과음하게 될 수도 있다. 이러한 경우에는 술을 끊고 나서도 정신장애는 계속될 것이다. 경우에 따라서 단주를 한 내담자가 자신의 우울증을 다룰 만한 다른 방법을 찾기 전까지는 우울증이 더 악화될 수도 있다.

일차 이중진단

두 장애가 서로 원인이 되어서 일어나지는 않았지만 비교적 동시에 나타났다면 이러한 경우를 일차 이중진단이라고 한다. 비록 두 장애가 서로 인과관계는 없다 하더라도 여전히 상호작용을 함으로써 내담자의 기능이나 재발 위험에 영향을 미칠 것이다.

방 법

이 장에서는 상담자가 따라 해 볼 만한 일련의 실제 단계를 흐름 도표로 제시하여 설명하고 있는데, 그 과정을 보여 주는 도표를 [그림 20-1]에 제시하였다. 이 도표는 통합적 치료 계획을 세울 때 안내 지침으로 사용하면 도움이 된다. 물론 내담자 개인의 특성이나 문제, 제공되는 서비스에 따라 그 과정은 달라진다.

첫 단계에서는 내담자의 정신건강 문제 여부를 선별하는 검사를 실시한다. 정기적인 진단 과정 안에 정신건강 선별검사를 포함시킬 것을 권장한다.

선별검사의 결과로 내담자의 이중장애 가능성이 드러나면 다음 단계로 내담자를 정신보건 서비스 기관이나 정신보건 전문가에게 의뢰해야 한다. 정신보건 서비스 기관에서는 이 내담자를 진단 · 검진하고 적절한 치료를 추천해 줄 것이

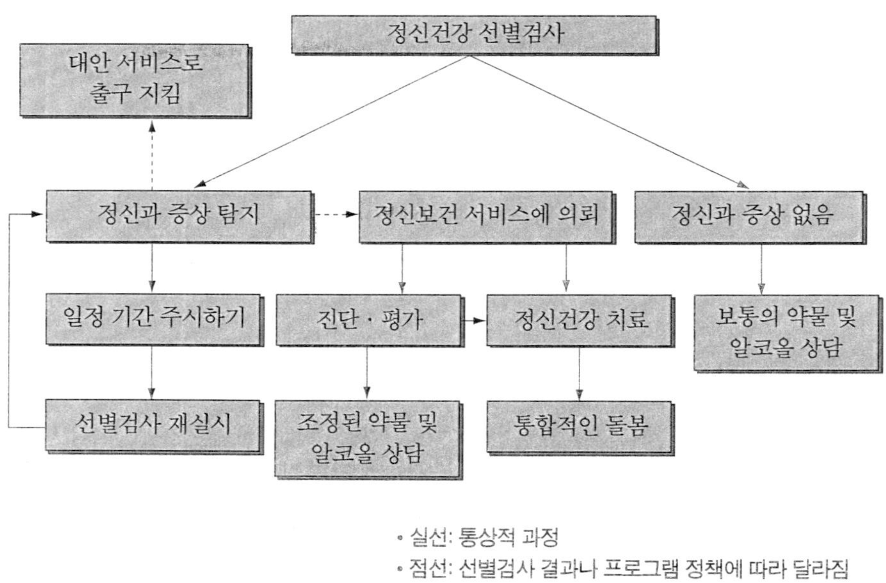

그림 20-1 이중진단 관리 흐름 도표

다. 진단 · 평가로 내담자가 이중장애임이 확인되면 상담자는 어떤 치료 방법을 택할 것인지에 대해 내담자 및 정신보건 서비스 기관과 함께 이야기를 나누어야 한다.

내담자에게 적당한 정신보건 서비스 기관이 일단 정해지면 서로의 역할을 분명하게 하고 통합하기 위해 해당 서비스 기관과 연락을 취한다. 서비스 기관과 내담자에 대해 서로 정보를 교환하기 이전에 비밀보장에 관하여 내담자와 이야기를 나누어 동의를 얻는다.

선별검사 실시 시기

선별검사는 접수 시에 실시한다. 선별검사를 하는 목적은 약물 및 알코올 치료센터에서 실시하는 상담 및 치료가 내담자에게 적합한 것인지를 알아보고, 정신보건 서비스 기관으로 즉시 의뢰할 필요성이 있는지, 더 많은 관찰이 필요하거나 재검사의 필요성이 있는지 등을 평가하기 위함이다.

출구 지킴

어떤 상담소에는 특정한 정신질환—보통 정신병이나 심각한 정신질환—을 가진 내담자는 배제한다는 '출구 지킴' 기준이 있을 수 있다. 분명하게 정의된 배제 대상과 정당한 배제 이유를 마련해 주는 출구 지킴으로 이 상담소에서 해결하기 곤란한 욕구를 가진 내담자가 의뢰되는 것을 확실히 배제할 수 있게 된다(Department of Health UK, 2002). 만약 배제되는 내담자가 있다면 이들을 다른 서비스 기관으로 의뢰해 주거나 이들이 원래 이용하던 정신보건 기관으로 다시 연결하여 돌려보내야 한다.

보통 우울증이나 불안증이 있다는 이유만으로 배제되지는 않는다. 이 두 가지 조건을 내담자가 가지고 있으면 치료가 보다 복잡해지기는 하지만 우울이나 불안을 다룰 수 있는 안정된 방법이 다양하게 있다. 성격장애(pp. 429-431 참조)를 가진 내담자는 파괴적이고 상황을 어렵게 만드는 행동을 해서 다루기가 더욱 힘들다. 이들의 행동은 다른 내담자들에게 영향을 줄 수도 있고, 때때로 전문적이고 적절한 관리가 필요할 수도 있다. 그러나 어느 한 상담소에서 배제된 내담자라면 다른 서비스 기관에서도 이들에게 기회를 잘 주지 않을 것임을 알고 있어야 한다. 그러므로 막무가내로 배제하기보다는 수용의 가능성과 정신건강 기관과의 연계를 고려해 보고 통합적으로 돌봐 줄 수 있는 계획을 세우는 것이 좋다. 특히 이들이 위기 상황에 처했을 때는 더욱 그렇다.

응급 의뢰의 필요성

내담자에게 당장 해결해야 할 시급한 문제가 있는지에 대해 평가하라. 예를 들면, 내담자가 노숙자이거나 손상을 입을 위험에 처해 있는 경우, 아니면 치료받으러 올 수 없을 정도로 심각한 증상이 있는 경우다. 이러한 문제가 있으면 해결을 위해 실질적인 도움을 주거나 문제해결을 돕는 서비스 기관에 연락을 해야 한다.

자살 위험률이 높은 내담자는 가능한 한 빨리 정신보건 치료기관과 연결시켜야 한다. 자살 위험이 있는 내담자를 다룰 때는 당국에 보고해야 하는 상담자의 법적 책임을 익히 알고 있어야 하고, 내담자의 안전을 위해 다른 사람에게도 그 사실을 알려야 한다. 또한 슈퍼바이저에게도 즉시 보고하고 자문을 구해야 한다. 내담자에게 적합한 정신보건 서비스 기관이 일단 정해지면 자살 방지를 위한 최선의 방책을 세우기 위해 사례 자문회의를 구성한다.

내담자의 증상 지켜보기

내담자에게서 탐지된 증상이 응급처치를 요하는 것이 아니라면 내담자의 의뢰 여부를 결정하기 전에 몇 주 동안 내담자의 증상을 지켜보는 것이 좋다. 약물을 복용한 상태인지 혹은 금단 상태인지에 따라 정신건강 증상은 종종 영향을 받는다. 예를 들면, 알코올이나 벤조디아제핀의 금단증상은 종종 불안 증상과 관련이 있다. 공황장애, 우울, 수면장애, 성마름 같은 증상도 금단 과정의 일부분으로, 이는 내담자가 사용하는 물질의 종류에 따라 달라진다('2장'의 금단증상에 대한 논의 부분 참조). 내담자가 과다하게 사용하던 술이나 약물을 끊은 후 3~4주 동안 기다려 보면, 내담자에게서 나타나는 증상이 물질남용 이전부터 있었던 정신건강 문제에서 비롯된 것인지, 아니면 금단증상 때문에 생긴 것인지에 대한 그림이 분명해질 것이다. 그 증상이 계속 나타나면, 내담자를 진단 · 평가하기 위해 의뢰하라. 술이나 약물 사용을 포기한 내담자는 그 포기로 인해 상실감을 느낄 수도 있다. 내담자는 비탄, 분노, 불면, 슬픔, 부적절감, 공포, 불안을 느낄 수도 있다. 금단증상으로 나타나는 반응은 심각한 정신과적 문제로 인해 나타나는 반응과는 반드시 구별되어야 한다.

선별 방법

내담자에게 정서 상태에 대한 몇 가지 기본 질문을 하면서 선별을 시작한다. 내담자가 정신보건 기관이나 정신과 의사에게 전화하거나 만나 본 적이 있는가? 있다면 얼마나 자주였으며 가장 최근에 만난 것은 언제였는가? 내담자가 이전에 받은 다른 상담에 대해서도 물어보고 도움이 되었다고 생각하는지에 대해서도 탐색한다. 내담자가 현재 어떤 처방약을 복용하고 있는지 그리고 어떤 상황에서 약 처방을 받게 되었는지에 대해서도 검사해 보라. 이 장의 마지각 부분에 제시되는 〈표 20-1〉에는 정신과에서 보편적으로 처방하는 약물이 간략하게 기술되어 있다.

내담자의 정신질환 여부를 선별해 내는 일반적인 방법으로 표준화된 검사지가 있는데, 간이정신진단검사(Symptom Check List: SCL-90-R, Derogatis, 1994)와 간단한 증상목록(Brief Symptom Inventory: BSI)이 알코올 및 약물 문제를 가진 사람들의 정신질환 진단에 적당하다. 이 검사도구는 심리학자로 등록된 사람만이 실시하고 해석할 수 있도록 만들어져 있고, 법적 저작권 및 판권이 있다. 또 다른 검사지로는 일반 건강측정표(General Health Questionnaire: GHQ, Goldberg & Williams, 1988)가 있다. 이 측정표는 특정 장애를 진단하는 데 있어서 SCR-90-R보다 덜 구체적이기는 하지만 넓은 범위의 건강 관련 종사자들이 실시하고

채점할 수 있게 되어 있다는 면에서 이점이 있다. 특히, 불안, 우울, 자살 위험과 관련하여 구체적으로 선별검사를 하고 싶으면 Kessler의 10개 증상척도(Kessler 10 Symptom Scale: K 10, Kessler et al., 2002)를 이용하면 되는데, 어떤 영역의 배경을 가진 상담자라도 사용할 수 있도록 되어 있는 간편한 도구다. 이중진단용 검사도구의 목록은 참고자료에 수록되어 있다.

내담자의 선별이나 정신보건 서비스 의뢰 등 정신건강 진단을 하는 사람이 반드시 전문가일 필요는 없으나 발병률이 높은 정신질환의 종류와 그 질환을 앓고 있는 내담자의 경험이나 행동에 대해 이해하는 것이 중요하다. 그러므로 내담자의 정신질환 선별에 참고할 수 있고 도움이 되는 징후나 증상에 대하여 간략하게 기술하고자 한다. 이 설명은 증상에 대해 철저하게 총망라한 것이라기보다 증상을 그냥 소개한 정도다. 그러므로 이에 대한 지식을 넓히고 싶으면 참고자료를 더 읽을 것을 권장한다.

기분장애

기분장애에는 기분부전장애, 주요 우울증, 양극성장애가 포함된다. 기분부전장애란 우울 상태가 며칠씩 지속되다가 괜찮아지는 상태가 반복되면서 2년 이상 지속되어 온 경우를 말한다. 주요 우울증의 증상 발현 범위는 짧을 수도 있고 (2주) 그냥 한 번만 발생하거나 계속 재발할 수도 있다. 우울 증상에는 지속적인 슬픔, 무가치감, 부적절한 죄책감, 불행감 등이 포함된다. 우울증 내담자는 부정적이고 불안하고 자기패배적이며 자살에 대한 생각에 항상 젖어 있을 수 있다. 이러한 내담자는 또 피곤해하고 정신 집중을 잘 못하며 전에는 재미있어 하던 활동에 대해 흥미를 잃을 수도 있다. 또한 수면장애, 식욕 감퇴 증상이 나타날 수 있으며, 다른 사람들에게는 이들이 마치 둔하고 느려진 것같이 비치거나 부적절하게 흥분하는 것같이 보인다.

양극성장애인 경우, 우울 증상의 발현과 비정상적으로 기운이 솟아오르고 과장되게 흥분하는 기분 상태인 '조증' 의 발현이 번갈아 가며 일어난다. 조증이 발현된 상태에 있는 내담자의 행동, 사고, 언변은 멈추지 못하고 계속되고, '압박을 받기도' 한다. 이 상태의 내담자는 휴식을 취하거나 잠자는 것을 힘들어하기도 한다. 이들은 쉽게 다른 것에 주의를 빼앗기며 충분히 생각하지 않은 채 충동적으로 성행동이나 재정 관련 결정을 해 버린다. 양극성장애와 중증 우울장애는 정신병 증상과도 관련이 있을 수 있다.

자살 위험

내담자의 자살 위험은 항상 평가해야 한다. 자살 위험이 특히 높은 내담자로는 청소년, 정신적 외상 사건을 경험한 사람, 우울 증상을 보이는 사람들이 포함된다. 약물이나 알코올을 사용하는 내담자는 자살 위험을 더 많이 안고 있다고 볼 수 있는데, 약물이나 알코올의 사용으로 인해 충동적인 행동을 할 확률이 증가하고 자신에게 해를 입힐 가능성이 있기 때문이다.

내담자에게 자살 생각이나 자살 의도에 대해 질문할 때 절대 우회해서 물어보거나 주저하며 물어보지 말고 단도직입적으로 물어보라. 개방적이고 솔직하게 자살 관련 문제를 다루면 자살을 곰곰이 생각하고 있던 내담자는 실질적으로 어느 정도 정서적인 안도감을 느끼게 된다. 최근에 자살에 대해 생각해 본 적이 있는지, 있다면 얼마나 자주 이러한 생각을 하는지, 자살 계획을 구체적으로 세웠는지에 대해 내담자에게 물어보라. 이전에 자살을 시도한 적이 있었는지를 물어보았다면 그때 무슨 일이 있었는지에 대해서도 물어보라.

내담자가 현재 자살 생각에 빠져 있고 자살할 위험이 있음을 암시하는 다음의 징후가 나타나면 즉시 의뢰 조치를 취해야 한다.

- 우울 증상을 보임
- 과거에 자살 시도 경력이 있음
- 절망감 내지 무가치감을 느낌
- 상세하고 실행 가능한 자살 계획을 가지고 있음
- 최근에 사랑하는 사람이나 소중한 것을 잃고 상실감에 젖어 있거나 스트레스를 받음

- 가족 중에 자살한 사람이 있음
- 기분이나 성격의 갑작스러운 변화를 보임(슬프거나 우울해하다가 갑작스럽게 명랑해짐)
- 자기 물건을 사람들에게 나누어 준다거나 작별인사를 하는 것 같은 태도나 몸짓을 함
- 사회로부터 고립됨

약물 및 알코올 문제를 다루는 모든 상담자들은 내담자의 자살 위험을 탐지해내고 이를 잘 다룰 수 있는 실력을 갖추어야 하므로 그렇게 되기 위한 훈련을 많이 받기를 강력히 권장하는 바다. 만약 아직 훈련을 받지 않았다면 슈퍼바이저와 의논하도록 하라.

불안장애

내담자에게 불안장애가 있다면 비현실적이고 과장되게 불안한 생각을 하고 있거나 불안한 생각이 내담자의 뇌리에서 떠나지 않아 정상적인 기능이 방해받고 있을 것이다. 또한 안절부절못함, 수면장애, 호흡 곤란, 두근거림 같은 증상도 경험할 것이다. 다음에 기술되는 것은 보편적인 불안장애의 유형인데 각각 따로 발병할 수도 있고 같이 발병할 수도 있다. 척도 K 10을 사용하여 보편적인 불안 증상을 선별검사해 볼 수 있다.

범불안장애(generalized anxiety disorder) 내담자가 일상생활에서 지속적으로 불안감을 보이고 모든 일에 대해 걱정하는 증상을 보인다.

사회공포증(social phobia) 사회적인 상황에서 사람들과 상호작용할 때 극단적으로 불안해하고 사회에 있는 것 자체가 힘들다고 말하면 이 내담자는 사회공포증 때문에 고통받고 있다고 할 수 있다. 이러한 내담자는 아마도 다른 사람들로부터 관찰당하거나 평가당하는 것에 대한 강한 두려움을 가지고 있을 것이다. 이 두려움은 다른 사람들 앞에서 일을 수행해야 하는 상황(많은 사람들 앞

에서의 연설)에서는 분명 더욱 커질 것이고, 식당에서 식사를 하거나 공중화장실을 이용해야 하는 평상시의 상황에서도 불안을 경험할 수 있다. 두려움으로 인해 나타나는 내담자의 신체적 반응(예: 손 떨림, 얼굴 붉힘)을 다른 사람들이 알아차리게 되면 내담자의 불안은 악화될 것이다. 사회공포증을 간단하게 선별하기 위해서, 다른 사람들이 내담자를 어떻게 생각할지 두려워서 어떤 일이나 장소에 가는 것을 피한 적이 있는지를 내담자에게 물어본다. 이러한 염려 때문에 직장 업무나 사회적 관계에 영향을 받는지도 간단하게 탐색하라. 이러한 불안을 극복하기 위해 알코올이나 약물을 사용한 적이 있는지에 대해서도 탐색하라.

공황장애(panic disorder) 공황장애란 극심한 두려움, 파멸할 것 같은 생각, 불안에 대한 신체적 반응(심장이 마구 뛰고 가슴이 두근거리며 땀이 남)과 같은 발작이 자꾸 되풀이되는 것이다. 그래서 '공황발작'으로 알려져 있기도 하며, 광장공포증이나 외상후 스트레스 장애를 가진 내담자가 종종 경험하기도 한다. 이 발작은 전혀 예기치 않게 불시에 나타날 수도 있고 아니면 자극적인 약물이나 알코올의 금단증상이 원인이 되어 나타날 수도 있다.

광장공포증(agoraphobia) 도피하기 어려운 장소나 구조 요청이 불가능한 상황에서 공황발작을 일으킬 것 같은 장소에 가는 것을 두려워하는 것을 광장공포증이라고 한다. 광장공포증이 있으면 집 밖으로 나가는 것을 회피하게 되므로 약물 및 알코올 치료를 받겠다고 자발적으로 오는 내담자를 만나는 경우는 드물다.

강박장애(obsessive-compulsive disorder) 강박적 생각이란 내담자의 뇌리에 붙어서 끊임없이 내담자를 힘들게 만드는 생각이나 충동을 말한다. 강박적 행동은 내담자가 높은 불안감을 해소하려고 자기도 모르게 자꾸 반복적으로 하게 되는 어떤 생각이나 의식행위다. 예를 들면, 병균에 오염되는 것에 대한 불안이 있는 내담자는 자신의 피부가 상하는 줄도 모르고 반복적으로 계속해서 손을 씻는다.

외상후 스트레스 장애(post-traumatic stress disorder) 어떤 내담자는 정신적 외상을 입은 경험이 한 번 이상 있을 수 있고 아니면 심하게 다치거나 해를 입었거나 극단적인 테러의 공포를 경험했을 수도 있다. 이러한 경험을 한 내담자는 외상 증상—① 정신적 방해(예: 플래시백, 악몽, 끊임없이 떠오르는 어떤 생각), ② 회피(예: 무감각, 해리, 충격적인 사건을 연상시키는 활동, 장소, 사람의 접촉 회피), ③ 고조된 각성 상태(예: 안전에 대한 지나친 불안, 갑작스러운 흥분반응, 수면 장애, 분노 폭발)—때문에 고통을 겪는다. 이러한 내담자는 자기에게 이러한 증상이 자꾸 나타나는 것을 막기 위해서 혹은 어떤 회피하고 싶은 상황에서 회피하지 않고 극복하기 위해서 약물이나 알코올을 사용할 수도 있다.

외상후 스트레스 장애 진단 · 평가를 할 때는 삶이 위협을 받았을 만큼의 어떤 무서운 일, 예를 들면, 성적 · 신체적 폭력, 전투, 무장 강도와 같은 위협적인 사건을 겪은 적이 있는지에 대해 내담자에게 질문한다. 또 이러한 경험으로 인한 어떤 장기적인 영향이 있는지를 내담자에게 묻는다. 이러한 내담자를 인터뷰할 때 정신적 외상이나 외상을 일으킨 사건에 대한 심층 탐색을 피하라. 외상 관련 자료를 파헤치다 보면 내담자는 스트레스 증상이 더 심해지고 재발할 수 있는 계기가 더 많아지게 된다(2장 참조). 대신에, 내담자가 치료를 원하면 외상 상담자에게 의뢰해 줄 수 있다고 조언해 준다.

정신분열증 및 다른 정신병

정신분열증을 비롯한 다른 정신병은 내담자의 행동을 관찰하거나 내담자의 정신 병력을 보면 분명하게 알 수 있다. '정신병' 이라는 용어에는 망상, 기괴한 사고(사고 패턴이 혼란스럽거나 뒤범벅임), 환영(또는 환청이나 환각), 무질서한 행동 같은 것이 포함된 일군의 증상이 있다는 의미가 있다. 이러한 질환을 가진 내담자는 자기가 누군가로부터 쫓기고 있다거나 사람들이 자기만 쳐다보고 있다는 식의 이상한 말을 한다. 또한 이들은 이러한 증상이 병 때문에 생긴 것이라는 사실을 이해하지 못하므로 그것을 현실로 착각한다.

정신분열증은 앞서 말한 정신병 증상('양성 증상'이라고 함)이 다른 음성 증상과 함께 나타나는 질병이다. 내담자에게 가장 흔하게 나타나는 음성 증상으로는 밋밋한 정서 표현과 사회적 상호작용에 대한 무반응이다. 이러한 내담자에게 어떤 질문을 하면 특이하게 간단한 반응을 하거나 반응을 해도 별 내용이 없는 경우가 많다. 이러한 양성 혹은 음성 증상으로 인해 취업 문제, 인간관계 문제, 자기 돌봄의 문제가 나타남으로써 내담자의 기능이 붕괴될 수 있다.

물질남용으로 인해 정신병 증상이 발생할 수도 있다. 예를 들면, '알코올성 환각증'과 '암페타민 유발 정신병'이 그것이다. 마리화나를 과다 사용하면 일시적으로 망상과 환각이 나타난다. 이미 취약해져 있는 환자가 마리화나를 사용하면 쉽게 정신병 증상이 나타날 수도 있다(Hall & Solowij, 1998).

성격장애

성격장애란 내담자의 경험이나 행동 패턴이 내담자가 속해 있는 사회의 문화적 기준으로 볼 때 너무나 기이해서 장애나 고통이 되는 것을 말한다. 성격장애는 내담자의 생각, 정서, 인간관계, 자기통제 등 모든 상황에 스며들어 영향을 미친다.

성격장애는 바꾸기가 힘들어 유감스럽게도 '치료 불가능'이라는 평판이 자자하다. 그러나 사실은 그 말이 꼭 정확한 것은 아니다. 성격장애를 가진 내담자를 다루는 것이 벅찬 일이기는 하지만 긍정적인 결과를 가져올 수도 있다(Modesto-Lowe & Kranzler, 1999). 이들의 분열되고 까다로운 행동을 다룰 때의 주요 원리는 경계선을 굳건히 유지하고 일관된 치료 방법과 태도로 접근하는 것이다. 경계선에 대해서는 1장(일반적인 상담의 기술)에서 자세하게 설명하고 있다.

성격장애의 유형은 여러 가지이기 때문에 이를 구별해 내기 위해서는 전문적인 훈련과 경험을 필요로 한다. 약물 및 알코올 치료 분야에서는 특별히 반사회적 성격장애와 경계선 성격장애가 많다고 알려져 있다.

반사회적 성격장애(antisocial personality disorder) 반사회적 성격장애 내담자는 다른 사람의 권리를 무시하고 침범하는 태도를 보인다. 또한 사기,

잔인성, 위법, 공격, 충동, 무책임 같은 반사회적 행동의 경력이 있을 것이다. 자신의 이러한 행동에 대해 부인하거나 합리화하고, 극단적인 경우에는 자신의 행동의 결과로 생긴 희생자들에 대해 아무런 양심의 가책도 느끼지 못한다. 성격장애 진단은 내담자가 15세 이상이 되어야 가능하지만 어릴 때도 이와 비슷한 행동을 보일 수 있다. 사람들이나 동물을 향한 공격행위, 재물 파괴행위, 속이거나 훔치는 행위, 규칙을 심각하게 위반하는 행위를 아동이 보이면 '품행장애' 라고 한다.

만약 내담자가 성격장애나 품행장애라고 생각되면 폭력적 행동의 이력에 대해서도 반드시 선별검사를 해 보아야 한다. 선별검사 없이 내담자의 반사회적 행동만으로 반사회적 성격장애의 정의를 내리다 보면 교도소에 있는 많은 사람들(특히 약물 사용자들)이 이 장애 진단을 받을 것이다. 나이가 많고 적음을 떠나 청소년 초기에 불법 약물을 사용했던 내담자의 경우에는 그들의 반사회적 행동이 약물로 인한 것인지 아니면 반사회적 성격장애 때문인지 구별하기가 어렵다. 그러므로 반사회적 성격장애 진단이 알코올이나 약물 치료에 반드시 장애물이 되는 것은 아니다.

경계선 성격장애(borderline personality disorder) 경계선 성격장애 증상의 선별은 쉽지 않지만 내담자와 계속적인 접촉을 가지면서 관찰해 보면 증상이 분명해질 것이다. 경계선 성격장애를 가진 내담자는 버림받는 것에 대한 두려움, 강렬하고 변화무쌍한 기분 상태, 만성적인 공허감, 불안정한 자기 이미지를 가지고 있으며, 인간관계도 불안정한 패턴을 보인다. 강한 분노 감정이 일어나면 이를 건설적인 방법으로 참거나 표현하는 것을 힘들어한다. 물질남용도 충동적인 자기 파괴행동의 증상일 수 있다. 또한 자살행동이나 자살 위협과 같은 위험행동이 재발되기도 하고 자해행위도 한다. 스트레스를 받으면 편집적으로 되거나 현실로부터 해리 징후를 보인다. 경계선 성격장애를 가진 사람들은 종종 어린 시절의 어떤 충격적인 경험이나 외상의 병력이 있다.

이러한 내담자를 선별검사할 때는 자해를 했거나 자살 시도를 해 본 적이 있는지를 내담자에게 묻는다. 자해는 자신에게 일부러 상해를 입히는 것이라고 할 수 있는데, 이는 자기 내면의 강렬한 부정적인 정서를 이겨 내기 위한 하나의 방법이라고 볼 수 있다. 어떤 내담자의 경우는 자해나 자살 위협이 다른 사람들의 긍정적인 반응을 얻기 위한 것일 수 있다. 내담자가 이러한 목적으로 하는 행위를 두고 상담자는 내담자가 '속임수(manipulative)' 를 부린다고 한다. 그러나 이렇게 말하는 것(혹은 비난하는 것)은 치료적이지 못하다. 내담자로 하여금 이러한 행동을 하게 만든 내면의 고통을 탐색하게 하고, 이 고통을 해결하기 위한 보다 건설적인 방법을 찾도록 격려하는 것이 치료적인 방법이다.

자해가 반드시 자살행동은 아니고 어떤 경우에는 '도움을 요청하는 의침' 이라고도 하지만 경계선 성격장애를 가진 사람들의 자살 시도율은 매우 높다. 모든 자살 위협을 심각하게 다루어라. 내담자와 자살 위험에 대해 공개적으로 이야기를 나누고 통합치료가 필요하면 정신보건 서비스 기관이나 전문가에게 의뢰하라. 잠재적인 위험을 안고 있는 내담자를 다룰 때는 슈퍼바이저에게 자문을 구해 전문적인 도움을 받기를 권유한다.

병적 도박

도박으로 인해 부정적인 결과에 직면하게 됨에도 불구하고 강박적으로 도박을 하고, 이것이 통제가 안 되면 병적 도박이다. 병적 도박 내담자는 도박 생각만 골똘하게 하고, 도박이 자기 인생의 문제를 해결해 줄 수 있을 것이라고 생각한다. 이들은 점점 도박 액수가 커지는데, 이는 잃은 돈을 만회하거나 짜릿한 흥분을 맛보기 위해서다. 병적 도박자는 자기 문제의 심각성을 실제보다 축소하여 달하지만, 보통 재정적 손실, 범죄행위, 실업, 인간관계 문제 등을 가지고 있기 마련이다.

내담자에게 도박으로 돈을 잃은 적이 있는지, 만약 있다면 얼마나 자주 도박을 했는지, 그로 인해 어떠한 영향을 받았는지에 대해 묻는다. 내담자가 도박을 줄이거나 그만하려고 시도한 적이 있었는지, 또 그 시도가 쉬웠는지 어려웠는지에 대해 조사하라. 내담자에게 도박 문제가 있다고 여겨지면 도박 전문 상담자와 재정 상담자 모두에게 혹은 둘 중의 한 사람에게 내담자가 의뢰받는 것을 생각해 보도록 제안하라.

기타 정신장애

기타 정신적인 문제도 물질 의존과 함께 자주 발생한다. 그래서 물질남용 상담 시에 성 문제, 주의력 결핍 및 과잉행동장애, 섭식장애를 가진 내담자를 상담하게 될 수 있다. 19장(청년층 내담자 상담하기)에서 주의력 결핍 및 과잉행동장애와 섭식장애에 대해 간략하게 소개하고 있다. 물질 사용 문제나 정신장애를 가진 사람들에 대한 보고에서 공통적으로 등장하는 문제는 수면장애다. 수면장애의 치료를 위한 더 많은 정보를 얻으려면 이 책의 마지막에 제시된 참고자료를 참조하라.

인지기능 결함과 뇌 손상도 물질 의존과 함께 발생하거나 물질남용의 결과로 나타나기도 하며, 어떤 때는 물질남용 이전에 이미 인지기능에 결함이 있었거나 뇌가 손상되어 있는 경우도 있다. 인지기능 손상의 진단에 관해서는 2장에서 상세하게 설명하고 있으며, 신경심리학적 기능 선별검사에 관한 참고자료도 포함되어 있다.

정신보건 서비스 기관과의 협동

의뢰 방법

내담자로 하여금 철저한 진단·평가와 정신건강 상담을 받게 하려면 정신보건 서비스를 제공하는 내부 기관이나 외부 기관에 내담자를 의뢰하라. 진단을 전문으로 하는 사람들에는 정신과 의사, 임상심리학자, 신경심리학자가 포함된다. 일반 의사나 심리학자도 불안이나 우울증을 진단할 수 있다. 만약 내담자가 위기 상태에 있고 상담을 받으러 갈 수 없는 상태라면 근처에 있는 정신보건 서비스 요원이 내담자를 방문하여 상담을 받을 수 있도록 조정할 수도 있다.

의뢰를 하기 전에 이와 관련하여 내담자와 이야기를 나누어라. 내담자에게 의뢰 이유를 충분히 설명하고 내담자에 관한 정보를 교환하는 것에 대해 내담자의 동의를 구해야 함을 명심하라. 의뢰는 구두로 해도 되고, 의뢰서를 작성해도 된다. 구두로 의뢰할 때는 의뢰를 하고 난 뒤에 의뢰서를 작성하여 기록으로 남겨두면 좋다. 의뢰를 할 때는 내담자에 대한 진단적 판단을 삼가라. 대신에 내담자에 대해 다음과 같이 분명하고 간략한 기술만 하라.

- 의뢰 목적
- 상담자가 관찰했거나 내담자가 보고한 내담자의 징후 및 증상
- 선별검사에 이용한 검사도구와 검사 결과
- 이전에 받았던 모든 치료
- 내담자가 최근에 사용하는 약물이나 알코올
- 약물이나 알코올을 사용하는 내담자의 목적
- 상담자가 받고자 하는 피드백

내담자를 강제적으로 정신과 병동에 입원시키게 되는 경우는 내담자의 행동이 자신이나 다른 사람에게 심각한 피해를 입힐 것이라고 생각될 때다. 강제 입원에 관한 「정신건강법」을 잘 숙지하고 있어야 한다. 강제 입원에는 정신과 전문가가 공식적으로 내린 위험 진단이 필요하다.

정신건강 치료 방법

정신건강 치료라 하면 내담자 증상의 심각성에 따른 심리치료, 정신과 약물치료 혹은 모두를 의미할 수 있다. 상담자는 정신건강 전문가가 치료할 수 있는 장애 범위에 따라 내담자를 의뢰하면 된다. 또는 불안치료센터와 같은 전문치료기관으로 내담자를 의뢰할 수도 있다. 〈표 20-1〉(p. 442 참조)에 정신과에서 보편적으로 처방하는 약물을 요약하여 기술하였다.

불안치료에는 종종 체계적 둔감법을 이용하는데, 이는 내담자로 하여금 불안을 야기하는 생각, 느낌, 상황에 대해 조금씩 노출시켜 가면서 진행된다. 이와 동시에 상담자는 내담자에게 인지치료와 인지기술 훈련을 병행해서 불안을 야기

하는 생각, 느낌, 상황에 대해 효과적으로 대처해 나갈 수 있도록 돕는다. 체계적 둔감화 과정은 내담자에게 보조를 맞추어야 하며, 그렇게 함으로써 내담자는 불안을 극복할 수 있다는 자신감을 얻게 된다. 불안장애 내담자에게는 종종 벤조디아제핀이 처방된다. 그러나 약물이나 알코올 문제 내담자에게는 이 약물의 특성 때문에 맞지 않을 수도 있으므로 다른 약물(예: SSRI 항우울제)이 더 나을 수도 있다(〈표 20-1〉 참조).

우울증 치료에는 보통 인지치료 방법이 사용되는데, 인지치료로 내담자의 부정적인 사고를 논박하여 내담자가 긍정적인 사고를 하도록 돕는다. 또한 내담자를 괴롭게 만드는 상황에 대해서도 다루고 내담자가 즐거움과 만족감을 느끼는 활동을 다시 시작할 수 있도록 돕는다. 내담자의 우울이나 불안 증상이 보통 이상으로 심각할 때는 약을 복용하는 것이 가장 좋다.

정신병이나 양극성장애의 경우에도 종종 약물치료를 한다. 약물치료와 함께 심리치료를 받으면 내담자는 자신의 증상이 병 때문에 생긴 것임을 인지하고 약을 성실하고 꾸준하게 복용할 것이다. 한편 행동치료의 경우 내담자로 하여금 일상생활에 필요한 기술이나 사회기술, 자기보호 기술을 배우는 데 도움이 된다.

성격장애 내담자도 정신건강 치료를 받도록 의뢰되는데, 내담자가 위기 상황에 처해 있거나 지속적인 치료가 필요할 때 그렇게 한다. 예를 들면, 경계선 성격장애 내담자의 경우에는 심리치료를 받음으로써 자기 내부의 강렬한 정서 상태, 자해 충동, 인간관계의 갈등과 같은 어려운 상황에 보다 효과적으로 대처할 수 있도록 도움을 받게 된다. 경계선 성격장애 내담자 중에는 정신적 외상을 겪은 경우가 많으므로 외상후 스트레스 장애 증상이나 우울 증상을 완화시키는 것에 초점을 맞추어 치료할 수도 있다. 성격장애 내담자도 정신과 약물치료를 통해 성마름, 우울, 불안 증상의 치료에 종종 효과를 볼 수 있다.

어떤 내담자는 정신병동에 입원을 시켜 치료받도록 하는데, 특히 자살 위험이 높은 내담자의 경우에 그렇다. 오늘날 대부분의 정신병동에서는 장기입원을 시키지 않는다. 대신에 내담자의 증상이 위기 상황일 때 입원하여 이 증상이 안정될 때까지만 병원에 있게 한다.

병원이 주축이 되어 있는 정신건강 팀에서는 외래환자의 복잡한 문제를 다루기 위한 사례관리 혹은 위기 상담을 해 준다. 뇌 손상 환자를 위한 서비스도 제공하는데, 주로 적응 문제, 재정 문제, 생활기술, 기억훈련 등을 담당하는 외래환자 사례관리 프로그램 같은 것이다. 사례관리 방법에 대하여 보다 자세한 내용은 18장을 참조하라.

예상되는 문제 상황 다루기

어떤 때는 약의 부작용이 아주 불쾌하게 나타나기도 하므로 이러한 경험을 한 내담자 중에는 정신과 약물의 복용을 보류하거나 사양하고 싶다고 말하기도 한다. 항우울제의 경우에는 몇 주가 지나면 부작용이 잠잠해지지만, 다른 항정신병약을 복용하는 사람들은 항상 부작용을 근심할 것이다. 약으로부터의 해방을 치료 목표로 설정한 어떤 내담자는 처방된 약을 복용해야 하는 것으로 인해 치료 목표를 달성하지 못할까 하는 염려를 할 수도 있다. 이러한 내담자에게는 자신의 이러한 염려와 양가감정을 표현할 수 있는 시간을 주어라. 처방약 복용의 잠재적인 이점에 대해 내담자와 함께 검토하고 알코올 및 불법 약물 사용 경험과 비교해 볼 수 있다. 또한 약의 부작용과 관련된 문제에 대해서도 담당 의사와 의논하도록 격려해야 한다. 14장(약물치료)에 내담자가 약을 꾸준히 복용하도록 도울 수 있는 지침이 있다.

내담자의 물질 사용이 처방약에 미칠 영향에 대해서도 내담자가 반드시 알고 있어야 한다. 술이나 다른 약물의 화학구조가 어떻게 혼합되었는가에 따라 처방약의 약효를 떨어뜨리기도 하고, 독소반응의 원인이 되기도 하며, 불쾌한 부작용을 악화시키거나 약을 복용하고자 하는 내담자의 동기를 떨어뜨리기도 한다.

통합적 접근

상담자는 필요한 모든 기관에서 내담자가 지속적으로 치료를 받을 수 있도록 계획을 세우는 것이 필요하다. 이 계획에는 다른 서비스 기관의 자문도 포함되어 있어야 하고, 이상적으로는 서비스를 제공하는 사람, 내담자, 그 밖의 관계자들 간의 사례회의도 포함되어야 한다. 18장(사례관리)에서 사례회의에 대한 상세한 설명을 하고 있다. 내담자에 관해 다른 기관 관계자와 어떤 정보를 주고받는지 항상 내담자에게 이야기하고 이에 대한 승인을 받아 두어야 한다. 내담자의 욕구가 매우 복잡하고 여러 다른 기관과의 연계를 필요로 하는 경우에는 내담자에게 통합적인 치료를 마련해 줄 수 있는 사례관리자가 있는 것이 좋다(18장 참조).

정신건강 서비스와 약물 및 알코올 서비스는 서로 분리되어 발전해 왔으며 보통 한쪽에서 양쪽 문제 모두를 다루지는 않는다. 만약 양 진영의 서비스가 조화롭게 통합되지 않으면 진단이나 치료가 불필요하게 중복되고, 정보는 제대로 전달되지 않으며, 모순되고 불완전하게 내담자의 문제에 접근하게 될 것이다. 그러므로 각 서비스 기관 간의 통합적인 접근은 내담자와 관련된 단순한 접촉으로 그치는 것 이상이어야 한다. 서로 우호적으로 네트워크를 형성하면 다음과 같은 결과를 어느 정도 얻을 수 있을 것이다.

- 배제되는 내담자를 수용하는 분명한 기준과 이들을 의뢰할 네트워크
- 서비스 기관 간의 전화 자문 가능성
- 일관성 촉진과 중복 감소를 위하여 선별검사와 진단 · 평가 과정에 대한 정보 공유
- 각각의 치료 철학, 목적, 과정에 대한 정보 공유
- 통합적 접근에 장벽이 되는 문제해결
- 임상적 이슈의 정보 교환을 위한 의사소통
- 서비스 기관 간의 신뢰

예상되는 문제 상황 다루기

만약 알코올이나 약물 의존 수준이 높은 내담자가 해독치료 과정을 거부한다면 정신건강 서비스 종사자는 이 내담자를 의뢰하기가 어렵다고 생각할 것이다. 이러한 경우 물질남용과 정신건강장애 중 어느 문제를 먼저 치료해야 하는가 하는

딜레마에 빠지게 된다. 만약 내담자가 자신의 물질남용 문제에 관해 아직 생각해 보지 않은 상태라면 정신건강 상담부터 시작하는 것이 나을 것이다. 물질남용 치료에 들어가기 위한 계획을 세우기 위해서는 내담자의 정신건강 증상이 안정되어야 하는 것이 그 첫 단계다. 분명히 정신건강 서비스 종사자들은 이 접근 방법을 선뜻 택하지는 않을 것이다. 그러나 일정 기간의 정신건강 치료를 먼저 받은 후에 약물 및 알코올 기관에서 다시 치료받겠다는 데 내담자로 하여금 동의하도록 하는 지속적인 치료 계획을 세우면 이 제안이 보다 쉽게 받아들여질 것이다.

어떤 때는 어떤 서비스를 택하는 것이 최선인가에 관해 서로 의견이 다를 수도 있다. 예를 들면, 정신건강 서비스 기관에서는 내담자의 물질 사용이 증상과 처방약의 약효에 미치는 영향을 없애기 위해서는 치료 목표를 물질 사용 중단으로 해야 한다고 주장할 것이다. 이러한 주장을 하는 상담자에게 어떤 내담자는 현재 자신의 물질 사용을 숨길 수도 있을 것이다.

정신건강 서비스 종사자들은 자기들이 직접 행동으로 실천해야 할 일도 있다고 보고 가정방문, 치료 재개 압력, 처방약의 양 증가, 입원, 강제 입원을 시키기 위한 경찰 원조 요청과 같은 활동을 한다. 이들은 이러한 과정을 통해서 내담자의 증상이 확실하게 통제되도록 한다. 이러한 식의 접근 방법은 이 책에서 말하는 통합적 접근 방법과 상충되는데, 우리가 말하는 통합적 접근 방법에서는 내담자의 변화 준비 단계에 맞게 반응해 주고, 치료도 내담자 자신이 선택할 수 있도록 격려하라고 강조한다(pp. 119-120, '폐해 감소 목표' 참조). 이렇게 서로 다른 치료 철학으로 인해 기관 간의 문제가 발생하기도 하지만, 반면에 기관 간에 더 폭넓은 의사소통을 해야 하는 근거가 되기도 한다.

약물 및 알코올 상담의 조정

이중장애를 가진 내담자와 작업해 나갈 때 주요 원리 중 하나는 내담자와 적극적이고 의미 있는 관계를 맺을 수 있는 상담자의 능력이다(Saunders & Robinson, 2002). 상담자의 공감기술과 동기강화상담 기술은 특히 유용하다. 정신장애 중상을 악화시킬 수 있는 직면하기식 접근은 피하라. 상담자는 정신장애에 대한 주관적인 태도와 내담자의 증상에 대한 개인적인 반응을 보이지 않도록 조심하라. 내담자에게 딱딱한 진단명이 붙는 것을 피하기 위해서는 내담자의 증상을 내담자의 언어를 사용하여 설명하라.

어떤 내담자는 약물이나 알코올 사용으로 인해 자신의 고뇌가 해소되므로 약물이나 알코올 사용을 좋은 것이라고 생각할 수 있다. 이러한 경우 내담자에게 증상 관리를 위해 약을 복용한 적이 있었는지에 대해 탐색해 볼 필요가 있다. 물질남용으로 인한 단기간의 심리적 해소와 장기간에 걸쳐 나타나는 영향 간에 서로의 장단점을 비교해 보는 것도 도움이 될 것이다. 증상에 적절한 약물 복용을 하고 있는 내담자라도 자가 약물 복용(self-medicate)의 문제가 있을 수 있다. 자가 약물 복용을 고집하는 내담자의 경우에서 알 수 있듯이 치료 목표 설정은 유연하게 이루어져야 할 필요성이 있음이 분명해지는데, 폐해 감소 원리가 바로 그 근거다. 예를 들면, 마리화나는 계속 사용하겠다고 하고 코카인이나 알코올 사용 중지에는 동의하겠다고 말하는 내담자에게 어떻게 반응할 것인지를 생각해 보라. 만약 내담자가 원하는 이 목적에 상담자가 동의하지 않으면 내담자는 치료를 받지 않고 떠날 위험이 있다. 그러므로 상담자는 내담자가 제시하는 목적을 근간으로 하여 계획을 세우는 것이 좋다. 코카인과 알코올 사용의 중지로 인해 내담자는 정신장애 증상이 안정되고 상담치료에 더 효율적으로 참여할 수 있게 될 것이다. 이에 따라 치료가 성공하게 되면 다음으로 마리화나 사용에 대한 변화를 준비하는 마음을 키울 수 있다.

우울증이나 불안증 내담자를 위한 상담 조정은 주로 10장(인지치료)과 16장(재발예방 훈련)에서 언급된 기법을 중심으로 이루어져 있다. 예를 들면, 내담자로 하여금 자신의 불안과 우울한 자기대화가 자신의 갈망, 물질 사용, 재발에 미치는 영향에 대해 스스로 관찰해 보도록 하는 것이 매우 중요하다. 내담자의 부정적인 사고에 도전하고 대안적인 대처 사고를 생각해 내도록 함으로써 이 영향은 감소될 수 있다. 내담자로 하여금 과거에 단주나 단약할 수 있었던 경험과 증상이 없었던 때의 경험을 두루 생각해 보게 하여 내담자가 이미 가지고 있는 대처

기술을 알아낼 수도 있다. 이렇게 하면 내담자에게 변화에 대한 자기효능감도 증진된다. 또한 강점 중심 평가를 사용하면 과거의 문제해결 경험을 이끌어 내는 데 도움이 된다(pp. 382-384 참조).

인지 손상이 있거나 정신병을 가지고 있는 내담자에게는 인지치료의 효과가 적다. 이러한 내담자에게는 목표 설정하기, 문제해결하기, 기술훈련, 재발예방에 초점을 맞추는 것이 더 낫다. 이러한 치료를 여러 개의 단순한 단계로 쪼개고, 정보를 반복해서 제공하고, 다양한 시청각 자료를 사용하라. 어떤 내담자의 경우는 기억을 잘하기 위해 메모장을 사용하면 도움이 될 수 있다. 인지 손상 내담자의 치료에 대해서는 21장(종합하기)에서 보다 자세하게 다루었다.

이중진단을 받은 사람들은 사회로부터 고립되거나 낙인이 찍힐 수 있다. 그러므로 상담자와 내담자는 이러한 내담자들로 구성된 사회적 네트워크 만들기(pp. 357-358 참조), 주위 사람들과 재결합하기(13장 참조), 다른 종류의 지역사회 네트워크와 연계하기와 같은 방법을 탐색하고 선택할 수 있다. 다른 사람들로부터 거절당한 경험이 있는 내담자나 물질 사용 장애는 있지만 정신장애는 없는 사람들과 자신을 비교해 보고 스스로 좌절하는 내담자를 심리적으로 지지해 줄 만반의 준비가 되어 있어야 한다. 때때로 다음의 집단에 참여하면 사회적 지지를 받게 된다.

- 정신질환자를 위한, 정신질환자에 의해 운영되는 자가 조력 집단('참고자료'에 있는 인터넷 주소 참조)
- 사회적 지지와 심리치료를 제공하는 생활기술센터나 종합상담센터
- 내담자의 가족들이 정보와 지지를 얻을 수 있는 가족지지 집단
- 사례관리 서비스 기관으로의 의뢰(18장 참조)

다루기 어려운 행동

이중진단을 받은 내담자와 접촉하다 보면 이들의 행동 때문에 때때로 치료에 어려움을 겪게 될 것이다. 특히, 양극성장애, 뇌 손상, 정신병, 성격장애를 가진

내담자의 경우에는 그러할 확률이 더욱 높다. 이러한 내담자로부터 상담자가 직면하게 되는 행동은 공격적 행동, 재발 반복과 약속 불참, 경계선 시험하기, 정서적 분리 등이다.

공격적 행동 반사회적, 공격적 혹은 위협적 행동을 하는 내담자를 치료할 때는 치료와 관계되는 행동 규칙을 분명히 하라. 이 규칙이 깨졌을 때 발생할 결과에 대해 내담자에게 제시할 분명한 안내 지침을 정하라. 만약 내담자가 공격적으로 행동한다면, 내담자와 안전한 거리를 유지하고, 논쟁이나 갈등 상황을 피하며, 침착하고 공격적이지 않은 몸짓으로 내담자를 대하라.

재발 반복과 약속 불참 어떤 정신장애는 사람의 정신을 혼란스럽게 하므로 이러한 경우에는 내담자가 치료에 계속해서 참석하도록 상담자의 보다 적극적인 지지가 필요할 수 있다. 치료 불참, 재발, 어지러운 행동이 계속 이어지면 치료는 진전될 수가 없다. 내담자가 약속시간에 불참하면 이러한 행동을 하게 된 내담자의 상황을 적극적으로 알아보아야 한다. 이러한 행동을 치료에 잘 이용하면 내담자가 성취한 업적과 다시 연결시키고, 내담자의 치료적 안정감을 회복시킬 수도 있다. 예를 들면, "당신으로 하여금 자신이 가지고 있는 기술을 사용하지 못하게 막는 것은 무엇입니까?" 라고 물어볼 수 있다.

경계선 시험하기 내담자가 상담자에게 정서적으로 어떤 요구를 하고 상담자가 그에 반응을 하다 보면 전문가로서의 경계선을 허물게 되는 유혹에 빠질 수 있다. 상담자는 전문가로서의 적절한 경계선을 잘 유지해야만 치료적 관계를 일관되게 확립할 수 있다. 치료 회기 시간과 기간에 대한 동의를 견고하게 하고 동의한 대로 지키도록 하라. 상담자가 사정이 생겨 내담자를 만날 수 없을 때를 대비하여 내담자의 이야기를 들어 주고 지지해 줄 주위 사람들의 목록을 작성하라. 이렇게 하면 내담자는 자기 관리 전략을 개발하게 될 것이고, 회기와 회기 사이에 이 전략을 적용해 볼 수 있다. 경계선에 대해 더 많은 논의를 한 1장(일반적인 상담의 기술)을 참고하라.

정서적 분리 정서적으로 안정적이지 못한 내담자는 때때로 다른 상담자에 대해 적대감을 표현할 것이다. 지금 마주 보고 있는 상담자에 대해서는 자신이 가장 좋아하는 상담자라며 이상화시키는 반면, 다른 상담자는 나쁜 사람으로 비하한다. 이렇게 하는 것을 '분리(splitting)' 라고 한다. 내담자의 태도가 상담자를 칭찬하는 것 같아도 다른 상담자를 공개적으로 비난하는 것은 삼가는 것이 좋다. 그런 반응으로 인해 상담 종사자들 간에 분열하게 되는 상황이 생기고, 내담자는 자신의 분노를 해결할 기회를 영영 가지지 못하게 된다. 이러한 경우 상담자는 중립적인 자세를 취하며 내담자가 불만스러워하는 그 상담자와 직접 이야기해 보도록 격려하라. 만약 내담자가 상담자로부터 이용당했거나 학대받은 표시가 분명하다면 그러한 불만을 다루는 적절한 방법에 대해 내담자에게 조언해 주어라.

표 20-1 보편적으로 처방되는 정신과 약물

약의 종류	치료적 특징
항우울제에는 선택적 세로토닌 재흡수 억제제(SSRIs: 프로작, 셀라프람, 졸로프트, 루복스, 아로팍스, 팍스틴), 세로토닌과 노르에피네프린(SNRIs: 이펙사, 레메론), 노르에피네프린(NRIs: 에드로낙스)이 있다.	세로토닌이나 노르에피네프린 같은 약물은 신경전달물질이 작용하는 시간을 더 길게 하여 기분을 고조시키고 우울한 사고를 줄인다. 보통 최소한 6개월은 복용하도록 처방하고 6개월 후부터 차츰 양을 줄여 나간다. 처음에 나타나는 부작용은 몇 주 안에 진정된다. 해를 입거나 과잉 복용할 위험이 낮다.
다른 항우울제에는 TCAs(트로프라닐, 멜리프라민)와 MOAIs(나르딜, 파르네이트)가 있다.	과잉 복용으로 해를 입을 위험이 높고 알코올이나 다른 약물과의 상호작용으로 남용되거나 독이 될 가능성이 있는 약이다. 보통 약물 및 알코올 내담자가 복용하기에 좋은 약이 아니다.
리튬카보네이트는 양극성장애의 치료에 쓰인다.	기분을 안정시키는 효과가 있다. 유독성이 있으므로 리튬의 혈중농도를 정기적으로 점검하고 복용량도 조정해야 한다.
벤조디아제핀은 불안이나 수면장애 치료를 위해 처방된다(바륨, 자낙스, 테마즈 또는 노르미손, 스틸녹스).	중추신경계의 과잉 각성 상태를 억제하기 위해 사용한다. 짧은 기간 복용하도록 처방하고 몇 주간에 걸쳐 서서히 철수시킨다. 이 약물의 남용, 의존성, 중독 가능성 때문에 약물 및 알코올 내담자용으로는 위험하다.
다른 불안 완화제로는 불안 완화 효과가 있는 항우울제(졸로프트)나 부스파가 있다.	벤조디아제핀 대신에 사용하는 약으로 중독이 안 된다. 두 종류의 약물 모두 온전한 효과가 나타나려면 몇 주간 복용해 봐야 한다.
신경 이완 항정신병 약에는 라각틸, 멜라릴, 세레네스, 스텔라진이 포함된다.	정신병 증상은 도파민을 막아야 감소된다. 비정상적인 신체 동작 같은 신경적 부작용을 일으킬 수도 있다. 정기적으로 점검하고 조정해야 하며, 치료는 장기적이다.
부정형의 항정신병 약에는 클로자릴, 리스페달, 자이프렉사가 포함된다.	정신분열증의 양성, 음성 증상을 완화한다. 신경적 부작용은 덜하나 다른 부작용이 있다.

참고자료

Beck, A. T., & Steer, R. A. (1993). *Manual for the Beck Anxiety Inventory*. San Antonio, TX: The Psychological Corporation.
- 불안을 측정하는 데 유용한 도구를 제공하고 있다.

Beck, A. T., Steer, R. A., & Brown, G. K. (1996). *Manual for the Beck Depression Inventory-II*. San Antonio, TX: The Psychological Corporation.
- 우울을 측정하는 데 유용한 도구를 제공하고 있다.

Dawe, S., Loxton, N. J., Hides, L., Kavanagh, D. J., & Mattick, R. P. (2002). *Review of Diagnostic Screening Instruments for Alcohol and Other Drug Use and Other Psychiatric Disorders* (2nd edn). Canberra: Australian Government Department of Health and Ageing.
- 다음 사이트에서 이용 가능: http://www/health.gov.au/pubhlth/publicat/document/mono48.pdf
- 물질남용과 정신장애의 진단 및 평가도구에 대한 자세한 기술을 포함한 포괄적인 자료를 제공하고 있다.

Derogatis, L. R. (1994). *Symptom Checklist-90-Revised: Administration, Scoring and Procedures Manual* (3rd edn). Minneapolis, MN: National Computer Systems, Inc.
- 신체적 · 인지적 · 공포적 불안, 강박장애 증상, 대인관계 민감성, 우울증, 적대감, 편집증 그리고 정신질환적 증상을 진단할 수 있다. SCL-90 또는 이것의 간단한 버전-Brief Symptom Inventory: BSI-은 www.pearsonassessments.com에서 이용 가능하다.

Goldberg, D., & Williams, P. (1988). *A User's Guide to the General Health Questionnaire*. Windsor, UK: NFER-NELSON.
- 신체화 증상, 우울증, 불안장애 및 사회적 기능을 진단할 수 있다.

Kessler, R. C., Andrews, G., Colpe, L. J., Hiripi, E., Mroczek, D. K, Normand, S. L.

T., Walters, E. E., & Zaslavsky, A. M. (2002) Short screening scales to monitor population prevalences and trends in non-specific psychological distress. *Psychological Medicine, 32*(6), 959-976.
- K 10은 불안장애, 우울증 그리고 자살에 대한 위험을 측정하는 간략한 도구를 제공하고 있다. 채점과 함께 무료로 제공하는 복사본을 원한다면 www.crufad.com으로 가서 Clinician Support를 클릭하고 K 10을 검색하면 된다.

Lezak, M. D. (1995). *Neuropsychological Assessment* (3rd edn). New York: Oxford University Press.
- 알코올과 관련된 뇌 손상을 진단하기 위한 검사를 기술하고 있다.

Task Force on DSM-IV, American Psychiatric Association (2000). *Diagnostic and Statistical Manual of Mental Disorders DSM-IV-TR* (4th edn) (Text Revision). Washington, DC: American Psychiatric Association.
- 진단 및 평가를 위한 표준화된 지침을 제공하고 있다.

그 밖의 자료

다음 글에 따르면 당신은 이중진단을 받은 사람들을 주연으로 하는 영상 자료, 서비스 및 서비스 사용자들이 직면한 어려움을 설명해 주는 다양한 전문가들을 접하기를 원할 수 있다. Mind in Croydon, 26 Pampisford Road, Purley, Surrey CR8 2NE 또는 www.mindincroydon.org.uk에서 이용 가능하다.

Carey, K. B., Purnine, D. M., Maisto, S. A., Carey, M. P., & Simons, J. S. (2000). Treating substance abuse in the context of severe and persistent mental illness: Clinician's perspectives. *Journal of Substance Abuse Treatment, 19,* 189-198.
- 경험 있는 임상자들과 함께한 집중적인 집단 학습을 바탕으로 이중진단된 내담자를 치료하는 방법을 제공한다.

Dawe, S., & McKetin, R. (2004). The psychiatric comorbidity of psychostimulant use. In A. Baker, N. K. Lee & L. Jenner (eds.), *Models of Intervention and Care for Psychostimulant Users* (2nd edn); National Drug Strategy Monograph Series Number 51)(pp. 154-168). Canberra: Australian Government Department of

Health and Ageing.
- 진단을 위한 관행적인 지침을 포함하여 정신 흥분제와 정신적 문제의 이용 사이의 관계에 대해 논의하고 있다.

Department of Health (2002). *Mental Health Policy: Implementation Guide. Dual Diagnosis: Good Practice Guide.* London: Department of Health.
- 다음에서 이용 가능: Department of Health Publications, PO Box 777, London SE1 6XH or at: www.dh.gov.uk
- 이중진단 관련 일을 할 때 어떻게 정책과 절차를 계획할지에 대해 약물과 알코올 서비스에 관한 지침을 제공하고 있다.

Edwards, G. E., Marshall, E. J., & Cook, C. C. H. (2003) *The Treatment of Drinking Problems: A Guide for the Helping Professions* (4th edn). Cambridge, UK: Cambridge University Press.
- 신경 정신병적인 장애 요인으로서의 '음주 문제와 정신학적인 중복질환' 에 관한 단원을 포함하는 실용적인 책이다.

Hall, W., & Solowij, N. (1998). Adverse effects of cannabis. *The Lancet, 352,* 1611-1616.
- 마리화나가 정신건강을 포함한 건강에 미치는 영향에 관한 조사의 리뷰를 제공하고 있다.

Kavanagh, D. J., Greenway, L., Jenner, L., Saunders, J. B., White, A., Sorban, J., & Hamilton, G. (2000). Contrasting views and experiences of health professional on the management of comorbid substance misuse and mental disorders. *Australian and New Zealand Journal of Psychiatry, 34,* 279-289.
- 이중진단을 받은 고객과 일하는 전문가들의 조사 결과를 제시하였다. 그리고 일반적으로 만나게 되는 문제와 실용적인 해결책을 강조하고 있다.

Lishman, W. A. (1997). *Organic Psychiatry: The Psychological Consequences of Cerebral Disorder* (3rd edn). Oxford: Blackwell Scientific Publications.
- 임상적 징조와 증상, 대뇌의 이상에 관해 훌륭하게 요약하고 있다.

Modesto-Lowe, V., & Kranzler, H. R. (1999). Diagnosis and treatment of alcohol-dependent patients with comorbid psychiatric disorders. *Alcohol Health & Research World, 23,* 144-149.

- 이중진단과 가능한 치료의 종류에 대한 간략하고 유용한 가이드다.

Petrakis, I. L., Gonzalez, G., Rosenheck, R., & Krystal, J. (2002). Comorbidity of alcoholism and psychiatric disorders: An overview. *Alcohol Research and Health, 26*(2), 81-89.

- 이중진단을 위한 치료 접근법에 대한 가이드다. 이 기사는 특히 묘사된 치료법에 있어서 유용하다. 이 기사는 이중진단과 그 치료에 관해 집중된 이슈를 드러낸다.

Preston, J. D., O' Neal, J. H., & Talaga, M. C. (2002). *Handbook of Clinical Psychopharmacology for Therapists.* Oakland, CA: New Harbinger Publications, Inc.

- 전문가들이 어떻게 정신질환을 치료해 왔고, 현재는 어떻게 치료하는지에 대한 설명을 포함한 정신병 치료에 대한 전문가의 가이드다.

Saunders, B., & Robinson, S. (2002). Co-occurring mental health and drug dependency disorders: work-force development challenged for the AOD field. *Drug and Alcohol Review, 21,* 231-237.

- 약물 및 알코올 치료자에게 필요한 이중진단의 영역을 설명하고 있다.

Holmwood, C. (2003). *Comorbidity of Mental Disorders and Substance Use: A Brief Guide for the Primary Care Clinician.* Canberra: Commonwealth Department of Health and Aged Care.

- 알코올 및 약물 혹은 두 가지 약물의 조합이 어떻게 정신적인 건강에 영향을 미치는지에 대해 도움이 되는 참고자료로서 일차 건강 서비스 제공자의 관점에서 이중진단을 다루는 데 지침을 제공한다. Drug Strategy Branch, MDP 27, Commonwealth Department of Health and Ageing, GPO Box 9848, Canberra ACT 2601 또는 http://www.health.gov.au/pubhlth/strateg/comorbidity에서 이용 가능하다.

Linehan, M. M. (1993). *Cognitive-Behavioral Treatment of Borderline Personality Disorder.* New York: Guilford Press.

- 경계선 성격장애에 대한 이론과 방법을 기술한 진보된 책이다.

Rappee, R. M. (1998). *Overcoming Shyness and Social Phobia: A Step-by-step Guide*. Lanham, MD: Rowman & Littlefield.
- 우울증 및 불안장애와 관련해 바로 사용할 수 있는 근거 중심 자조 도서다.

Tanner, S., & Ball, J. (2000). *Beating the Blues: A Self-help Approach to Overcoming Depression*. Sydney: Doubleday.
- 우울증 극복을 목표로 하는 자조 도서다.

Weaver, T., Hickman, M., Rutter, D., Ward, J., Stimson, G., & Renton, A. (2001). The prevalence and management of co-morbid substance misuse and mental illness: Results of a screening survey in substance misuse and mental health treatment populations. *Drug and Alcohol Review, 20,* 407-416.
- 약물 및 알코올 그리고 정신건강 서비스를 받는 고객에게서 발견된 이중진단의 유형과 유병률을 요약하고 있다.

Winkelman, J., & others (2001). *Improving Sleep: A Guide to Getting a Good Night's Rest*. Boston: Harvard Health Publications.
- 다음 사이트에서 구매 가능: http://www.health.harvard.edu/hhp/publication/viewodo?name=IS
- 수면의 생리학, 수면을 촉진하거나 방해하는 습관을 확인하는 것, 수면장애를 묘사하는 것, 수면장애를 극복하기 위한 치료 방법의 이용에 대해 토론하는 것에 관해 치료자나 고객에게 유용한 설명을 제공하는 도서다. 이는 자립적인 문제를 포함하고 있다.

유용한 인터넷 사이트

http://www.doubletroubleinrecovery.org/
- 이중진단을 받은 사람들을 위한 12단계 모임

http://www.growint.org.au
- 12단계 접근에 기초한 공동체 정신치료 운동

http://www.healthinsite.gov.au/topics/suicide_prevention
- 청소년 관련 자료를 포함하여 자살 위험을 살펴보고, 이를 예방하는 전략을 구현하기 위한 자료와 지침을 제공하고 있다.

제5부

개입법 설계하기

제21장

종합하기

추천 용도

이 책 전체를 통해 우리가 언급해 왔듯이 치료 계획에 포함시킬 기법은 내담자와 협의하여 정해야 하고, 내담자의 독특한 욕구나 기호가 반영된 것이어야 한다. 치료의 유형을 결정했다 하더라도 치료의 뼈대는 공감적인 상담 방식으로 실시할 것을 권장하는데, 이를 통해 내담자의 변화하고자 하는 마음과 변화에 대한 자신감을 지지해 줄 수 있어야 한다.

최근의 연구들은 특정 내담자에게는 특정 치료가 적합하고 효과가 좋다는 의견을 별로 지지하지 않는다(Project MATCH group, 1997). 그렇지만 내담자의 치료 욕구를 만족시키기 위해서는 치료 강도와 구성 요소를 내담자에게 맞추는 것이 임상적인 의미로 봐서 이치에 맞다. 치료의 이러한 맞춤식 접근은 신중한 선별검사와 진단 · 평가에 근거한 것이어야 하고(2장, 5장 참조) 내담자의 의존도의 심각성, 동기, 이전의 치료 경험, 가족 및 사회적 지지망, 기술 결함, 강점, 이중진단, 불안정한 생활방식과 같이 현재 가지고 있는 문제의 복잡성에 의해 영향을 받을 수 있다.

개입 기간이나 강도는 다른 요인에 의해서도 영향을 받는데, 예를 들면 개입할 장소, 상담자의 시간적 여유가 그런 것이다. 다음은 상담자가 개입 계획을 세울 때 이용할 수 있는 '치료 구조'의 윤곽을 기술한 것이다(Shand, Gates, Fawcett, & Mattick, 2003).

일차 건강기관에서의 개입

일차 건강기관에서는 알코올이나 약물의 소비량 또는 이와 관련된 위험을 다루기 위하여 단기상담을 한다. 상담자에게 얼마만큼의 시간이 있느냐에 따라서 단기상담은 다음과 같이 달라질 것이다.

- **상담자에게 시간이 없는 경우**: 알코올 소비 수준이 낮은 내담자를 위한 안내 지침(예: '분별 있는 음주 지침')과 약물 관련 폐해 감소에 대한 정보가 주로 적혀 있는 소책자를 제공하라.
- **상담자의 시간이 30분 이내일 경우**: 선별검사와 탐지를 위한 검사를 실시하고, 간단한 조언을 해 주며, 위험을 줄이는 방법에 관한 정보를 제공하고, 다음 약속을 정하라.
- **상담자의 시간이 더 많은 경우**: 알코올 및 약물 관련 문제 수준에 대해 보다 자세한 진단 · 평가를 실시하고 건강에 미치는 부정적인 영향에 대해 내담자 개인에게 맞는 피드백을 제공하라. 또한 한계 설정 방법과 자기 관리 과정에 대해서도 이야기를 나누고, 가능하면 자조 자료를 제공하며 다음 약속을 정하라.

외래환자를 위한 개입

약물 및 알코올 치료 장면에서 내담자에게 필요한 것은 몇 회기 동안(약 1~5회기)의 비교적 짧은 단기상담이 전부일 수 있고, 또 내담자 자신도 종종 그 정도만 원할 수도 있다. 일반적으로 보면, 이러한 내담자는 약물 사용의 기간이 짧고 생활환경이 안정되어 있으며 약물 및 알코올 관련 의존성이나 문제 수준이 낮다. 이러한 내담자를 치료할 때는 반드시 다음을 모두 통합하여 포함시켜야 한다.

- 의존성에 대한 진단·평가와 만약 충분한 시간이 있다면 내담자의 다른 기능, 특히 정신건강 상태에 대한 진단·평가
- 내담자가 약물 사용이나 음주행동 변화에 대해 불분명하거나 양가감정을 가지고 있을 때를 위한 동기강화상담
- 과다 사용의 결과가 건강에 미치는 부정적 영향에 대한 내담자의 상황에 맞는 설명
- 한계 설정 방법 및 자기 관리 과정 소개
- 자조 매뉴얼 및 유인물의 비치
- 내담자의 위험행동이나 물질 관련 손상 보고에 따른 폐해 감소 전략에 관한 정보 제공
- 고위험 상황에 대한 확인과 알코올 및 약물 거절기술과 같이 재발 위험을 최소화할 수 있는 구체적인 전략을 포함한 재발예방 기술에 대한 간략한 설명
- 추후 방문이나 회기 연장 가능성에 대한 언급과 합의

만약 약물 및 알코올 사용의 내력이 복잡한 내담자라면, 장기적인 개입을 고려해야 할 것이다. 장기적인 개입 회기는 15회기 또는 그 이상까지 갈 수 있지만 개입 기간을 분명하게 명시하는 안내 지침을 제공할 수는 없다. 단, 장기적인 개입에는 다음의 내용이 포함되어야 한다.

- 내담자의 변화 준비, 알코올 및 약물 사용 패턴, 의존성 수준, 감독하의 해독 필요성을 모두 다루는 포괄적인 진단 · 평가
- 내담자에게 금단증상이 나타날 경우 해독치료를 위한 시간 배정
- 내담자가 약물 사용이나 음주행동 변화에 대해 불분명하거나 양가감정을 가지고 있을 때를 위한 동기강화상담과 물질 사용이 건강에 미치는 부정적인 영향에 대한 개인적 피드백
- 정신건강 문제 탐지 시 진단 · 평가 및 개입을 위한 의뢰
- 약물 사용을 변화시킬 방법을 탐색하기 위한 내담자 중심의 치료 관계 발달
- 문제해결 강화, 자기주장 장려, 의사소통 기술 학습, 부정적 생각 논박, 정서적 인내심 개발, 긴장 완화 촉진 등 내담자의 욕구에 따라 선택된 기술 중심 훈련
- 한계 설정과 자기 관리 과정 훈련
- 내담자의 위험행동이나 물질 관련 폐해 행동 보고에 따른 폐해 감소 전략에 대한 정보 제공
- 내담자가 의학적으로 안정되어 있고 약 복용에 동의할 때 내담자의 지속적인 복용을 돕기 위한 심리사회적(psychosocial) 치료와 더불어 약물치료 실시
- 알코올 및 약물 거절 기술이나 재발 위험을 최소화하기 위한 구체적인 전략이 포함된 재발예방 기술 훈련
- 내담자의 생활 개선을 돕거나 내담자의 욕구가 복잡한 경우, 적절한 도움을 위한 의뢰(이것은 사례관리자를 통해 조정되어야 한다.)
- 자조집단(예: AA) 소개하기, 내담자의 가족 및 친구를 참여시키기, 사회기술 훈련시키기, 지역사회와 사회집단에 연결시켜 주기 등 내담자의 사회망 강화를 위한 체계적인 계획
- 개입의 필수적인 부분으로서 연장 케어나 지지를 위한 회기 계획

입원환자를 위한 개입

외래환자 개입을 위한 안내 지침은 입원환자에게도 똑같이 적용될 수 있다. 그러나 내담자가 입원을 하지 않고도 개입을 통해 도움을 얻을 수 있다면, 굳이 입원치료를 하는 것은 비용 면에서 효율성이 떨어지는 선택이다(Shand et al., 2003). 예를 들면, 약물 의존성 수준이 낮거나 중간 정도인 내담자에게 입원치료 프로그램이 반드시 필요하다는 근거는 없으며, 약물 의존 정도가 낮은 내담자의 경우 입원치료 시 더 악화될 수도 있다. 그러나 내담자가 신체적 의존 수준이 높고 다음 목록에서 한 개 이상의 상황에 해당되는 경우에는 입원치료가 도움이 될 것이다.

- 의료적 환경에서 해독치료를 할 필요성이 있는 경우
- 술이나 약물 사용을 과도하게 유발하는 가정환경에 처해 있는 경우
- 외래치료를 받은 후 재발이 반복되거나 술 또는 약물 때문에 손상이 생겼을 경우
- 심각한 정신장애가 있어서 치료가 잘 진행되지 않는 경우
- 심각한 인지기능 손상(알코올 관련 뇌 손상과 같은)이 대처 능력에 영향을 미쳐서 외래환자를 위한 프로그램에 참여하는 것이 어려운 경우
- 무주택자이거나 안정적이지 못한 환경에서 생활하고 있는 경우
- 심각하게 건강이 악화되었거나 영양실조 상태인 경우

이러한 상황 중 몇몇의 경우는 보호/복지 서비스와 함께 약물 및 알코올 재활치료가 겸해진다. 이러한 치료가 필요한 내담자에게는 치료를 받기 전에 반드시 복지 서비스를 먼저 받도록 한다. 이상적으로는 사례관리자가 조화롭게 통합해서 실시해야 하고, 내담자가 퇴원한 후에도 지속되어야 한다. 만약 인지기능 손상이 심각한 내담자인 경우에는 입원을 하여 매일 구조화된 개입을 받게 하는 것이 좋다. 특히, 구조화된 개입의 구성에 규칙적인 정규 일과, 일기나 다른 보조기억 자

료를 이용한 인지훈련, 술을 마시지 않는 사회적 활동 연습, 술을 줄이는 방법에 대한 단순한 메시지 반복해 주기 등이 포함될 때 더욱더 효과적이다(Yohman, Schaeffer, & Parson, 1988).

입원치료가 바람직한 통합치료가 되려면 앞서 언급한 모든 과정에다 다른 측면 하나가 더해져야 한다. 즉, 단주나 절주의 목표를 내담자가 지속적으로 완수하기 위해서는 치료에서 배운 기술을 일상생활 환경에 효과적으로 적용할 수 있어야 한다. 외래환자 치료의 좋은 점은 내담자가 가정에 돌아가서 실제로 연습할 기회를 얻을 수 있다는 것이다. 그러므로 입원치료 프로그램의 경우에도 치료가 종료되었을 때 내담자가 점진적으로 재활을 준비하는 기간을 갖도록 하여 재발하지 않고 일상으로 돌아갈 수 있게 해야 함을 강하게 권장한다.

옳은 개입법 선택하기

내담자의 욕구에 맞는 개입을 선택하는 과정은 신중한 선별 과정과 평가를 통한 일련의 과정으로 대표된다. 그 예로서 [그림 21-1]에서는 단기 개입을 위해 선별하는 과정을 단계별로 보여 주고 있고, [그림 21-2]에서는 보다 집중적인 개입을 계획할 때 거쳐야 할 단계를 보여 준다.

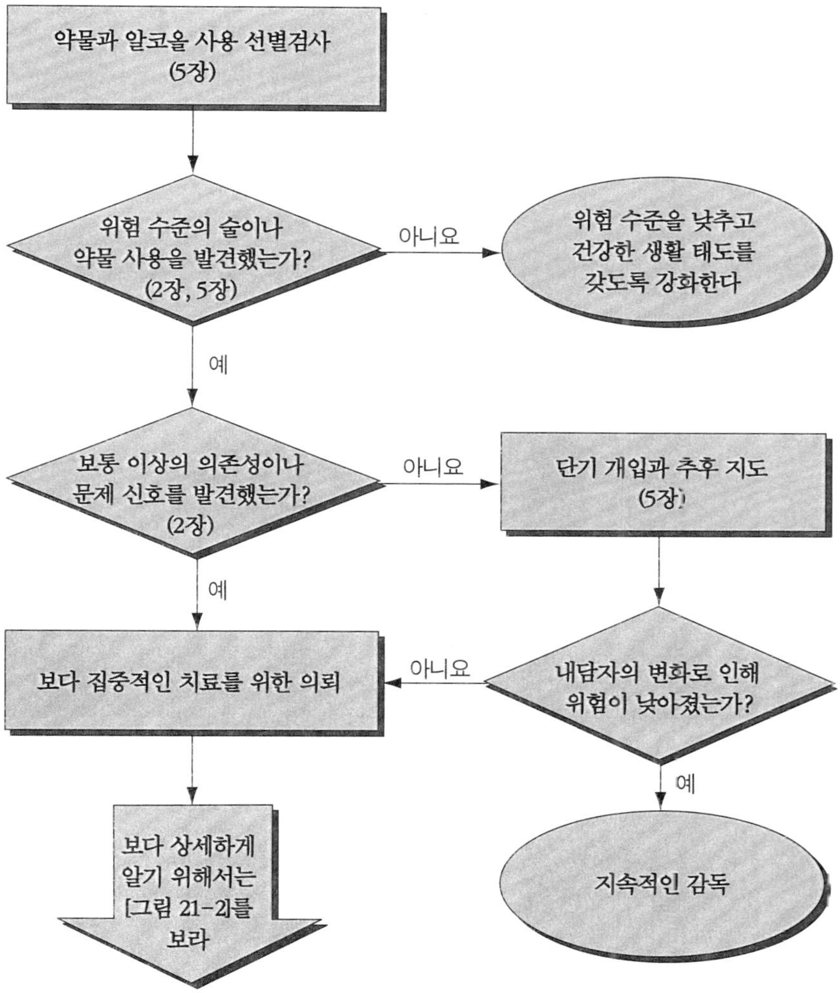

그림 21-1 단기 개입을 위한 선별 단계

*출처: Shand, Gates, Fawcett, & Mattick (2003). © 호주 정부 산하 건강과 노인부의 허락하에 발췌함.

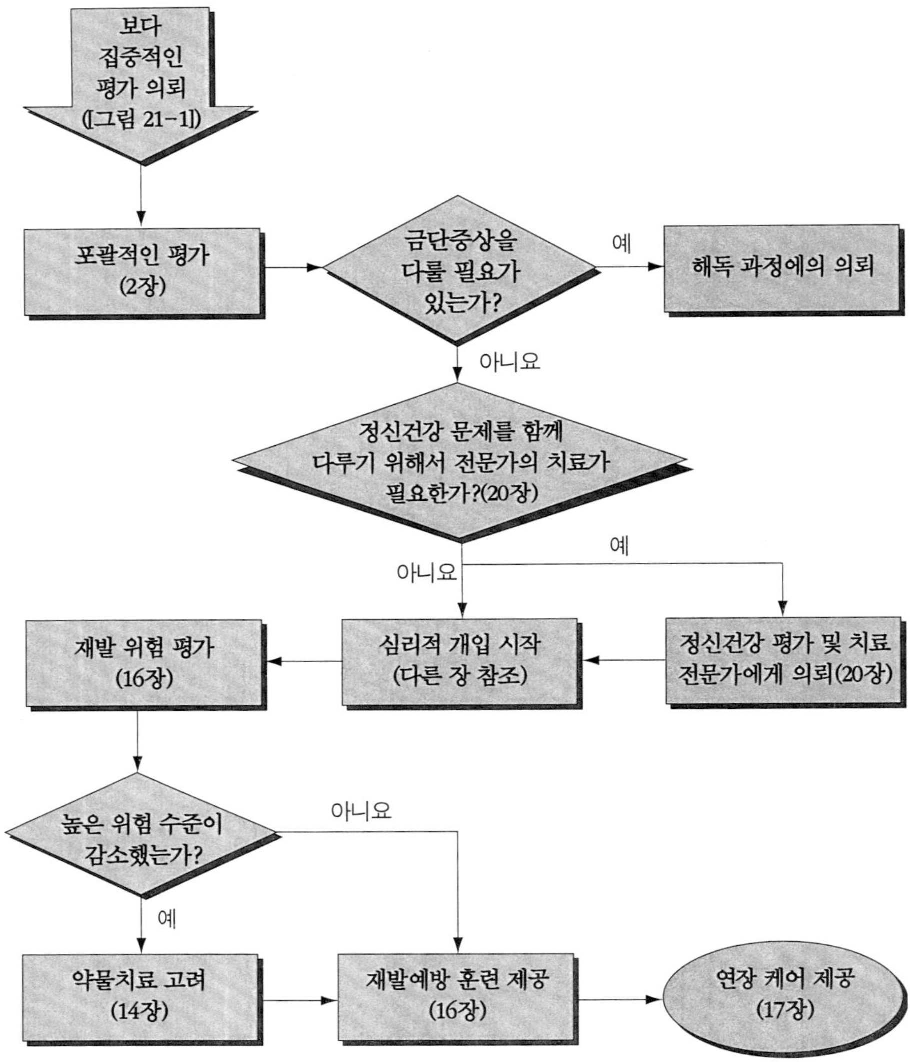

그림 21-2 보다 집중적인 개입을 위한 선별 단계

*출처: Shand, Gates, Fawcett, & Mattick (2003). © 호주 정부 산하 건강과 노인부의 허락하에 발췌함.

참고자료

◈ **다음의 자료는 단주나 절주 목표를 가진 내담자에게 제공되는 복합적인 치료 전략의 예를 제시하고 있다.**

De Leon, G., Hawke, J., Jainchill, N., & Melnick, G. (2000). Therapeutic communities. Enhancing retention in treatment using 'Senior Professor' staff. *Journal of Substance Abuse Treatment, 19*(4), 375-382.

- 거주 치료시설에서 거주할 새로운 고객들을 도울 수 있는 숙련된 스태프들의 경험을 바탕으로 수집한 정보와 증거를 제공하였다.

Gowing, L., Cooke, R., Biven, A., & Watts, D. (2002). *Towards Better Practice in Therapeutic Communities*. Bangalow, NSW: Australasian Therapeutic Communities Association.

- 다음 사이트에서 이용 가능: http://www.nada.org.au/downloads/TBPTC.pdf
- 진행 중인 프로젝트 파트, 이 발행물은 치료공동체(TC) 접근법의 주요 요소를 묘사하고 있으며, 만약 당신이 치료공동체와 관련된 일을 하고 있다면 흥미로울 것이다.

McCrady, B. S., Dean, L., Dubreuill, E., & Swanson, S. (1985). The problem drinkers' project: A programmatic application of social-learning-based treatment. In G. A. Marlatt & J. Gordon (eds.), *Relapse Prevention: Maintenance Strategies in the Treatment of Addictive Behaviors* (pp. 417-471). New York: Guilford Press.

- 절대 금주 목표를 가진 고객을 위한 기술훈련, 인지행동 프로그램을 상세히 기술하고 있다.

Monti, P. M., Rohsenow, D. J., Colby, S. M., & Abrams, D. B. (1995). Coping and social skills training. In R. K. Hester & W. R. Miller (eds.), *Handbook of Alcoholism Treatment Approaches: Effective Alternatives* (2nd edn) (pp. 221-241). Boston: Allyn and Bacon.

- 재발예방 원리에 기초한 구체화된 기술훈련 프로그램을 제공하고 있다.

Monti, P. M., Kadden, R. M., Rohsenow, D. J., Cooney, N. L., & Abrams, D. B. (2002). *Treating Alcohol Dependence: A Coping Skills Training Guide* (2nd edn). New York: Guilford Press.
- 회기별 기술훈련을 제공하고 있다.

Shand, F., Gates, J., Fawcett, J., & Mattick, R. P. (2003). *Guidelines for the Treatment of Alcohol Problems* (pp. 169–176). Canberra: Australian Government Department of Health and Ageing.
- 현재 치료 방법의 엄격함과 복잡함을 바탕으로 알코올 문제를 해결하는 방법을 어떻게 고안할 것인지에 대해 설명하고 있다.

Project MATCH Research Group (1997). Matching alcoholism treatments to client heterogeneity: Project MATCH post-treatment drinking outcomes. *Journal of Studies in Alcohol, 58*(1), 7–29.
- 다른 조건이 동일할 때 동기강화상담 기술, 인지행동치료, 12단계 촉진치료에 할당하고 무엇이 가장 효과적인지 살펴본 연구 결과를 제공하였다. 그 결과는 기본적으로 이 3가지 치료 접근법이 모두 긍정적인 효과를 나타낸다고 밝히고 있다. 각각의 치료 매뉴얼은 이 책의 관련 단원의 '참고자료' 에서 찾아볼 수 있다.

Sanchez-Craig, M. (1996). *A Therapist's Manual for Secondary Prevention of Alcohol Problems*. Toronto: Addiction Research Foundation.
- 다음에서 이용 가능: The Centre for Addiction and Mental Health, 33 Russell Street, Toronto, ON, Canada M5S 2S1 or at: http://www.camh.net/publications/substance_use_addiction.html
- 상담자 매뉴얼은 적당한 또는 절제 금주 목표를 가진 고객을 위한 치료 지침을 상세히 기술하고 있다.

Wanigaratne, S., Wallace, W., Pullin, J., Keaney, F., & Farmern, R. (1990). *Relapse Prevention for Addictive Behaviours: A Manual for Therapists*. Oxford: Blackwell Scientific Publications.
- 재발예방 원리에 기초한 치료 프로그램의 회기별 설명을 포괄적으로 제공하고 있다.

Yohman, J., Schaeffer, K., & Parson, O. (1988). Cognitive training in alcoholic men. *Journal of Consulting & Clinical Psychology, 56,* 67–72.
- 인지장애가 있는 내담자를 위한 치료를 기술하고 있다.

제22장

사 례

이 장에서는 5가지 사례를 제시하는데, 여기서는 약물 관련 문제를 가진 사람들에게 이 책에서 제시한 여러 가지 기술을 어떻게 효과적으로 사용하여 치료하는가를 보여 준다. 모든 사례는 내담자가 상담자에게 실제로 호소했던 문제를 바탕으로 꾸며졌다. 그러나 이것은 실제 인물이 누구인가를 고의로 알리고자 하는 것이 아니며, 혹시라도 실제 인물 중의 누군가와 비슷한 점이 발견되더라도 그것은 순전히 우연의 일치일 것이다.

사례 1 정신질환을 가지고 있는 중증 알코올 의존자: 우울한 남성 음주자

평 가

배경정보 로이는 39세다. 그는 고등학교를 졸업하고 공공 서비스 기관에서 일해 왔다. 치료를 받으려고 찾아왔을 즈음 로이의 직장 업무는 3명의 직원을 감독하는 것이었다. 또한 로이는 사실혼 관계인 트레이시와 동거하고 있었다. 로이를 진찰한 의사가 로이를 의뢰하였는데, 과음으로 인한 신체적 징후가 발견되었기 때문이었다. 로이에게는 기억력 문제도 있었고 실직을 당할 수도 있는 상황이었다.

음주행동 패턴과 상황 맥락 로이가 술을 처음 마시기 시작한 때는 15세였으며, 16세부터는 정기적으로 마시기 시작했다고 한다. 그 당시 로이는 가족과 함께 시골에 살고 있었는데, 가족들은 로이의 이러한 음주행동에 수용적이었다. 20세가 되었을 즈음 로이의 음주행동은 주중이나 금요일, 토요일 밤에 큰 용량의 맥주 4~6병을 정기적으로 마시는 정도가 되었다.

20대 중반에 로이는 도시로 나왔고 공공 서비스 기관에서 일하게 되었다. 이때부터는 친구들과 함께 술잔치를 벌이게 되었고, 큰 용량의 맥주 15병이나 그 이상을 마셨다. 점차 이러한 형태의 과음이 정기적인 행사가 되었고 숙취 부작용을 회복하기 위하여 다음 날 아침 또 술을 마시게 되는 일이 반복되었다. 술을 마시지 않을 때는 몸이 떨리며 땀이 나는 것 같고, 특히 전날 밤에 과음을 했을 경우에는 대체로 마음이 불안했다. 그러는 동안 음주량은 늘어 갔고 알코올에 대한 내성도 생겼다. 그래서 질펀한 술잔치에서 술을 아주 많이 마시는 경우를 제외하고는 평소의 음주행동으로는 여간해서 술 취한 것같이 보이지 않게 되었다.

평상시에 로이는 매우 이른 아침에 술을 한 잔 마신다. 파트너보다 일찍 일어났기 때문에 로이와 교대로 일하는 파트너 모르게 술을 마실 수 있었다. 집에서 술을 한잔했을 때나 안 했을 때라도 오전 10시에는 직장 근처 선술집에서 보통 맥주 두 병 정도를 마신다. 아침에 음료를 사러 간다는 핑계를 대고 슬쩍 빠져나가서는 얼른 맥주를 마시고 10～15분 안에 직장으로 돌아오곤 한다. 점심시간에는 보통 큰 용량의 맥주 4병을 마시는데, 오후 시간을 견딜 수 있게 만들어 준다고 믿기 때문이다. 퇴근할 때 다시 선술집으로 가서 큰 맥주 5병을 또 마신다. 그러고는 보통 맥주 몇 병을 더 사서 집으로 가져간다. 저녁때 잠자리에 들기 전에 5병의 맥주를 마시는 것은 평상시에 늘 하는 일이다. 평일에는 이러한 패턴으로 보내고 주말에는 더 많은 양을 마신다. 어떤 주말에는 맥주 24병을 마실 때도 있었지만 이러한 경우가 흔하지는 않다고 한다.

의존 정도 로이는 만약 오전에 술을 마시지 못하면 손과 몸이 떨리고, 땀을 많이 흘리며 메스꺼움, 걱정, 갑작스럽게 밀려오는 공포감을 경험한다. 이러한 증상이 지속된 기간, 아침 해장술, 술 내성으로 볼 때 로이의 알코올 의존도는 심각하다는 것을 알 수 있다. 알코올 의존은 SADQ-C 38점으로도 확인이 된다. 단주에 대한 통제 상실, 통제 불능, 음주량 감소나 단주 시도의 실패, 지속적인 음주 욕망을 살펴보면 심리적 의존성 수준도 알 수 있다.

가족 배경과 사회적 지지 파트너인 트레이시도 술을 많이 마시는 편이나 로이만큼은 아니다. 트레이시는 로이가 술에 취해 있는 모습이 보기 싫어서 로이의 지독한 과음에 대해 이따금씩 항의한다. 지난 몇 년간 로이에게는 또 다른 문제가 생겼다. 과음으로 인해 발기불능이 된 것이다. 트레이시는 아이를 낳아 가정을 꾸리고 싶어 하며 로이도 이 생각에는 반대하지 않지만 성생활에 흥미를 잃고 있다.

직업 및 재정적 배경 기억력 문제와 타락한 행실로 인해 직장생활이 어려워지고 있다. 최근에는 업무를 처리하지 못해 상사로부터 몇 번이나 질책을 받았다. 자신의 음주행동 문제가 불거지기 시작한 것은 약 10년 전부터인 것 같다고 로이는 생각하며 그때가 다른 직장 동료보다 승진에서 밀려났음을 알게 된 시기였다고 한다.

알코올 관련 건강 문제 집에서나 직장에서 문제가 자꾸 커지므로 의사를 찾게 되었다. 의사는 로이의 신체적 징후를 보고 즉시 알코올중독일 가능성을 염려하였다. 의사의 진찰에서 안면 모세혈관의 팽창, 충혈된 눈, 백태가 끼인 혀가 발견되었다. 로이는 설사와 수면장애도 호소하였다. 기억력 문제와 발기불능까지 모두 종합하여 볼 때 로이에게는 아주 심각한 과음 문제가 있다고 진단되었다. 그래서 의료적 검사와 간 효소 분석도 실시하였다. 분석 결과, 간 질환은 아니었지만 간 효소 수치는 높았으므로 과음 문제가 재확인되었다. 로이가 그 후에 다시 병원을 찾았을 때 의사는 이러한 사실에 대해 로이와 상의하고 약물/알코올 담당 팀으로 의뢰 계획을 잡았다.

정신과 질환 로이에게는 알코올 문제뿐만 아니라 우울증도 있었다. 직장에서의 승진 탈락으로 인해 생긴 실패감 때문에 로이는 점차 마음이 불행해졌고 자존감도 잃었다. 슬프고 우울한 날이 그렇지 않은 날보다 점점 더 많아짐을 스스로 느끼게 되었다. 로이의 우울증은 특별히 심각하지는 않았지만 그 기간이 오래되어서 우울증에 관한 이야기를 의사와 나누게 된 시점까지 거의 8년이나 지속되어 온 셈이었다. 자존감 상실과 함께 로이는 자신의 미래에 대한 절망감을 느끼고 있었다. 로이는 집중력이 떨어지는 것 때문에도 힘들어했는데, 집중력 상실은 주로 우울증과 관련되지만 로이의 경우에는 과음 때문에 생긴 것이었다.

변화 단계 직장이나 가정에 영향을 미치는 음주행동 결과에 대해 걱정하는 로이는 자신의 음주행동 변화 동기를 높여 나갔다. 약물/알코올 팀에 의해 평가받을 때쯤 로이는 변화 준비 단계 수준에 있었다. 상담자는 동기강화상담으로 접근하여 로이가 과음에 대한 걱정을 표현하도록 하고, 행동을 바꿈으로써 얻을 수 있는 이점을 생각해 보도록 하였다.

목표 설정

심각한 알코올 의존, 기억력 문제, 비정상적인 간 기능 등이 암시하는 것에 대해 서로 이야기를 나눈 뒤, 술을 줄이기만 해서는 안 된다는 데 동의했다. 그래서 치료 목적을 단주로 정했다. 술을 마시지 않고 외출했을 경우 몇몇 금단증상을 경험했으므로 알코올 해독치료에 대한 의논도 하였다.

의사와의 관계가 좋았으므로 의사의 감독과 트레이시의 도움을 받아 가며 가정에서 해독치료를 해도 괜찮았다. 그러나 로이는 알코올 금단증상을 감시 · 감독받을 수 있는 시설에 입원하여 해독치료를 받기를 원했다.

행동 전략

해 독 입원 후에 벤조디아제핀 계통의 진정제로 해독치료를 받았다. 해독치료를 위한 시설에 머무는 동안 AA를 소개받았다. 로이는 종교에 대해 한 번도 관심을 가져 본 적이 없었으므로 신에 대한 복종 개념이나 영성적인 이야기를 나누는 AA 모임에 참여하고 싶지 않았다. 그래서 AA 참여는 거부하였다. 그러나 술 해독은 성공해서 5일 후에 허락을 받아 퇴원하였다.

약물치료 로이는 직장 업무를 다시 잘 해내고 술에 대한 갈망을 줄이는 데 도움이 되는 방법의 하나로 약 복용을 해도 되는지를 상담자와 의사에게 의논하였다. 로이가 약 복용을 깜박 잊고 건너뛸지도 모른다는 불안감을 갖고 있었기 때문에 자주 복용해야 하는 아캄프로세이트(acamprosate)보다 날트렉손(naltrexone)을 처방해 주었다. 의사는 로이의 간 기능 효소 수치가 높기는 하지만 심각하지는 않으므로 단주를 계속하고 간 기능검사도 일정 기간을 두고 실시하면 날트렉손 약물을 사용해도 안전하다고 조언하였다. 이 약물을 복용하고 처음에는 약간의 두통과 메스꺼움이 있었다. 상담자와 약의 부작용에 대해 이야기를 나눈 후에 규칙적인 식사를 하고 아침식사와 함께 약 복용을 하면 부작용이 약해질 수 있음을 알게 되었다. 두통 경감을 위해 이완치료도 실시하였다. 시간이 지나면서 약의 부작용이 사라졌다.

부부치료 파트너인 트레이시가 상담에 함께 참석하기를 원해서 부부치료를 실시했다. 로이의 개인치료 이후에 3주 동안 부부치료가 4회기 있었다. 네 번의 만남에서 다룬 내용은 갈등 감소, 의사소통 개선, 서로에게 도움이 되는 활동 계획 세우기 등이다. 둘이 서로 교대로 근무하므로 주말과 공휴일 또는 한가한 저녁에 할 수 있는 활동 계획을 미리 세워야 했다. 트레이시는 그동안 로이의 과음에 대해 걱정하고 있었으므로 로이의 변화에 대한 결심을 기뻐했다. 그녀는 이번 기회에 자기도 술을 안 마시기로 했다. 트레이시는 로이의 음주행동이나 약물 복용 단속을 자신이 일일이 책임지지 않고도 로이가 계속 치료를 받도록 격려하는 방법에 대해 로이 및 상담자 모두와 상의하였다.

기술훈련 상담자와의 자문 끝에 로이는 자신의 단주행동을 오래 유지하기 위해서는 날트렉손 복용과 함께 학습기술 훈련을 받는 것이 이로울 것이라는 데 동의했다. 기술훈련은 공감적인 상담 방식으로 이루어졌는데, 로이에게 관심을 갖고 변화에 대한 가능성을 믿는 상담자의 열의가 로이에게 전달되었다. 이 개입은 전부 12회기 실시되었다.

로이가 받은 훈련은 음주 거절 기술훈련이었는데, 로이의 친구 대부분이 술꾼인데다가 로이는 이러한 친구들과의 관계를 저버릴 것 같아 보이지 않았기 때문이었다. 다른 사람들이 술을 권유하고 마시라는 압력을 넣을 때 '아니요' 라고 대답하는 연습을 역할극을 통해 하였다. 그동안 자신의 음주행동 때문에 사이가 멀어진 옛날 친구들과도 새롭게 연락을 취하였다.

로이는 자신의 단주행동을 유지하기 위해 재발예방 훈련에도 참여하였다. 특히, 상담자는 재발 위험이 높은 상황, 즉 실망이나 스트레스를 받는 직장 상황이나 술을 마셔야 하는 사회적 상황을 다루는 전략을 로이가 직접 세워 보도록 했다. 로이가 단주를 유지하는 중에도 상담자는 계속해서 로이를 강화했고 그가 변화하기로 결정한 이유가 분명해지도록 도움을 주었다.

기분부전장애 치료 의뢰 해독치료를 한 후 2주일 동안 로이는 자기가 단주를 해냈다는 성취감에 기분이 약간 나아지고 자존감도 높아졌다. 그러나 계속해서 기분부전장애 증상이 심각하게 나타났으므로 정신건강 진단을 받을 필요가 있다고 여겨졌다. 그래서 팀 구성원 중 임상심리사에게 의뢰되었다. 임상심리학자는 로이의 증상이 기분부전장애에 따른 것이며, 만성이기는 하나 중증 우울장애는 아니라고 하였다. 기분부전장애를 다루기 위해 임상심리사를 계속해서 만나 인지치료를 받았다. 항우울제 복용은 필요하지 않은 것으로 보였다.

연장 케어 날트렉손을 복용한 6개월 동안 로이는 단주를 성공적으로 해냈다. 그러고 나서도 6~7개월 동안 단주를 계속하였다. 그러는 동안 트레이시와의 관계도 눈에 띄게 좋아졌고, 로이의 자존감이나 일반적인 기분 상태도 좋아졌다. 오랫동안 앓아 오던 기분부전장애 치료도 성공했다. 직장에서의 진전은 없었기 때문에 직업적으로는 여전히 약간 실망스러워했지만 그래도 이러한 상황을 다른 관점으로 볼 수 있게 되었다. 대체적으로 직장생활이나 가정생활이 전보다 행복해졌고, 직장 업무도 더 효율적으로 해내고 있다고 느꼈다.

두 번의 재발이 있었는데, 첫 번째는 해독치료를 받은 지 거의 12개월이 되었을 즈음 발생했다. 두 번째 재발은 단주 결심 자체에서 기인된 것인데, 자신이 그동안 단주를 잘 지킨 것에 대해 스스로 상을 주어도 된다고 생각하여 한잔했던 것이다. 그러고는 3주 동안 술을 계속 많이 마셨으므로 트레이시가 상담자에게 연락을 취하게 되었다. 결국 다시 간략하게 치료를 받게 되었는데, 상담자는 지지적이고 무비판적인 태도로 로이를 대해 주었다. 동기강화상담과 재발예방 훈련을 더 받으면서 단주에 전념하겠다는 약속을 새롭게 다짐하였다.

사례 2 경미한 수준의 알코올 의존자 : 주장적이지 못한 여성 음주자

평 가

배경정보 케이트는 32세다. 23세 때 리처드와 결혼하여 이후 4년 동안 3명의 아이를 낳았다. 셋째 아이를 낳은 후부터 은행에서 일해 오고 있다. 케이트가 치료를 받으러 오게 된 경위는 전화 정보 서비스 기관을 통해서인데, 처음에 그곳에 전화를 하였고 그곳에서 약물과 알코올 치료기관에 케이트를 의뢰했기 때문이었다.

음주행동 패턴과 상황 맥락 케이트는 약 22세 때부터 술을 정기적으로 마셔 왔다. 22세 전에는 파티나 특별한 일이 있을 때만 술을 마시곤 했다. 22세 때 리처드를 만났고 둘은 함께 외식을 하거나 나이트클럽에 가서 즐겼다. 일주일에 한두 번 정도 와인을 반 병 내지 한 병을 마셨다. 자주 취하지는 않았지만 한 번씩 '취한' 기분을 느꼈다.

셋째 아이가 태어난 후부터 케이트의 음주량은 늘어났고 식사할 때마다 거의 매번 리처드와 술을 같이 나누어 마시게 되었다. 리처드가 퇴근해 오기 전에 부엌에서 저녁 준비를 하면서 보통 와인 한 잔을 혼자 마시게 된다고 했다. 그러다 보니 밤이 될 즈음에는 와인을 서너 잔 마시는 것이 보통이었다. 특히, 결혼생활로 인해 스트레스를 받을 때는 때때로 저녁식사와 함께 술을 마시기 시작하여 밤까지 계속 마시곤 하였다. 이러한 경우에는 10잔까지도 마셨다. 치료를 받으러 왔을 즈음에는 이렇게 많이 마시는 횟수가 일주일에 거의 서너 번이 되었다.

케이트가 술을 많이 마시게 되는 또 다른 경우는 친구들과 같이 외출했을 때다. 직장 동료나 학교 친구들과 사이가 좋아 잘 어울려 다녔으며 이러한 경우에는 보통 적어도 와인 한 병은 마셨다.

의존 정도 술에 대한 내성이 약간 있었지만 특별히 뚜렷하게 표시가 나는 것은 아니었다. 며칠 동안 술을 마시지 않아도 떨림, 땀 흘림 혹은 다른 금단증상이 없었으며 잘 지냈다. 음주량을 줄이려고 몇 번이나 시도해 보았지만 결혼생활이 어려움에 직면하거나 술을 보통 이상으로 많이 마시는 친구들과 어울리게 될 때는 이러한 노력이 허사가 되었다. SADQ-C 검사 결과는 8점으로 케이트의 알코올 의존이 낮다는 의미다.

가족 배경과 사회적 지지 케이트의 음주행동을 특히 악화시키는 가족 간의 갈등 상황은 남편인 리처드와 시어머니인 패트리샤와 관련이 있었다. 리처드는 잦은 야근으로 이어지는 직장 일 때문에 집안일에 무심하였다. 그래서 케이트는 자신도 직장에 다니고 있음에도 불구하고 아이들을 돌보기 위해 집에 일찍 도착해야 했고, 저녁을 준비해야 했으며, 집 청소를 해야 하는 등 집안일을 모두 하고 있다.

직장과 가정에서의 의무감으로 인해 생긴 스트레스에 관해 리처드와 이야기하는 것이 케이트에게는 힘들다. 시어머니 패트리샤가 정기적으로 방문해서 케이트의 음주행동이나 아이들의 행동에 대해 헐뜯는 말을 하면 스트레스는 더 심해진다. 패트리샤의 말 속에는 아이들을 충분히 잘 돌보지 않고 가정교육도 잘 시키지 못한다는 의중이 들어 있었고, 케이트는 시어머니의 생각에 동의하지는 않았지만 자신의 생각을 시어머니에게 표현하는 것이 어려웠다. 그래서 패트리샤가 가고 리처드가 미처 도착하기 전에는 평상시보다 술을 더 마시곤 했다. 이러한 경우에는 답답한 마음과 치솟는 화를 누르기 위해서 종종 서너 잔의 와인을 한꺼번에 연달아서 급하게 마시곤 했다.

알코올 관련 건강 문제 병원 진단의 결과, 술로 인한 신체적 문제는 없었다. 사고나 행동에 있어서도 정신과적인 문제 또는 표시가 날 만큼의 심리적인 문제가 있다는 증거도 없었다. 그러나 주장성 결여 및 자신의 욕구나 느낌을 남편과 시어머니에게 전달하는 능력이 부족함을 심각하게 느끼고 있었다.

변화 단계 케이트는 자신에게 문제가 있는지와 음주행동의 변화 필요성에 대해 확신이 없었다. 이러한 양가감정 때문에 동기강화상담이 실시되었는데, 음주행동의 이로운 점, 해로운 점, 음주행동에 대한 자신의 염려, 음주행동이 가족이나 아이들에게 미치는 영향에 대해 이야기했다.

목표 설정

동기강화상담을 받고 자신의 음주행동을 바꾸어야겠다고 결심했으나 자신이 '알코올중독자' 라고는 생각하지 않았기 때문에 완전히 단주를 하고 싶어 하지는 않았다. 또한 어쩔 수 없이 술을 마셔야 하는 사회적 상황이 있는데다, 자신은 술을 즐기는 편이며 다만 문제가 되는 것은 자신이 너무 많이 마시게 되는 경우라고 말했다. 본인이 원하기도 하고 또한 알코올에 대한 의존도도 낮으므로 케이트와 상담자는 절주를 치료 목표로 선택했다.

행동 전략

자기행동 관리 처음 2주일 동안은 완전히 단주하는 기간을 가져 보는 것에 동의했는데, 이렇게 함으로써 자신의 삶의 개선에만 집중할 수 있게 되었다. 완전 단주 기간 후에는 하루에 마실 음주량을 보통 두 잔에서 최고 한계 네 잔까지로 상한선을 정했다. 자기조력 매뉴얼과 일지 기록지도 주었다. 케이트는 알코올 소비량 자기관찰법, 음주량 한계를 정하는 법, 술을 천천히 마시고 정해진 양만 마시는 전략에 대해 배웠다.

그 밖의 기술훈련 역할극을 통해 음주 거절 기술을 연습했는데, 특히 술을 잘 마시는 친구들과 함께 있을 때 생길 만한 상황에서 술을 권하는 친구들의 압력을 잘 다루기 위함이다.

케이트는 남편 리처드에게 자신의 느낌을 솔직하게 표현하게 하는 '나-진술'

사용법을 배웠다. 또한 케이트는 남편에게 자신의 욕구를 알리는 데 점점 더 자신감을 갖기 시작했으나 집안일의 책임에 대해서는 계속해서 서로 간에 협의가 이루어지지 않았다.

시어머니의 비난을 보다 효과적으로 다루기 위한 주장훈련도 받았다. 역할극에서 양육에 대한 패트리샤의 말이 듣기 싫으며 아이들 교육에 대한 패트리샤의 생각에 자기는 동의하지 않는다는 말을 적절하게 패트리샤에게 하였다. 처음에는 그렇게 말하는 것이 어려워 연습이 필요했으나, 시간이 지나면서 자신을 화나고 답답하게 만드는 패트리샤의 말을 멈추게 하는 주장을 할 수 있었다.

완전한 단주 기간과 자기행동 관리 훈련을 거치면서 고위험 상황을 감지해 내거나 자신이 배운 기술로 그런 상황에 대처할 전략을 세우는 것을 배웠다.

결혼상담 의뢰 부부 문제는 계속되었는데, 남편은 케이트의 어려움을 어느 정도 이해하고 동정하면서도 여전히 집안일은 케이트의 소관이라고 여겼다. 두 사람 사이의 이러한 갈등이 케이트의 음주행동에 영향을 미친다는 사실을 남편은 믿지 않았다. 리처드를 관여시켜 케이트의 음주행동 변화를 위한 부부치료를 하려 했지만 부부 사이에 충분한 협력이 이루어지지 않았다. 그래서 대신에 상담자는 이들 부부에게 결혼상담 전문가에게 도움을 받아 보라고 격려하였다.

연장 케어 케이트는 약 3개월 동안 술을 줄이는 데 성공했으나 시어머니가 와서 케이트의 속을 특히 상하게 하던 날 한 번 무너졌다. 그날 케이트는 주장기술을 펼치기보다 술로 자신을 달래기로 마음먹었고 그래서 거의 10잔 정도의 와인을 마셨다. 상담자에게 이러한 사실을 이야기한 결과, 치료 기간을 연장하여 한 달에 한 번 정기적인 치료를 받는 것이 좋겠다는 결정을 내렸다. 케이트는 어려운 상황이 발생하면 상담자에게 전화하여 의논하였다.

케이트가 고위험 상황을 잘 감지하고 이에 대해 점점 더 자신 있게 대처함으로써 정기적인 만남의 필요성은 줄어들었다. 4년 후, 케이트는 여전히 절주를 잘 유지하고 있다. 사회생활 속에서의 특별한 경우나 리처드와의 저녁식사 때만 술을 마셨고, 그럴 경우에도 보통 두 잔의 한계를 벗어나지 않았다. 이 한계를 벗어나는 경우에도 네 잔을 넘기는 일은 드물었다.

사례 3 아편 물질 의존자 : 수줍은 헤로인 사용자

평 가

배경정보 존은 24세의 헤로인 사용자로서 틈틈이 헤로인을 팔기도 한다. 존이 건강 관련 의료진의 주의를 끌게 된 경위는 벤조디아제핀과 술을 과다로 복용하고는 몇 시간 동안 의식불명이 된 존을 친구들이 응급실로 데려왔기 때문이었다. 병원에서는 밤새 존의 상태를 주시했으며 약물 및 알코올 상담자가 침대 옆에서 존을 지켰다. 의식을 회복한 후에 존은 평가를 더 받아 볼 것에 동의했다.

약물 사용 패턴과 상황 맥락 12세 때부터 존은 마리화나와 술을 복용했다. 14세에 집을 나와 도시로 이주한 후에는 술을 정기적으로 마시기 시작했고, 마리화나도 상당히 자주 했다. 또한 위조 사기나 가게 물건 훔치기 같은 범죄도 저질렀다. 16세에는 헤로인을 정기적으로 사용하는 습관에 이미 젖어 있었다. 그 당시에는 아직 헤로인 의존까지는 아니었지만 돈이 자신의 수중에 얼마나 있느냐에 따라 일주일에 3～4회는 헤로인을 사용하였다. 헤로인 사용을 계속하기 위해서 윤락행위를 하는 시간이 점점 많아졌다. 그러나 18세 때 윤락행위를 그만두고 나서 마약 밀매꾼이 되었다. 마약 판매상은 마약을 배달하는 일의 보수로 헤로인을 주었는데, 존도 자신의 마약 고객 몇 사람에게 똑같이 하였다. 시간이 갈수록 점점 하루에 거의 1그램의 헤로인을 사용하는 습관이 몸에 배였다. 아침 식사 전, 점심때, 이른 저녁, 늦은 저녁때 주로 주사기로 복용하였다. 20대 중반이 되었을 때 존은 하루에 거의 3～4g의 헤로인을 사용하였다.

의존 정도 존의 몸은 이 정도의 헤로인이 주는 작용을 견디는 상당한 내성이 생겨 있었다. 만약 어쩌다 헤로인 주사 복용을 거르게 되면 당장 금단증상이 나타났고 주사를 맞아야 할 때가 되면 몸이 아프거나 뻣뻣한 느낌을 받음으로써 주사를 맞아야 한다는 것을 자각할 수 있었다. 거르지 않고 주사를 맞더라도 위경련이 일어났고, 심장 뛰는 소리가 들리며, 얼굴이 달아오르고, 기분은 비참하고 우울해지며, 긴장감과 갑작스러운 불안감이 밀어닥쳐 아편 물질에 대한 강한 갈망이 일어났다. 보통 각성이 있은 후 30분 이내에 주사를 맞았다. 이러한 증상을 보면 아편 물질에 심각하게 의존되어 있음을 알 수 있다.

가족 배경과 사회적 지지 존의 부모는 둘 다 술을 많이 마셨고, 집안은 자주 갈등 속에 있었다. 아버지는 존이나 어머니에게 항상 언어적인 폭력을 가했으며, 존은 아버지의 신체적 폭력의 대상이기도 했다. 10대에 네 번의 가출을 했고 14세 때는 집을 아주 떠났다. 집을 나와서는 도시로 왔고 부랑자의 집에서 나이가 조금 더 많은 다른 청소년들과 함께 살았다. 이 평가를 받을 당시 6개월 전부터 제니와 동거 상태로 살고 있는 중이었다. 그들은 도심의 외곽 지대에 있는 임대 숙박시설에서 헤로인 사용자들과 함께 살았다.

직업 및 재정적 배경 존은 반듯한 직장에서 한 번도 정규직으로 일해 본 적이 없었으며, 현재는 실업수당을 받고 있었다. 14세 때 학교를 그만두었고 학교 졸업장이 하나도 없었다. 학교를 그만두기 전에는 무단결석을 일삼았고, 학교를 그만두자마자 곧 집을 떠났다. 마약 밀매 외에 근래에 저지른 다른 범죄는 없었으며 미해결 영장이나 고소를 받은 적도 없었다.

약물 관련 건강 문제 입원 당시의 존은 영양실조 상태였다. 혈액검사 결과 B형과 C형 간염 양성반응이 나타났다. 헤로인 주삿바늘 사용 시에 친구들이나 아파트 이웃 주민들과 같이 사용하지는 않았지만, 파트너인 제니와는 같이 사용했으며 보통 존이 먼저 하고 제니가 나중에 하였다. 제니와의 성관계에서는 콘돔을 사용하지 않았지만 우연히 만난 상대와의 성관계에서는 사용하였다.

정신과적 장애 아주 어릴 때부터 존은 불행했다. 사회적 상황에서는 부끄

럼을 꽤 많이 타고 말이 없었으며 가능하면 이러한 사회적 상황을 피하는 편이었는데, 특히 약물을 하지 않은 '맑은 정신' 일 때는 더욱 그랬다. 모임에 참석하게 되었을 때는 어색함을 없애기 위해 술 혹은 아편 물질을 사용하는 것이 보통이었다. 사람들과 상호작용해야 하는 경우가 생기면 종종 긴장되고 불안이 급습하고, 가슴은 마구 뛰면서 땀이 나고, 얼굴이 붉어져 자의식에 사로잡혔다. 자신이 불안해하는 것을 사람들이 눈치챌까 봐 매우 염려했으며 자신을 어떻게 생각할지에 대해 걱정했다. 이러한 증상으로 볼 때 존에게는 사회공포증이 있다고 생각된다.

변화 단계 이번의 약물 과다 복용 사건으로 존은 깜짝 놀랐고 약물 사용에 대한 변화를 생각해 볼 준비가 되었다. 존 자신도 약물 사용 생활에 지쳐 있었으나, 자신이 약물의 유혹을 이겨 낼 수 있을지에 대해서는 자신이 없었다. 상담자는 동기강화상담 전략으로 존의 양가감정을 탐색했는데, 그 결과 존은 자신의 약물 사용에 대한 변화를 시도해 보겠다는 결심을 하게 되었다.

목표 설정

존과 상담자는 존이 선택할 수 있는 목표에 대해 의논했다. 존은 외래환자로서나 거주치료 공동체 안에서 약물치료를 받는 것을 별로 좋아하지 않았다. 존은 자신이 아편 물질에 대한 높은 의존성과 내성 때문에 계속 헤로인 주사를 맞을 것 같고 그렇게 하다 보면 자신이나 다른 사람들에게 감염시키거나 질병에 노출될 위험이 있을 것이라고 했다. 그래서 처음에는 약간 주저하다가 결국 메타돈 유지 프로그램을 선택하는 데 동의했다.

행동 전략

메타돈 유지 존의 상태는 4주 만에 안정되었으며, 존은 하루에 80mg의 메타돈을 복용하게 되었다. 이렇게 될 즈음에 존의 사회공포증과 두려움이 더욱 더 분명하게 나타났고, 이에 대해 존은 술과 벤조디아제핀 약물을 스스로 복용하였다. 한 번은 술을 너무 많이 마시는 바람에 다시 병원 응급실로 실려 왔었다.

사회공포증 치료 의뢰 존은 메타돈 유지 프로그램에 두 달 동안 매일 참석했고, 그런 후 사회공포증 치료를 위한 정신과적 의뢰가 필요하다고 상담자가 결정했다. 존은 정신과 의사에게 의뢰되어 사회공포증을 치료받기 시작했으나 수시로 불참하다가 결국 중도에 그만두었다.

기술훈련 그 후 2년 동안 존은 규칙적으로 불법 약물을 사용했고 메타돈 유지 프로그램의 직원들은 이 사실을 몇 번이고 알아냈다. 그래서 존을 약물 및 알코올 상담자에게 의뢰하여 더 치료받게 하였고, 일상의 문제를 다루고 단약을 유지하며 집중할 수 있게 하는 방법으로 문제해결 기술이 고려되었다.

상담자는 존으로 하여금 약물을 계속 사용하도록 부추기는 사회적 압력을 극복할 수 있는 전략을 생각해 보도록 하였다. 생활 방식의 변화를 강조하는 재발 예방 프로그램이 실시되었는데, 문제해결 기술과 약물 거절 기술 훈련도 함께 포함되었다. 존은 점차적으로 자신감을 갖게 되었고 공동으로 사용하던 아파트에서 이사하고 직업을 구하는 데도 성공하였다.

연장 케어 환경이 변화하면서 존은 약물을 사용하지 않는 사람들과 인간관계를 맺게 되었다. 생활이 안정되면서 사회공포증 치료를 다시 의뢰받았는데, 이번에는 결과가 보다 성공적이었다. 의사와 약사의 동의하에 존은 메타돈 복용의 완전한 중단을 시도했다. 그래서 이따금 한 번씩 메타돈을 10mg까지 줄였다. 그러나 완전히 중단할 수 없었으며, 그 후 5년 동안 계속 메타돈을 복용하였다. 존은 메타돈 프로그램의 직원과 정기적으로 상담을 진행하였다.

사례 4 심리장애 관련 복합약물 사용자 : 자가 약물 복용자

평 가

배경정보 디는 23세다. 이전에 약물 및 알코올 치료를 두 번 받았었고 해독치료도 한 번 했었다. 최근에 거의 사망할 정도의 과다 복용으로 인해 약물 및 알코올 입원치료소에 다시 입소하게 되었다.

약물 사용 패턴 및 상황 맥락 디는 15세 때부터 벤조디아제핀, 술, 헤로인과 같은 각종 약물을 사용해 왔고, 그중에 벤조디아제핀을 가장 좋아했다. 여러 의사들로부터 처방된 벤조디아제핀을 구하기 어려워지면 거리에서 구입하였다. 디에게는 과다 복용 사고가 일곱 번이나 있었다. 그중 두 번은 매우 심각한 응급 상황이었고 호흡 곤란으로 거의 사망할 정도였다. 평가받을 당시의 디는 벤조디아제핀, 알코올, 항우울제를 사용하고 있었고, 가끔씩 헤로인도 주사하고 있었다. OTI 검사 결과를 보면 디는 하루에 평균 25알의 정제를 복용하고 있었다.

의존 정도 디는 진정제에 어느 정도 의존하고 있었다. 벤조디아제핀 약물 작용에 대한 내성이 있었고, 이러한 약물을 오랫동안 복용하지 않으면 약간의 금단증상이 나타났다.

가족 배경과 사회적 지지 디는 어렸을 때 자신의 가족은 혼란스럽고 불행했다고 설명했으며, 어머니가 자녀들을 잘 돌보지 않았기 때문에 복지시설 직원이 정기적으로 자기 집을 찾아왔다고 했다. 아버지가 누구인지 몰랐으며 어머니는 종종 집에 없었다. 여러 해 동안 어머니에게는 여러 명의 파트너가 있었고, 그중 몇 명과는 얼마 동안 살기도 했다. 자신의 가족 배경에 대해 이야기할 즈음에 디는 아는 여자와 숙소를 같이 쓰고 있었는데, 외로움과 고립감을 상당히 많이 느끼고 있었다.

직업 및 재정적 배경 디는 15세 때 학교를 떠난 이후로 한 번도 직장을 가져 본 적이 없었다. 직업기술 훈련을 받은 적도 없었다. 정부에서 주는 사회보장제도 실업연금을 받고 있었고 가끔씩 윤락행위로 약간의 돈을 벌었다.

약물 관련 건강 문제 디는 영양실조였고 신체건강 상태도 좋지 않았다. 혈액검사 결과, B형 간염에서 양성반응이 나왔다. 빈번하게 약물을 과다 복용했기 때문에 이대로 약물 복용을 계속하면 생명이 위협받을 정도였다. 신경심리학자에게 의뢰되어 약물 과다 복용이 디의 인지기능에 손상을 입히지는 않았는지에 대해 평가를 받아 보게 하였다. 신경심리학자는 인지기능이 특별히 손상된 징후는 없다고 보고하였다.

정신과적 문제 디는 불안하고 우울해 보였으며 자존감도 매우 낮았다. 이러한 정서 상태와 가족 배경 및 여러 번의 자살 시도로 미루어 보아 어쩌면 과거의 학대로 인한 외상후 스트레스 장애(Post-Traumatic Stress Disorder: PTSD)가 있을지도 모른다고 상담자는 예상하였다. 상담자가 공감적인 방법으로 디에게 원하지 않은 성적 접촉이나 신체적 학대를 당한 경험이 있었는지에 대해 묻자, 그는 11세 때부터 집을 떠났던 15세 때까지 어머니의 남자친구 중 2명에게서 신체적 학대와 성폭행을 당했다고 하였다. 디의 정신건강과 약물 사용 문제는 디가 경험했던 이러한 일화에 기인된 것이라고 상담자는 생각하였다.

변화 단계 디는 상당히 필사적이었고 약물 사용을 변화시키기 위한 어떤 행동이라도 취할 준비가 되어 있었다. 불행하게도 그동안 재발이 반복되다 보니 변화가 되어도 그것을 유지시킬 만한 '의지력' 이 자신에게 부족하다고 생각하고 있었다. 그래서 상담자는 디에게는 변화할 수 있고 그 변화를 유지시킬 능력도 있음을 믿게 하는 자신감 향상에 초점을 맞추었다.

목표 설정

상담자는 디가 단약을 위해 이전에 시도했던 방법에 대해 그와 논의했고, 디는 과거에 받았던 치료 중에서 도움이 되었던 부분에 초점을 맞추거나 복용의 중단이 성공적이었을 때에 대해서 이야기하였다. 상담자는 디가 단약에 도전하도록 돕기 위해서는 다른 기술을 배울 필요가 있다는 의미로 과거의 실패를 재구성하였다.

행동 전략

해독치료 디에게는 벤조디아제핀에 대한 신체 의존성 때문에 경련이나 발작이 일어날 위험이 있으므로 디와 상담자는 이를 막기 위한 해독치료에 동의했다.

성적 학대 상담 의뢰 상담자는 과거의 학대와 관련된 문제에 대해서 상담을 제의했고, 디는 기꺼이 받아들이기로 하였다. 학대와 관련된 상담을 동시에 받을 필요가 있다고 생각한 것은 단약으로 인해서 학대와 관련된 사건이 다시 떠오를 수 있고, 이는 재발로 이어질 수 있기 때문이었다.

입원환자 프로그램 디와 상담자는 인지치료가 특히 효과가 있을 것이라고 동의했는데, 부정적인 느낌이나 생각에 대처하기 위해서 약물을 주로 사용했기 때문이었다. 집단 인지치료 교육과 재발예방 기술이 입원환자 프로그램의 일환으로 마련되었고, 디는 입원치료 기간 동안에 이완훈련 집단에 참가하는 것에도 동의하였다. 이완훈련 집단에서는 점진적 근육 이완법과 명상법을 가르쳤고, 정기적인 연습이 필요했다. 디는 재발예방 훈련을 통해서 단약을 결심하는 것만큼이나 재발예방을 위한 기술이나 계획도 필요하다는 새로운 통찰을 얻게 되었다.

입원환자 프로그램의 일환으로 디는 NA 모임의 가입을 권유받았다. 디는 사회적 지지와 격려가 매우 소중하다는 것을 알게 되었고, 12단계에 초점을 맞춘 개인치료를 받기도 하였다. NA 모임에서 새로운 친구도 사귀었으며, 거주입원 프로그램을 마치고 퇴원하고 난 뒤에도 NA 모임과 계속 관계를 맺어 나갔다.

연장 케어 거주입원 프로그램에서는 내담자가 다시 원래 환경으로 돌아갔을 때 받을 수 있는 스트레스에 적절하게 대처할 수 있도록 도와주었는데, 디의 경우에는 약물과 알코올 팀이 운영하는 임시 숙소에 당분간 거물 수 있도록 해 주었다. 이곳에서 디는 두 달 동안 머물렀는데, 그동안 직업훈련 프로그램 입회권을 얻을 수 있었다.

그 후 2년 동안 반복적으로 약물 사용의 재발이 계속해서 일어났다. 그러나 디는 약물 및 알코올 치료소의 연장케어 프로그램 팀, 성폭행 상담자, NA 모임의 사람들과 계속 연락을 취했고, 어려운 기간을 거치면서 이들로부터 많은 도움을 받았다.

사례 5 복합약물 사용과 법적 문제 : 보호관찰 중에 있는 청년층 내담자

평 가

배경정보 16세의 알렉스는 보호관찰을 조건으로 약물 및 알코올 외래환자 상담 프로그램에 의뢰되었다. 의뢰한 사람은 소년법원 판사인 피오나 씨였다.

약물 사용 패턴과 상황 맥락 알렉스는 13세 때부터 학교에서 친구들과 마리화나를 피우기 시작하였다. 알렉스는 학교를 무단으로 결석했고 친구 집에서 마리화나를 피우며 시간을 보냈다. 약물이 주위에 있기만 하면 사용했으므로 사용량은 점차적으로 늘어 갔다. 평가를 받을 당시에도 마리화나를 매일 피웠다. 친구들 대부분이 약물 사용자였으며, 최근에 헤로인 사용을 권유받았다. 두 번 정도 헤로인을 사용해 보니 모든 것을 잊게 해 주는 느낌이 좋아서 이후로 세 번 더 사용했다. 친구들과 주사로 헤로인을 맞았는데, 비록 주사기를 같이 사용하지는 않았지만 주사를 맞기 위해 필요한 장비는 같이 사용하였다. 다른 약물(필이나 스피드)도 실험 삼아 사용해 보았고 일주일에 한 번 술을 마셨다.

의존 정도 알렉스는 자신의 마리화나 사용 습관을 바꾸려고 시도한 적이 한 번도 없었다. 술이나 헤로인 의존이라는 징후는 없었으나 마리화나 의존을 암시하는 몇 가지 징후는 있었다. 예를 들면, 내성의 증가, 마리화나를 피우지 않고는 잠을 잘 못 이루거나 마리화나를 피우기 위해서 다른 것을 포기하는 것 등이었다.

가족 배경과 사회적 지지 전에 살던 동네에서 일어났던 극단적인 폭력 사건을 그의 아버지가 목격하게 되었고, 가족들은 그들이 살고 있던 곳에서 떠나기를 강요받았다. 그래서 알렉스가 5세 때에 부모님과 동생을 포함한 전 가족이 시골로 피해서 이사 가게 되었다고 한다. 알렉스의 아버지는 아이들이 그 폭력 사건을 목격했거나 기억한다고 생각하지 않았다.

알렉스는 부모의 돈을 몇 번 훔쳤는데, 이 때문에 그의 부모가 그를 야단치거나 나무라면 그는 반항하였다. 알렉스의 행동과 학교 성적 때문에 아버지와는 몇 번이나 크게 싸웠다. 그렇게 싸우고 나면 집을 나가 친구 집에서 며칠간 계속 머물렀다.

알렉스의 부모는 아들을 매우 걱정하고 있으나 어떻게 해야 할지를 몰랐다. 부자 관계는 긴장이 팽팽했으나, 알렉스는 아버지를 좋아했으며 인정받고 싶어 했다.

교육적 배경 알렉스는 학창 시절에 학습에 어려움을 겪었다. 알렉스는 이 문제를 부모님께 말할 수 없었는데, 특히 아들의 좋은 성적을 바라는 아버지에게는 더욱 말할 수 없었다. 학교 가는 것을 싫어했지만 그래도 학교에서 하는 운동은 정말 좋아했으며, 아버지도 알렉스가 정말 재능 있는 운동선수였다고 시인했다. 근래에는 점점 늘어나는 공격행동과 무단결석 때문에 학교에서 정학 처분을 받았다.

법적 문제 알렉스는 가게의 물건을 슬쩍 훔치는 것과 같은 경미한 범죄를 저지른 적이 몇 번 있었다. 그러나 최근에는 전자가게의 문을 부수고 들어가 전자용품을 훔쳐서 판매한 행위로 기소되었다. 경찰이 알렉스의 방을 뒤졌을 때 헤로인이 조금 발견되었다. 알렉스는 체포되었고 약물 및 알코올 상담을 받는다는 조건하에 12개월 동안 소년법원 감독하의 보호관찰을 받는 상황에 놓이게 되었다.

또래 친구 청소년 초기부터 알렉스는 비행 청소년 집단과 어울려 다녔다. 피오나 씨와 아버지의 말에 의하면 알렉스는 '쉽게 물드는' 아이라고 하였다.

변화 단계 알렉스는 약물 및 알코올 상담자를 강제로 만나야 하는 것을 싫어했다. 치료가 시작되었을 때 자신은 약물이나 알코올을 계속해서 사용할 것이며, 그것이 그렇게 나쁘다고 생각하지 않는다면서 완강히 버텼다.

목표 설정

알렉스는 전 숙고 단계에 있는 상태이므로 약물 및 알코올 상담자는 단기 개입을 하기로 결정하였다. 처음에 정한 목표는 알렉스가 주 5일 상담에 매일 참석하고 상담에 올 때는 약물을 사용하지 않는 것이었다. 알렉스는 5일 중에 4일간은 참석했고, 두 번째 회기를 제외하고는 상담 직전에 약물을 사용한 것 같아 보이지 않았다. 약물을 사용한 것 같은 두 번째 회기에서는 상담자가 알렉스에게 약물을 사용했는지를 물었는데, 그는 그곳에 오기 전에 마리화나를 한 대 피웠음을 시인했다. 그래서 그 회기를 그 주의 다른 날을 정해서 나중에 하기로 미루었다.

행동 전략

사례 계획 소년법원 판사인 피오나 씨는 알렉스, 알렉스의 부모, 약물 및 알코올 상담자가 모여서 하는 사례회의를 조직하였다. 알렉스와 피오나 씨의 관계가 좋았으므로 피오나 씨가 알렉스의 사례관리자 역할을 하기로 합의하였다. 사례회의를 하면서 피오나 씨는 알렉스와 부모가 선택할 수 있는 활동 범위를 찾아보았다. 알렉스를 위한 사례 계획에는 다음의 내용이 포함되었다.

- 심리-교육적 평가를 실시하였고 평가 결과, 독서장애가 있다는 진단을 받았다. 피오나 씨는 알렉스, 알렉스의 부모와 같이 이 결과의 의미를 의논했고 알렉스가 적절한 독서훈련을 받을 수 있도록 다음 단계의 의뢰를 약속했다.
- 알렉스를 지역사회의 운동 팀과 연결시켜 참석하게 하고 아버지도 함께 참여하도록 하였다.
- 알렉스가 실습생으로 참여할 수 있는 가능성을 알아보기로 하였다.
- 가족들이 과거에 살던 곳에서 겪은 외상과 관련해서 상담자에게 의뢰했는데, 이는 가족들을 지지하는 목적이 우선이지만 알렉스와 아버지와의 관계 개선을 위한 목적으로도 진행되었다.

가족들이 외상 상담을 여러 번 받았지만 알렉스는 같이 오기를 거부했다. 또한 독서훈련도 중간에 그만두었다. 그러나 지역사회 운동 팀에서 운동하는 것을 좋아해서 정기적으로 훈련도 받고 시합에도 참가하였다. 아버지는 같이 가서 알렉스가 운동하는 모습을 지켜보았다.

가족 모임 피오나 씨는 알렉스가 새로운 생활방식을 만들 수 있도록 부모님이 할 수 있는 방법을 찾을 기회와 가정에서의 알렉스의 행동에 관해 합의점을 찾을 기회를 제공하기 위해서 알렉스의 부모를 세 번 만났다. 이 모임에서 알렉스가 운동훈련이나 시합에 참여할 때 아버지가 차를 태워 주기로 결정했고, 비공격적 의사소통 기술을 이용하여 갈등을 해결하는 방법에 대해서도 이야기를 나누었다.

동기강화상담 알렉스가 자신의 약물 사용의 행동 변화에 대해 전 숙고 단계에 있으므로 약물 및 알코올 상담자는 상담의 초점을 알렉스의 법적 문제와 아버지와의 관계 개선 욕구에 두었다. 개선을 위한 목표가 정해지면서 알렉스는 자신이 약물을 사용하는 것이 이 목표의 달성에 미치는 영향을 기꺼이 탐색해 보려고 하였다.

폐해 감소 조언 약물 및 알코올 상담자는 마리화나의 영향, 마리화나를 줄이는 방법, 주사 장비를 공동으로 사용하게 될 때 발생할 수 있는 위험, 안전하게 주사하는 법에 대해 간단한 조언을 해 주었다.

또래 친구와의 연결 피오나 씨와 약물 및 알코올 상담자는 서로 협력하여 알렉스가 보다 지지적이고 긍정적인 또래 친구를 사귈 수 있도록 도와주었다. 피오나 씨와의 작업을 통해서 알렉스는 친구와 그냥 얼굴만 아는 사람들을 그림으로 그려 보며 우정의 의미에 대해서 이야기하였다. 법 위반이 자신의 삶에 미치는 영향에 대해 생각해 보는 시간을 가진 후에 친구들 중에서 그의 약물 사용과 범죄행위 때문에 관계를 끊어야 할 친구는 누구인지를 생각해 냈다. 알렉스는 운동에 대한 관심이 같은 친구들과의 우정을 새롭게 쌓기 위한 세부 계획을 세웠다.

약물 및 알코올 상담자와는 약물 거절 기술에 대해 이야기했다. 알렉스는 자기가 마음만 먹으면 언제든지 약물을 거절할 수 있다고 말했지만, 그래도 약물 사용을 권하는 또래 친구의 압력을 다룬 시나리오를 탐색해 보는 것에 동의했다. 상담자는 비슷한 또래의 내담자에 관한 몇 개의 짧은 이야기를 읽어 줬고, 각 이야기를 읽고 난 뒤에는 이야기 속의 장면에서 어떤 유형의 거절이 효과적일지에 대해서 이야기를 나누었다.

재발예방 처음에 알렉스는 약물 사용 행동을 변화시킬 의도가 없었지만 그래도 약물 및 알코올 상담자는 알렉스의 약물 사용에 초점을 맞추어 약물을 사용할 확률이 가장 높은 상황에 대해 한 번 생각해 보도록 하였다. 상담자의 무비판적인 상담 방식에 힘입어 알렉스는 보다 마음 편안하게 '마리화나를 피우고 싶은 상황'과 '피울 수도 있고 안 피울 수도 있는 상황' 간의 차이를 탐색하고 구별하게 되었다.

사례관리 알렉스가 법원 명령을 어길 뻔했던 경우가 두 번 있었다. 피오나 씨와의 약속에 아무 연락도 없이 오지 않았던 것이었다. 처음의 경우에는 피오나 씨가 알렉스에게 전화하여 만약 보호관찰의 조건을 감수하지 않으면 다시 법정으로 돌아와야 할 것이라고 상기시켰다. 알렉스는 피오나 씨와의 약속을 다시 정했다. 그러나 몇 달이 지난 후 아버지와 심하게 싸운 어느 날, 집을 나가서 이틀 동안 돌아오지 않았고 피오나 씨와의 약속에도 오지 않았던 것이다. 또한 약물 사용도 늘어 가고 약물을 주사하고 있다는 징후가 있었으며, 알렉스의 부모는 그가 약물을 사용하는 친구들과 점점 더 많은 시간을 보내는 것 같아 걱정하고 있었다. 피오나 씨는 사례회의를 열어 다시 계획을 잡아서 알렉스가 보호관찰 조건을 잘 이행하여 완수할 수 있도록 하자며 다음의 내용에 합의하였다.

- 약물 및 알코올 상담을 2회기 더 받기
- 가족들과 보다 깊이 있는 대화를 나누고 아버지와의 갈등이 해결될 수 있도록 외상과 관련한 가족상담에 알렉스가 함께 2회기 참석하기
- 아버지는 알렉스가 학교를 중퇴할 수도 있다는 사실을 받아들이고 피오나 씨와 협력하여 알렉스에게 맞는 실습생 자리를 찾아보기

연장 케어 나중에 알려지기를 알렉스가 약물 및 알코올 상담에 3회기 더 참석했다고 하였다. 두 번째와 세 번째 회기에서는 마리화나 사용이 자신의 건강에 미치는 영향에 대해 깊이 생각해 보게 되었다. 지역사회 운동 팀과의 훈련이 늘어나면서 알렉스는 마리화나 사용이 자신의 폐활량과 에너지 수준에 미치는 해로운 영향에 더 민감해졌다. 그래서 약물 및 알코올 상담자는 동기강화상담을 통해 건강에 대한 알렉스의 이러한 마음을 이야기해 보도록 하고 보다 구체적으로 생각해 보게 하였다.

과거 외상과 관련한 가족상담에 알렉스는 두 번 참석하였다. 두 번 모두 알렉스와 아버지의 관계에 초점이 맞추어졌다. 아버지와 알렉스는 서로의 의견 차이를 어느 정도 해결했고, 앞으로도 갈등이 생기면 의사소통 기술을 사용하여 서로

동의가 되지 않는 것에 대해 협상하자고 계획했다.

알렉스가 운동을 하게 되면서 운동 팀 동료 중의 한 아버지로부터 실습생 자리를 제공할 수 있다는 제안이 들어왔다. 그러는 중에 알렉스의 보호관찰 의무는 끝나 갔고 보호관찰이 끝날 때쯤인 12개월째의 알렉스는 운동을 계속하고 있었고 막 실습도 시작하였다. 아직 주말에는 술을 마셨지만, 그래도 헤로인 사용은 중단했고 마리화나 사용도 줄여서 서너 달에 한 번씩 사교적인 의미로만 사용하는 정도가 되었다.

찾아보기

《ㅇ》

《ㅈ》

저자 소개

Tracey J. Jarvis

임상심리학자로, 특히 물질남용과 물질의존, 외상후 스트레스 장애 치료 분야의 전문가다. 또한 약물과 알코올중독 분야의 전문교육자이며, 3단계 관련 교육자료를 저술하였다. 학술저널에 다수의 연구논문을 발표하였고, 치료 효과성 연구 분야의 저널 심사위원을 맡고 있다.

Jenny Tebbutt

범죄심리 분야에서 풍부한 임상 경험을 갖고 있는 임상심리학자다. 또한 법정 치료 명령을 받은 청소년이나 범법자들을 대상으로 하는 복잡하고 어려운 심리치료와 사례관리 분야의 전문가다. 약물과 알코올 남용 그리고 아동학대 분야에 대한 연구 경험도 풍부하다. 이와 관련하여 학술저널에 다수의 논문을 싣기도 하였다.

Richard P. Mattick

호주 시드니에 있는 뉴사우스웨일스 대학교 약물과 알코올학과의 교수다. 또한 동 대학교 의과대학 소속의 국립 약물과 알코올연구소 소장을 맡고 있다. 다수의 관련 논문과 책을 저술하였다. 특히 아편제와 코카인 의존의 치료관리와 청소년 중독자의 치료, 약물과 알코올 의존의 약리적 치료 접근 분야에 정통한 전문가다.

Fiona Shand

호주 시드니에 있는 국립 약물과 알코올연구소의 수석연구원이다. 그는 중독전문가 훈련 매뉴얼의 제작에 참여하기도 하였다. 최근에는 호주 정부의 국가 알코올 전략 프로그램에서 알코올 의존자의 치료를 위한 근거 중심적 안내서를 펴내는 데 중요한 역할을 담당하였으며 전문 연구저널에 다수의 논문을 싣기도 하였다.

역자 소개

신성만
미국 Boston University 재활상담학 박사
중독전문가 1급 슈퍼바이저(한국중독전문가협회)
중독심리전문가(한국심리학회)
전) Harvard Medical School 정신과 연구원
현) 한동대학교 상담심리사회복지학부 교수

전영민
중앙대학교 문학 박사
중독전문가 1급 슈퍼바이저(한국중독전문가협회)
중독심리전문가(한국심리학회)
임상심리전문가
현) 을지대학교 중독재활복지학과 교수

권정옥
미국 Indiana State University 상담학 석사
미국 Saint Louis University 상담 및 가족치료학 박사
현) 계명대학교 심리학과 외래교수
새미래심리건강연구소 상담부 팀장

이은경
성신여자대학교 임상심리학 석사
중독심리전문가(한국심리학회)
정신보건임상심리사 1급(보건복지부)
임상심리전문가(한국심리학회)
전) 이랜드 심리상담센터 팀장
현) 한동대학교 상담심리사회복지학부 외래교수

조현섭
이화여자대학교 심리학 박사
중독전문가 1급 슈퍼바이저(한국중독전문가협회)
중독심리전문가(한국심리학회)
정신보건임상심리사 1급(보건복지부)
임상심리전문가(한국심리학회)
현) 사행산업통합감독위원회 중독예방치유센터장

중독상담과 재활

Treatment Approaches for Alcohol and Drug Dependence(2nd Edition)

2010년 6월 5일 1판 1쇄 발행
2025년 10월 15일 1판 7쇄 발행

지은이 • Tracey J. Jarvis · Jenny Tebbutt · Richard P. Mattick · Fiona Shand
옮긴이 • 신성만 · 전영민 · 권정옥 · 이은경 · 조현섭
펴낸이 • 김 진 환
펴낸곳 • (주) 학지사
04031 서울특별시 마포구 양화로 15길 20 마인드월드빌딩 5층
대표전화 • 02) 330-5114 팩스 • 02) 324-2345
등록번호 • 제313-2006-000265호
홈페이지 • http://www.hakjisa.co.kr
인스타그램 • https://www.instagram.com/hakjisabook

ISBN 978-89-6330-366-6 93180

정가 **22,000**원